PASSEZ-MOI L'EXPRESSION EN ALLEMAND

PASSEZ-MOI L'EXPRESSION EN ALLEMAND

Diane de Blaye
Pierre Efratas
Nicole Scholz

Illustrations
Paul Woolfenden

BELIN

8, rue Férou – 75278 PARIS CEDEX 06

Le code de la propriété intellectuelle autorise « les copies ou reproductions strictement réservées à l'usage privé du copiste et non destinées à une utilisation collective » (article L. 122-5) ; il autorise également les courtes citations effectuées dans un but d'exemple et d'illustration.
En revanche, « toute représentation ou reproduction intégrale ou partielle, sans le consentement de l'auteur ou de ses ayants droit ou ayants cause, est illicite » (article L. 122-4).
Cette représentation ou reproduction, par quelque procédé que ce soit, sans autorisation de l'éditeur ou du Centre français de l'exploitation du droit de copie (3, rue Hautefeuille, 75006 Paris), constituerait donc une contrefaçon sanctionnée par les articles 425 et suivants du Code pénal.

© Editions Belin, 1998   ISBN 2-7011-**2315**-1

Table des matières

Avant-propos	4
Abréviations, sources	6
1 La vie quotidienne, les loisirs	7
2 La famille, l'enfance, l'école	17
3 L'amour, les amis, l'accord	26
4 Les ennemis, les conflits, le désaccord	41
5 Le bonheur, la réussite, la chance	60
6 Le malheur, l'échec, le danger	70
7 La santé, la mort	87
8 Le travail, les affaires	100
9 Les bons côtés des gens	122
10 Les mauvais côtés des gens	129
11 La conversation	143
12 La vie sociale, la mode	158
13 Les apparences, les quantités	171
14 Le temps qui passe	186
15 Le temps qu'il fait	205
16 Les déplacements, les voyages	209
17 Les jugements, les humeurs, la peur	221
18 La culture, les arts	240
19 La politique, la religion	248
20 La matière grise	259
21 Les stratégies, les envies, les possibilités	275
22 L'argent	296
23 L'arnaque	309
24 La table	320
Index	333

Avant-propos

Qui peut se vanter de n'avoir jamais été victime d'un malentendu ou d'une mauvaise communication à la suite d'une traduction trop littérale d'une expression qu'il maîtrise pourtant parfaitement dans sa propre langue ?

Cet ouvrage, dont la fonction première est justement d'aider le lecteur dans ces embûches « idiomatiques », est destiné à tous les amateurs du langage, à tous ceux qui ont plaisir à manier la langue dans toute sa richesse et souhaitent en faire autant en allemand. Il s'adresse également aux étudiants et aux professeurs de l'enseignement supérieur, aux traducteurs et plus généralement à toute personne amenée à voyager en pays germanophone.

Passez-moi l'expression présente plus de 6 000 locutions, proverbes et expressions toutes faites, imagées et familières, littéraires ou argotiques, classées par thèmes, à l'intérieur desquels prévaut un classement alphabétique. Tout classement thématique est « subjectif », voire « arbitraire » : il arrive qu'on trouve certaines expressions dans deux, parfois dans trois chapitres.
Chaque locution est traduite de la façon la plus « idiomatique » possible, évitant autant que faire se peut une traduction trop « dictionnaire ».

Ce recueil ne prétend évidemment pas à l'exhaustivité, car nous avons voulu proposer au lecteur un petit livre utile, ni trop lourd, ni trop encombrant, d'une manipulation et d'un usage aisés.
Les expressions qui y figurent ont été retenues pour leur caractère « idiomatique », la fréquence de leur utilisation, leur « couleur », ainsi que pour leur aptitude à refléter la réalité sociale d'aujourd'hui.

On trouvera donc ici des mots simples (« asperge », « aigle ») dont le sens a évolué avec le temps, quelques emprunts à des langues étrangères (« avoir la baraka », « faire fifty-fifty ») ou encore quelques « cuirs » passés dans l'usage (« ne connaître quelqu'un ni des lèvres ni des dents », « être fier comme un bar-tabac »).

Naturellement, les thèmes « négatifs » se taillent la part du lion. Il est vrai que lorsque tout va bien, il n'est pas besoin d'en parler et qu'il est bien plus réjouissant – même si c'est peu charitable – de descendre quelqu'un en flammes que de le porter aux nues… Nous avons délibérément éliminé les expressions, nombreuses et crues, qui traitent directement du sexe : il existe nombre d'ouvrages très complets sur ce sujet.

Enfin, l'ouvrage contient une centaine de « boîtes étymologiques » : on y trouvera, au hasard de la lecture, une évocation des origines d'expressions que nous avons choisies pour leur intérêt historique, philologique et parfois même anecdotique.

Nous avons renoncé à mentionner les registres de langue en français (à l'exception de « vieilli » et « proverbe ») : ce livre d'une part, s'adresse à des lecteurs francophones, conscients du niveau de langue qu'ils utilisent ; d'autre part, la désignation des registres est en elle-même éminemment subjective. Enfin, le niveau de langue est souvent le même en français et en allemand.

A l'intérieur de chaque thème, les expressions ont été classées par ordre alphabétique du mot significatif (quand il y en avait plusieurs, nous avons multiplié les entrées) ; les groupes d'expressions comportant le même mot significatif ont été précédés de ce mot présenté sous forme de mot-entrée, et les expressions classées ensuite par ordre alphabétique de la première lettre du premier mot.

Suivant les règles lexicographiques, c'est dans la mesure du possible la forme la plus neutre qui a été retenue : noms et adjectifs au masculin singulier, verbes à l'infinitif.

Un index alphabétique exhaustif permet une utilisation aisée et la localisation rapide de l'expression recherchée.

Une lecture à plusieurs niveaux est possible : *Passez-moi l'expression* permet tout d'abord une consultation « au petit bonheur », qui entraîne le lecteur au hasard des pages et des expressions, l'une menant à l'autre ; le livre permet aussi d'effectuer une recherche sur une expression précise, et sa traduction ; enfin, il peut aussi être le moyen de satisfaire une curiosité plus générale portant sur l'un des 24 grands thèmes abordés et de découvrir tout ou partie des expressions qu'il propose et leur traduction. Nous souhaitons qu'il permette au lecteur, du simple curieux au linguiste plus chevronné, de trouver son chemin du français à l'allemand parmi ces expressions savoureuses que nous avons tous plaisir à utiliser.

Liste des abréviations

français

fam.	familier
fig.	figuratif
hum.	humoristique
iron.	ironique
litt.	littéralement
milit.	militaire
péj.	péjoratif
prov.	proverbe
qqch.	quelque chose
qqn.	quelqu'un
vulg.	vulgaire

allemand

bzw	beziehungsweise
fig.	figurativ
geh.	gehoben
hum.	humoristisch
iron.	ironisch
jmd.	jemand
jmdm.	jemandem
jmdn.	jemanden
jmds.	jemandes
Neolog.	Neologismus
Jugendspr.	Jugendsprache
pej.	pejorativ
Redew.	Redewendung
Sprichw.	Sprichwort
veralt.	veraltet

Sources étymologiques : ouvrages consultés

Dictionnaire des Expressions et Locutions (Petit Robert) ; *Le Nouveau Petit Robert* ; *Dictionnaire du français parlé* (Seuil) ; *Dictionnaire de l'argot* (Larousse) ; *Langenscheidt Großwörterbuch Französisch-Deutsch* ; *Langenscheidt Großwörterbuch Englisch-Deutsch* ; *Larousse Français-Allemand* ; *Idiomatik Deutsch-Französisch* (Pons) ; *Wahrig Deutsches Wörterbuch* ; *Duden Fremdwörterbuch* ; *Wörterbuch der deutschen Umgangssprache* (Pons) ; *Auf ein Sprichwort!* (rororo) ; *Redewendungen und sprichwörtliche Redensarten* (Duden, Band 11) ; *Zitate und Ansprüche* (Duden, Band 12) ; *1000 französische Redensarten* (Langenscheidt) ; *Französisch Slang* (Kauderwelsch, Band 42) ; *Neues Lexikon der Jugendsprache* (Beck'sche Reihe).

1

LA VIE QUOTIDIENNE, LES LOISIRS

*Qu'est-ce qui fait notre lot quotidien,
sinon la douce brise des mots parfumée
par les fleurs de l'imagination populaire ?
Dès lors, la vie, qui se voudrait généralement
sans histoires, ne cesse de nous en conter.
En voici la démonstration
meublée de bric et de broc.*

A

ACCU **recharger ses accus** seine Batterien/seinen Akku (wieder) aufladen

AMI **le meilleur ami de l'homme (le cheval)** der treueste (Weg-)Begleiter/Freund/Kamerad des Menschen (sein Hund)

AMUSER **s'amuser comme jamais** sich amüsieren wie noch nie; sich köstlich/prächtig/königlich amüsieren

B

BÂILLER **bâiller à se/s'en décrocher la mâchoire** gähnen, als ob man jmdn. verschlingen/auffressen wollte

BANLIEUSARD **un banlieusard** *(Paris)* ein Vorstädter; ein Vorortbewohner

BARREAU **fumer un barreau de chaise** eine dicke Zigarre rauchen
mener une vie de barreau/bâton de chaise ein ausschweifendes Leben führen

BESOIN **satisfaire un besoin pressant** ein dringendes Geschäft erledigen/verrichten
un besoin naturel ein Drang; ein menschliches Bedürfnis

BIFTECK **courir après le bifteck** seine Brötchen verdienen

BOÎTE **aller/sortir en boîte** in die Disco(thek) gehen

BOMBE **faire la bombe** (ordentlich/so richtig) einen draufmachen; auf den Putz/die Pauke hauen; ausgiebig feiern

BONHOMME **aller son petit bonhomme de chemin** unbeirrt seinen Weg gehen

BOUC **sentir/puer le bouc** wie die Pest/wie ein Ziegenbock stinken

BOUCAN **faire du boucan; faire un boucan de tous les diables/un boucan du tonnerre** einen Heiden-/Höllenlärm machen; einen Mordskrach machen; Radau machen

BOUQUET **être/se mettre les doigts de pied en bouquet de violettes** die Füße hochlegen; alle viere von sich strecken

BRAS **dans les bras de Morphée** in Morpheus' Armen
jouer petit bras (tennis) von unten aufschlagen

BRIC **meublé de bric et de broc** mit bunt zusammengewürfelten Möbeln/mit Ramsch eingerichtet

1. LA VIE QUOTIDIENNE, LES LOISIRS

BRINGUE **faire la bringue** *voir* ***bombe***

BRÛLER **brûler la chandelle par les deux bouts** sich verausgaben; das Geld mit vollen Händen ausgeben *bzw.* mit seiner Gesundheit Raubbau treiben

C

CALME **c'est le calme plat** es ist nichts los; alles (ist) tote Hose

CARTON **taper le carton** Karten spielen; karten

CHAHUT **faire du chahut; faire un chahut monstre** *voir* ***boucan***

CHANDELLE **brûler la chandelle par les deux bouts** *voir* ***brûler***

CHARBONNIER **charbonnier est maître dans sa maison/chez soi** (*prov.*) jeder ist Herr im eigenen Hause (Sprichw.)

CHÂTEAU **mener la vie de château** leben wie ein Fürst; in Saus und Braus leben

CHEZ **faire comme chez soi** sich wie zu Hause fühlen; es sich bequem machen

CHIEN **c'est pas fait pour les chiens** das ist zum Benutzen, nicht nur zum Ansehen da
dormir en chien de fusil mit angezogenen Beinen schlafen
mener une vie de chien ein Hundeleben führen/haben
(quelle) chienne de vie! was für ein Hundeleben!

CHOU **aller planter ses choux** (*etwa*) sich aufs Land zurückziehen

CINOCHE **se faire un cinoche** ins Kino gehen

CLOU **traverser dans les clous** die Straße am Fußgängerüberweg überqueren; über den Zebrastreifen gehen
un clou chasse l'autre der eine kommt, der andere geht

COIN **le petit coin** das stille/gewisse/verschwiegene Örtchen

COMMUN **le commun des mortels** die (breite) Masse; Otto Normalverbraucher

COQ **vivre comme un coq en pâte** leben wie die Made im Speck/wie im Schlaraffenland/wie Gott in Frankreich

CORVÉE **être de corvée de vaisselle/de pommes de terre/etc.** dran sein mit Geschirrspülen/Kartoffelschälen/usw.; Geschirrspüldienst/Kartoffelschäldienst/usw. haben

COUP **faire les quatre cents coups** sich austoben; die Sau rauslassen

CRÉMAILLÈRE **pendre la crémaillère** den Einzug feiern; eine Einweihungsparty geben

D

DADA **c'est mon/son dada** das ist meine Lieblingsbeschäftigung/mein Hobby

DANGER **un danger public** eine Gefahr für die Öffentlichkeit

DOIGT **être/se mettre les doigts de pieds en bouquet de violettes** *voir* **bouquet**

DORMIR **dormir à poings fermés** tief und fest schlafen
dormir comme un loir/un sonneur/une souche/une marmotte schlafen wie ein Bär/ein Dachs/ein Murmeltier/eine Ratte/ein Ratz/ein Stein/ein Toter
dormir debout todmüde/zum Umfallen müde sein
dormir du sommeil du juste den Schlaf des Gerechten schlafen
dormir sur ses deux oreilles sanft und selig schlafen
ne dormir que d'un œil einen ganz leichten Schlaf haben
n'en plus dormir la nuit kein Auge zumachen

DUR **construire en dur** massiv bauen; etwas Dauerhaftes schaffen

DURE **coucher sur la dure** auf dem blanken/nackten Boden schlafen

E

ÉTOILE **coucher/dormir à la belle (étoile)** im Freien/unter freiem Himmel schlafen

ÉVENTAIL **être/se mettre les doigts de pied en éventail** *voir* **bouquet**

F

FÂCHER **ne pas être fâché d'avoir fait qqch.** es nicht bereuen, etwas getan zu haben

1. LA VIE QUOTIDIENNE, LES LOISIRS

FÊTARD **un fêtard** ein Partylöwe; einer, der kein Fest ausläßt

FÊTE **faire la fête** voir **bombe**

FLAMBANT **flambant neuf** brandneu; (funkel)nagelneu

FOIRE **faire la foire** voir **bombe**

FOURBI **tout le fourbi** der ganze Kram/Krempel/Krimskrams; die ganzen Siebensachen

FRANQUETTE **à la bonne franquette** ganz einfach; ohne (große) Umstände

FRUSQUIN **tout le (saint-)frusquin** voir **fourbi**

FUMER **fumer comme un Turc/une locomotive/une cheminée/un sapeur/un pompier** rauchen/qualmen wie ein Schlot

G

GOGUETTE **partir en goguette** voir **bombe**

GOUJON **taquiner le goujon** den Wurm baden; angeln

GRAND-DUC **faire la tournée des grands-ducs** schön/fein/vornehm/groß ausgehen

GRAS **faire la grasse matinée** bis in den Tag hinein/bis in die Puppen schlafen

GRILLER **en griller une; griller une cigarette** eine (Zigarette) rauchen/qualmen

H

HABITUDE **avoir ses (petites) habitudes** (so) seine Angewohnheiten/Eigenheiten haben

---

"à la bonne franquette"

Les esprits imaginatifs se figureront que la Franquette était une cuisinière du temps jadis, tellement généreuse qu'elle laissa une trace indélébile dans le vocabulaire. La vérité est moins romantique, mais tout aussi surprenante : « à la franquette » signifiait au XVIIIe siècle « franchement, sans détour, simplement ». Cette formule conviviale en est restée.

cf. FRANQUETTE

HISTOIRE **une vie sans histoires** ein ereignisloses Leben; ein Leben ohne Höhen und Tiefen

HOMME **l'homme de la rue** der Mann auf der Straße; der einfache/kleine Mann; der Mann aus dem Volk
un homme sans histoires ein unscheinbarer Mensch; eine graue Maus

J

JARDIN **il faut cultiver notre jardin** *(etwa)* wir müssen unseren Garten bestellen; gehen wir lieber unserer Arbeit nach, anstatt uns in Spekulationen zu verlieren

JOUR **à chaque jour suffit sa peine** *(prov.)* jeder Tag hat seine Plage *(Sprichw.)*
couler des jours heureux ein schönes/glückliches Leben führen; herrlich und in Freuden leben *(geh.)*
vivre au jour le jour in den Tag hinein leben; von der Hand in den Mund leben

JULES **aller chez Jules** auf den Topf/Pott gehen

L

LÈCHE-VITRINE **faire du lèche-vitrine** einen Schaufensterbummel machen; bummeln gehen

LOT **c'est mon lot quotidien** das ist mein täglich(es) Brot

M

MACHOIRE **bâiller à se/s'en décrocher la mâchoire** *voir bâiller*

MAIN **avoir la main verte** eine grüne Hand/einen grünen Daumen haben

MARCHAND **le marchand de sable est passé** das Sandmännchen war da

MATINÉE **faire la grasse matinée** *voir grasse*

MEUBLER **être meublé de bric et de broc** *voir bric*

MOMENT **passer un bon moment** schöne Augenblicke/Stunden verbringen

MONNAIE **c'est monnaie courante** *voir lot*

MORT **faire le mort (cartes)** der Strohmann/Dummy sein

1. LA VIE QUOTIDIENNE, LES LOISIRS

N

NETTOYAGE **faire le nettoyage par le vide** ausmisten; alles wegwerfen/-schmeißen
  le (grand) nettoyage de printemps der Frühjahrsputz
NEZ **se laver le bout du nez** Katzenwäsche machen
NOCEUR **un noceur** voir **fêtard**
NOUBA **faire la nouba** voir **bombe**
NOUVELLE **pas de nouvelles, bonnes nouvelles** keine Nachricht, gute Nachricht
NUIT **passer une nuit blanche** eine schlaflose Nacht verbringen

O

ŒIL **ne pas (pouvoir) fermer l'œil (de la nuit)** die ganze Nacht kein Auge zutun
OISEAU **le petit oiseau va sortir!** da ist das Vögelchen!
  un oiseau de nuit eine Nachteule
OREILLE **dormir sur ses deux oreilles** voir **dormir**

P

PACHA **vivre comme un pacha** voir **château**
PAGE **tourner la page** das Vergangene vergessen/hinter sich lassen
PAIX **avoir une paix royale** (seine) Ruhe haben

 "le marchand de sable est passé"

Le marchand de sable est un joli conte d'autrefois qui a été réactualisé par la télé française (Bonne nuit les petits). *Lorsqu'il est l'heure d'aller au dodo, le marchand de sable lance une poignée de grains qui fait picoter les yeux des enfants. Les marmots se frottent les yeux, puis ils s'endorment douillettement en fredonnant « moi, je dors avec Nounours dans les bras ».*

cf. MARCHAND

PAROLE **il ne lui manque que la parole** es fehlt nur noch, daß es spricht *(Tier)*

PATACHON **mener une vie de patachon** *voir bâtons*

PÂTE **vivre comme un coq en pâte** *voir coq*

PEAU **faire peau neuve** sich verändern/verwandeln; ein neuer/ganz anderer Mensch werden

PEINARD **être peinard** sich aus allem heraushalten; sich durch nichts aus der Ruhe bringen lassen

PIEUTER (SE) **se pieuter** in die Falle/Klappe gehen; sich in die Falle hauen

PIONCER **pioncer ferme** *voir dormir (comme un loir)*

PLACE **une place pour chaque chose et chaque chose à sa place** *(etwa)* wenn alles da liegt, wo es hingehört, braucht man nicht lange zu suchen; Ordnung, Ordnung, liebe sie, denn sie erspart dir Zeit und Müh *(Sprichw.)*

PLI **prendre le pli de faire qqch.** sich etwas zur Gewohnheit machen; sich etwas angewöhnen

PLUMARD **se mettre au plumard** *voir (se) pieuter*

PONT **dormir sous les ponts** *voir étoile*

R

RATER **rater sa vie** sein Leben verpfuschen

RIBOULDINGUE **faire (la) ribouldingue** *voir bombe*

ROI **aller là où le roi va tout seul/va à pied** dorthin gehen, wo der Kaiser zu Fuß hingeht

ROUPILLON **piquer un (petit) roupillon** ein Schläfchen/Nickerchen machen

---

❝*faire la ribouldingue (ribouldinguer)*❞

Jouxtant le royaume d'Espagne et la Catalogne, le Languedoc a produit voici longtemps le joli mot de riboula *signifiant « manger à satiété ». C'est ainsi que dans le Vivarais on pratique la* reboule, *un festin dingue organisé en fin de moisson. Alphonse Allais, qui ne crachait jamais dans son assiette et n'aimait pas les petits bourgeois atrabilaires, y accola le verbe* dinguer, *ce qui leur fit les pieds et, par rebond, donna naissance à* Ribouldingue, *le Pied-Nickelé.*

cf. RIBOULDINGUE

1. LA VIE QUOTIDIENNE, LES LOISIRS

S

SARDINE **serrés comme des sardines** eingepfercht/ zusammengepreßt/dichtgedrängt wie die Sardinen (in der Büchse)

SATISFAIRE **satisfaire un besoin pressant** *voir besoin*

SDF **un SDF (Sans Domicile Fixe)** ein Obdachloser; ein Penner; ein Clochard

SIESTE **faire une (petite) sieste** *voir roupillon*

SOMME **faire un petit somme** *voir roupillon*

SOMMEIL **avoir le sommeil léger** einen leichten Schlaf haben
dormir du sommeil du juste *voir dormir*
tomber de sommeil *voir dormir (debout)*
un sommeil de plomb ein bleierner Schlaf

SORTIE **être de sortie** ausgehen; Ausgang haben

SOUCHE **de vieille souche** aus altem/edlem Geschlecht

SURFACE **une grande surface** ein Waren-/Kaufhaus

T

TEMPS **se payer/prendre du bon temps** sich schöne Tage machen; sich's gut gehen lassen

TOILE **se faire/se payer une toile** *voir cinoche*

TOILETTE **faire une toilette de chat** *voir nez*

TOUTIM **tout le toutim** *voir fourbi*

TRAIN-TRAIN **le train-train quotidien** der Alltagstrott; der graue Alltag; das tägliche Einerlei

TRALALA **tout le tralala** *voir fourbi*

TRANCHE **s'en payer une tranche** sich köstlich/prächtig/königlich amüsieren

TREMBLEMENT **tout le tremblement** *voir fourbi*

V

VIE **avoir/mener la belle vie** ein schönes/bequemes Leben haben; sich ein schönes Leben machen; es gut haben
c'est la vie c'est la vie *(geh.)*; so ist (nun einmal) das Leben

faire la vie *voir barreau*

il faut prendre la vie comme elle vient/elle est man muß das Leben eben nehmen, wie das Leben eben ist

la vie continue das Leben geht weiter

la vie n'est pas toujours rose im Leben ist man nicht immer auf Rosen gebettet; das Leben ist kein Honig-/Zuckerschlecken

mener la vie de château *voir château*

mener une vie de chien *voir chien*

rater sa vie *voir rater*

une vie sans histoires *voir histoire*

vivre sa vie sein (eigenes) Leben leben; so leben, wie es einem gefällt

VIOLON **un violon d'Ingres** ein Hobby; ein Steckenpferd; ein Zeitvertreib

VIVRE **avoir beaucoup vécu** viel Lebenserfahrung haben; (schon) viel/einiges/eine ganze Menge erlebt haben

on ne vit qu'une fois ! man lebt nur einmal!

LA FAMILLE, L'ENFANCE, L'ÉCOLE

Pour le meilleur et pour le pire, la famille est au centre de nos existences. Bien sûr, il y a des brebis galeuses, les affreux jojos, les scènes de ménage, les chambres à part et le fossé des générations. Mais avez-vous songé aux fées du logis, aux petits bouts de chou et aux lunes de miel assorties du carré blanc ? Une jolie famille d'expressions à découvrir.

A

AILE **voler de ses propres ailes** auf eigenen Beinen stehen; selbständig sein

APPEL **faire l'appel** die Namensliste verlesen; Namen aufrufen

AUTEL **conduire qqn. à l'autel** jmdn. zum Altar führen

B

BAGUE **mettre la bague au doigt à qqn.** sich jmdn. angeln

BALLON **avoir le ballon** schwanger sein; ein Kind bekommen/kriegen; in anderen Umständen sein

BÉBÉ **un bébé-éprouvette** ein Retortenbaby

BLASON **redorer son blason** Geld heiraten; reich einheiraten

BOURREAU **(notre prof,) c'est un vrai bourreau d'enfants** (unser Lehrer,) der nimmt uns ordentlich ran/der drangsaliert uns ganz schön/das ist ein richtiger Sklaventreiber (hum.)

BOUT **un (petit) bout de chou** ein kleiner Junge; ein Knirps; ein Steppke; ein Dreikäsehoch *bzw.* ein kleines Mädchen; eine Kleine; eine kleine Krabbe

BREBIS **la brebis galeuse** das schwarze Schaf

BUISSONNIÈRE **faire l'école buissonnière** die Schule schwänzen

C

CACHE-CACHE **jouer à cache-cache** Verstecken spielen

CANARD **le vilain petit canard** der Außenseiter; einer, den man meidet/schneidet

CANIF **donner un coup de canif dans le contrat (de mariage)** einen Seitensprung machen; fremdgehen

CARPE **c'est le mariage de la carpe et du lapin** ein ungleiches Paar; zwei, die zusammenpassen wie die Faust aufs Auge/wie der Igel zum Taschentuch

CARRÉ **le carré blanc** nicht jugendfrei; nur für Erwachsene (*= weißes Quadrat, das im franz. Fernsehen zu Zwecken der freiwilligen Selbstkontrolle eingeblendet wird*)

2. LA FAMILLE, L'ENFANCE, L'ÉCOLE

CASER **se caser** unter die Haube kommen; heiraten

CÉLIBATAIRE **un célibataire endurci** ein eingefleischter Junggeselle; ein überzeugter Single

CHAIR **la chair de sa chair** sein/ihr eigenes Fleisch und Blut

CHAMBRE **faire chambre à part** getrennt schlafen; getrennte Schlafzimmer haben

CHAT **les chats (ne) font pas des chiens** der Apfel fällt nicht weit vom Stamm (Sprichw.); wie der Vater, so der Sohn (Sprichw.)

CHAUSSURE **chacun trouve chaussure à son pied** (prov.) jeder Topf findet seinen Deckel (Sprichw.)

CHEMIN **faire un bout de chemin avec qqn.** sich mit jmdm. (für eine Weile) zusammentun; ein Stück des (Lebens-)Weges gemeinsam gehen

CHIEN **bon chien chasse de race** (prov.) voir **chat**

CHOSE **expliquer les choses de la vie à qqn.** jmdn. (sexuell) aufklären

COIFFER **coiffer sainte-Catherine** sitzenbleiben; keinen Mann bekommen (= wenn eine Frau fünfundzwanzig Jahre alt und noch nicht verheiratet ist)

COLLE **être/vivre à la colle** in wilder Ehe leben

COLLER **coller un élève** einen Schüler nachsitzen lassen **se faire coller à un examen** bei einer Prüfung durchfallen/-fliegen/-rasseln

CONFLIT **le conflit des générations** der Generationenkonflikt

---

"un (petit) bout de chou"

Ne croyons pas tout ce qu'on nous raconte : il faut mettre un terme définitif à cette croyance selon laquelle les bébés seraient distribués aux heureux parents par des cigognes employées de la Poste.

Calembredaines ! Les esprits raisonnables connaissent la vraie vérité : les bébés naissent dans les choux. Ce légume commun, et paraît-il, en déshérence culinaire, a également inspiré l'appellatif affectueux « mon chou » ou encore plus tendre « mon petit chou ». L'usage a donc opéré un heureux croisement entre ces deux sens figurés pour en donner un troisième. C'est ainsi que naissent les expressions.

cf. BOUT

CONVOLER **convoler en justes noces** *(hum. ou vieilli)* den Bund fürs Leben schließen; in den Hafen der Ehe einlaufen *(hum.)*; in den heiligen Stand der Ehe treten *(geh.)*

COQ **la poule ne doit pas chanter devant/avant le coq ; ce n'est pas à la poule de chanter devant le coq** kräht das Huhn und schweigt der Hahn, ist das Haus gar übel dran *(Sprichw.)*

CORDE **se mettre la corde au cou** das Joch der Ehe auf sich nehmen *(hum.)*

CORDON **couper le cordon (ombilical)** sich abnabeln; flügge werden; von zu Hause ausziehen

CORNE **avoir/porter des cornes** betrogen werden; Hörner tragen

il porte des cornes seine Frau hat ihn betrogen/ihm Hörner aufgesetzt

COTON **être élevé dans du coton** in Watte gepackt werden; eine behütete Kindheit haben; verhätschelt werden

COUCHER **coucher qqn. sur son testament** jmdn. in seinem Testament bedenken

COUR **jouer dans la cour des grands** bei den Großen mitmischen

CULOTTE **c'est elle qui porte la culotte** sie hat die Hosen an

D

DURE **être élevé à la dure** streng erzogen werden

E

ÉCOLE **faire l'école buissonnière** *voir* **buissonnière**

ENCEINTE **être enceinte jusqu'aux yeux** hochschwanger sein

ENFANCE **retomber en enfance** (wieder) kindisch/zum Kind/wie die Kinder werden

ENFANT **ils vécurent heureux et eurent beaucoup d'enfants** und wenn sie nicht gestorben sind, dann leben sie noch heute

la vérité sort de la bouche des enfants *(prov.)* Kinder und Narren sagen die Wahrheit *(Sprichw.)*

les femmes et les enfants d'abord ! Frauen und Kinder zuerst!

2. LA FAMILLE, L'ENFANCE, L'ÉCOLE

    un enfant de l'amour ein Kind der Liebe
    un enfant naturel ein uneheliches Kind
ESPRIT   **l'esprit de famille** der Familiensinn
ÉVÉNEMENT   **attendre un heureux événement** ein freudiges Ereignis erwarten

F

FAMILLE   **c'est de famille** das liegt in der Familie
    la belle-famille die Schwiegereltern
    l'esprit de famille *voir* **esprit**
    un air de famille eine Familienähnlichkeit
    une fille/un fils de (bonne) famille eine Tochter/ein Sohn aus gutem Hause
FÉE   **une fée du logis** eine perfekte Hausfrau
FEMME   **ce que femme veut (Dieu le veut)** *(etwa)* wenn eine Frau sich etwas in den Kopf gesetzt hat, führt sie es auch durch
    les femmes et les enfants d'abord ! *voir* **enfant**
FIBRE   **avoir la fibre maternelle/paternelle** eine gute Mutter/ein guter Vater sein; eine gute Mutter/einen guten Vater abgeben
FILLE   **une vieille fille** ein spätes Mädchen; eine alte Jungfer
FILS   **être (bien) le fils de son père** ganz der Vater sein
    tel père, tel fils *(prov.)* wie der Vater, so der Sohn *(Sprichw.)*, der Apfel fällt nicht weit vom Stamm *(Sprichw.)*
FIN   **fin de race** überfeinert; dekadent; degeneriert
FOND   **ils ont usé leurs fonds de culottes sur les mêmes bancs (d'école)** sie haben die Schulbank miteinander gedrückt
FOSSÉ   **le fossé des générations** *voir* **conflit**

G

GARÇON   **enterrer sa vie de garçon** den Abschied von seinem Junggesellenleben (feuchtfröhlich) feiern
    un vieux garçon ein Hagedorn; ein älterer Junggeselle
GÂTEAU   **un papa/papy gâteau** ein herzensguter Opa

GOURME **jeter sa gourme** sich die Hörner abstoßen; sich austoben

GRAINE **c'est de la mauvaise graine** das ist eine verkommene Brut; das sind (richtige) Schlingel/Racker/Früchtchen

H

HERBE **pousser comme une mauvaise herbe** wachsen wie Unkraut

HEUREUX **ils vécurent heureux et eurent beaucoup d'enfants** voir **enfant**

J

JEU **jeux de mains, jeux de vilains** (prov.) (etwa) dieses Spiel/Raufen wird noch böse enden

JOJO **un affreux jojo** ein aufsässiges/ungezogenes/ungeratenes Kind

JOUR **voir le jour** das Licht der Welt erblicken

JUPE **être toujours dans les jupes de sa mère** an Mutters Rockzipfel hängen

L

LAPIN **c'est le mariage de la carpe et du lapin** voir **carpe**

LINGE **il faut laver son linge sale en famille** (etwa) seine schmutzige Wäsche sollte man nicht in der Öffentlichkeit waschen

---

"*jeter sa gourme*"

Dès le XIVe siècle, la gourme désigne une maladie de la gorge affectant la race chevaline. Jeter sa gourme consiste donc à donner dans l'impétigo, à « faire sa crise », laquelle comme chacun sait, dure de façon très variable selon les individus...

cf. GOURME

2. LA FAMILLE, L'ENFANCE, L'ÉCOLE

LIVRER **être livré à soi-même** sich selbst überlassen sein; auf sich selbst gestellt sein

LOGIS **être une fée du logis** *voir* **fée**

LUNE **la lune de miel** die Flitterwochen; der Honigmond

M

MAIN **demander la main de qqn.** um jmds. Hand anhalten

MAIRE **passer devant (monsieur) le maire** vor das Standesamt treten

MARIAGE **c'est le mariage de la carpe et du lapin** *voir* **carpe**
donner un coup de canif dans le contrat (de mariage) *voir* **canif**
faire un mariage d'amour eine Liebesheirat/Neigungsehe eingehen; aus Liebe heiraten
faire un mariage d'argent/d'intérêt eine Geldheirat eingehen; um des Geldes willen heiraten
faire un mariage de raison eine Vernunft-/Verstandesehe eingehen
mariage pluvieux, mariage heureux den Glücklichen regnet's ins Grab, dem Unglücklichen am Hochzeitstag (!)
un mariage blanc eine Scheinehe; eine (nicht vollzogene) Ehe, die nur auf dem Papier besteht

MEILLEUR **pour le meilleur et pour le pire** in guten und in schlechten Tagen

MÉNAGE **se mettre en ménage avec qqn.** mit jmdm. zusammenziehen
un ménage à trois eine Ménage à trois *(geh.)*; ein Dreiecksverhältnis

MÈRE **être une (vraie) mère poule** (wie) eine (richtige) Glucke sein

MIEL **la lune de miel** *voir* **lune**

MOITIÉ **ma (douce/tendre) moitié** meine bessere Hälfte

"*la lune de miel*"

Une peau de cannelle, des baisers sucrés, des paroles parfumées : les choses agréables touchent positivement nos cinq sens. Mais la lune, là-dedans ? Ne vexez pas les Pierrot, s'il vous plaît. Pour les anciens, les lunes figuraient les saisons, les périodes. En conséquence, la lune de miel représente la période sucrée d'une histoire d'amour.

cf. LUNE

P

PANTOUFLARD **être pantouflard** ein Pantoffelheld/Stubenhocker sein

PARTI **être un bon/beau parti** eine gute Partie sein

PÈRE **être (bien) le fils de son père** *voir* **fils**
tel père, tel fils *(prov.)* *voir* **fils**
un père peinard/tranquille ein Gemütsmensch

PIRE **pour le meilleur et pour le pire** *voir* **meilleur**

POLICHINELLE **avoir un polichinelle dans le tiroir** *voir* **ballon**

POPOTE **être popote** ein Heimchen am Herd/ein Hausmütterchen sein

POULE **être une (vraie) mère poule** *voir* **mère**
la poule ne doit pas chanter devant/avant le coq ; ce n'est pas à la poule de chanter devant le coq *voir* **coq**

POURRIR **être pourri** verkommen/verdorben/verzogen sein

R

RACE **être fin de race** *voir* **fin**

RECTANGLE **le rectangle blanc** *voir* **carré**

REDORER **redorer son blason** *voir* **blason**

RETOMBER **retomber en enfance** *voir* **enfance**

S

SANG **bon sang ne peut/ne saurait mentir** *(prov.)* der Apfel fällt nicht weit vom Stamm *(Sprichw.)*

SCÈNE **une scène de ménage** ein Ehekrach

SÉCHER **sécher un cours ; sécher l'école** *voir* **buissonnière**

SEXE **le beau sexe** das schöne Geschlecht
le sexe faible das schwache Geschlecht

SITUATION **être dans une situation intéressante** *voir* **ballon**

2. LA FAMILLE, L'ENFANCE, L'ÉCOLE

T

TENIR **il a de qui tenir** er ist nicht aus der Art geschlagen; das hat er nicht gestohlen

TESTAMENT **coucher qqn. sur son testament** *voir coucher*

V

VÉRITÉ **la vérité sort de la bouche des enfants** *voir enfant*
VOLER **voler de ses propres ailes** *voir ailes*

L'AMOUR, LES AMIS, L'ACCORD

*Cœurs d'artichaut, bourreaux des cœurs
et jolis cœurs (la liste n'est pas exhaustive…),
ceci vous concerne! Que vous souhaitiez
faire un brin de cour,
aller au septième ciel ou, simplement,
être dans les bonnes grâces de quelqu'un,
ces quelques pages vous aideront
à avoir la cote auprès de vos amis.*

3. L'AMOUR, LES AMIS, L'ACCORD

A

ABONDER **abonder dans le sens de qqn.** jmdm. voll und ganz beipflichten; ganz jmds. Meinung sein/jmds. Meinung teilen; völlig mit jmdm. übereinstimmen

AFFAIRE **être une affaire (au lit)** gut im Bett sein; eine heiße Nummer sein

AILE **prendre qqn. sous son aile** jmdn. unter seine Fittiche nehmen

AIMER **quand on aime, on a toujours vingt ans** *(etwa)* die Liebe hält jung
qui aime bien châtie bien *(prov.)* wer mit der Rute spart, verzieht das Kind *(Sprichw.)*

AIR **s'envoyer en l'air** bumsen *(derb)*; vögeln *(derb)*; ficken *(derb)*

ÂME **l'âme sœur** der/die Seelenverwandte

AMI **être amis à la vie, à la mort** Freunde fürs Leben sein; Freunde auf Leben und Tod sein
être les meilleurs amis du monde die (aller) besten Freunde sein; unzertrennlich sein
les amis de mes amis sont mes amis die Freunde meiner Freunde sind (auch) meine Freunde
un(e) petit(e) ami(e) ein Freund *bzw.* eine Freundin

AMITIÉ **se lier d'amitié avec qqn.** mit jmdm. Freundschaft schließen; sich mit jmdm. anfreunden

AMOUR **ce n'est pas/plus de l'amour, c'est de la rage !** das ist keine Liebe (mehr), das ist der helle/reinste Wahnsinn!

❝s'envoyer en l'air❞

À première vue, il semblerait que cette expression soit consacrée aux sportifs qui, au moment de la conjonction passionnée des corps, bondissent de joie à des hauteurs olympiques, d'où l'expression « sauter ». En dépit de l'état de certains sommiers après le passage du cyclone « amour », il faut trouver le sens débridé de ce gymkhana dans un agréable phénomène physiologique. Lorsque la « petite mort » nous emmène au septième ciel, voici que nous délaissons un instant nos enveloppes terrestres pour nous envoler. Toutes nos excuses aux anges qui, paraît-il, en sont verts de jalousie.

cf. AIR

faites l'amour, pas la guerre make love, not war; macht Liebe, nicht Krieg
filer le parfait amour im siebten Himmel sein/schweben
l'amour avec un grand A die große Liebe
l'amour est aveugle Liebe macht blind
l'amour fait tourner le monde (etwa) die Liebe macht das Leben erst lebenswert
le grand amour die große Liebe
vivre d'amour et d'eau fraîche von Luft und Liebe leben

APPEL **un appel du pied** ein Wink mit dem Zaunpfahl

ARME **faire taire les armes** das Kriegsbeil begraben; den Streit beilegen; Frieden schließen
rendre/déposer les armes die Waffen niederlegen

ASCENSEUR **renvoyer l'ascenseur à qqn.** jmdm. einen Gefallen erwidern

ATOME **avoir des atomes crochus avec qqn.** sich (auf Anhieb) gut mit jmdm. verstehen

AVANCE **faire des avances à qqn.** jmdm. Avancen machen

AVENTURE **une aventure sans lendemain/d'une nuit** ein One-Night-Stand; ein flüchtiges sexuelles Abenteuer

B

BAGATELLE **être porté sur la bagatelle** Sex mögen; geil/scharf/heiß sein (derb)

BATTRE **battre le rappel (de ses amis)** (seine Freunde) zusammentrommeln/um sich sammeln/scharen

BEAU **faire qqch. pour les beaux yeux de qqn.** jmdm. zuliebe etwas tun

BÉGUIN **avoir le béguin pour qqn.** für jmdn. schwärmen; in jmdn. verliebt sein; in jmdn. verknallt/verschossen sein (Jugendspr.)

"*faites l'amour, pas la guerre*"

Ce slogan pacifiste s'est développé avec la vague hippie, le mouvement Flower Power *des années 60 et la guerre du Vietnam. Il correspondait à une double aspiration des jeunes contestataires de l'époque : l'amour libre, sans entraves et la sympathique utopie d'une société libertaire et non violente.*

cf. AMOUR

3. L'AMOUR, LES AMIS, L'ACCORD

BERCEAU **les prendre au berceau** *(etwa)* sich (mit Vorliebe) eine Jüngere/einen Jüngeren angeln; auf (sehr viel) jüngere Frauen/Männer stehen; ein Verhältnis mit einer jüngeren Frau/einem jüngeren Mann haben

BESOIN **c'est dans le besoin que l'on (re)connaît ses vrais amis** *(prov.)* Freunde erkennt man in der Not *(Sprichw.)*
on a toujours besoin d'un plus petit que soi *(etwa)* der Große braucht oft den so verachteten Kleinen

BÊTE **une bête (de sexe)** ein Tier (im Bett); ein toller Hecht (im Bett); ein Sexbulle

BIEN **penser le plus grand bien de qqn.** große Stücke/viel von jmdm. halten; jmdn. sehr schätzen

BIJOU **les bijoux de famille** der Familienschmuck

BILLET **un billet doux** ein Liebesbrief

BOIS **ne pas être de bois** nicht aus Holz sein; auch nur ein Mensch sein

BON **une atmosphère bon enfant** eine freundliche/angenehme Atmosphäre

BONNE **avoir qqn. à la bonne** jmdn. mögen/gern haben; jmdn. gut leiden können; jmdn. sympathisch finden

BONNET **opiner du bonnet** sich einverstanden erklären; (durch Kopfnicken) zustimmen

BOTTE **proposer la botte à qqn.** jmdm. ein unzweideutiges Angebot machen

BOURREAU **être un bourreau des cœurs** ein Herzensbrecher sein

BRANCHE **vieille branche** *(Anrede)* alter Freund; altes Haus, alter Kumpel/Knabe

BRAS **accueillir qqn. à bras ouverts** jmdn. mit offenen Armen aufnehmen/empfangen
aller bras dessus, bras dessous avec qqn. Arm in Arm gehen; ein-/untergehakt gehen

BRIN **faire un brin de cour à qqn.** mit jmdm. flirten/schakern

C

ÇA **ne penser qu'à ça** *voir* **bagatelle**

CADEAU **les petits cadeaux entretiennent l'amitié** kleine Geschenke erhalten die Freundschaft

CALUMET **fumer le calumet de la paix** *voir* **arme : faire taire les armes**

CANAPÉ **promotion canapé** *(etwa)* sich nach oben schlafen

CAPOTE **une capote (anglaise)** ein Pariser; ein Präser; ein Gummi; ein Überzieher

CAUSE **mettre qqn. hors de cause** jmdn. von jedem Verdacht freisprechen

prendre fait et cause pour qqn. für jmdn. Partei ergreifen; sich für jmdn. einsetzen; zu jmdm. halten; jmdm. die Stange halten

CENTUPLE **rendre au centuple** etwas hundertfach zurückzahlen

CHACUN **(à) chacun sa chacune** jeder Hans findet seine Grete

CHAIR **la chair est faible** das Fleisch ist schwach

CHAMADE **mon cœur bat la chamade** mein Herz schlägt bis zum Hals; ich habe wahnsinniges Herzklopfen

CHANDELLE **devoir une fière chandelle à qqn.** jmdm. viel/einiges/eine ganze Menge zu verdanken haben
tenir la chandelle das fünfte Rad am Wagen sein

CHAPEAU **tirer son chapeau à qqn.** vor jmdm. den Hut ziehen

CHARGE **à charge de revanche** unter der Bedingung, daß ich mich revanchieren darf

CHARME **être/tomber sous le charme de qqn.** jmds. Charme erliegen; von jmdm. fasziniert/gefesselt sein; in jmds. Bann stehen
faire du charme à qqn. jmdn. bezirzen; mit jmdm. flirten

CHAUSSURE **chacun trouve chaussure à son pied** *(prov.)* jeder Topf findet seinen Deckel *(Sprichw.)*

CHEF **opiner du chef** *voir* **bonnet**

CHEMIN **remettre qqn. dans/sur le droit chemin** jmdn. auf den rechten Weg führen

"*mon cœur bat la chamade*"

L'assaut est terminé. Les remparts de la ville sont tombés. Voici que retentit, dans l'air saturé de fumées et des cris des blessés et des agonisants, un lourd appel de tambours et de trompettes. C'est la chamade, qui propose la trêve ou la capitulation. Quand le cœur bat la chamade, l'angoisse ou l'émotion sont toujours de la partie.

cf. CHAMADE

3. L'AMOUR, LES AMIS, L'ACCORD

CHEVALIER **un chevalier servant** ein ständiger/treuer Begleiter

CHOSE **être porté sur la chose** *voir bagatelle*

CIEL **être au septième ciel** im siebten Himmel sein; auf Wolke sieben schweben

COCHON **dans tout homme, il y a un cochon qui sommeille** Männer sind Schweine *(hum.)*; Männer wollen immer nur das eine
être copains comme cochons dicke Freunde sein

CŒUR **avoir un cœur d'artichaut** sich im Handumdrehen verlieben
briser le cœur de qqn. jmdm. das Herz brechen
connaître qqn. par cœur jmdn. in- und auswendig/ durch und durch kennen
être un bourreau des cœurs *voir bourreau*
faire le joli cœur den Charmeur spielen
mon cœur bat la chamade *voir chamade*
un cri du cœur ein Aufschrei des Herzens

COINCER **être coincé** verklemmt/gehemmt/blockiert sein

CONFIANCE **avoir une confiance aveugle en qqn.** jmdm. blind vertrauen

CONFIDENCE **des confidences sur l'oreiller** Bettgeflüster

CONNAÎTRE **connaître qqn. comme si on l'avait fait** *voir (connaître qqn. par) cœur*

CORPS **faire corps avec qqn.** eine Einheit bilden mit jmdm.; eins sein mit jmdm.; fest verschmolzen sein mit jmdm.

COTE **avoir la cote avec qqn.** bei jmdm. hoch im Kurs stehen

COU **sauter au cou de qqn.** jmdm. um den Hals fallen

COUCHER **coucher à gauche et à droite** rumbumsen *(derb)*; mit jedem/jeder ins Bett gehen/steigen; es mit jedem/jeder treiben *(derb)*
elle couche, elle ? ist die leicht zu haben?; läßt sich die leicht flachlegen?; ist bei der was zu machen?

COUDE **se serrer les coudes** zusammenhalten; durch dick und dünn gehen

COUP **être un bon coup** *voir affaire*
un coup de foudre Liebe auf den ersten Blick

COUR **faire la cour à qqn.** *voir charme*
faire un brin de cour à qqn. *voir brin*

COUREUR **un coureur de jupons** ein Schürzenjäger; ein Casanova; ein Frauen-/Weiberheld

COURIR **courir le cotillon** hinter jeder Schürze hersein *(veralt.)*; den Weibern nachlaufen
courir le jupon *voir courir (le cotillon)*

COUVERT **remettre le couvert** noch einmal Liebe machen/miteinander schlafen

CUISSE **avoir la cuisse légère/hospitalière/gaie/facile** (*Frau*) nach allen Seiten offen sein; gleich zur Sache kommen; gleich die Beine breit machen; mit jedem gleich ins Bett gehen/steigen; es mit jedem treiben (*derb*)

CUL **être comme cul et chemise** voir *cochon*

CUTI **virer sa cuti** seine Unschuld verlieren *bzw.* seine Homosexualität entdecken

D

DÉPAYSER **pas trop dépaysé** in vertrauter Umgebung; im Kreise vertrauter Menschen; unter Bekannten/Freunden

DIAPASON **se mettre au diapason de qqn.** sich auf jmdn. einstellen

DOCTEUR **jouer au docteur** Doktorspiele spielen

DOIGT **être comme les deux doigts de la main/d'une seule main** voir *cochon*

E

ÉCHANGE **c'est un échange de bons procédés** hilfst du mir, so helf' ich dir; eine Liebe ist der anderen wert (*Sprichw.*)

ÉCHELLE **faire la courte échelle à qqn.** jmdm. Hilfestellung leisten; jmdn. unterstützen

ÉLOGE **ne pas tarir d'éloges au sujet de qqn.** jmdn. in den höchsten Tönen loben

ENFANT **(une atmosphère) bon enfant** voir *bon*

ENTENDEUR **à bon entendeur, salut** (*prov.*) wer Ohren hat zu hören, der höre (*Sprichw.*)

ENTENDRE (S') **bien s'entendre avec qqn.** sich mit jmdm. gut verstehen/vertragen

s'entendre comme larrons en foire voir *cochon*

ÉPINE **tirer/ôter à qqn. une épine du pied** jmdm. aus der Klemme/Patsche helfen

ÉPONGE **passons l'éponge !** Schwamm drüber!

ESTAMPE **venez voir mes estampes japonaises** (*hum.*) (*etwa*) soll ich Ihnen meine Briefmarkensammlung zeigen? (*hum.*)

ÊTRE **en être** vom anderen Ufer sein; schwul sein

3. L'AMOUR, LES AMIS, L'ACCORD

F

FAIBLE **avoir un (petit) faible pour qqn.** eine Schwäche/ein Faible für jmdn. haben

FAIRE (SE) **se faire qqn.** jmdn. flachlegen *(derb)*; jmdn. rannehmen *(derb)*; es jmdm. besorgen *(derb)*; es mit jmdm. treiben *(derb)*

FAIT **prendre fait et cause pour qqn.** *voir cause*

FARCIR (SE) **se farcir qqn.** *voir faire*

FAVEUR **un traitement/un régime de faveur** eine bevorzugte Behandlung

FLAMME **déclarer sa flamme à qqn.** jmdm. eine Liebeserklärung machen

FLEUR **être fleur bleue** romantisch/sentimental sein
faire une fleur à qqn. jmdm. einen großen Gefallen tun; jmdm. einen großen Dienst erweisen
perdre sa fleur seine Unschuld verlieren

FLEURETTE **conter fleurette** Süßholz raspeln; schöntun; schmeicheln; Schmeicheleien/schöne Worte sagen

FOLIE **faire des folies de son corps** *(Frau)* ein Spielkätzchen sein; nichts anbrennen lassen

FOLLE **une folle** eine Tunte *(pej.)*; eine Schwuchtel *(pej.)*

FOUDRE **un coup de foudre** *voir coup*

FRAISE **aller aux fraises** *(hum.)* (für ein Schäferstündchen) in den Wald gehen

G

GALIPETTE **faire des galipettes** eine Nummer machen/schieben *(derb)*

GENRE **les blondes, c'est pas mon genre** ich steh' nicht auf Blondinen; Blondinen sind nicht mein Ding

GRÂCE **être dans les bonnes grâces de qqn.** bei jmdm. in der Gunst stehen; bei jmdm. gut angeschrieben sein
faire grâce de qqch. à qqn. jmdm. etwas ersparen; jmdn. mit etwas verschonen
trouver grâce auprès/aux yeux de qqn. vor jmdm./vor jmds. Augen Gnade finden

GRÉ **savoir gré à qqn. de (faire) qqch.** jmdm. verbunden/dankbar für etwas sein

GRINGUE **faire du gringue à qqn.** *voir charme*

GUILLEDOU **courir le guilledou** auf galante Abenteuer aussein *(veralt.)*

H

HABITER **vous habitez chez vos parents ?** *(Anmache)* haben wir uns nicht schon irgendwo gesehen?; kennen wir uns nicht?; kommen Sie öfter hierher?

HACHE **enterrer la hache de guerre** *voir* **(faire taire les) armes**

HANTER **dis-moi qui tu hantes, je te dirai qui tu es** sage mir, mit wem du umgehst, und ich sage dir, wer du bist

HEUREUX **heureux au jeu, malheureux en amour** *(prov.)* Glück im Spiel, Pech in der Liebe *(Sprichw.)*

I

INTELLIGENCE **vivre en bonne intelligence avec qqn.** mit jmdm. in gutem Einvernehmen leben

J

JALOUX **être jaloux comme un tigre** schrecklich/wahnsinnig/tierisch eifersüchtig sein

JAQUETTE **être de la jaquette (flottante)** andersherum/linksherum sein

JEU **heureux au jeu, malheureux en amour** *(prov.)* *voir* **heureux**

JOUE **tendre l'autre joue** (auch) die andere Wange/Backe hinhalten

JUPON **être un coureur de jupons** *voir* **coureur**

JUSTE **tout juste, Auguste !** ganz genau!; sehr richtig!

"être de la jaquette (flottante)"
"être pédé comme un phoque"

La jaquette flottante se portait ouverte à l'arrière. L'allusion est donc éloquente. Il n'en va pas de même des phoques qui n'ont rien à voir dans l'affaire, puisqu'il s'agit d'un usage détourné du mot « foc », une voile qui prend le vent par l'arrière.

cf. JAQUETTE, cf. PÉDALE

3. L'AMOUR, LES AMIS, L'ACCORD

L

LAPIN **poser un lapin à qqn.** jmdn. versetzen
un chaud lapin ein geiler Bock *(derb)*

LARRON **s'entendre comme larrons en foire** *voir cochon*

LIER (SE) **se lier d'amitié avec qqn.** *voir amitié*

LONGUEUR **être sur la même longueur d'onde** auf der gleichen Wellenlänge liegen

M

MAIN **avoir la main baladeuse** ein Grabscher/Fummler sein
donner un coup de main ; prêter main forte à qqn. jmdm. an die Hand gehen
faire manger qqn. dans sa main jmdn. um den (kleinen) Finger wickeln; jmdn. soweit bringen, daß er einem aus der Hand frißt
mettre la main au panier à qqn. jmdn. an den Po/Hintern fassen, jmdn. in den Po kneifen

MARIE **une Marie couche-toi là** ein Flittchen; ein leichtfertiges Frauenzimmer

MARINER **vous marinez chez vos harengs ?** *(hum.)* *voir habiter*

MÉNAGE **faire bon ménage avec qqn.** mit jmdm. gut auskommen/können

MERLE **trouver le merle blanc** *(etwa)* den Richtigen/die Richtige finden; den Mann/die Frau seines Lebens finden

MISE **sauver la mise à qqn.** jmdn. aus finanziellen Schwierigkeiten/aus einer Notlage helfen; jmdm. unter die Arme greifen

MOITIÉ **sa (tendre) moitié** seine/ihre bessere Hälfte

MORAL **remonter le moral à qqn.** jmdn. aufmuntern/-heitern

MORCEAU **recoller les morceaux** *(Beziehung)* wieder flicken/kitten

N

NATURE **payer en nature** in Naturalien/natura bezahlen

NOM **s'appeler par son petit nom** jmdn. beim Vornamen nennen; jmdn. mit dem Vornamen anreden

NUE **porter qqn. aux nues** jmdn. in den Himmel heben

O

ODEUR être en odeur de sainteté auprès de qqn. *voir* **grâce**

ŒIL *voir aussi* **yeux**
couver/observer qqn. d'un œil jaloux ein wachsames Auge auf jmdn. haben; jmdn. ständig im Auge behalten; jmdn. nicht aus den Augen lassen
faire de l'œil à qqn. jmdm. Blicke zuwerfen; jmdm. zuzwinkern
se rincer l'œil Stielaugen machen; sich die Augen ausgucken
taper dans l'œil de qqn. jmdm. ins Auge/in die Augen stechen

OIGNON **soigner qqn. aux petits oignons** jmdn. hätscheln; jmdn. hegen und pflegen; jmdn. liebevoll umsorgen; sich rührend um jmdn. kümmern

OISEAU **trouver l'oiseau rare** *voir* **merle**

OPINER **opiner du bonnet/chef** *voir* **bonnet**

OREILLER **des confidences sur l'oreiller** *voir* **confidence**

P

PAIRE **les deux font la paire** die beiden passen (wunderbar) zusammen; die beiden sind aus dem gleichen Holz geschnitzt

PAPIER être dans les petits papiers de qqn. *voir* **grâce : bonnes grâces**

PAPOUILLE **faire des papouilles à qqn.** jmdn. tätscheln; jmdn. befummeln

PARTIE **avoir partie liée avec qqn.** eng mit jmdm. verbunden sein; gemeinsame Interessen mit jmdm. haben
faire une partie carrée Gruppensex zu viert (mit Partnertausch) machen
une partie de jambes en l'air ; une partie de traversin Bettspiele; Liebesspiele/-spielchen; Matratzensport; Sexgymnastik; Sexperimente; eine Partie Lochbillard (derb)

PATIN **rouler un patin à qqn.** jmdm. einen Zungenkuß geben

PAYS être en pays de connaissance *voir* **dépaysé**

PEAU **avoir qqn. dans la peau** verrückt nach jmdn. sein; jmdm. mit Leib und Seele/mit Haut und Haaren verfallen sein

3. L'AMOUR, LES AMIS, L'ACCORD

PÉDALE   être de la pédale, être pédé comme un phoque   *voir jaquette*

PELLE   rouler une pelle à qqn.   *voir patin*

PERCHE   **tendre la perche à qqn.**   jmdm. nachhelfen; jmdn. unterstützen; jmdm. Hilfestellung leisten

PERDRE   **un(e) de perdu(e), dix de retrouvé(e)s**   für eine verlorene Liebe finden sich zehn andere; andere Mütter haben auch schöne Kinder

PERLE   **trouver la perle rare**   mit jmdm. einen Glücksgriff getan haben; eine Perle/ein Juwel gefunden haben

PENSER   ne penser qu'à ça   *voir bagatelle*

PEU   **un peu, beaucoup, passionnément, pas du tout**   ein wenig, von Herzen, mit Schmerzen, gar nicht

PIED   **faire du pied à qqn.**   mit jmdm. füßeln
prendre son pied   kommen; einen Orgasmus haben; etwas davon haben
sur un pied d'égalité   auf gleichem Fuß; auf gleicher Ebene
un appel du pied   *voir appel*

PINACLE   porter qqn. au pinacle   *voir nues*

PINCER   en pincer pour qqn./être pincé   *voir béguin*

PLACE   **se mettre à la place de qqn.**   sich in jmds. Lage/an jmds. Stelle versetzen; sich in jmdn. hineinversetzen

PLAT   **faire du plat à qqn.**   jmdn. (plump) anmachen/-baggern/-graben; jmdn. (dumm) von der Seite anquatschen

PLATEAU   **apporter qqch. à qqn. sur un plateau (d'argent)**   jmdm. etwas auf einem silbernen Tablett servieren

POCHE   **mettre qqn. dans sa poche**   *voir (faire manger qqn. dans sa) main*

POIDS   **ôter un poids à qqn.**   jmdm. einen Stein vom Herzen nehmen

POIRE   **couper la poire en deux**   sich auf halbem Weg entgegenkommen; einen Kompromiß finden

PRÊTÉ   **c'est un prêté pour un rendu**   hilfst du mir, so helf' ich dir

PROMOTION   promotion canapé   *voir canapé*

PRUNELLE   **tenir à qqn. comme à la prunelle de ses yeux**   jmdn. wie seinen Augapfel hüten

Q

QUATRE **j'en ferais bien mon quatre heures !** den/die würde ich zu gern vernaschen!
il fait ses quatre volontés er gibt allen ihren Launen nach; er tanzt nach ihrer Pfeife
se mettre en quatre pour qqn. sich für jmdn. zerreißen/umbringen; sein möglichstes für jmdn. tun

R

RABIBOCHER (SE) **se rabibocher (avec qqn.)** sich wieder (miteinander) versöhnen

RACCOMMODER (SE) **se raccommoder (avec qqn.)** voir *rabibocher*
se raccommoder sur l'oreiller sich im Bett wieder (miteinander) versöhnen; es im Bett wiedergutmachen

RAGE **ce n'est pas/plus de l'amour, c'est de la rage !** voir *amour*

RAIL **remettre qqch./qqn. sur les/des rails** etwas/jmdn. wieder hoch/in Schwung bringen

RANCARD **avoir (un) rancard avec qqn. ; rancarder qqn.** eine Verabredung mit jmdm. haben; mit jmdm. verabredet sein

RANCUNE **sans rancune !** nichts für ungut!

RAPPEL **battre le rappel (de ses amis)** voir *battre*

RAYON **être le rayon de soleil de qqn.** jmds. Sonnenschein/-strahl sein

RÉGIME **un régime de faveur** voir *faveur*

REMONTER **remonter le moral à qqn.** voir *moral*

RENDEZ-VOUS **avoir un rendez-vous galant** ein Rendezvous haben

RENDU **c'est un prêté pour un rendu** voir *prêté*

RENTRE-DEDANS **faire du rentre-dedans à qqn.** jmdn. plump anmachen/-baggern/-graben

REVANCHE **à charge de revanche** voir *charge*

ROULER **rouler un patin/une pelle à qqn.** voir *patin*

RUISSEAU **tirer qqn. du ruisseau** jmdn. aus der Gosse/aus dem Rinnstein ziehen

3. L'AMOUR, LES AMIS, L'ACCORD

S

SAINTETÉ être en odeur de sainteté auprès de qqn. *voir **grâce***

SAUVER **sauver la mise à qqn.** *voir **mise***

SECOURS **voler au secours de qqn.** jmdm. zu Hilfe eilen

SENS **abonder dans le sens de qqn.** *voir **abonder***

SENTIMENT **revenir à de meilleurs sentiments** sich wieder mit jmdm. versöhnen; wieder gut mit jmdm. sein

SOIGNER **soigner qqn. aux petits oignons** *voir **oignon***

SOIN **être aux petits soins pour/avec qqn.** jmdm. jeden Wunsch von den Augen ablesen; jmdm. nicht von der Seite weichen; jmdn. von vorn und hinten bedienen

SOUPIRER **soupirer pour qqn.** nach jmdm. schmachten; sich nach jmdm. sehnen/verzehren *(veralt.)*

T

TABLEAU **un tableau de chasse** Liste der Eroberungen/Erfolge (bei den Frauen)

TANTE; TANTOUZE; TATA **une tante ; une tantouze ; une tata** ein Schwuler; ein warmer Bruder; ein Homo; eine Tante

TEMPÉRAMENT **avoir du tempérament** sinnlich/heißblütig/rassig/temperamentvoll sein

TERRAIN **trouver un terrain d'entente** eine Verständigungsgrundlage finden; etwas auf einen gemeinsamen Nenner bringen

TÊTE **faire tourner la tête à qqn.** jmdm. den Kopf verdrehen

se jeter à la tête de qqn. sich jmdm. an den Hals werfen

TICKET **avoir un ticket avec qqn.** bei jmdm. einen Stein im Brett haben; bei jmdm. eine große/dicke/Nummer haben

TIGRE **être jaloux comme un tigre** *voir **jaloux***

TOUCHE **faire/avoir une touche avec qqn.** *voir **ticket***

TOUCHER **jouer à touche-pipi** *voir **docteur***

TRAITEMENT **un traitement de faveur** *voir **faveur***

TRAVERSIN **une partie de traversin** *voir **partie (de jambes en l'air)***

TU **être à tu et à toi avec qqn.** auf du und du mit jmdm. stehen

U

UN   **un pour tous, tous pour un**   einer für alle, alle für einen

V

VIVRE   **vivre d'amour et d'eau fraîche**   *voir* **amour**
VOIE   **mettre qqn. sur la voie**   jmdm. auf die Sprünge helfen
VOILE   **être à voile et à vapeur**   bi(sexuell) sein
VOLER   **voler au secours de qqn.**   *voir* **secours**
VOLONTÉ   **faire les quatre volontés de qqn.**   *voir* **quatre**
VUE   **avoir des vues sur qqn.**   ein Auge auf jmdn. geworfen haben; Absichten auf jmdn. haben

Y

YEUX   **entre quat-z-yeux**   unter vier Augen
  faire des yeux de merlan frit à qqn   jmdn. anglotzen/-stieren
  faire les yeux doux/les yeux de velours à qqn.   jmdm. schöne Augen machen; jmdm. verliebte Blicke zuwerfen
  faire qqch. pour les beaux yeux de qqn.   *voir* **beaux**
  loin des yeux, loin du cœur *(prov.)*   aus den Augen, aus dem Sinn *(Sprichw.)*

   "*un pour tous, tous pour un !*"

Devise créée par Alexandre Davy de la Pailletterie, alias Alexandre Dumas Père. Ce serment et cri de guerre ralliait les trois mousquetaires qui étaient quatre et fut repris ultérieurement par nombre de groupes, partis et régiments. Notons aussi que Paul Féval, autre écrivain de cape et d'épée créa, lui, le célèbre « Si tu ne viens pas à Lagardère, Lagardère ira à toi ! ».

cf. UN

LES ENNEMIS, LES CONFLITS, LE DÉSACCORD

Et voilà Jupiter tonnant, avec ses éclairs
de rhétorique et ses traits acerbes.
Si l'on vous tape sur les nerfs,
montrez aux emm… comment vous
vous appelez, remontez-leur les bretelles ou,
s'il le faut, rentrez-leur dans le chou.
Ça leur fera les pieds.
En français comme en allemand.

A

ACCROCHER **tu peux toujours te l'accrocher** das kannst du in den Schornstein/Kamin schreiben; das kannst du dir abschminken

AFFAIRE **faire son affaire à qqn.** jmdm. einen Denkzettel verpassen; mit jmdm. abrechnen

AILE **couper les ailes à qqn.** jmdm. die Flügel beschneiden/stutzen

AMOUR **ce n'est pas le grand amour/l'amour fou (entre eux)** sie lieben sich nicht gerade heiß und innig

ÂNE **le coup de pied de l'âne** das ist ein Eselstritt (= *nachträglicher Schlag gegen jmdn., dessen Niederlage bereits feststeht*)

APPELER (S') **montrer à qqn. comment on s'appelle** jmdm. zeigen, mit wem er's zu tun hat

ARME **faire parler les armes** die Waffen sprechen lassen
passer qqn. par les armes jmdn. erschießen; jmdn. (durch Erschießen) hinrichten

ASCENSEUR **renvoyer l'ascenseur à qqn.** jmdm. etwas heimzahlen

ASSEOIR (S') **tu peux toujours t'asseoir dessus** *voir accrocher*

B

BAFFE **flanquer une baffe à qqn.** jmdm. eine Ohrfeige geben; jmdm. eine klatschen/kleben/schmieren/verpassen/runterhauen
se ramasser des baffes eine geklatscht/geklebt/geschmiert/verpaßt bekommen/kriegen

BALLE **une balle perdue** eine verirrte Kugel

BANNIÈRE **se ranger sous la bannière de qqn.** sich jmdm. anschließen; unter jmds. Banner kämpfen

BARBE **rire à la barbe de qqn.** jmdm. ins Gesicht lachen

BARDER **ça va barder !** gleich kracht's/knallt's!; gleich setzt's was ab!; gleich gibt's ein Donnerwetter!

BAROUD **un baroud d'honneur** ein Scheingefecht; ein symbolischer Kampf; ein aussichtsloser Kampf (zur Ehrenrettung)

BAS **mettre qqn. plus bas que terre** jmdn. nieder-/runtermachen; kein gutes Haar an jmdm. lassen; jmdn. wie (den letzten) Dreck behandeln

4. LES ENNEMIS, LES CONFLITS, LE DÉSACCORD

BASKET **lâcher les baskets de qqn.** jmdn. in Ruhe/in Frieden/zufrieden lassen

BATAILLE **une bataille rangée** eine Straßenschlacht; ein Handgemenge

BÂTON **mettre des bâtons dans les roues à qqn.** jmdm. Knüppel zwischen die Beine werfen; jmdm. Steine in den Weg legen

BEC **avoir une prise de bec avec qqn.** mit jmdm. (heftig) aneinandergeraten; sich mit jmdm. in die Haare kriegen; mit jmdm. in die Wolle geraten; sich mit jmdm. in der Wolle liegen

clouer le bec à qqn. jmdm. den Mund/das Maul (derb) stopfen

BÊTE **être la bête noire de qqn.** ein rotes Tuch für jmdn. sein; jmdm. ein Greuel sein; jmdm. ein Dorn im Auge sein

BÉTON **laisse béton !** laß gut sein!; vergiß es!

BIEN **grand bien lui fasse** na, dann viel Spaß/Vergnügen! (iron.)

ne pas penser que du bien de qqn. nicht viel von jmdm. halten; jmdn. nicht besonders schätzen

BLAIRER **ne pas (pouvoir) blairer qqn.** jmdn. nicht riechen können; jmdn. (auf den Tod) nicht ausstehen können

BLOC **faire bloc contre qqn.** sich gegen jmdn. zusammenschließen; eine geschlossene Front gegen jmdn. bilden

BOIS **montrer à qqn. de quel bois on se chauffe** voir **appeler**

BONBON **casser les bonbons à qqn.** jmdn. auf den Wecker/den Geist/den Keks/die Nerven gehen/fallen

BOND **faire faux bond à qqn.** jmdn. versetzen

BOUC **un bouc émissaire** ein Sündenbock

BOUCHÉE **ne faire qu'une bouchée de qqn.** mit jmdm. kurzen Prozeß machen

---

"un baroud d'honneur"

Pour les Berbères du Sud du Maroc, le barud, *c'est de la poudre explosive. Par extension, le mot exprime l'idée d'une explosion finale signant un ultime combat symbolique. Notons que la langue française n'est pas avare de mots « exotiques » provenant de l'ancien Empire ; tels que « baraka » (cf. chapitre 5), « fissa » (cf. chapitre 14) et autres « bled » (cf. chapitre 16).*

cf. BAROUD

BOUE **traîner qqn. dans la boue** jmdn. durch den/in den Dreck ziehen; jmdn. mit Schmutz bewerfen

BOULET **tirer à boulets rouges sur qqn.** jmdn. heftig aufs Korn/unter Beschuß nehmen; jmdn. heftig/schonungslos angreifen

BOURRIQUE **faire tourner qqn. en bourrique** jmdn. ganz irremachen; jmdn. (noch) in die Klapsmühle/ins Irrenhaus bringen

BOUT **pousser qqn. à bout** jmdn. aus dem Häuschen bringen; jmdn. an den Rand der Verzweiflung bringen

BRANCARD **ruer dans les brancards** sich sträuben; sich widersetzen

BRANLE-BAS **sonner le branle-bas de combat** klarmachen zum Gefecht

BRAS **saisir qqn. à bras-le-corps** jmdn. fest umschlingen; jmdm. fest um den Leib fassen
tomber sur qqn. à bras raccourcis sich mit aller/voller Wucht auf jmdn. stürzen

BRETELLE **remonter les bretelles à qqn.** jmdm. die Leviten lesen; jmdm. eine Standpauke halten

BRISER **il me les brise** er geht/fällt mir auf den Sack (*derb*)

BROSSER (SE) **tu peux toujours te brosser** *voir **accrocher***

BROUILLER **être brouillé (avec qqn.)** (mit jmdm.) verkracht sein; Krach/Streit/Stunk (mit jmdm.) haben

BRUIT **un bruit de bottes** Säbelgerassel

C

CADEAU **ne pas faire de cadeau à qqn.** jmdm. nichts schenken/ersparen

CAMOUFLET **recevoir un camouflet de qqn.** von jmdm. vor den Kopf gestoßen werden; von jmdm. gekränkt/brüskiert werden

CAQUET **rabattre le caquet à qqn.** *voir (clouer le) bec*

CARMAGNOLE **faire danser la carmagnole à qqn.** jmdn. über die Klinge springen lassen

CARTE **rayer qqn./qqch de la carte** jmdn./etwas beseitigen/auf die Seite schaffen; jmdn. umlegen; etwas aus der Welt schaffen

CARTON **faire un carton** auf etwas/jmdn. schießen

CASSE-PIPES **aller au casse-pipes** in den Krieg/an die Front gehen

4. LES ENNEMIS, LES CONFLITS, LE DÉSACCORD

CAUSE **mettre qqn. en cause** jmdn. (mit) hineinziehen in etwas; jmdn. in etwas verwickeln

CAUSER **cause toujours, tu m'intéresses !** red du nur!; das kannst du deiner Großmutter erzählen!

CENDRE **couver sous la cendre** (unter der Oberfläche) schwelen

CHAIR **de la chair à canon** Kanonenfutter

CHAR **arrête ton char (Ben Hur) !** nun komm/steig mal von deinem hohen Roß herunter!

CHAT **à bon chat bon rat** *(prov.)* wie du mir, so ich dir *(Sprichw.)*; Wurst wider Wurst *(Sprichw.)*

CHAUFFER **ça va chauffer !** *voir* **barder**

CHAUSSETTE **laisser tomber qqn. comme une vieille chaussette** jmdn. fallenlassen wie eine heiße Kartoffel

CHERCHER **quand on me cherche, on me trouve !** *(etwa)* du suchst wohl Ärger!

CHIEN **garder/réserver un chien de sa chienne à qqn.** jmdn. für etwas büßen lassen; es jmdm. heimzahlen
ils sont comme chien et chat sie sind wie Hund und Katze miteinander; sie vertragen sich wie Hund und Katze
traiter qqn. comme un chien *voir* **bas**

CHIER **ça va chier (dur)/(des bulles [carrées]) !** es ist/ herrscht dicke Luft; die Kacke ist am Dampfen *(derb)*
envoyer qqn. chier jmdn. abblitzen lassen; jmdn. fortjagen/zum Teufel jagen; jmdm. eine Abfuhr erteilen
il me fait chier ! der geht mir auf den Sack/auf die Eier! *(derb)*; der kotzt mich an! *(derb)*

CHIFFONNIER **se battre comme des chiffonniers** sich streiten, daß die Fetzen fliegen

CHIGNON **se crêper le chignon** sich/einander an den Haaren reißen/ziehen

CHOU **rentrer dans le chou de qqn.** jmdm. an die Kehle fahren; jmdn. ins Gesicht springen

---

"*se battre comme des chiffonniers*"

Autrefois, le mot chiffonnier *désignait une personne rapportant des ragots au petit bonheur la chance ou un individu tracassier. Les étymologistes hésitent, mais il semble que « se battre comme des tracassiers » constitue l'origine la plus probable de cette expression bizarre.*

cf. CHIFFONNIER

CINÉ(MA) **arrête ton ciné(ma)/ton cinoche !** laß das Theater!; hör auf mit diesem Zirkus/Quatsch/Blödsinn!; laß diesen Scheiß/diese Scheiße! *(derb)*

CIRQUE **arrête ton cirque !** *voir ciné(ma)*

CLAQUE **flanquer une claque à qqn.** *voir (flanquer une) baffe*

CLOCHE **se faire sonner les cloches** zusammengestaucht/heruntergeputzt werden; einen Rüffel/eine Abreibung bekommen/kriegen; eins auf den Deckel bekommen/kriegen

CLOU **des clous !** nichts da!; das fehlte gerade noch!; das wäre ja noch schöner!; denkste!; von wegen!

COCHON **on n'a pas gardé les cochons ensemble !** wo haben wir denn zusammen Schweine gehütet?

CŒUR **ne pas porter qqn. dans son cœur** jmdn. nicht (gerade) ins Herz geschlossen haben; jmdn. nicht besonders mögen

COLLER **ça ne colle pas entre eux** das klappt nicht/haut nicht hin zwischen ihnen

COLLET **sauter au collet de qqn.** jmdm. am Kragen/Schlafittchen packen

COMPTE **avoir un (petit) compte à régler avec qqn.** mit jmdm. (noch) eine Rechnung zu begleichen haben; mit jmdm. (noch) ein Hühnchen zu rupfen haben
régler son compte à qqn. *voir affaire*
son compte est bon jetzt geht's ihm an den Kragen; jetzt ist er fällig

CONFIANCE **la confiance règne !** Vertrauen ist gut, Kontrolle ist besser

COSTARD **se faire tailler un costard** vermöbelt werden; verprügelt werden

COUILLE **casser les couilles à qqn.** *voir briser*

COULEUR **en faire voir de toutes les couleurs à qqn.** mit jmdm. umspringen; jmdm. zusetzen; jmdm. übel mitspielen

COULEUVRE **avaler des couleuvres** so manche Beleidigung/Demütigung hinnehmen/einstecken/schlucken (müssen)

COUP **c'est le coup de pied de l'âne** *voir âne*
prendre un coup dans les gencives eine Niederlage hinnehmen/einstecken müssen
prendre un coup de pied au cul/au derrière einen Tritt in den Hintern/Arsch *(derb)* bekommen/kriegen
rendre coup pour coup Gleiches mit Gleichem vergelten; zurückschlagen

4. LES ENNEMIS, LES CONFLITS, LE DÉSACCORD

rouer qqn. de coups jmdn. durchprügeln; jmdn. windelweich hauen/schlagen

se ramasser un coup sur la cafetière *voir baffe*

COUPE **être sous la coupe de qqn.** unter jmds. Fuchtel stehen

COURBER **courber l'échine/le dos/la tête (devant qqn.)** (vor jmdm.) katzbuckeln/den Buckel/Rücken krumm machen

COURIR **tu peux toujours courir** *voir accrocher*

COUTEAU **ils sont à couteaux tirés** *voir chien : ils sont comme chien et chat*
remuer/retourner le couteau dans la plaie das Messer in der Wunde rumdrehen; Salz in die Wunde streuen

COUVER **couver sous la cendre** *voir cendre*

CROSSE **chercher des crosses à qqn.** Streit mit jmdm. suchen; sich mit jmdm. anlegen

CRU **manger/avaler qqn. tout cru** jmdn. ungespitzt in den Boden hauen

CUL **cause/parle à mon cul, ma tête est malade** ja, ist ja gut!; ach, laß mich doch in Ruhe (mit deinem Gelaber)!; komm, hör auf, Mensch!
tu peux te le/la/les foutre au cul/où je pense das kannst du dir an den Hut/in den Arsch *(derb)* stecken

D

DANSE **donner/filer une danse à qqn.** jmdm. eine (gehörige/anständige) Tracht Prügel verpassen

---

"*chercher des crosses*"

Crosse d'évêque fessant le pêcheur ? Cross-country entre l'agresseur et l'agressé ? Crosse de fusil s'abattant sur la calebasse ? Voilà trois explications fort imaginatives. Hélas, aucune d'elles ne tient vraiment. Mais alors, d'où provient ce curieux mot « crosse » ? D'un déverbal : « crosser » signifiant anciennement « geindre », « se plaindre », le tout étant issu du latin glocire qui a donné « glousser », terme dialectal signifiant « maugréer ». Un peu compliqué, j'en conviens, mais ce n'est pas une raison pour me chercher des crosses.

cf. CROSSE

DATTE **des dattes !** *voir **clous***

DÉCOUDRE **vouloir en découdre avec qqn.** mit jmdm. (noch) ein Hühnchen zu rupfen haben

DENT **avoir une dent contre qqn.** einen Pik auf jmdn. haben; etwas gegen jmdn. haben

DISQUE **change de disque !** leg eine andere Platte auf!; red endlich mal von etwas anderem!

DIVISER **diviser pour (mieux) régner** divide et impera! *(geh.)*; teile und herrsche!

DOIGT **se faire taper sur les doigts** *voir **cloche***

DOS **se mettre qqn. à dos** jmdn. gegen sich aufbringen; sich jmdn. zum Feind machen

DRAGÉE **tenir la dragée haute à qqn.** jmdn. zappeln lassen; jmdn. (lange) hinhalten

DRAPEAU **sortir le drapeau blanc** aufgeben; kapitulieren; sich ergeben; die weiße Fahne schwenken

E

ÉCRASER **écrase !** Schnauze!; quatsch nicht!; halt die Klappe!; halt's Maul! *(derb)*

EFFET **couper ses effets à qqn.** jmdm. die Schau stehlen; jmdn. um seine Wirkung bringen

ÉLECTRICITÉ **il y a de l'électricité dans l'air** es liegt etwas in der Luft; es herrscht eine gespannte Atmosphäre

EMPOISONNER **empoisonner l'existence de qqn.** jmdm. das Leben zur Hölle machen

ENCADRER **ne pas pouvoir encadrer qqn.** *voir **blairer***

ENGUEULER **engueuler qqn. comme du poisson pourri** jmdn. anscheißen *(derb)*; jmdn. zur Sau machen *(derb)*

ÉPONGE **jeter l'éponge** das Handtuch werfen

"*tenir la dragée haute*"

La « dragée » composée de grains est donnée aux animaux et constitue pour eux une agréable friandise. Dès lors, « tenir la dragée haute » consiste en une sorte de supplice de Tantale modernisé : « si tu veux manger, il faudra filer doux » et, par extension : « j'ai les moyens de te prendre de haut. » C'est laid, c'est minable, mais ça marche souvent.

cf. DRAGÉE

4. LES ENNEMIS, LES CONFLITS, LE DÉSACCORD

ERGOT **se dresser/monter sur ses ergots** sich auf die Hinterbeine stellen; sich aufbäumen; die Krallen zeigen

ESTOCADE **porter l'estocade à qqn.** jmdm. den Todesstoß versetzen

F

FAÇADE **démolir la façade à qqn.** jmdm. die Fresse polieren; jmdm. eins vor die Fresse geben; jmdm. ein paar in die Fresse/Fratze hauen; jmdm. den Buckel/die Hucke vollhauen

FACE **face de crabe/d'œuf/de rat** Fratze; Affengesicht; Affenarsch (*derb*); Arschgesicht (*derb*)

FARCIR (SE) **il faut se le/la farcir** bei dem/der macht man was mit; mit dem/der ist kein Auskommen

FAUX **s'inscrire en faux contre qqch.** etwas energisch zurückweisen/bestreiten

FER **croiser/engager le fer** die Degen kreuzen; sich schlagen

FERMER **ferme-la ; la ferme !** *voir* **écraser**

FÉRULE **être sous la férule de qqn.** *voir* **coupe**

FÊTE **faire sa fête à qqn.** *voir* **façade**

FESSE **occupe-toi de tes fesses** dich hat niemand nach deiner Meinung gefragt; was geht dich das an; halt dich da raus; misch dich da nicht ein

FEU **mettre une ville à feu et à sang** eine Stadt in Schutt und Asche legen

FIGURE **casser la figure à qqn.** *voir* **façade**

FIL **donner du fil à retordre à qqn.** jmdm. etwas zu knabbern geben; jmdm. eine harte Nuß zu knacken geben
passer qqn. au fil de l'épée jmdm. das Schwert in den Leib bohren

"*porter l'estocade à quelqu'un*"

Mordious, comme disait d'Artagnan, vous ne savez pas ce qu'est une estocade ? On voit bien que vous ne vivez pas à l'époque des duels et des coups d'épée. Frapper d'estoc, c'est y aller de la pointe de l'épée. Par extension, porter une stoccata *(mot d'origine italienne) figure une botte réalisée avec la pointe de la lame. Généralement, cela fait beaucoup de dégâts.*

cf. ESTOCADE

FLAMME **descendre qqn./qqch. en flammes** jmdn./etwas in der Luft zerreißen; jmdn./etwas niedermachen/scharf kritisieren

FOUDRE **être un foudre de guerre** ein großer Kriegsheld sein
s'attirer les foudres de qqn. sich jmds. Zorn/Unwillen zuziehen

FOUTRE (SE) **se foutre (de la gueule) de qqn.** sich über jmdn. lustig machen; jmdn. auslachen; jmdn. veralbern/veräppeln; jmdn. auf den Arm/auf die Schippe nehmen; jmdn. verscheißern/verarschen *(derb)*

FROID **battre qqn. froid** jmdm. die kalte Schulter zeigen; jmdn. links liegenlassen
être en froid avec qqn. *voir brouiller*

FROTTER (SE) **qui s'y frotte s'y pique** *(prov.)* wer nicht hören will, muß fühlen *(Sprichw.)*
se frotter à qqn. sich mit jmdm. anlegen

G

GÉMONIE **vouer/traîner qqn. aux gémonies** *(littéraire)* jmdn. der Schmach preisgeben *(geh.)*

GENOU **mettre qqn. à genoux** jmdn. in die Knie zwingen

GOND **faire sortir qqn. de ses gonds** jmdn. in Rage/auf achtzig/auf die Palme bringen; jmdn. zum Aus-der-Haut-Fahren bringen; jmdn. zum Ausrasten bringen

GONFLER **(les) gonfler (à) qqn.** *voir (faire) chier*

GORGE **sauter à la gorge de qqn.** *voir collet*

GOÛT **faire passer le goût du pain à qqn.** jmdn. umlegen/erledigen, jmdn. um die Ecke bringen

GRABUGE **il va y avoir du grabuge** es ist Ärger/Krach/Stunk im Anzug; gleich gibt's Zoff

GRADE **en prendre pour son grade** abgekanzelt werden; gehörig eins aufs Dach/auf den Deckel bekommen/kriegen

GRAPPE **lâcher la grappe de qqn.** *voir basket*

GRAPPIN **jeter/mettre le grappin sur qqn./qqch.** jmdn./etwas in die Finger/Krallen bekommen/kriegen

GRATTER (SE) **tu peux toujours te gratter** *voir accrocher*

GREC **envoyer qqn. se faire voir chez les Grecs** *voir (envoyer qqn.) chier*

GRIFFE **sortir/montrer les griffes** die Kralllen zeigen

4. LES ENNEMIS, LES CONFLITS, LE DÉSACCORD

GRIPPE **prendre qqn. en grippe** eine (plötzliche) Abneigung gegen jmdn. fassen

GUERRE **c'est de bonne guerre** das ist durchaus rechtens; das ist sein/ihr gutes Recht
une guerre d'usure ein Abnützungs-/Zermürbungskrieg

GUEULE **casser/péter la gueule à qqn.** *voir façade*
(ferme) ta gueule ! *voir écraser*

H

HACHE **déterrer la hache de guerre** *voir arme : faire parler les armes*

HARICOT **courir sur le haricot à qqn.** jmdm. auf den Wecker/den Geist/den Keks/die Nerven gehen/fallen

HARO **crier haro sur qqn./qqch.** gegen jmdn./etwas wettern; über jmdn./etwas schimpfen

HERBE **couper l'herbe sous le pied de qqn.** jmdn. ausstechen; jmdm. den Rang ablaufen; jmdm. das Wasser abgraben

HEURE **on ne te demande pas l'heure qu'il est** *voir fesse*

HISTOIRE **faire des histoires à qqn.** jmdm. Unannehmlichkeiten/Schereien machen/bereiten

HOMME **l'homme est un loup pour l'homme** Homo homini lupus *(geh.)*; der Mensch ist der Feind des Menschen

HOSTILITÉ **ouvrir les hostilités** *voir (faire parler les) armes*

I

IMPORTER **n'importe quoi !** (so ein) Quatsch/Unsinn/Unfug!

INDEX **mettre qqn./qqch. à l'Index** jmdn./etwas auf den Index/auf die schwarze Liste setzen

INFIDÉLITÉ **faire des infidélités à qqn.** jmdm. untreu werden; jmdn. hintergehen

L

LARD **rentrer dans le lard de qqn.** *voir chou*

LEÇON **c'est une (bonne) leçon ; que ça lui serve de leçon ; ça lui servira de leçon** das wird/soll ihm eine (gute) Lehre sein; möge ihm das eine Lehre/Warnung sein

LETTRE **rester lettre morte** nicht befolgt werden; unbeachtet bleiben; toter Buchstabe bleiben

LION **se battre/se défendre comme un lion** kämpfen wie ein Löwe

LISTE **être sur la liste noire de qqn.** auf jmds. Abschußliste/schwarzer Liste stehen

LOI **la loi du talion** Auge um Auge, Zahn um Zahn *(Redew.)*

M

MAILLE **avoir maille à partir avec qqn.** *voir* **découdre**

MAIN **en venir aux mains** handgreiflich/tätlich werden
lever la main sur qqn. die Hand gegen jmdn. erheben; Hand an jmdn. legen

péter dans la main à/de qqn. sein Wort brechen; seine Verpflichtung/sein Versprechen nicht einhalten/erfüllen

MAIS **il y a un mais** die Sache hat einen Haken

MATRICULE **en prendre pour son matricule** *voir* **grade**

MÉNAGE **faire mauvais ménage avec qqn.** sich mit jmdm. (überhaupt) nicht verstehen/vertragen; mit jmdm. (überhaupt) nicht auskommen

MERDE **laisser tomber qqn. comme une merde** *voir* **chaussette**
traiter qqn. comme une merde *voir* **bas**

METTRE **tu peux toujours te le/la mettre où je pense !** *voir* **accrocher**

MISÈRE **faire des misères à qqn.** jmdn. piesacken; jmdn. plagen/quälen; jmdn. nicht in Ruhe lassen

MONNAIE **rendre à qqn. la monnaie de sa pièce** jmdm. etwas mit gleicher Münze heimzahlen; jmdm. etwas mit Zins und Zinseszins heimzahlen

MOU **rentrer dans le mou de qqn.** *voir* **chou**

MOUCHOIR **mets-le dans ta poche avec ton mouchoir par-dessus !** schluck's einfach!; schluck die Kröte einfach!

4. LES ENNEMIS, LES CONFLITS, LE DÉSACCORD

N

NÈFLE **des nèfles !** *voir clous*

NERF **taper/porter sur les nerfs de qqn.** jmdm. auf die Nerven gehen/fallen; jmdm. den Nerv rauben

NEZ **avoir qqn. dans le nez** *voir dent*
mettre à qqn. le nez dans son caca/dans sa merde jmdm. etwas unter die Nase reiben
rire au nez de qqn. *voir barbe*
se bouffer le nez *voir chignon*

NICHE **faire des niches à qqn.** mit jmdm. Schabernack treiben; jmdm. einen Streich spielen

NIQUE **faire la nique à qqn.** jmdm. eine lange Nase machen

NOISE **chercher (des) noise(s)** *voir crosse*

NOM **donner à qqn. des noms d'oiseaux ; traiter qqn. de tous les noms** jmdm. Schimpfworte an den Kopf werfen; jmdm. Schimpfnamen geben; jmdn. mit Schimpfnamen belegen

O

ŒIL **œil pour œil (dent pour dent)** *voir loi du talion*

ŒUF **envoyer qqn. se faire cuire un œuf** *voir (envoyer qqn.) chier*

OIGNON **occupe-toi de tes oignons** *voir fesse*

OMBRAGE **porter ombrage à qqn.** jmds. Eigenliebe kränken; jmdn. kränken/verletzen

ORAGE **il y a de l'orage dans l'air** *voir électricité*

OREILLE **faire la sourde oreille à qqn./qqch.** sich taub stellen
frotter les oreilles à qqn. ; tirer l'oreille à qqn. jmdm. die Ohren langziehen; jmdn. an den Ohren ziehen

ÔTER (S') **ôte-toi de là, que je m'y mette !** Platz da, jetzt komm' ich!; hoppla, jetzt komm' ich!
ôte-toi de mon soleil ! geh mir aus der Sonne!

OUI **se disputer pour un oui, pour un non** sich wegen einer Lappalie/Kleinigkeit streiten

P

PAIN **coller/flanquer/foutre/mettre un pain (sur la gueule) à qqn.** *voir façade*
faire passer le goût du pain à qqn. *voir goût*

PAÎTRE **envoyer qqn. paître** *voir (envoyer qqn.) chier*

PAIX **fiche/foutre la paix à qqn.** jmdn. in Ruhe/in Frieden/zufrieden lassen
si tu veux la paix, prépare la guerre *(prov.) (etwa)* wenn du Frieden willst, bereite den Krieg vor

PANIER **c'est un panier de crabes** das ist eine Otternbrut; die würden sich gegenseitig am liebsten die Augen auskratzen

PAREILLE **rendre la pareille à qqn.** *voir monnaie*

PÂTURE **donner/jeter qqn. en pâture (aux fauves)** jmdn. (jmdm.) zum Fraß vorwerfen; jmdn. (jmdm.) opfern/preisgeben/ausliefern

PAVILLON **baisser pavillon (devant qqn.)** *voir drapeau*

PAYER **il (me) le paiera !** das wird/soll er mir büßen!

PAYS **faire voir du pays à qqn.** jmdm. Ärger/Schwierigkeiten machen/bereiten

PEAU **attraper qqn. par la peau des fesses** jmdn. im letzten Moment/gerade noch zu fassen bekommen/kriegen
avoir/trouer la peau de qqn. jmdn. abmurksen; jmdn. kaltmachen

PENDRE **dire pis que pendre de qqn.** kein gutes Haar/keinen guten Faden an jmdm. lassen
envoyer qqn. se faire pendre ailleurs *voir (envoyer qqn.) chier*

PENSER **tu peux te le/la/les foutre où je pense** *voir (foutre au) cul*

PERDRE **il ne perd rien pour attendre** der bekommt auch noch sein Fett ab; der wird seinen Lohn schon noch bekommen

PESTE **fuir qqn./qqch. comme la peste** jmdn./etwas meiden wie die Pest; einen großen Bogen um jmdn./etwas machen

PÉTARD **être en pétard (contre qqn.)** eine Wut/einen Zorn im Bauch (auf jmdn.) haben; eine Stinkwut (auf jmdn.) haben

PEUR **faire une peur bleue à qqn.** jmdn. Angst machen/einjagen; jmdn. in Angst und Schrecken versetzen; jmdm. angst (und bange) machen

PIED **ça lui fera les pieds** das wird ihm eine Lehre sein
casser les pieds à qqn. *voir bonbon*

4. LES ENNEMIS, LES CONFLITS, LE DÉSACCORD

être sur le pied de guerre kampfbereit sein; gerüstet sein
faire un pied de nez à qqn. *voir nique*

PIERRE **c'est une pierre dans ton jardin** das gilt dir; das ist an deine Adresse gerichtet; das ist auf dich gemünzt
jeter la pierre à qqn. jmdn. verurteilen; den Stab über jmdn. brechen
jeter la première pierre den ersten Stein werfen

PILORI **mettre/clouer qqn. au pilori** jmdn. an den Pranger stellen; jmdn. anprangern

PION **damer le pion à qqn.** jmdm. den Rang ablaufen; jmdn. ausstechen

PLACE **remettre qqn. à sa place** jmdn. in seine Schranken verweisen; jmdn. zurechtweisen

PLAIE **ne chercher/demander que plaies et bosses** rauflustig sein; ein Raufbold/Kampfhahn sein; den Streit suchen
quelle plaie ! der/die/das nervt!; so eine Nervensäge!

PLAN **laisser qqn. en plan** jmdn. im Stich lassen; jmdn. sitzenlassen; jmdn. verlassen

PLÂTRE **battre qqn. comme plâtre** *voir coup : rouer qqn. de coups*

PLIER **plier l'échine (devant qqn.)** *voir courber*

PLUME **voler dans les plumes de qqn.** sich auf jmdn. stürzen; über jmdn. herfallen

POCHE **mets-le dans ta poche avec ton mouchoir par-dessus !** *voir mouchoir*

POING **mettre/foutre son poing sur/dans la gueule de qqn.** *voir façade*

POINT **toucher le/un point sensible** einen wunden Punkt/eine empfindliche Stelle treffen

POISSON **engueuler qqn. comme du poisson pourri** *voir engueuler*

POMME **une pomme de discorde** ein Zankapfel

POMPER **pomper l'air à qqn.** jmdn. fertigmachen; jmdm. an den Nerven zerren; jmdn. nerven

PONT **couper les ponts avec qqn.** den Kontakt/die Verbindung zu jmdm. abbrechen; jmdn. die Freundschaft (auf)kündigen; *(in einer Beziehung)* mit jmdm. Schluß machen

PORTE **fermer la porte au nez de qqn.** jmdm. die Tür vor der Nase zuschlagen/-knallen

PORTRAIT **abîmer/esquinter/arranger/refaire le portrait à qqn.** *voir façade*

POU **chercher des/les poux (dans la tête) à/de qqn.** *voir crosse*

POUDRE **faire parler la poudre** *voir arme*

PRENDRE **tel est pris qui croyait prendre** *(prov.)* wer anderen eine Grube gräbt, fällt selbst hinein *(Sprichw.)*

PRÊTÉ **c'est un prêté pour un rendu** *(prov.)* wie du mir, so ich dir *(Sprichw.)*

PRISE **être/se trouver aux prises avec qqch. ou qqn.** mit jmdm./etwas kämpfen/ringen; sich mit jmdm./etwas auseinandersetzen; mit jmdm./etwas im Widerstreit liegen

PROMENER **envoyer qqn. promener** *voir (envoyer qqn.) chier*

PRUNIER **secouer qqn. comme un prunier** jmdn. (kräftig) schütteln/rütteln/beuteln

PUCE **secouer les puces à qqn.** jmdn. aus den Lumpen schütteln; jmdm. den Kopf waschen; jmdm. den Marsch blasen; jmdm. einen Rüffel erteilen; jmdn. zusammenstauchen

Q

QUARANTAINE **être (mis) en quarantaine** geschnitten werden; (gesellschaftlich) geächtet werden; isoliert sein

QUARTIER **ne pas faire de quartier(s)** kein Pardon geben; niemanden verschonen

QUERELLE **chercher querelle à qqn.** *voir crosse*
une querelle d'Allemand ein Streit um des Kaisers Bart

QUITTE **être quitte (avec qqn.)** (mit jmdm.) quitt sein

R

RÂBLE **sauter sur le râble de qqn.** jmdn. von hinten anspringen; über jmdn. herfallen

RACLÉE **flanquer/foutre/mettre une raclée à qqn.** *voir façade*

RAISON **avoir raison de qqch./qqn.** über etwas/jmdn. Herr werden; etwas überwinden/bewältigen/meistern; jmdn. überwältigen

REBROUSSE-POIL **prendre qqn. à rebrousse-poil** jmdn. vor den Kopf stoßen; jmdn. kränken/brüskieren

REFUS **essuyer un refus** eine Absage/abschlägige Antwort bekommen/erhalten/kriegen; einen Korb/eine Abfuhr bekommen/erhalten/kriegen

4. LES ENNEMIS, LES CONFLITS, LE DÉSACCORD

REGARD **fusiller qqn. du regard** jmdm. vernichtende Blicke zuwerfen

REGARDER **mêle-toi de ce qui te regarde** kümmere dich um deine eigenen Angelegenheiten/deinen eigenen Dreck/Scheiß *(derb);* steck deine Nase nicht in fremde Angelegenheiten

RENDU **c'est un prêté pour un rendu** *voir* **prêté**

RESPECT **tenir qqn. en respect (avec une arme)** jmdn. (mit einer Waffe) in Schach halten

RETRANCHEMENT **pousser/forcer qqn. dans ses (derniers) retranchements** jmdn. in die Enge treiben; jmdn. in Bedrängnis bringen

RIGUEUR **tenir rigueur à qqn.** jmdm. etwas übelnehmen; jmdm. etwas nachtragen

RIRE **rira bien qui rira le dernier** *(prov.)* wer zuletzt lacht, lacht am besten *(Sprichw.)*
rire au nez de qqn. *voir* **barbe**

ROSE **envoyer qqn. sur les roses** *voir* **(envoyer qqn.) chier**

S

SAQUER **ne pas pouvoir saquer qqn.** *voir* **blairer**
SAVON **passer un savon à qqn.** *voir* **puce**
SENTIR **ne pas pouvoir sentir qqn.** *voir* **blairer**
SNOBER **snober qqn.** *voir* **(battre qqn.) froid**
SŒUR **et ta sœur !** so siehst du aus!; das könnte dir so passen!
SOLEIL **ôte-toi de mon soleil !** *voir* **ôter**
SONNER **on ne t'a pas sonné !** *voir* **heure**
SORT **abandonner qqn. à son (triste) sort** jmdn. seinem (traurigen) Schicksal überlassen
SPORT **va y avoir du sport !** da braut sich was zusammen!; da fliegen gleich die Fetzen!
SUEUR **donner des sueurs froides à qqn.** jmdm. Angstschweiß/kalten Schweiß auf die Stirn treiben
SYSTÈME **taper/porter sur le système de qqn.** *voir* **nerf**

T

TABAC **passer qqn. à tabac ; tabasser qqn.** jmdn. verprügeln; jmdn. vermöbeln; jmdn. zusammenschlagen

TABLETTE **rayé des tablettes de qqn.** *voir **quarantaine***

TALOCHE **se ramasser des taloches sur le coin de la gueule** *voir **baffe***

TAPIS **envoyer qqn. au tapis** (Boxen) jmdn. auf die Bretter legen; jmdn. besiegen/überwältigen

TAS **tirer dans le tas** in die Menge schießen/feuern; blindlings drauflosschießen

TÊTE **casser/péter la tête à qqn.** *voir **façade***
faire une tête au carré à qqn. *voir **façade***
il a une tête qui ne me revient pas seine Nase gefällt/paßt mir nicht; er ist mir unsympathisch
prendre la tête à qqn. jmdn. (noch) um den Verstand bringen; jmdn. (noch) wahnsinnig/verrückt machen; jmdn. (noch) zum Wahnsinn treiben
se payer la tête de qqn. *voir **(se) f...***
tenir tête à qqn. jmdm. die Stirn bieten; jmdm. Widerstand leisten; sich jmdm. widersetzen; es mit jmdm. aufnehmen
une tête de Turc ein Prügelknabe; die Zielscheibe des Spotts

TOMBER **laisse tomber !** *voir **béton***

TORCHON **le torchon brûle entre eux** *voir **chien : ils sont comme chien et chat***

TOURNANT **attendre qqn. au tournant** *voir **chien : garder/réserver un chien de sa chienne***

TRAVERS **regarder qqn. de travers** jmdn. schief/finster ansehen; jmdn. mit scheelen Augen ansehen

TRIPOTÉE **donner/flanquer une tripotée à qqn.** *voir **façade***

TROU **il me sort par les trous de nez** er hängt mir zum Hals raus; ich hab' die Nase (gestrichen) voll von ihm

"une tête de Turc"

L'Anatolie a fourni au français nombre de termes : « fort comme un Turc », « café turc », « toilettes à la turque » ou « bains turcs ». Quant aux fameux croissants du matin, ils célèbrent la levée du siège de Vienne par les Ottomans. La « tête de Turc » est un jeu de foire, une (fausse !) tête ornée d'un turban et que l'on doit frapper de toutes ses forces.

cf. TÊTE

4. LES ENNEMIS, LES CONFLITS, LE DÉSACCORD

V

VENGEANCE **la vengeance est un plat qui se mange froid**
Rache muß man kalt genießen

VERT **en faire voir des vertes et des pas mûres à qqn.** *voir couleur*

VIE **mener la vie dure à qqn.** jmdm. das Leben schwer machen; jmdm. zu schaffen machen

VILAIN **(il) va y avoir du vilain** *voir grabuge*

VIS **serrer la vis à qqn.** bei jmdm. die Zügel (straffer) anziehen; jmdn. kurzhalten

VIVRE **apprendre à vivre à qqn.** jmdm. Manieren/die Flötentöne beibringen; jmdn. Mores lehren

VOIR **envoyer qqn. voir là-bas si on y est ; envoyer qqn. se faire voir (chez les Grecs)** *voir (envoyer qqn.) chier*

ne pas pouvoir voir qqn. (en peinture) jmdn. (auf den Tod/partout) nicht ausstehen können

VOLÉE **donner à qqn. une volée de bois vert** jmdm. ordentlich eins drauf geben

Y

YEUX **il me sort par les yeux** *voir trou*
regarder qqn. dans le blanc des yeux jmdm. gerade/fest/tief in die Augen blicken; jmdn. fest ansehen/-schauen

5

LE BONHEUR, LA RÉUSSITE, LA CHANCE

*Après la pluie, le beau temps : ça baigne,
vous êtes aux anges et vous tenez le bon bout.
Normal : vous avez décroché la timbale
et débarqué au pays de cocagne.
Pour marquer le coup (das muß gefeiert werden!),
voici un chapitre qui met toutes
les chances de votre côté.*

5. LE BONHEUR, LA RÉUSSITE, LA CHANCE

A

ACTION **ses actions sont en hausse** seine Aktien steigen; es geht bergauf (mit ihm)

ADVENIR **advienne que pourra** komme, was (da) wolle; mag kommen, was kommen mag

AILE **avoir des ailes ; se sentir pousser des ailes** sich ganz beschwingt fühlen; guten/frohen/leichten Mutes sein

ANGE **être aux anges** sich wie im siebten Himmel fühlen; selig/überglücklich sein
un ange gardien ein Schutzengel

ARRIVER **y arriver** es schaffen

ATOUT **avoir/mettre tous les atouts dans son jeu ; avoir tous les atouts en main** alle Trümpfe in der Hand haben

B

BAIGNER **ça baigne ; tout baigne (dans l'huile)** alles läuft wie geschmiert

BALLON **un ballon d'oxygène** frischer Wind; frische Luft; eine frische Brise

BARAKA **avoir la baraka** ein Glückskind/-pilz sein

BARAQUE **casser la baraque** einen Bombenerfolg erzielen; durchschlagenden Erfolg haben

BEAU **c'est trop beau pour être vrai** das ist zu schön, um wahr zu sein

BIEN **on n'a que le bien qu'on se donne** man gönnt sich ja sonst nichts *(iron.)*
tout est bien qui finit bien Ende gut, alles gut

BOIS **touchons du bois !** toi, toi, toi!; Holz anfassen!

"*avoir la baraka*"

La baraka est un mot d'origine arabe signifiant littéralement « la faveur, la protection céleste ». Le roi Hussein de Jordanie est considéré comme l'un des personnages ayant eu le plus de protection d'Allah, échappant à de multiples attentats et tentatives d'assassinat. Le nom du Général de Gaulle a également été associé à cette bénédiction du ciel.

cf. BARAKA

BOL **avoir du bol** Glück/Dusel/Schwein haben
un coup de bol eine Glückssträhne
BON **c'est toujours bon à prendre** das ist immerhin/wenigstens etwas; das ist besser als gar nichts
BONHEUR **ne pas connaître son bonheur** nicht wissen, wie gut es einem geht/wie gut man es hat
BOUFFÉE **une bouffée d'oxygène** *voir **ballon***
BOUT **tenir le bon bout** es bald/fast geschafft haben
voir le bout du tunnel ; être/arriver au bout du tunnel das Licht am Ende des Tunnels sehen

C

CARTE **avoir toutes les cartes en mains** *voir **atout***
CENDRE **renaître de ses cendres** wie ein Phönix aus der Asche steigen/erstehen
CERISE **c'est la cerise sur le gâteau** das ist das Tüpfelchen auf dem i
CHAMPIGNON **pousser/venir comme un/des/les champignon(s) (en une nuit)** wie Pilze aus dem Boden/aus der Erde schießen
CHANCE **avoir une chance/veine de cocu/pendu** Mordsglück/-dusel/-schwein haben
la chance sourit aux audacieux wer wagt, gewinnt
mettre toutes les chances de son côté nichts unversucht lassen
ne pas connaître sa chance *voir **bonheur***
un coup de chance *voir **(un coup de) bol***
CHANSON **tout finit par des chansons** alles findet ein Happy-End; alles wendet sich zum Guten
CIEL **au septième ciel** im siebten Himmel; auf Wolke sieben
tomber du ciel wie gerufen kommen; gerade im richtigen Moment/zur richtigen Zeit kommen
COCAGNE **le pays de cocagne** das Schlaraffenland
COCORICO **faire cocorico ; pousser des cocoricos** *(etwa)* einen patriotischen Freudenschrei (für Frankreich) ausstoßen
COCU **avoir une chance/veine de cocu** *voir **chance***
COIFFER **être né coiffé** ein Sonntags-/Glückskind sein
CONTE **je vis un (véritable) conte de fée(s)** es ist wie im Märchen
COQ **vivre comme un coq en pâte** leben wie die Made im Speck/wie im Schlaraffenland/wie Gott in Frankreich

5. LE BONHEUR, LA RÉUSSITE, LA CHANCE

CÔTÉ **prendre les choses/la vie du bon côté ; voir le bon côté des choses** das Leben von seiner guten Seite nehmen; nur die guten Seiten einer Sache sehen

COUP **faire d'une pierre deux coups ; faire coup double** zwei Fliegen mit einer Klappe schlagen

il faut marquer le coup das muß gefeiert werden!; darauf müssen wir anstoßen!

un coup de chance/bol/pot/veine voir *(un coup de) bol*

un coup de maître eine Meisterleistung

CUL **avoir du cul** voir *(avoir du) bol*

avoir le cul bordé de nouilles voir *chance : avoir une chance de cocu*

avoir le cul sorti des ronces über den Berg sein; aus dem Schneider sein

D

DÉ **les dés sont jetés** die Würfel sind gefallen

DÉBUT **c'est un (bon) début** das ist ein guter Anfang; das fängt (schon mal) gut an

DÉCROCHER **décrocher le cocotier/la timbale/le gros lot** das große Los ziehen

DÉFENDRE (SE) **se défendre en qqch.** ganz gut zurechtkommen mit etwas; sich (tapfer) durchschlagen mit etwas

DÉGAGER (SE) **se dégager d'un mauvais pas** sich aus einer Zwickmühle/Zwangslage befreien; sich aus einer schwierigen Lage/Situation befreien

"*avoir une veine de cocu/de pendu*"

« Ça c'est la meilleure! Et depuis quand les cocus et les pendus auraient-ils de la veine? Ça vous botterait, vous, de vous balader avec des cornes d'orignal sur la lanterne, ou de jouer à saute-la-dessus, avec une grosse corde de chanvre passée autour du cou? » Je vous entends bien, mais côté veines, il n'y a aucune raison de vous faire du mauvais sang. Vous ne pouviez pas savoir que les cordes de pendu étaient réputées porter chance en ces temps pas trop lointains où le gibet faisait office de sitcom. *Ah, poésie de la belle grosse veine saillant à l'instant fatal. Par extension* (sic) *l'expression s'est étendue* (resic) *aux cocus.*

cf. COCU

DÉJÀ **c'est déjà pas mal ; c'est déjà ça** *voir* ***début***

DÉPÊTRER (SE) **se dépêtrer d'un mauvais pas** *voir* ***dégager***

DÉSESPÉRER **il ne faut jamais désespérer** man darf nie die Hoffnung aufgeben/verlieren

DOIGT **croiser les doigts** *voir* ***bois***

E

ENVIE **mieux vaut faire envie que pitié** *(etwa)* lieber beneidet als bemitleidet werden

ÉPINGLE **tirer son épingle du jeu** sich geschickt aus der Affäre ziehen; sich rechtzeitig zurückziehen; rechtzeitig abspringen/aussteigen

ESPOIR **tant qu'il y a de la vie, il y a de l'espoir** *(prov.)* man hofft, solange man lebt *(Sprichw.)*

ÉTOILE **né sous une bonne étoile** unter einem guten/glücklichen/günstigen Stern geboren sein

F

FACE **jouer/décider à pile ou face** eine Münze werfen; knobeln

FORTUNE **la roue de la fortune** das Glücksrad

G

GAGNER **gagner haut la main** haushoch gewinnen; überlegen siegen
  gagner par forfait kampflos siegen

GALÈRE **vogue la galère !** auf gut Glück!; hoffen wir das Beste!

GÂTEAU **c'est la cerise sur le gâteau** *voir* ***cerise***

H

HONNEUR **s'en tirer avec les honneurs** glimpflich davonkommen

5. LE BONHEUR, LA RÉUSSITE, LA CHANCE

HORIZON **ouvrir des horizons (nouveaux)/de nouveaux horizons** neue Horizonte/Perspektiven/Möglichkeiten eröffnen

I

INNOCENT **aux innocents les mains pleines ; la fortune sourit aux innocents** den Seinen gibt's der Herr im Schlaf *(Sprichw.)*; die dümmsten Bauern haben die größten Kartoffeln *(Sprichw.)*

J

JEU **les jeux sont faits** *voir* **dé**
JOUR **(il y a) les/des jours avec et les/des jours sans** es gibt gute und schlechte Tage; es gibt Glückstage und Unglückstage

L

LAIT **il a bu du petit lait** das ging ihm runter wie Öl; das ging ihm ein wie Honig
LÉZARD **il n'y a pas de lézard !** alles klar!; kein Problem!
LIBRE **libre comme l'air** frei wie der Vogel in der Luft
LONGUEUR **avoir une/avoir plusieurs longueur(s) d'avance (sur qqn.)** eine Länge/einige Längen Vorsprung haben (vor jmdm.); (jmdm.) um einige Längen voraus sein
LOT **décrocher le gros lot** *voir* **décrocher**
LOTERIE **la vie est une loterie** das Leben ist ein Glücksspiel/eine Lotterie

M

MAIN **gagner haut la main** *voir* **gagner**
MALHEUR **le malheur des uns fait le bonheur des autres** des einen Tod, des andern Brot *(Sprichw.)*
MARIÉE **se plaindre que la mariée est trop belle** *(etwa)* klagen, anstatt sich zu freuen; grundlos klagen/meckern

MARQUE **mener à la marque** (nach Punkten) führen
MARQUER **il faut marquer le coup** *voir* **coup**
MILLE **en plein dans le mille** genau ins Schwarze
mettre dans le mille ins Schwarze treffen; den Nagel auf den Kopf treffen
MOUCHE **faire mouche** *voir* **(mettre dans le) mille**

N

NAÎTRE **né coiffé** *voir* **coiffé**
né sous une bonne étoile *voir* **étoile**
NUMÉRO **tirer le bon numéro** *voir* **décrocher**

O

OREILLE **ne pas tomber dans l'oreille d'un sourd** nicht auf taube Ohren stoßen

P

PAILLE **tirer à la courte paille** Hälmchen ziehen; mit Strohhalmen knobeln
PAIN **c'est pain bénit** das ist ein Geschenk des Himmels
PALME **avoir/remporter la palme** den Sieg erringen
PARADIS **le paradis sur terre** das Paradies/der Himmel auf Erden
PAS **se dégager/se dépêtrer/se tirer/se sortir d'un mauvais pas** *voir* **dégager**
PÂTE **vivre comme un coq en pâte** *voir* **coq**
PATTE **retomber sur ses pattes (comme les chats)** (immer) wieder auf die Füße/Beine fallen
PAYS **le pays de cocagne** *voir* **cocagne**
PELOTON **dans le peloton de tête** zu den Besten gehören/zählen; unter den Besten sein
PENDU **avoir une chance/une veine de pendu** *voir* **chance : avoir une chance de cocu**
PENTE **remonter la pente** wieder auf die Beine kommen
PERDRE **ce n'est pas perdu pour tout le monde** irgend jmdm. wird es (schon) noch nutzen/zugute kommen

5. LE BONHEUR, LA RÉUSSITE, LA CHANCE

PIERRE **faire d'une pierre deux coups** voir *coup*

PILE **jouer/décider à pile ou face** voir *face*

PLAISIR **pour varier les plaisirs** weil's so schön war

PLEIN **battre son plein** in vollem Gange sein; auf dem Höhepunkt (angelangt/angekommen) sein; auf Hochtouren laufen

PLUIE **après la pluie, le beau temps** auf Regen folgt Sonnenschein

POIL **reprendre du poil de la bête** wieder hochkommen; wieder auf die Höhe kommen; sich wieder hochrappeln

POISSON **(heureux) comme un poisson dans l'eau** (glücklich) wie ein Fisch im Wasser

POMPON **avoir/remporter le pompon** voir *palme*

POSER (SE) **se poser un peu là** sich von der Masse abheben; anders sein als die anderen; den Vogel abschießen (auch iron.)

POT **avoir du pot** voir *(avoir du) bol*
un coup de pot voir *(un coup de) bol*

PRENDRE **c'est toujours ça de pris (sur l'ennemi)** das wäre erst/schon einmal gewonnen; das ist immerhin etwas

R

R.A.S. **R.A.S. (rien à signaler)** keine besonderen Vorkommnisse

REMONTER **remonter la pente** voir *pente*

RENAÎTRE **renaître de ses cendres** voir *cendre*

RETOMBER **retomber sur ses pattes (comme les chats)** voir *patte*

RETOUR **par un juste retour des choses** als ausgleichende Gerechtigkeit; als gerechte Strafe; als gerechter Ausgleich

RONCE **avoir le cul sorti des ronces** voir *cul*

"*reprendre du poil de la bête*"

Le pelage d'un animal ayant mordu était censé guérir la blessure qu'il avait causée. Ajoutez à cela que « prendre du poil » signifiait « prendre de la vigueur » et que « reprendre » signifie « se renforcer », et vous disposerez de la subtile alchimie de cette très riche expression.

cf. POIL

ROSE **voir la vie/voir tout en rose** das Leben/alles durch eine rosarote Brille/in rosigem Licht/in rosigen Farben sehen

ROUE **la roue de la fortune** voir *fortune*
la roue tourne das Rad des Glücks dreht sich

S

SAUVER **être sauvé (des eaux)** über den Berg sein; aus dem Gröbsten heraussein

SELLE **se remettre en selle** sich wieder in den Sattel schwingen; wieder fest im Sattel sitzen

SOLEIL **le soleil luit/brille pour tout le monde** die Sonne geht auf über Gute und Böse/über Gerechte und Ungerechte

SORT **le sort en est jeté** voir *dé*

SOUFFLE **trouver un second souffle** einen neuen Anlauf nehmen; einen neuen Aufschwung erleben

T

TIMBALE **décrocher la timbale** voir *décrocher*

TIRER **s'en tirer bien** etwas/seine Sache (wirklich) gut machen *bzw.* sich gut aus der Affäre ziehen; noch ganz gut bei etwas wegkommen
se tirer d'un mauvais pas voir *dégager*

TONNERRE **ça marche du tonnerre (de Dieu)** das klappt ja wie eine Eins; das läuft ja eins a

TOUJOURS **c'est toujours ça de pris (sur l'ennemi)** voir *prendre*

TOURNER **tourner rond** gut laufen/gehen/klappen

TRAVERS **passer à/au travers** (nochmal) davonkommen; drumrumkommen

TUNNEL **voir le bout du tunnel ; être/arriver au bout du tunnel** voir *bout*

V

VEINE **avoir de la veine** voir *(avoir du) bol*
avoir une veine de pendu/de cocu voir *chance : avoir une chance de cocu*
un coup de veine voir *(un coup de) bol*

5. LE BONHEUR, LA RÉUSSITE, LA CHANCE

VELOURS **jouer sur du velours** auf Nummer Sicher gehen

VENT **avoir le vent en poupe** Aufwind haben; Oberwasser bekommen/kriegen

VERNIR **être verni** *voir **chance** : **avoir une chance de cocu***

VICTOIRE **crier/chanter victoire** hurra schreien; jubeln

LE MALHEUR, L'ÉCHEC, LE DANGER

À chacun son destin : quand les francophones ont un accident de parcours ou se trouvent dans la m…, les germanophones ont une panne ou barbotent dans l'encre. Cela dit, pour les uns comme pour les autres, quelle chienne de vie ! Ce n'est pas une raison pour se tirer une balle dans la tête : la lecture des expressions qui suivent va sûrement vous faire oublier tous vos soucis.

6. LE MALHEUR, L'ÉCHEC, LE DANGER

A

ABOIS **être (comme une biche) aux abois** in äußerster Bedrängnis sein; in einer verzweifelten/ausweglosen Lage sein

ACCIDENT **un accident de parcours** eine Panne; ein Mißgeschick

ACHILLE **le talon d'Achille** die Achillesferse

ACTION **ses actions sont en baisse** seine Aktien fallen; es geht bergab/den Bach runter (mit ihm)

AFFAIRE **se tirer d'affaire** sich aus der Affäre ziehen

AIDER (S') **aide-toi, le ciel t'aidera** *(prov.)* hilf dir selbst, dann hilft dir Gott *(Sprichw.)*

AIGRE **tourner à l'aigre** *(Gespräch, Atmosphäre usw.)* zunehmend gereizter/schärfer/bissiger/giftiger werden; sich zunehmend verschlechtern

AILE **avoir du plomb dans l'aile** angeschlagen/kompromittiert sein

battre de l'aile sich in Schwierigkeiten befinden; auf schwachen/schwankenden/tönernen/wackligen Füßen stehen

se brûler les ailes sich die Finger verbrennen

AMBULANCE **il ne faut pas tirer/on ne tire pas sur une/l'ambulance** *(etwa)* der Typ ist sowieso schon fertig; dem braucht man nicht auch noch den Rest zu geben

ARRÊT **signer son arrêt de mort** sein Todesurteil unterzeichnen

ATHÉNIEN **c'est ici que les Athéniens s'atteignirent** jetzt wird's/wird die Sache schwierig/kompliziert/spannend

AUBERGE **nous ne sommes/on n'est pas sortis de l'auberge** wir sind noch lange nicht über den Berg; uns steht noch allerhand bevor

"*le talon d'Achille*"

Bien avant Obélix et la potion magique, Achille, guerrier grec, avait été plongé dans le Styx, ce qui lui conféra une quasi-invincibilité. Quasi, car l'un de ses talons n'avait pas été immergé: lors de la guerre de Troie, il vainquit de nombreux ennemis, mais fut tué par un terrible coup porté à ce fameux talon. De mauvais plaisants ajoutent que les Troyens s'exclamèrent: « ça lui fera les pieds ». Ceci est sans doute moins authentique.

cf. ACHILLE

AVANCER **nous voilà bien avancés !** jetzt sind wir genauso weit wie vorher; jetzt sind wir keinen Schritt weitergekommen

AVOIR **on ne peut pas tout avoir** man kann nicht alles haben

B

BALLE **il y a de quoi/c'est à se tirer une balle (dans la tête)** da hat man gute Lust/allen Grund, sich die Kugel zu geben/sich eine Kugel durch den Kopf zu jagen

BARRER **on est/c'est mal barré(s)** es sieht gar nicht gut (für uns) aus; wir sind in einer vertrackten Lage

BÂT **c'est là que le bât blesse** da drückt der Schuh; da hapert es

BATEAU **être (embarqué) sur le même bateau** im gleichen/in einem Boot sitzen
le bateau prend l'eau/fait eau de toutes parts das Schiff ist am Sinken; die Lage wird immer aussichtsloser

BÂTON **un retour de bâton** ein (unerwarteter) Gegenschlag; ein Bumerang (fig.)

BÉBÉ **jeter le bébé avec l'eau du bain** das Kind mit dem Bade ausschütten

BEC **être/rester le bec dans l'eau** aufgeschmissen sein; auf dem trockenen sitzen; sich in auswegloser Lage befinden
tomber sur un bec auf unvorhergesehene Hindernisse/Schwierigkeiten stoßen

BELLE **l'échapper belle** noch einmal (ungeschoren) davonkommen; mit dem Schrecken davonkommen

BÉRÉZINA **c'est la Bérézina** das ist eine Katastrophe

BOIRE **boire le calice/la coupe jusqu'à la lie** den Kelch bis zur Neige leeren (geh.)

BOL **manque de bol ; pas de bol** so ein Pech (aber auch)

BONHEUR **le malheur des uns fait le bonheur des autres** des einen Tod, des andern Brot (Sprichw.); der Katzen Spiel ist der Mäuse Tod (Sprichw.)

BOUDIN **finir en eau de boudin** ausgehen wie das Hornberger Schießen; in die Binsen/Hosen gehen; kläglich scheitern

BOUILLON **prendre/boire un/le bouillon** Geld in den Sand setzen; finanzielle Einbußen erleiden

BOULETTE **faire une boulette** einen Fehler/einen Schnitzer/eine Dummheit machen; einen Bock schießen

6. LE MALHEUR, L'ÉCHEC, LE DANGER

BOURDE **faire une bourde** *voir boulette*

BRANCHE **scier la branche sur laquelle on est assis** den Ast absägen, auf dem man sitzt

BRAS **baisser les bras** den Kopf hängen lassen
se retrouver avec qqch./qqn. sur les bras etwas/jmdn. auf dem Hals haben

BRELOQUE **battre la breloque** faseln; dummes Zeug reden; Blech quatschen

BRICOLE **il va lui arriver des bricoles** er wird Schwierigkeiten/Ärger bekommen

BRÛLÉ **ça sent le brûlé** jetzt wird's brenzlig

BRÛLER (SE) **se brûler les ailes** *voir aile*

BUTTE **être en butte à qqch.** einer Sache ausgesetzt sein

C

CACA **être/se mettre/se fourrer/se foutre dans le caca (jusqu'au cou)** im Schlamassel/in der Patsche/Klemme/Tinte sitzen; (bis zum Hals) in der Kacke/Scheiße sitzen/stecken (*derb*)

CALICE **boire le calice jusqu'à la lie** *voir boire*

CALVAIRE **c'est un (vrai/véritable) calvaire** das ist ein (wahres/richtiges) Martyrium

CANAL **il y a de quoi/c'est à se jeter dans le canal** *voir balle*

CARAFE **rester en carafe** *voir bec : être/rester le bec dans l'eau*

CAROTTE **les carottes sont cuites** aus der Traum; alles im Eimer

CARREAU **rester sur le carreau** auf der Strecke bleiben

CASSANDRE **jouer les Cassandre** Kassandrarufe ausstoßen; unken

CASSER **ça passe ou ça casse** auf Biegen und Brechen
qui casse les verres les paie (*prov.*) (*etwa*) wer den Schaden anrichtet, muß auch dafür aufkommen

CHANCE **c'est la faute à pas de chance** das war (eben/einfach/ja nun wirklich) Pech; das war ein unglücklicher Zufall
la chance a tourné das Blättchen hat sich gewendet

CHAPEAU **porter le chapeau** die Schuld/Verantwortung tragen

CHARME **le charme est rompu** der Bann ist gebrochen; der Zauber/die Illusion ist verflogen/dahin

CHARYBDE **tomber de Charybde en Scylla** zwischen Scylla und Charybdis sein *(geh.)*; vom Regen in die Traufe kommen

CHÂTEAU **s'écrouler comme un château de cartes** einstürzen/zusammenfallen wie ein Kartenhaus

CHERCHER **l'avoir cherché** es so/nicht anders gewollt haben

CHEVAL **miser sur le mauvais cheval** auf das falsche Pferd setzen

CHIENNE **(quelle) chienne de vie !** was für ein Hundeleben!

CHOU **être dans les choux** in den Eimer gegangen sein
faire chou blanc eine Niederlage/Schlappe erleiden/einstecken müssen

CIEL **aide-toi, le ciel t'aidera** *voir* **aide**

CLAQUE **il a pris une (bonne/sacrée) claque** er hat (ganz schön) eins auf die Nase bekommen/gekriegt; das war für ihn ein Schlag ins Gesicht

CLOCHER **il y a quelque chose qui cloche** da stimmt was nicht; da ist was faul; ich rieche den Braten; ich wittere Unrat

COCHE **manquer/louper/rater le coche** seine Chance/ die Gelegenheit verpassen

COINCER **coincé** in der Zwickmühle; festgefahren

CONSOLATION **une piètre/maigre consolation** ein schwacher Trost

CORDE **être/marcher/danser sur la corde raide** sich auf ein riskantes Unternehmen/Unterfangen einlassen
tirer sur la corde den Bogen überspannen; etwas auf die Spitze treiben

CORPS **être perdu corps et biens** hoffnungslos verloren sein

---

"*un coup de Trafalgar*"

Si le coup de Jarnac était relativement inattendu, le coup de Trafalgar ne l'était pas. Napoléon, génie incontesté des batailles terrestres, ne pouvait rien contre la vieille Angleterre dès lors qu'elle lui faisait la guerre sur l'eau. Sa flotte valsa à la flotte et s'il avait écouté l'ingénieur Fulton qui lui proposait de construire des sous-marins, peut-être n'aurait-il pas terminé sa vie à Sainte-Hélène.

cf. COUP

6. LE MALHEUR, L'ÉCHEC, LE DANGER

CORSER (SE) **(c'est ici que) ça se corse** *voir* **Athénien**

COTE **atteindre la cote d'alerte** den kritischen Punkt erreichen

COTON **filer un mauvais coton** in keiner gesunden Haut stecken; aus dem letzten Loch pfeifen

COUILLE **partir/tourner en couilles** den Bach runtergehen

COULEUR **en avoir vu de toutes les couleurs** mit allen Wassern gewaschen sein; mit allen Winden gesegelt sein

COUP **accuser le coup** *(etwa)* sich anmerken lassen, daß man sehr getroffen ist

    ça m'a fichu un coup das hat mir einen (richtigen) Stoß gegeben; das hat mich (richtig) getroffen

    c'est mieux qu'un coup de pied au cul das ist immer noch besser als in die Hand gespuckt; etwas ist besser als nichts

    c'était un coup d'épée dans l'eau das war ein Schlag ins Wasser/ins Leere

    il a raté/loupé/manqué son coup das ist ihm mißlungen/danebengegangen

    tenir le coup aus-/durch-/standhalten; bei der Stange bleiben

    un coup de Trafalgar eine kritische/bedrohliche Lage/Situation

    un coup dur ein harter/schwerer Schlag

COUPE **boire la coupe jusqu'à la lie** *voir* **boire**

CREUX **être dans le creux de la vague** an einem Tiefpunkt angelangt sein

CROIX **chacun (a/porte) sa croix** jeder muß sein Kreuz auf sich nehmen/tragen

    on peut faire une croix sur ... ... können wir abschreiben/vergessen

CUIRASSE **le défaut de la cuirasse** *voir* **Achille**

CULBUTE **au bout du fossé, la culbute** *(etwa)* ich riskier's (einfach); ich geh' das Wagnis (einfach) ein; wer nicht wagt, der nicht gewinnt *(Sprichw.)*; frisch gewagt ist halb gewonnen *(Sprichw.)*

D

DÉ **les dés sont jetés** die Würfel sind gefallen

DÉBANDADE **finir en débandade** dahinschwinden; zunichte gemacht werden; in Rauch aufgehen; sich in Rauch auflösen

DÉFAUT **le défaut de la cuirasse** *voir* **Achille**
    y a comme un défaut *voir* **cloche**

DÉGÂT **limiter les dégâts** größere Schäden verhindern; das Schlimmste verhüten

DENT **se casser les dents** sich an etwas die Zähne ausbeißen

DÉSERT **connaître une traversée du désert** eine Durststrecke durchmachen

DESSOUS **être/tomber dans le 3ᵉ/36ᵉ dessous** im Keller sitzen; sich in einer verzweifelten Lage befinden

DEUIL **faire son deuil de qqch.** etwas abschreiben; etwas in den Mond schreiben

DEUX **jamais deux sans trois** aller guten Dinge sind drei

DIEU **avoir les dieux contre soi** vom Unglück verfolgt sein

DOS **avoir le dos au mur ; être dos au mur** mit dem Rücken zur Wand stehen

DOUCHE **la douche écossaise** das (reinste) Wechselbad; heute so, morgen so

DRAP **être/se mettre dans de beaux/sales/vilains draps** sich in die Nesseln setzen; sich (ganz schön) reinreiten

E

EAU **finir en eau de boudin** voir *boudin*
(il) y a de l'eau dans le gaz die Zeichen stehen auf Sturm; es kriselt
tomber à l'eau voir *boudin*

ÉCHEC **tenir qqn. en échec** jmdn. in Schach halten

ÉCRIT **c'était écrit** es mußte so kommen; so wollte es das Schicksal; das war Schicksal

ÉCROULER (S') **s'écrouler comme un château de cartes** voir *château*

ENFER **l'enfer est pavé de bonnes intentions** *(prov.)* der Weg zur Hölle ist mit guten Vorsätzen gepflastert *(Sprichw.)*

ENSEIGNE **être logé à la même enseigne** voir *bateau*

ENVIER **n'avoir rien à envier à qqn.** jmdn. nicht zu beneiden brauchen; jmdm. in nichts nachstehen

ÉPÉE **donner des coups d'épée dans l'eau** voir *coup*

ÉPONGE **jeter l'éponge** voir *(baisser les) bras*

ÉTOILE **né sous une mauvaise étoile** unter einem ungünstigen Stern geboren sein
son étoile pâlit/blanchit voir *actions*

6. LE MALHEUR, L'ÉCHEC, LE DANGER

F

FACE **jouer/décider à pile ou face**   eine Münze werfen; knobeln

FAIRE **(il) faut faire avec ce qu'on a**   man muß zufrieden sein mit dem, was man hat

FAUX **avoir tout faux**   alles falsch gemacht haben

FEU **être pris entre deux feux**   zwischen zwei Feuer geraten

mettre le feu aux poudres   den Funken ins Pulverfaß schleudern; der Funke im Pulverfaß sein

FICELLE **tirer sur la ficelle**   *voir* **corde**

FIGURE **en prendre plein la figure (pour pas un rond)**   (voll) eine/eins reingewürgt bekommen/kriegen; (ganz schön) was abbekommen

se casser la figure   *voir* **bouillon**

FILER **filer un mauvais coton**   *voir* **coton**

FLINGUER (SE) **il y a de quoi/c'est à se flinguer**   *voir* **balle**

FOND **toucher le fond**   auf dem/seinem Tiefpunkt ankommen; einen seelischen Tiefpunkt haben

FORFAIT **déclarer forfait**   aufgeben; ausscheiden; sich zurückziehen

FORTUNE **faire contre mauvaise fortune bon cœur**   gute Miene zum bösen Spiel machen

FOSSÉ **au bout du fossé, la culbute**   *voir* **culbute**

FRAIS **arrêter les frais**   mit etwas aufhören; etwas aufgeben

faire les frais de qqch.   für etwas aufkommen müssen; die Hauptlast (der Kosten) für etwas tragen müssen

FRAIS **être frais**   *voir* **drap**

FUMÉE **s'envoler/partir/disparaître en fumée**   *voir* **boudin**

G

GADIN **(se) prendre/se ramasser un gadin**   *voir* **claque**

GAFFE **faire une gaffe**   *voir* **boulette**

GALÈRE **c'est (la) galère**   das ist eine (richtige) Tretmühle
être (embarqué) dans la même galère   *voir* **bateau**
vogue la galère !   auf gut Glück!; hoffen wir das Beste!

GAMELLE **(se) prendre/se ramasser une gamelle**   *voir* **claque**

GÂTER (SE) **(c'est ici que) ça se gâte** *voir* **Athénien**

GENCIVE **en prendre plein les gencives** eine vor den Bug geknallt bekommen/kriegen; zusammengestaucht werden

GIFLE **prendre une gifle** *voir* **claque**

GOUFFRE **être au bord du gouffre** am Rande des Abgrunds stehen

GOUTTE **c'est la goutte (d'eau) qui fait déborder le vase** das ist der Tropfen, der das Faß zum Überlaufen bringt

GRAIN **il y a un/c'est le grain de sable dans la mécanique** es ist Sand im Getriebe

GRIVE **faute de grives, on mange des merles** *(prov.)* in der Not frißt der Teufel Fliegen *(Sprichw.)*

GROS-JEAN **être/se retrouver Gros-Jean comme devant** so klug sein wie zuvor

GUÊPIER **être/se mettre/se fourrer/se foutre dans un guêpier** *voir* **drap**

GUERRE **à la guerre comme à la guerre** *(prov.)* *(etwa)* es geht nun einmal nicht anders; man muß sich ins Unvermeidliche fügen

GUEULE **en prendre plein la gueule (pour pas un rond)** *voir* **figure**
se casser la gueule *voir* **bouillon**
se jeter/se mettre dans la gueule du loup sich in die Höhle des Löwen begeben/wagen

GUIGNE **avoir la guigne** Pech/eine Pechsträhne haben
porter la guigne à qqn. jmdm. Unglück bringen

"*c'est (la) galère*"

Vous vous souvenez de la célèbre réplique de Molière : « Mais qu'allait-il faire dans cette galère ? » Eh bien, malgré son origine marine, cette expression n'a pas trop dérivé. Elle réapparaît voici une vingtaine d'années et, paradoxalement, prend une tonalité moderne, surtout avec ses dérivés : « galérer » ou « ramer », ou l'expression « il/elle est galère ».

cf. GALÈRE

6. LE MALHEUR, L'ÉCHEC, LE DANGER

H

HARICOT **c'est la fin des haricots** jetzt ist alles aus; jetzt ist's ganz aus

HAUT **tomber de haut** um eine Illusion ärmer sein; eine bittere/herbe Enttäuschung erlebt haben; aus allen Wolken fallen

HIC **il y a un hic** *voir clocher*

I

IDÉE **avoir des/les idées noires** trüben Gedanken nachhängen

INCIDENT **un incident de parcours** *voir accident*

J

JAMBE **ça vaut mieux que de se casser la/une jambe ; ça vaut mieux qu'une jambe cassée** das ist doch kein Beinbruch; das ist doch nur halb so wild
cela/ça me fait une belle jambe ! was nützt mir das (schon)!; das bringt mir (doch) nichts!; dafür kann ich mir nichts kaufen!

JETER **il y a de quoi/c'est à se jeter dans le canal/sous un train** *voir balle*
jeter le bébé avec l'eau du bain *voir bébé*

JEU **les jeux sont faits** *voir dé*

JOUR **c'est un jour sans** das ist (wieder) einer von diesen (miesen) Tagen
(il y a) les/des jours avec et les/des jours sans es gibt gute und schlechte Tage; es gibt Glückstage und Unglückstage

---

"il y a un hic"

En latin, hic *signifie « ici, voici, voilà ».* Hic est quaestio *(voilà la question) constitue une forme soumise à une condition, à un obstacle. Le « hic » exprime donc qu'un écueil se dresse, et qu'il faut y faire face.*

cf. HIC

L

LANTERNE **être (la) lanterne rouge** das Schlußlicht sein

LARGE **ne pas en mener large** sich in seiner Haut nicht wohl fühlen; sich unbehaglich fühlen

LARGUER **être largué** abgehängt/fallengelassen werden

LÉZARD **(il) y a un lézard** *voir clocher*

LIÈVRE **c'est là que gît le lièvre** *voir bât*

LOGER **être logé à la même enseigne** *voir bateau*

LOIN **je reviens de loin** ich bin noch einmal (mit heiler Haut) davongekommen

LOTERIE **la vie est une loterie** das Leben ist ein Glücksspiel/eine Lotterie

LOUP **se jeter/se mettre dans la gueule du loup** *voir gueule*

M

MAL **de deux maux, il faut choisir le moindre** *(prov.)* von zwei Übeln das kleinere wählen *(Sprichw.)*
le mal est fait das Unrecht ist geschehen

MALCHANCE **jouer de malchance** *voir dieu*

MALHEUR **à quelque chose malheur est bon** auch das Unglück hat sein Gutes/ist zu etwas gut; durch Schaden wird man klug *(Sprichw.)*
jouer de malheur *voir dieu*
le malheur des uns fait le bonheur des autres *(prov.) voir bonheur*
pour comble de malheur zu allem Unglück/Überfluß; um das Unglück vollzumachen
un malheur n'arrive jamais seul ein Unglück kommt selten allein
un oiseau de malheur ein Unglücksrabe; ein Pechvogel

MANCHE **jeter le manche après la cognée** *voir (baisser les) bras*

MANIVELLE **un retour de manivelle** *voir bâton*

MANQUER **il ne manquait plus que ça !** das hat gerade noch gefehlt!

MARCHER **marche ou crève !** friß, Vogel, oder stirb!

MARÉE **contre vents et marées** allen Widerständen/Hindernissen zum Trotz; unter allen Umständen; komme, was wolle
une marée noire ein Ölteppich; eine Ölpest

6. LE MALHEUR, L'ÉCHEC, LE DANGER

MARQUISE **tout va très bien, Madame la Marquise** alles in bester Ordnung; es könnte nicht besser gehen; es besteht (überhaupt) kein Grund zur Sorge/Besorgnis/Unruhe

MAUVAIS **ça sent mauvais** *voir brûlé*

MAYONNAISE **la mayonnaise n'a pas pris** *(etwa)* es hat (doch) nicht geklappt/funktioniert

MÉDAILLE **le revers de la médaille** die Kehrseite der Medaille

MÉLASSE **être/se mettre/se fourrer/se foutre dans la mélasse** *voir caca*

MENER **ne pas en mener large** *voir large*

MERDE **être/se mettre/se fourrer/se foutre dans la merde** *voir caca*
on est dans la merde ! wir sitzen/stecken in der Scheiße! *(derb)*; uns steht die Scheiße bis zum Hals! *(derb)*

MERLE **faute de grives, on mange des merles** *(prov.)* *voir grive*

MESSE **la messe est dite** *voir carotte*

MEUBLE **sauver les meubles** das Notwendigste (vor dem Untergang) retten

MIEUX **faute de mieux** in Ermangelung eines Besseren

MISER **miser sur le mauvais cheval** *voir cheval*

MISÈRE **(s'abattre/tomber sur qqn.) comme la misère sur le (pauvre) monde** (etwas trifft jmdn.) wie ein Blitz aus heiterem Himmel

N

NAÎTRE **né sous une mauvaise étoile** *voir étoile*

NAVIRE **les rats quittent le navire** *(prov.)* die Ratten verlassen das sinkende Schiff *(Redew.)*

NEZ **ça lui pend au nez (comme un sifflet de deux ronds)** das steht ihm bevor; das kommt auf ihn zu
ça va retomber sur (le [coin du] nez de) qqn. das wird auf ihn zurückfallen; damit wird er sich Ärger einhandeln
passer/filer sous le nez jmdm. durch die Lappen gehen
se casser le nez *voir (tomber sur un) bec*

O

OISEAU **un oiseau de malheur/de mauvais augure** *voir malheur*

OMBRE **il y a une ombre au tableau** *voir cloche*

OS **il y a un os** *voir cloche*
tomber sur un os *voir (tomber sur un) bec*

P

PAILLE **tirer à la courte paille** Hälmchen ziehen; mit Strohhalmen knobeln

PANADE **être/se mettre/se fourrer/se foutre dans la panade** *voir caca*

PARTERRE **prendre/ramasser un billet de parterre** *voir bouillon*

PAS **céder le pas à qqn.** jmdm. den Vortritt/Vorrang lassen
faire un faux pas einen Fauxpas begehen; sich daneben benehmen

PASSAGE **connaître/avoir un passage à vide** *voir désert*

PASSE **être dans/traverser une mauvaise passe** *voir désert*

PASSER **ça passe ou ça casse** *voir casse*

PAUVRE **pauvre de moi/de nous/de toi/de vous !** ich Ärmste(r)/wir Ärmsten/ihr Ärmsten!

PAUVRETÉ **s'abattre/tomber sur qqn. comme la pauvreté sur le monde** *voir misère*

PEINE **à chaque jour suffit sa peine** *(prov.)* jeder Tag hat seine Plage *(Sprichw.)*
c'est peine perdue das ist verlorene Liebesmüh(e)
ne pas être au bout de ses peines *voir auberge*

PELLE **(se) prendre/(se) ramasser une pelle** *voir bouillon*

PENTE **être sur la/une mauvaise pente** auf die schiefe Bahn/Ebene geraten
être sur une pente glissante/dangereuse/savonneuse einen gefährlichen Weg eingeschlagen haben; sich auf eine gefährliche Bahn begeben

PÉPIN **avoir un pépin** Ärger/Scherereien haben

PERDRE **être perdu corps et biens** *voir corps*

PERTE **courir à sa perte** in sein Verderben rennen; seinem Ruin/Untergang entgegengehen

6. LE MALHEUR, L'ÉCHEC, LE DANGER

PÉTRIN **être/se mettre/se fourrer/se foutre dans le pétrin** *voir caca*

PIED **perdre pied** den Boden unter den Füßen/den Halt verlieren

PIERRE **une pierre d'achoppement** ein Stein des Anstoßes

PILE **jouer/décider à pile ou face** *voir face*

PILULE **avaler la pilule dure** die bittere Pille schlucken; in den sauren Apfel beißen

PLAN **rester en plan** *voir bec : être/rester le bec dans l'eau*

PLANCHE **c'est ma planche de salut** das ist meine letzte Rettung/mein Rettungsanker

PLANTER (SE) **se planter** sich irren/täuschen/vertun; falsch liegen

PLÂTRE **essuyer les plâtres** etwas ausbaden müssen

PLOMB **avoir du plomb dans l'aile** *voir aile*

PLUME **y laisser/y perdre des plumes** Federn/Haare lassen (müssen)

POINT **être au point mort** an einem toten Punkt angelangt sein

POISSE **avoir la poisse** *voir (avoir la) guigne*
porter la poisse à qqn. *voir (porter la) guigne*

POISSON **finir en queue de poisson** *voir boudin*

PORTE **trouver porte close** vor verschlossener Tür stehen

POSTURE **être en mauvaise posture** in einer schlechten/ungünstigen/schlimmen Lage sein; schlecht dran sein

POT **c'est le pot de terre contre le pot de fer** das ist (wie) David gegen Goliath; das ist ein unfairer Kampf
manque de pot *voir bol*

"*avoir un pépin*"

Pareillement au ver, le pépin est dans le fruit. Vous voilà donc en Espagne, confortablement installé devant une jolie assiette d'oranges, l'œil perdu sur la crête des vagues et les formes de quelques belles apparitions de plage. « Ah, » pensez-vous « décidément, la vie mérite d'être croquée à belles dents. » Ce que vous faites d'une délicieuse orange, avalant trop vite votre bouchée. Et voilà où ça coince: vous toussez, parce qu'un pépin vous est resté en travers de la gorge. Vous venez d'avoir un pépin.

cf. PÉPIN

POUCE   **mettre les pouces**   *voir **(baisser les) bras***

POUSSIÈRE   **mordre la poussière**   ins Gras beißen

PRÉCIPICE   **être au bord du précipice**   *voir **gouffre***

PRENDRE   **(merci [bien],) je sors d'en prendre !**   (vielen Dank,) ich bin bedient!/mir reicht's!

PROPHÈTE   **un prophète de malheur**   ein Unglücksprophet

PURÉE   **être/se mettre/se fourrer/se foutre dans la purée/ dans une purée noire**   *voir **caca***

Q

QUART   **passer un mauvais/sale quart d'heure**   bange/böse/schlimme Minuten/Augenblicke durchmachen

QUEUE   **finir en queue de poisson**   *voir **boudin***
revenir la queue entre les pattes/jambes ; revenir la queue basse   mit hängendem/eingezogenem Schwanz abziehen; sich wie ein begossener Pudel davonschleichen

R

RADE   **rester en rade**   *voir **bec : être/rester le bec dans l'eau***

RAMASSER (SE)   **se ramasser**   *voir **bouillon***

RÂPER   **c'est râpé (pour ce soir)**   daraus wird (heute abend) nichts mehr

RAT   **les rats quittent le navire** *(prov.)*   *voir **navire***

RÉCOLTER/RECUEILLIR   **on (ne) récolte/recueille (que) ce qu'on a semé**   man erntet, was man gesät hat; wie die Saat, so die Ernte *(Sprichw.)*

RÉGIME   **avoir une baisse de régime**   *voir **baisse***

RESTER   **rester en carafe/en plan/en rade**   *voir **bec : être/rester le bec dans l'eau***
rester sur le carreau   *voir **carreau***

RETOUR   **par un juste retour des choses**   als ausgleichende Gerechtigkeit; als gerechte Strafe; als gerechter Ausgleich
un retour de bâton   *voir **bâton***

REVERS   **le revers de la médaille**   *voir **médaille***

RISQUE   **c'est à tes/vos risques et périls**   auf eigene Gefahr

ROSE   **il n'y a pas de rose sans épines**   keine Rose ohne Dornen

6. LE MALHEUR, L'ÉCHEC, LE DANGER

ROUE   **la roue tourne**   *voir chance*

ROUSSI   **ça sent le roussi**   *voir brûlé*

S

SABLE   **il y a un/c'est le grain de sable dans la mécanique**   *voir grain*

SAINT   **ne plus/ne pas savoir à quel saint se vouer**   nicht ein noch aus wissen; mit seiner Weisheit am Ende sein

SAUCE   **se demander à quelle sauce on va être mangé**   sich fragen, was einem (wohl) noch so alles bevorsteht/blüht; sich fragen, mit was man (wohl) noch zu rechnen hat

SCARLATINE   **ça vaut mieux que d'attraper la scarlatine**   *voir (ça vaut mieux que de se casser une) jambe*

SCIER   **scier la branche sur laquelle on est assis**   *voir branche*

SCYLLA   **tomber de Charybde en Scylla**   *voir Charybde*

SEMER   **qui sème le vent récolte la tempête** *(prov.)*   wer Wind sät, wird Sturm ernten *(Sprichw.)*

SENTIR   **ça sent le brûlé/mauvais/le roussi**   *voir brûlé*

SIGNER   **signer son arrêt de mort**   *voir arrêt*

SORT   **le sort en est jeté**   *voir dé*

T

TALON   **le talon d'Achille**   *voir Achille*

TERRE   **tomber plus bas que terre**   *voir fond*

TÊTE   **garder la tête hors de l'eau**   sich über Wasser halten

TINTIN   **faire tintin**   in den Mond/die Röhre gucken; das Nachsehen haben

TIRER   **il y a de quoi/c'est à se tirer une balle (dans la tête)**   *voir balle*

TOMBE   **creuser sa propre tombe**   *voir branche*
    se retourner dans sa tombe   sich im Grab(e) umdrehen

TOUCHE   **rester sur la touche**   ausgebootet/kaltgestellt werden

TOURNER   **mal tourner**   eine schlechte Wendung nehmen; fehlschlagen; schiefgehen/-laufen
    tourner court   *voir boudin*

TOURNURE   prendre mauvaise tournure   *voir **(mal) tourner***

TOUT   on ne peut pas tout avoir   *voir **avoir***

TRAFALGAR   un coup de Trafalgar   *voir **coup***

TRAIN   il y a de quoi/c'est à se jeter sous un train   *voir **balle***

TUILE   quelle tuile !   das war vielleicht ein Schlag ins Kontor!

V

VACHE   manger/bouffer de la vache enragée   viel durchmachen müssen; Elend und Not ausstehen; sich hart durchbeißen müsssen

VAU-L'EAU   (s'en) aller/partir à vau-l'eau   *voir **débandade***

VENT   contre vents et marées   *voir **marée***

VÉROLE   ça m'est tombé dessus comme la vérole sur le bas clergé   das hat mich mit voller Wucht erwischt/getroffen

VERT   en avoir vu des vertes et des pas mûres   *voir **couleur***

VESTE   prendre/ramasser une veste   *voir **bouillon***

VINAIGRE   tourner (au) vinaigre   *voir **aigre***

VOLCAN   danser/être/se tenir sur un volcan   auf einem Vulkan tanzen; auf einem Pulverfaß sitzen

VOLER   ne pas l'avoir volé   *voir **chercher***

LA SANTÉ, LA MORT

*Un chapitre à ne lire qu'à la condition
d'avoir le cœur bien accroché :
les misères humaines sont tellement nombreuses
que vous en perdriez le boire et le manger.
Alors, que vous souhaiter,
sinon d'avoir la patate, la frite et la pêche,
bref de péter le feu ?
C'est quand même plus réjouissant que de bouffer
les pissenlits par la racine…*

A

ACHARNEMENT **l'acharnement thérapeutique** *(etwa)* der Einsatz medizinischer Maßnahmen, um jmdn. künstlich am Leben zu erhalten

ÂME **avoir l'âme chevillée au corps** ein zähes Leben haben
rendre l'âme die Seele aushauchen; seinen Geist aufgeben

AMOUR **à tes amours !** Gesundheit!

ARME **passer l'arme à gauche** ins Gras beißen; abkratzen

ARTICLE **à l'article (de la mort)** im Sterben liegen

ASSIETTE **ne pas être dans son assiette** sich nicht (recht) wohl fühlen; nicht (ganz) auf der Höhe/auf dem Posten/auf dem Damm sein

ATTAQUE **d'attaque** voll(er) Energie/Schwung/Antriebskraft/Dynamik sein; Drive haben

B

BERLUE **avoir la berlue** Halluzinationen haben; sich etwas einbilden

BILLARD **passer sur le billard** unters Messer kommen

BŒUF **fort comme un bœuf** stark wie ein Bulle sein; bärenstark sein

BOIRE **en perdre le boire et le manger** Essen und Trinken über etwas vergessen

BOTTE **en avoir plein les bottes** gehmüde sein

BOUCHE-À-BOUCHE **le bouche-à-bouche** die Mund-zu-Mund-Beatmung; die Atemspende

BOULE **avoir les nerfs en boule** furchtbar nervös/angespannt sein

---

"passer l'arme à gauche"

Rien à voir avec la politique : en escrime, lorsqu'on passe l'arme à gauche, c'est que l'on est désarmé. D'où cette expression d'origine militaire qui désigne la perte de ce bastion si fragile et si précieux à la fois : la vie.

cf. ARME

7. LA SANTÉ, LA MORT

BOUT **être au bout du/de son rouleau** aus dem letzten Loch pfeifen; am Ende seiner Kraft sein

BRELOQUE **son coeur bat la breloque** sein/ihr Herz hüpft/stolpert/spielt verrückt/schlägt Kapriolen

BULLETIN **avaler son bulletin de naissance** voir **arme**

C

CABRIOLE **faire la cabriole** *(vieilli)* voir **arme**

CADAVRE **être un cadavre ambulant** ein wandelnder/ lebender Leichnam sein

CAISSON **se faire sauter le caisson** sich eine Kugel in den Kopf schießen/durch den Kopf jagen

CARABINER **un rhume carabiné** ein Mordsschnupfen
une migraine carabinée heftige/rasende Kopfschmerzen

CARREAU **rester sur le carreau** getötet/verwundet zurückgelassen werden *(milit.)*; tot/verletzt am Boden liegen bleiben

CERVELLE **se faire sauter la cervelle** voir **caisson**

CHANDELLE **voir 36 chandelles** Sterne sehen; die Engel (im Himmel) singen hören

CHAPELLE **une chapelle ardente** Trauerkapelle; Raum, in dem ein Toter von brennenden Kerzen umgeben aufgebahrt wird

CHARCUTER **charcuter un malade** an einem Kranken herumschnippeln/-schnipsen

CHARME **se porter comme un charme** kerngesund sein; sich bester Gesundheit erfreuen; sich ausgezeichnet fühlen

CHAT **avoir un chat dans la gorge** einen Frosch im Hals haben

---

"avoir la berlue"

La mémoire d'une langue se perd vite et cette expression en constitue la preuve. Comme le verbe « challoir » (dont la phrase « peut me chaut » est la seule survivante), « berluer/belluer » a été perdu corps et biens. Il signifiait « éblouir », ce qui donna aussi « éberluer ». La berlue est donc l'acte qui consiste à tromper par la vue, à être ébloui.

cf. BERLUE

CHAUSSURE **être à côté de ses chaussures** von der Rolle sein; danebensein; neben der Kappe sein

CHÊNE **se porter comme un chêne** *voir charme*

CHEVAL **un remède de cheval** eine Pferde-/Roßkur
une fièvre de cheval hohes Fieber

CHEVEU **avoir un cheveu sur la langue** lispeln; mit der Zunge anstoßen

CHIEN **faire un mal de chien** höllisch schmerzen/weh tun
j'ai été malade comme un chien mir war/ich fühlte mich hundeelend

CHOSE **se sentir/être tout chose** unpäßlich sein; sich unwohl/nicht wohl fühlen

CI **comme ci, comme ça** so lala

CIRAGE **être dans le cirage** im Tran sein

CLAMECER ; CLAMSER **clamecer ; clamser** *voir arme*

CLAQUER **claqué** fix und fertig; fix und foxi; total erschöpft; ausgelaugt; groggy
claquer *voir arme*

CŒUR **avoir le cœur bien accroché** einen guten Magen/einen Pferdemagen haben
avoir le cœur qui bat la chamade wahnsinniges Herzklopfen haben
son cœur bat la breloque *voir breloque*

COMPAS **avoir un/le compas dans l'œil** ein ausgezeichnetes Augenmaß haben

COMPOTE **avoir les jambes en compote** Pudding in den Beinen haben; wackelig auf den Beinen sein

COMPTE **avoir son compte** tödlich verletzt sein

COQUETTERIE **avoir une coquetterie dans l'œil** einen Silberblick haben

COSTUME **se faire tailler un costume en bois (de sapin)** in die Kiste springen; den Löffel abgeben/hinlegen/fallen lassen/wegschmeißen

COTON **avoir les jambes en coton** *voir compote*

COUP **avoir le coup du lapin** *(etwa)* bei einem Autounfall einen Halswirbelbruch (durch Peitscheneffekt) erleiden
avoir un coup de pompe/barre einen Durchhänger haben
recevoir un coup de pied de Vénus eine Liebesgabe bekommen; sich eine Geschlechtskrankheit einhandeln

CRÊPE **s'aplatir comme une crêpe** der Länge nach hinfallen

CRÈVE **attraper/choper la crève** sich eine Mordserkältung/den Tod holen

7. LA SANTÉ, LA MORT

CREVER **crevé** völlig fertig; erledigt; (total) am Ende; kaputt; erschossen *(voir aussi **claquer** : **claqué**)*
  crever *voir **arme***
  crever la gueule ouverte krepieren *(derb)*; verrecken *(derb)*
CUILLER **à ramasser à la petite cuiller** *voir **crever** : **crevé***

D

DANSE **avoir la danse de Saint-Guy** den Veitstanz haben
DEBOUT **ne plus tenir debout** sich nicht mehr/kaum noch auf den Beinen halten können; im Stehen schlafen; zum Umfallen müde sein; vor Müdigkeit umfallen
DÉGUEULER **dégueuler tripes et boyaux** sich die Seele aus dem Leib kotzen *(derb)*; kotzen wie ein Reiher *(derb)*
DENT **être sur les dents** *voir **crever** : **crevé***
DOIGT **avoir des doigts de fée** fingerfertig sein; mit den Fingern/Händen sehr geschickt sein

E

ENTERRER **il nous enterrera tous** der überlebt uns (noch) alle

F

FEU **mourir à petit feu** langsam dahinsiechen
  péter le feu/du feu/des flammes vor Unternehmungslust sprühen/überschäumen; in Fahrt sein

---

"*avoir la danse de Saint-Guy*"

Il ne s'agit pas d'une danse passée de mode ou d'époque, mais d'une expression qui nous plonge au cœur du Moyen-Âge. Jadis, pour guérir la chorée, maladie nerveuse caractérisée par des mouvements désordonnés, on faisait appel à Saint-Guy ou à Saint-Witt. Depuis, la médecine a permis de mettre ces Saints bienfaisants au repos.

cf. DANSE

FEUILLE **être dur de la feuille** schwerhörig sein; schlecht hören

trembler comme une feuille zittern wie Espenlaub

FICHU **être mal fichu** sich schlecht/elend/jämmerlich fühlen; nicht gut beieinander sein; angeschlagen sein

FLANELLE **avoir les jambes en flanelle** *voir compote*

FLEUR **avoir les nerfs à fleur de peau** überreizte/überempfindliche Nerven haben

FORCE **être une force de la nature** voller Vitalität stecken; eine Bärennatur haben

FORME **au mieux de sa forme** topfit; fit wie ein Turnschuh; in Hoch-/Best-/Topform

en pleine/grande forme richtig fit; gut in Form; so richtig in Schwung

ne pas être en forme nicht in Form/Schwung sein

FORT **fort comme un bœuf/un Turc** *voir bœuf*

FOSSE **avoir un/le pied dans la fosse** mit einem Bein im Grab stehen

FOURMI **avoir des fourmis dans les jambes** Ameisen in den Beinen haben; eingeschlafene Beine haben

FRAIS **frais comme une rose/comme un gardon/comme l'œil** wie das blühende Leben aussehen

FRAISE **sucrer les fraises** den Tatterich haben; ganz zittrig/tattrig sein

FRITE **avoir la frite** gut drauf sein; in guter Stimmung sein

FUMER **fumer comme un Turc/une locomotive/une cheminée/un pompier/un sapeur** rauchen/qualmen wie ein Schlot

G

GARDON **frais comme un gardon** *voir frais*

GAZ **dans le gaz** *voir cirage*

GENOU **sur les genoux** hundemüde; matt; schlaff; schlapp; wie zerschlagen/gerädert *(voir aussi **crever : crevé**)*

GODASSE **être à côté de ses godasses** *voir chaussure*

GOUTTE **n'y voir goutte ; n'y entendre goutte** *(vieilli)* überhaupt nichts/nicht das Geringste sehen/hören

GRIPPE **se payer une bonne grippe** sich eine anständige Grippe holen/zuziehen

GROLLE **être à côté de ses grolles** *voir chaussure*

7. LA SANTÉ, LA MORT

GUÉRIR **mieux vaut prévenir que guérir** vorbeugen ist besser als heilen

GUILLERET **tout guilleret** putzmunter; mopsfidel; munter wie ein Fisch im Wasser

H

HANNETON **(un rhume) pas piqué des hannetons** (ein Schnupfen,) der sich gewaschen hat/der nicht von schlechten Eltern ist

HAUT-LE-CŒUR **j'ai un haut-le-cœur** mir ist schlecht; mir ist spei-/kotzübel *(derb)*; ich muß brechen/mich übergeben

HEURE **attendre que son heure sonne** warten, bis einem die Stunde schlägt

J

JAMBE **avoir les jambes en coton/compote/flanelle** *voir compote*
ne plus avoir ses jambes de vingt ans nicht mehr so gut zu Fuß sein (wie früher)
se dérouiller les jambes sich die Beine vertreten

JOUR **mettre fin/attenter à ses jours** seinem Leben ein Ende machen/setzen
ses jours sont comptés seine Tage sind gezählt

JUIF **le petit Juif** das Mäuschen; der Musikantenknochen

L

LESSIVER **complètement lessivé** kaputt; völlig erschlagen/erschossen; ausgepumpt *(voir aussi **crever : crevé**)*

LION **avoir mangé/bouffé du lion** Bäume ausreißen können; ungewöhnliche Energie haben

LOCOMOTIVE **fumer comme une locomotive** *voir **fumer***

LYNX **avoir des yeux de lynx** Augen wie ein Luchs haben

M

MAIN **avoir deux mains gauches** zwei linke Hände haben

MAL **faire un mal de chien** *voir* **chien**
il est au plus mal es steht sehr ernst/schlecht um ihn; es geht mit ihm zu Ende

MALADE **malade comme un chien** *voir* **chien**

MANCHOT **ne pas être manchot** keine zwei linke Hände haben; nicht ungeschickt sein

MANGER **en perdre le boire et le manger** *voir* **boire**

MARTYRE **souffrir le martyre** höllische Qualen/Höllenqualen ausstehen/leiden/erdulden (müssen)

MERDE **avoir un œil qui dit merde à l'autre** *voir* **coquetterie**

MERVEILLE **se porter à merveille** *voir* **charme**

MINE **avoir une mine de papier mâché** toten-/leichenblaß sein; bleich wie der Tod sein; kreidebleich sein/aussehen
avoir une petite mine schlecht/krank aussehen; angegriffen/mitgenommen aussehen

MONDE **envoyer/expédier qqn. dans l'autre monde** jmdn. ins Jenseits befördern
ne plus être de ce monde nicht mehr unter den Lebenden/am Leben sein; nicht mehr leben

MORT **à l'article de la mort** *voir* **article**
entre la vie et la mort zwischen Leben und Tod
je suis mort ich bin tot/todmüde/zu Tode erschöpft *(voir aussi* **crever : crevé***)*
mort et enterré tot und begraben; längst tot/unter der Erde
mourir de sa belle mort eines natürlichen Todes sterben
souffrir mille morts tausend Tode sterben
tomber raide mort tot umfallen
tout ce qu'il y a de plus mort mausetot
voir la mort de près dem Tod ins Auge schauen

MOURIR **mourir à petit feu** *voir* **feu**
mourir comme des mouches sterben wie die Fliegen
mourir de sa belle mort *voir* **mort**
on meurt comme on a vécu wie gelebt, so gestorben
on ne meurt qu'une fois man stirbt nur einmal

MOYEN **perdre (tous) ses moyens** (körperlich und seelisch) zusammenbrechen

7. LA SANTÉ, LA MORT

N

NAGE **en nage** schweißgebadet/-triefend; klatschnaß (vor Schweiß)

NATURE **une petite nature** eine schwache Natur; eine kränkliche/kränkelnde Person

NAZE **naze** *voir crever : crevé*

NERF **avoir les nerfs à fleur de peau** *voir fleur*
avoir les nerfs en boule/pelote *voir boule*

NEZ **piquer du nez** einnicken

O

ŒIL **avoir (encore/toujours) bon pied bon œil** (immer noch) gesund und rüstig sein; noch gut bei Wege sein (*veralt.*)
avoir le coup d'œil einen scharfen Blick haben
avoir un/le compas dans l'œil *voir compas*
avoir un œil qui dit merde/zut à l'autre *voir coquetterie*
frais comme l'œil *voir frais*
tourner de l'œil in Ohnmacht fallen; umfallen/-kippen

OR **avoir de l'or dans les mains** *voir doigt*

OS **ne pas faire de vieux os** es nicht mehr lange machen; nicht alt werden

P

PÂLE **se faire porter pâle** (*argot milit.*) sich krank melden; sich krank schreiben lassen

PAPIER **avoir une figure/mine de papier mâché** *voir mine*

PATATE **avoir la patate** *voir frite*

PATRAQUE **être patraque** *voir assiette*

PATTE **traîner la patte** ein Bein nachziehen; hinken; lahmen

PEAU **sauver sa peau** sein Leben/seine Haut retten

PÊCHE **avoir la pêche ; avoir une pêche d'enfer** *voir frite*

PELOTE **avoir les nerfs en pelote** *voir boule*

PIED **à six pieds sous terre** sechs Fuß unter der Erde
avoir (toujours) bon pied bon œil *voir œil*

avoir un pied dans la fosse/la tombe/le trou *voir fosse*
être remis sur pieds wieder auf die Beine kommen
partir les pieds devant mit den Füßen voran das Haus verlassen

PILE **être une vraie pile électrique** ein richtiges Energiebündel sein

PIPE **casser sa pipe** *voir arme*

PISSENLIT **bouffer les pissenlits par la racine** sich die Radieschen von unten ansehen

PLANCHE **entre quatre planches** in der Kiste *(voir aussi mort (et enterré) et pied : à six pieds sous terre)*

PLAT **à plat** *voir crever : crevé*

POMME **tomber dans les pommes** *voir (tourner de l')œil*

POMPE **marcher/être à côté de ses pompes** *voir chaussure*

POMPIER **fumer comme un pompier** *voir fumer*

PONT NEUF **se porter comme le Pont Neuf** *voir charme*

PORTUGAISE **avoir les portugaises ensablées** *voir feuille*

POT **sourd comme un pot** stocktaub; völlig taub

POUDRE **de la poudre de perlimpinpin** eine Wunderarznei; ein Wunder-/Allheilmittel

POUMON **cracher ses poumons** sich die Lunge aus dem Hals husten

POUVOIR **n'en plus pouvoir** nicht mehr können

PRÉVENIR **mieux vaut prévenir que guérir** *voir guérir*

Q

QUILLE **ne pas/plus tenir sur ses quilles** schwach auf den Beinen sein

---

 “*avoir les portugaises ensablées*”

Une portugaise : telle est la dénomination d'une succulente petite pomme garnie de confiture. Celle-ci se transforme en oreille par le truchement d'une comparaison aussi argotique qu'imagée. Lorsqu'elle s'ensable, elle se retrouve en rade, pareille à une barque portugaise attendant de voguer sur la mer des sons pour y pêcher des paroles.

cf. PORTUGAISE

7. LA SANTÉ, LA MORT

R

RADAR **marcher au radar** wie ein Zombie durch die Gegend laufen

RA-PLA-PLA **être/se sentir ra-pla-pla** *voir* **crever : crevé**

REIN **avoir les reins solides** einen breiten Buckel/Rückel haben; einiges aushalten können/abkönnen

REMÈDE **un remède de bonne femme** ein Hausmittel
un remède de cheval *voir* **cheval**
un remède miracle eine Wunderkur

RESTER **il a bien failli y rester** er wäre fast (dabei) umgekommen; es hätte ihn fast erwischt

RETOUR **le retour d'âge** die Wechseljahre
être sur le retour allmählich alt werden; in die Jahre kommen

ROSE **frais comme une rose** *voir* **frais**

ROTULE **être sur les rotules** *voir* **genou**

ROULEAU **être au bout du/de son rouleau** *voir* **bout**

S

SAINT-GUY **avoir la danse de Saint-Guy** *voir* **danse**

SANTÉ **avoir une petite santé** von zarter/schwacher Gesundheit sein; anfällig sein
avoir une santé de fer eine eiserne Gesundheit haben; eine gute/eiserne Konstitution haben
se refaire une santé wieder zu Kräften kommen; sich wieder erholen
y laisser la/sa santé seine Gesundheit (bei etwas) ruinieren

SAPEUR **fumer comme un sapeur** *voir* **fumer**

SAPIN **ça sent le sapin** der macht's nicht mehr lange; der steht schon mit einem Fuß im Grab

SOLIDE **solide comme un roc/un chêne** eine sehr robuste Gesundheit haben; sehr robust sein

SOUFFLE **rendre son dernier souffle** *voir* **âme**

SOUFFLER **souffler comme un bœuf/phoque** schnaufen wie ein Gaul/ein Walroß/eine Lokomotive

SOUFFRIR **souffrir le martyre** *voir* **martyre**
  souffrir mille morts *voir* **mort**
SOUHAIT **à tes/vos souhaits** Gesundheit:

T

TAUPE **aller au royaume des taupes** *voir* **pied** : *à six pieds sous terre*
  myope comme une taupe blind wie ein Maulwurf
TOMBE **avoir un pied dans la tombe** *voir* **fosse**
TOMBER **tomber comme des mouches** *voir* **mourir** *(comme des mouches)*
  tomber de fatigue/de sommeil vor Müdigkeit umfallen; zum Umfallen müde sein
TREMBLER **trembler comme une feuille** *voir* **feuille**
TRENTE-TROIS **dites trente-trois !** sagen Sie mal Aaa!; machen Sie mal den Mund auf!
TRÉPAS **passer de vie à trépas** aus dem Leben scheiden; hinscheiden
TRIBUT **payer son tribut à la nature** den Weg allen Fleisches gehen *(geh.)*
TROU **avoir un pied dans le trou** *voir* **fosse**
TURC **être fort comme un Turc** *voir* **bœuf**

V

VAPE **(complètement) dans les vapes** benommen; benebelt; (völlig) daneben
VÉNUS **recevoir un coup de pied de Vénus** *voir* **coup**
VERS **rongé par les vers ; rongé aux vers** von den Würmern zerfressen; verwest
  (un rhume) pas piqué des vers *voir* **hanneton**
VIE **entre la vie et la mort** *voir* **mort**
  passer de vie à trépas *voir* **trépas**
  tant qu'il y a de la vie, il y a de l'espoir man hofft, solange man lebt
VIEUX **se faire vieux** alt werden; altern
VOMIR **vomir tripes et boyaux** *voir* **dégueuler**

7. LA SANTÉ, LA MORT

Y

YEUX **avoir les yeux qui se croisent les bras** *voir* ***coquetterie***
ne pas avoir les yeux en face des trous Tomaten auf den Augen haben; ganz verschlafen aus der Wäsche gucken

Z

ZUT **avoir un œil qui dit zut à l'autre** *voir* ***coquetterie***

LE TRAVAIL, LES AFFAIRES

*Pour vous livrer cette série, nous avons turbiné
et mis les bouchées doubles :
dans la jungle contemporaine, le boulot
et le « business » se taillent la part du lion.
Vous verrez. Après avoir lu les expressions
qui suivent, vous serez devenu un orfèvre
en la matière. Et maintenant, allez-y,
vous avez du pain sur la planche.*

8. LE TRAVAIL, LES AFFAIRES

A

ACTION **dans le feu de l'action** im Eifer des Gefechts

AFFAIRE **c'est une affaire entendue** die Sache geht klar/in Ordnung!; die Sache ist geritzt!
être à son affaire in seinem Element sein
être sur une affaire etwas laufen haben; an einer Sache dran sein; etwas in Aussicht haben
faire marcher/faire tourner l'affaire den Laden schmeißen; das Geschäft/den Betrieb schwungvoll leiten
l'affaire est dans le sac die Sache ist unter Dach und Fach
les affaires sont les affaires Geschäft ist Geschäft
mener une affaire rondement ein Geschäft prompt/im Handumdrehen abwickeln
une affaire louche ein unsauberes/zweifelhaftes Geschäft

ALOUETTE **attendre que les alouettes vous tombent toutes rôties dans la bouche** warten, bis einem die gebratenen Tauben ins Maul fliegen

APPAREIL **M. Dupont à l'appareil** Dupont am Apparat

APPELER **(il y a) beaucoup d'appelés, (mais) peu d'élus** viele sind berufen, aber nur wenige sind auserwählt

ARÈNE **descendre dans l'arène** in die Arena steigen; den Kampf aufnehmen; die Herausforderung annehmen

ARME **faire ses premières armes** sich die Sporen verdienen; ersten Erfolg/erste Anerkennung erringen

ARRACHE-PIED **travailler d'arrache-pied** wie verrückt arbeiten; sich die Finger abarbeiten; sich ein Bein ausreißen

---

"*attendre que les alouettes vous tombent toutes rôties dans la bouche*"

Les alouettes, ça se mange. Si l'habitude en est généralement tombée en désuétude, autrefois, ces beaux oiseaux et bien d'autres constituaient des plats fort appréciés. Des chansons traditionnelles (« Alouette, gentille alouette, alouette, je te plumerai ») et des expressions (« faute de grives, on mange des merles ») attestent cette tradition d'oisellerie gastronomique.

cf. ALOUETTE

ARRIÈRE **assurer/protéger ses arrières** sich noch ein Hintertürchen offenhalten; nicht alle Brücken hinter sich abbrechen

ARRIVER **y arriver** es schaffen

ART **avoir l'art et la manière** es meisterlich verstehen, etwas zu tun

AUTORITÉ **faire autorité dans qqch.** als Autorität/Kapazität/Koryphäe (auf einem Gebiet) gelten

AVENIR **avoir de l'avenir** eine glänzende Zukunft vor sich haben; glänzende Zukunftsaussichten haben

B

BAGUETTE **mener qqn. à la baguette** jmdn. nach seiner Pfeife tanzen lassen; jmdn. herumkommandieren

BAIN **se mettre dans le bain** sich auf das laufende bringen; sich einen Überblick verschaffen; sich zurechtfinden; sich einarbeiten

BALLE **la balle est dans votre camp** jetzt sind Sie dran/an der Reihe; jetzt sind Sie gefragt
renvoyer la balle à qqn. die Verantwortung (von sich) auf einen anderen abwälzen

BARQUE **bien mener sa barque** seine Geschäfte erfolgreich führen/betreiben

BARRE **placer la barre haut** große/hohe Erwartungen haben
tenir la barre am Ruder/Drücker sitzen; das Ruder in der Hand haben/halten

BATEAU **nous sommes tous dans le même bateau** wir sitzen alle in einem/im gleichen Boot

BÂTIMENT **quand le bâtiment va, tout va** *(etwa)* wenn es der Bauwirtschaft gut geht, geht es allen gut

BÂTON **ce poste est son bâton de maréchal** mit diesem Posten hat er die oberste Sprosse (der Karriereleiter) erreicht

BAVER **en baver (des ronds de chapeau) ; en baver comme un Russe** schuften müssen; sich plagen/schinden müssen; sich ins Zeug/Geschirr legen müssen

BAYER **bayer aux corneilles** Maulaffen feilhalten

BÉBÉ **jeter le bébé avec l'eau du bain** das Kind mit dem Bade ausschütten
(se) repasser/(se) refiler le bébé sich (gegenseitig) den Schwarzen Peter zuschieben

8. LE TRAVAIL, LES AFFAIRES

BÉNÉDICTIN **un travail de bénédictin** mühsame/mühevolle Kleinarbeit

BESOGNE **mâcher la besogne à qqn.** die halbe Arbeit für jmdn. machen; jmdm. die halbe Arbeit abnehmen

BÊTE **travailler comme une bête (de somme)** *voir arrache-pied*

BIFTECK **défendre son bifteck** sein eigenes Süppchen kochen; den eigenen Vorteil verfolgen

BILAN **déposer son bilan** Konkurs anmelden; Bankrott machen

BILLE **reprendre ses billes** nicht mehr mitmachen; sich zurückziehen; abspringen; aussteigen

BLASON **redorer son blason** (nach einer erlittenen Einbuße) wieder zu Vermögen/Ansehen/Einfluß gelangen

BLEU **un bleu** ein Neuling; ein Anfänger; ein Greenhorn
un bleu de travail ; des bleus (de chauffe) ein Blaumann; ein blauer Anton; ein blauer Arbeitsanzug

BONNE **la bonne à tout faire** das Mädchen für alles; der Laufbursche

BONNET **un gros bonnet** ein hohes Tier; ein Bonze

BOSSER **bosser (comme un dingue)** *voir arrache-pied*

BOTTE **être à la botte de qqn.** unter jmds. Knute seufzen/stöhnen
une botte secrète ein geschicktes Manöver; ein kluger Schachzug

BOUCHÉE **mettre les bouchées doubles** Dampf machen; sich daranhalten; sich reinknien; ranklotzen

BOUILLON **boire un/le bouillon** Geld in den Sand setzen; finanzielle Einbußen erleiden

BOULOT **au boulot !** an die Arbeit!; packen wir's an!
être un dingue du boulot ; être boulot boulot ein Arbeitstier sein; ein Workaholic sein; arbeitswütig sein
faire du bon boulot gute Arbeit leisten; seine Sache gut machen
métro, boulot, dodo *(etwa)* das tägliche Einerlei
parler boulot über die Arbeit reden

BOUM **être en plein boum** alle Hände voll zu tun haben

BOURREAU **être un bourreau de travail** *voir (dingue du) boulot*

BOUTIQUE **fermer (la) boutique** den Laden dichtmachen
parler boutique über Geschäftliches/Geschäftsangelegenheiten reden

BRAS **avoir le bras long** einen langen Arm haben; weitreichenden Einfluß haben
être le bras droit de qqn. jmds. rechter Arm sein

rester les bras croisés die Hände in den Schoß legen; untätig herumsitzen/-stehen; Däumchen drehen
travailler à tour de bras voll hinlangen; kräftig mit anpacken

BRÈCHE **être sur la brèche** sehr eingespannt sein; ständig auf Achse sein; unermüdlich im Einsatz sein

BRIDE **lâcher la bride à qqn.** jmdm. nachgeben; jmdm. seinen Willen lassen
laisser la bride sur le cou à qqn. jmdm. freie Hand geben; jmdm. völlige Freiheit lassen

BROSSE **passer la brosse à reluire à qqn.** jmdn. um den Bart gehen/streichen

BRUIT **des bruits de couloir(s)** Gerüchte; Tratsch; Büroklatsch

BRUTE **travailler comme une brute** voir **arrache-pied**

BÛCHEUR **un bûcheur** voir **(dingue du) boulot**

C

CADRE **un jeune cadre dynamique** ein (junger, dynamischer) Erfolgsmensch/Aufsteiger/Senkrechtstarter

CAISSE **passer à la caisse** entlassen werden; hinausgeworfen/rausgeschmissen werden

CAMPAGNE **se mettre en campagne (pour faire qqch.)** alle Hebel in Bewegung setzen (für etwas)

CANAPÉ **promotion canapé** (etwa) sich nach oben schlafen

CANARD **un canard boiteux** eine lahme Ente; eine taube Nuß

CARPETTE **s'aplatir comme une carpette** vor jmdm. kriechen/dienern/buckeln/katzbuckeln

CARRIÈRE **faire carrière** Karriere machen

CARTE **connaître le dessous des cartes** wissen, was dahintersteckt; die Hintergründe (einer Angelegenheit) kennen
donner carte blanche à qqn. jmdm. einen Freibrief geben; jmdm. uneingeschränkte Vollmacht geben; jmdm. Carte blanche geben
jouer cartes sur table mit offenen Karten spielen

CASQUETTE **avoir plusieurs casquettes** mehrere Aufgaben/Funktionen (inne)haben

CAVALIER **faire cavalier seul** einen Alleingang unternehmen/machen; auf eigene Faust handeln; als Einzelkämpfer auftreten

8. LE TRAVAIL, LES AFFAIRES

CHANTIER **mettre qqch. en chantier** etwas in Angriff nehmen

CHARBON **aller au charbon** zur Maloche gehen

CHARRETTE **se mettre en/être en charrette** im Wettlauf gegen die Zeit/unter Zeitdruck arbeiten; eine dringende (Termin-)Arbeit zu Ende bringen (müssen)

CHASSE **c'est chasse gardée !** das (hier) ist mein Revier!
se mettre en chasse sich auf die Suche machen

CHAT **acheter chat en poche** die Katze im Sack kaufen
avoir d'autres chats à fouetter Wichtigeres zu tun haben; andere Sorgen haben
quand le chat n'est pas là, les souris dansent *(prov.)* wenn die Katze aus dem Haus ist, tanzen die Mäuse auf dem Tisch *(Sprichw.)*

CHEF **se débrouiller/s'en sortir comme un chef** erstklassige/ausgezeichnete Arbeit leisten; seine Sache sehr gut machen

CHEMIN **faire du chemin** vorwärts-/vorankommen
faire son chemin seinen Weg machen

CHEVAL **miser sur le bon cheval** auf das richtige Pferd setzen
travailler comme un cheval arbeiten wie ein Pferd
un cheval de bataille ein Lieblingsthema; ein Steckenpferd
un cheval de retour *(etwa)* ein alter Routinier (in der Politik), der immer wieder zum Zuge kommt

CHEVILLE **être la cheville ouvrière d'un projet/travail** die treibende Kraft eines Projekts/einer Arbeit sein

CHIEN **faire le chien couchant auprès de qqn.** vor jmdm. im Staub kriechen; jmdm. in den Arsch kriechen *(derb)*
faire les chiens écrasés ; tenir la rubrique des chiens écrasés Schreiberling für den Lokalteil (einer Zeitung) sein; nichts als Füller zu Papier bringen

CHÔMEDU **être au chômedu** auf der Straße sitzen; stempeln gehen

CHOSE **voilà une bonne chose de faite** das wäre schon mal geschafft/erledigt

CIRER **cirer les pompes de qqn.** *voir* **brosse**

CITRON **presser le citron** jmdn. auspressen/-quetschen wie eine Zitrone; jmdn. bis aufs Blut aussaugen

CLASSEMENT **le classement vertical** Ablage P *(= Papierkorb)*

CLEF **être la clef de voûte d'un projet** der Dreh- und Angelpunkt eines Projekts sein
mettre la clef sous le paillasson/la porte *voir* **(fermer [la]) boutique**

COCOTIER **secouer le cocotier** *(Unternehmen)* Ballast abwerfen; sich gesundschrumpfen

CŒUR **avoir le/mettre du cœur à l'ouvrage** ganz bei der Sache sein; sich mit Schwung/Begeisterung an die Arbeit machen

COIFFER **coiffer qqn. au/sur le poteau** jmdm. um Haaresbreite zuvorkommen; jmdn. um eine Nasenlänge schlagen

COL **un col blanc** ein Büroangestellter; ein Weißer-Kragen-Arbeiter *(= mit weißem Hemdkragen)*
un col bleu ein Arbeiter *(= mit blauem Arbeitsanzug)*

COLLIER **reprendre le collier** wieder ins Joch gespannt werden

COMMANDE **être aux commandes** *voir **(tenir la) barre***

COMPTE **s'installer à son compte** sich selbständig machen

CONNAÎTRE **ça me connaît** davon versteh' ich was; damit kenn' ich mich gut aus; darin bin ich bewandert/firm/fit

CONTRIBUTION **mettre qqn. à contribution** jmds. Dienste in Anspruch nehmen; jmdn. hinzuziehen

CORDE **avoir plus d'une corde à son arc** mehrere Pfeile im Köcher haben; auch anders können
c'est dans mes cordes *voir **connaître***

CORDONNIER **les cordonniers sont toujours les plus mal chaussés** der Schuster hat die schlechtesten Schuhe

CORVÉABLE **être taillable et corvéable à merci** sich alles aufhalsen lassen müssen; den Depp (vom Dienst) machen müssen

COUDE **avoir/garder qqch. sous le coude** etwas zurückstellen; etwas noch hinausschieben
jouer des coudes seine Ellbogen gebrauchen
mettre de l'huile de coude Energie/(körperliche) Kraft aufwenden
travailler coude à coude Schulter an Schulter/Hand in Hand arbeiten; eng zusammenarbeiten

COUDÉE **avoir les coudées franches** Handlungs-/Bewegungs-/Ellbogenfreiheit haben

COULER (SE) **se la couler douce** *voir **bras : rester les bras croisés***

COUP **donner un coup de balai** mit eisernen Besen auskehren
donner un coup de collier *voir **bouchée***
donner un coup de fouet à qqch. etwas ankurbeln; einer Sache neuen Schwung verleihen
donner un coup de pouce à qqn. jmdm. in den Sattel helfen
en mettre un coup *voir **bouchée***

8. LE TRAVAIL, LES AFFAIRES

être sur un coup *voir (être sur une) affaire*
un coup fourré *voir affaire : une affaire louche*

COUR **jouer dans la cour des grands** bei den Großen mitmischen

COURANT **être au courant** auf dem laufenden sein; im Bilde sein; Bescheid wissen

COUVERTURE **tirer la couverture à soi** alles für sich beanspruchen; sich mit fremden Federn schmücken

CUL **avoir le cul vissé (sur sa chaise)** sich nicht von seinem Stuhl rühren
se casser le cul sich den Arsch ausreißen *(derb)*

CULBUTE **faire la culbute** 1) *voir bilan*; 2) einen Gewinn/Schnitt/Reibach von 100% machen

D

DANSE **mener la danse** das Zepter führen/schwingen

DÉBORDER **être débordé** bis über den Kopf/über beide Ohren in Arbeit stecken; mit Arbeit reichlich eingedeckt sein

DÉBROUSSAILLER **débroussailler le terrain** den Weg ebnen; Vorbereitungen treffen

DÉBUT **faire ses débuts** *voir arme*

DÉCONFITURE **être en déconfiture** *voir bilan*

DENT **avoir les dents longues/qui rayent le parquet** ehrgeizig sein; hoch hinauswollen
être sur les dents auf dem Zahnfleisch gehen/kriechen
prendre le mors aux dents in Harnisch geraten; sich ereifern; aufbrausen
une carrière en dents de scie eine Karriere mit Höhen und Tiefen

DESSOUS **donner un dessous de table à qqn.** jmdm. Schmiergeld geben; jmdn. schmieren

DESSUS **avoir/prendre le dessus** die Oberhand gewinnen/bekommen

DEVOIR **le devoir m'appelle !** die Pflicht ruft!

DIEU **il vaut mieux avoir affaire à Dieu qu'à ses saints** *(etwa)* mit dem Fußvolk sollte man sich gar nicht aufhalten; am besten, man wendet sich gleich an die oberste Stelle

DINGUE **travailler comme un dingue** *voir arrache-pied*

DISTANCE **tenir la distance** Durchhaltevermögen zeigen; etwas bis zum Ende durchziehen

DODO   **métro, boulot, dodo**   *voir **boulot***

DOIGT   **avoir des doigts de fée**   fingerfertig sein; mit den Fingern/Händen sehr geschickt sein

mener qqn. au doigt et à l'œil   *voir **baguette***

ne pas remuer/ne pas bouger/ne pas lever le petit doigt   keinen Finger krumm machen

ne rien faire de ses dix doigts   *voir **bras** : **rester les bras croisés***

obéir au doigt et à l'oeil   jmdm. auf den leisesten Wink gehorchen; nach jmds. Pfeife tanzen

E

ÉCHELLE   **commencer au bas de l'échelle**   (ganz) unten/klein anfangen

ENTORSE   **faire une entorse au règlement**   sich über die Vorschriften/Bestimmungen hinwegsetzen

ENTREGENT   **avoir de l'entregent**   ein gewandtes Auftreten haben; mit den Leuten umgehen können

EXPÉDIENT   **vivre d'expédients**   sich so durchlavieren/-mogeln/-schlagen

F

FERRER   **ferrer le goujon/le poisson**   einen dicken Fisch an Land ziehen

FEU   **donner le feu vert à qqn./qqch.**   jmdm./etwas grünes Licht geben

FICELLE   **connaître les ficelles du métier**   alle Kniffe eines Berufs kennen; ein alter Hase sein

tirer les ficelles   die Fäden in der Hand haben/halten

FILET   **travailler sans filet**   ohne Netz und doppelten Boden agieren; Risiken eingehen

FILON   **trouver le (bon) filon**   einen einträglichen/lukrativen Job/Posten finden

FLAMBEAU   **passer le flambeau (à qqn.)**   die Fackel weitertragen/(an jmdn). weitergeben

FLANC   **tirer au flanc**   sich vor der Arbeit drücken

FOIRE   **c'est la foire d'empoigne**   *(etwa)* das ist ja ein fürchterliches Gerangel

FOND   **se donner à fond**   alles/sein Bestes geben; alle Energie aufbieten; alles daransetzen; keine Mühe scheuen

8. LE TRAVAIL, LES AFFAIRES

FORGER **c'est en forgeant qu'on devient forgeron** *(prov.)* Übung macht den Meister *(Sprichw.)*

FOULER (SE) **ne pas se fouler (la rate)** sich kein Bein ausreißen; sich nicht verausgaben

FOUR **on ne peut pas être au four et au moulin** man kann nicht auf zwei Hochzeiten tanzen

FOURMI **un travail de fourmi** *voir **bénédictin***

FRIGIDAIRE **mettre un projet au frigidaire/au frigo** das Projekt einfrieren/auf Eis legen

FRONT **à la sueur de son front** im Schweiße seines Angesichts

FRUIT **porter ses fruits** Früchte tragen; etwas abwerfen

G

GALÈRE **c'est (la) galère** das ist eine (richtige) Tretmühle

GALÉRER **galérer** schuften; malochen; sich schinden

GALON **prendre du galon** befördert werden; aufsteigen

GALOP **un galop d'essai** ein Probelauf

GANT **relever le gant** die Herausforderung annehmen; den Fehdehandschuh aufnehmen *(geh.)*

GLOIRE **travailler pour la gloire** aus Idealismus arbeiten

GOBER **gober les mouches** *voir **bayer***

GOMMER **mettre (toute) la gomme** mit Vollgas arbeiten; aufs Ganze gehen

GOUFFRE **au bord du gouffre** am Rand(e) des Abgrunds

GOUVERNAIL **tenir le gouvernail** *voir **(tenir la) barre***

GRADE **en prendre pour son grade** abgekanzelt werden; gehörig eins aufs Dach/auf den Deckel bekommen/kriegen

monter en grade *voir **galon***

"tirer au flanc"

Voici un siècle et plus, l'expression « tirer au flanc » signifiait : « aller sur le côté », puis « se dérober ». Appliquée aux soldats, elle prit une nuance différente : le pioupiou qui tirait au flanc tentait d'échapper à ses corvées. Dans le chef de ses chefs, il ne pouvait donc qu'être paresseux, ce qui peut se discuter.

cf. FLANC

GRAND **voir (les choses en) grand** große/hochfliegende Pläne haben; Visionen haben

GRÈVE **faire la grève du zèle** Dienst nach Vorschrift machen
faire une grève perlée einen Bummelstreik machen
une grève sur le tas einen Sitzstreik machen

GUEULE **se casser la gueule** auf die Nase/Schnauze fallen; Schiffbruch erleiden; einen Reinfall erleben

H

HALEINE **un travail de longue haleine** eine langwierige Arbeit

HAUTEUR **être à la hauteur de qqch** einer Sache/Aufgabe gewachsen sein

HOMME **l'homme de la situation** der rechte Mann am rechten Platz
un homme à tout faire ein Gelegenheitsarbeiter; ein Handlanger
un homme de paille ein Strohmann

HUILE **une huile** *voir* **bonnet**

J

JALON **poser des jalons** den Weg vorzeichnen; die Richtung weisen

JOUR **donner ses huit jours à qqn.** jmdn. entlassen; jmdm. kündigen

JUNGLE **la jungle** jeder gegen jeden; fressen und gefressen werden

L

LAMPISTE **s'en prendre au/faire payer le lampiste** dem kleinen Angestellten die Schuld geben/zuschreiben; den kleinen Angestellten für etwas verantwortlich machen

LANGUE **tirer la langue** *voir* **baver**

LAURIER **être couvert de lauriers** mit Lorbeeren/Lob überhäuft werden
s'endormir sur ses lauriers sich auf seinen Lorbeeren ausruhen

8. LE TRAVAIL, LES AFFAIRES

LÈCHE-BOTTE **être lèche-botte/-cul** *voir* **brosse**

LÉGUME **une grosse légume** *voir* **bonnet**

LETTRE **acquérir/gagner ses lettres de noblesse** Fuß fassen; sich etablieren; Ansehen/Geltung erlangen

LICE **entrer en lice** die Arena betreten; mitmischen; mit von der Partie sein

LIEU **en haut lieu** an höchster Stelle

LIEUTENANT **être le lieutenant de qqn.** *voir* **bras (droit)**

LIÈVRE **courir/chasser deux lièvres à la fois** zwei Dinge auf einmal betreiben; zwei Ziele auf einmal verfolgen; zwei Herren dienen

LION **se tailler la part du lion** den Löwenanteil bekommen/für sich behalten

LOI **la loi de la jungle** das Gesetz des Dschungels
la loi du plus fort das Gesetz des Stärkeren

LOUP **les loups ne se mangent pas entre eux** *(prov.)* eine Krähe hackt der anderen kein Auge aus *(Sprichw.)*
un jeune loup ein Goldjunge; ein erfolgreicher junger Mann

M

MAIN **agir en sous-main** unter der Hand agieren
avoir deux mains gauches zwei linke Hände haben
avoir la haute main sur qqch. maßgebenden/entscheidenden Einfluß auf etwas haben
avoir la main lourde hart/fest zuschlagen; hart/schwer bestrafen
avoir/prendre le tour de main kunstfertig/geschickt sein
c'est une main de fer dans un gant de velours *(etwa)* er wirkt zwar entgegenkommend, kann aber knallhart sein/hat es aber faustdick hinter den Ohren
de main de maître von Meisterhand

"une grosse légume"

La société des hommes serait une sorte de potager où coexistent les petits et les grands, les chétifs et les gros. Une grosse légume domine les autres, tirant plus de substance du sol que ses confrères et consœurs. Voilà une métaphore des plus finement observées, dont l'origine de la forme féminine est à trouver dans la tournure argotique.

cf. LÉGUME

diriger d'une main de fer   mit eisernem Zepter regieren

il a les mains liées (par un contrat)   ihm sind die Hände gebunden (durch einen Vertrag)

mettre la dernière main (à qqch.)   letzte Hand (an etwas) anlegen

mettre la main à la pâte   mit Hand anlegen; (selbst) mit anpacken/zugreifen

passer la main   passen (müssen); (zugunsten eines anderen) verzichten/zurücktreten

perdre la main   aus der Übung kommen

se faire la main   sich üben; sich (Kenntnisse/Fähigkeiten) aneignen

MAÎTRE **régner en maître sur qqch.**   das Regiment über etwas führen

MANCHE **avoir qqn. dans sa manche**   jmdn. in der Tasche haben; jmdn. für sich haben

mettre qqn. dans sa manche   jmdn. für sich gewinnen; jmdn. auf seine Seite bringen/ziehen

retrousser ses manches   die Ärmel hochkrempeln

MANCHOT **ne pas être manchot**   keine zwei linke Hände haben, nicht ungeschickt sein

MANITOU **être le grand manitou**   *voir danse*

MARCHAND **c'est un vrai marchand de tapis**   der feilscht (um den Preis) wie ein Teppichhändler

un marchand de soupe   ein schlechter Gastwirt; der Inhaber eines drittklassigen Lokals

MARCHÉ **marché conclu !**   abgemacht!

MARGE **avoir de la marge**   Spielraum haben

MARRON **tirer les marrons du feu pour qqn.**   für jmdn. die Kastanien aus dem Feuer holen

MARRON **(un médecin, un avocat, etc.) marron**   ein unseriöser (Arzt, Anwalt usw.)

MATRICULE **en prendre pour son matricule**   *voir grade*

"*mettre quelqu'un dans sa manche*"

Autrefois, les manches étaient souvent utilisées comme poches (lorsqu'elles ne servaient pas de mouchoirs, raison pour laquelle l'armée y ajouta des boutons de fer!). « Mettre quelqu'un dans sa manche » voulait dire qu'on ne l'oubliait pas, qu'on le tenait à sa disposition. Aujourd'hui, l'expression signifie que l'on a gagné les bonnes grâces de quelqu'un

cf. MANCHE

8. LE TRAVAIL, LES AFFAIRES

MERLE **trouver le merle blanc**   den Richtigen/die Richtige (für eine Aufgabe/Tätigkeit/Stelle usw.) finden

MÉTIER **avoir du métier**   Berufserfahrung haben; sein Handwerk verstehen/beherrschen; etwas von seinem Handwerk verstehen
chacun son métier, les vaches seront bien gardées (*prov.*) Schuster, bleib bei deinem Leisten (*Sprichw.*)
gâcher/gâter le métier   die Preise verderben
il est du métier   er ist vom Fach; er versteht sein Fach/Handwerk; er versteht etwas von seiner Sache/seinem Geschäft
il n'y a point de sot métier, il n'y a que de sottes gens (*prov.*) (etwa) kein Beruf ist schlechter als der andere, es gibt nur Leute, die ihn schlecht ausüben
le plus vieux métier du monde   das älteste Gewerbe der Welt

MÉTRO **métro, boulot, dodo**   *voir* **boulot**

MEUBLE **faire partie des meubles**   zum Mobiliar/Inventar gehören

MOUCHE **faire/jouer la mouche du coche**   sich wichtig machen; sich für unentbehrlich halten; sehr geschäftig tun

MUSIQUE **connaître la musique**   wissen, wie der Hase läuft

N

NEZ **avoir du nez ; avoir le nez creux/le nez fin**   einen guten Riecher haben; den richtigen Riecher/die richtige Nase haben
mener qqn. par le bout du nez   jmdn. an der Nase herumführen

NŒUD **le nœud du problème**   der springende Punkt

NOIR **le travail au noir**   die Schwarzarbeit
travailler au noir   schwarz arbeiten

NOM **se faire un nom**   sich einen Namen machen

"*travailler au noir*"

Ce qui est ténébreux est souvent considéré comme mystérieux, caché, dissimulé ou clandestin pour de mauvaises raisons. C'est de cette façon que s'entend ici le mot « noir ». Il ne s'agit donc pas, comme d'aucuns l'affirment, d'un travail réalisé dans le noir. Il suffit de jeter un coup d'œil autour de soi pour s'en convaincre !

cf. NOIR

O

ŒUF **mettre tous ses œufs dans le même panier** alles auf eine Karte setzen

OISEAU **trouver l'oiseau rare** *voir* **merle**

OISIVETÉ **l'oisiveté est (la) mère de tous les vices** *(prov.)* Müßiggang ist aller Laster Anfang *(Sprichw.)*

OMBRE **faire de l'ombre à qqn.** jmdn. in den Hintergrund drängen
travailler/rester dans l'ombre hinter den Kulissen agieren; im Hintergrund bleiben; sich im Hintergrund halten

OR **une affaire en or** ein Bombengeschäft; eine Goldgrube

ORFÈVRE **c'est un orfèvre en la matière** er ist ein Fachmann auf diesem Gebiet; er kennt sich in dieser Sache aus (wie kein anderer)

OS **donner un os à ronger à qqn.** jmdm. etwas hinwerfen/zum Fraß vorwerfen, um ihn vorläufig ruhigzustellen/zu beschäftigen

P

PAIN **avoir du pain sur la planche** wirtschaftlichen Rückhalt haben; sichere (und gewinnbringende) Arbeit vor sich haben
manger son pain blanc (le premier) das Angenehme vorwegnehmen; mit dem Angenehmen/Leichten zuerst beginnen
retirer le pain de la bouche à qqn. jmdn. brotlos machen; jmdn. ums Brot/um Lohn und Brot bringen
se vendre comme des petits pains weggehen wie warme Semmeln; reißenden Absatz finden

PAQUET **(y) mettre le paquet** *voir* **fond**

PAROLE **joindre le geste à la parole** seinen Worten Taten folgen lassen; seine Worte durch Taten beweisen; Taten sprechen lassen
prendre/demander la parole das Wort ergreifen; um das Wort bitten

PARTIR **partir de rien** mit nichts anfangen; bei Null anfangen

PAS **faire ses premiers pas** *voir* **arme**
mettre qqn. au pas jmdn. zur Ordnung rufen; jmdm. den Kopf zurechtrücken/-setzen

8. LE TRAVAIL, LES AFFAIRES

PATTE **graisser la patte à qqn.** *voir* ***dessous***

PAUSE-CAFÉ **la pause-café** die Kaffee-/Teepause

PEINE **toute peine mérite salaire** *(prov.)* jede Arbeit ist ihres Lohnes wert *(Sprichw.)*

PENCHER (SE) **se pencher sur un cas/dossier** sich mit einem Fall/einer Akte beschäftigen/befassen

PENDRE **être (toujours) pendu au téléphone** dauernd/ständig am Telefon hängen; unablässig telefonieren

PERLE **enfiler des perles** Däumchen drehen

PHYSIQUE **avoir le physique de l'emploi** aussehen wie ein typischer Vertreter seines Berufs

PIED **avoir le pied à l'étrier** auf dem richtigen/besten Weg zum Erfolg sein; auf Erfolgskurs steuern
avoir un pied dans la firme/boîte bei einem Unternehmen einen Fuß in die Tür bekommen/in der Tür haben
être à pied d'œuvre an Ort und Stelle/vor Ort sein
marcher sur les pieds de qqn. jmdm. auf den Fuß/die Füße treten; jmdm. in die Quere kommen
mettre le pied à l'étrier à qqn. jmdm. den Steigbügel halten; jmdm. in den Sattel helfen
mettre qqch. sur pied(s) etwas aufbauen/errichten; etwas schaffen/ins Leben rufen
mettre qqn. à pied *voir* ***jour***
ne pas avoir les deux pieds dans le même sabot sich nicht unterkriegen lassen; sich zu helfen wissen
pieds et poings liés wehrlos ausgeliefert
traiter qqn. sur un pied d'égalité jmdn. gleichberechtigt/wie seinesgleichen behandeln

PIERRE **apporter sa pierre à l'édifice** seinen Teil zu etwas beitragen; einen Baustein (zum Gelingen von etwas) beisteuern
poser la première pierre de qqch. den Grundstein zu etwas legen

PIGNON **avoir pignon sur rue** *(etwa)* ein angesehener (und gutbetuchter) Geschäfts-/Kaufmann sein

PISTE **entrer en piste** auf den Plan treten/auf dem Plan erscheinen; in Erscheinung treten

PISTON **avoir du piston** Beziehungen/Connections/Vitamin B haben

PLACE **se faire sa/une place au soleil** nach einem Platz an der Sonne streben

PLATE-BANDE **marcher sur les plates-bandes de qqn.** jmdm. ins Gehege kommen

PLUIE **faire la pluie et le beau temps** *voir* ***danse***

PLUME **y laisser/y perdre des plumes** Federn/Haare lassen (müssen)

POCHE **c'est dans la poche** *voir **affaire** : l'affaire est dans le sac*
mettre qqn. dans sa poche jmdn. in die Tasche/in den Sack stecken

POIGNET **à la force du poignet** *voir **front***

POIL **avoir un poil dans la main** stinkfaul sein; die Arbeit nicht erfunden haben

POISSON **les gros poissons mangent les petits** die großen Fische fressen die kleinen

POMMADE **passer/mettre de la pommade à qqn.** *voir **brosse***

PONT **faire le pont** einen Brückentag nehmen
faire un pont d'or à qqn. jmdm. ein äußerst lukratives Angebot machen; jmdm. ein verlockendes Sümmchen anbieten

PORTE **entrer par la grande porte** sofort in eine gehobene Stellung kommen/einen hohen Posten bekommen
entrer par la petite porte sich hocharbeiten (müssen); unten/klein anfangen (müssen)
frapper/sonner à la bonne porte sich an die richtige Adresse/Stelle wenden
mettre qqn. à la porte *voir **jour***
recevoir qqn. entre deux portes jmdn. zwischen Tür und Angel empfangen

POT **verser un pot de vin à qqn.** *voir **dessous***

POUCE **se tourner les pouces** *voir **bras** : rester les bras croisés*

POULE **une poule de luxe** eine Edelnutte

PRENDRE **c'est à prendre ou à laisser** Ja oder Nein; entweder oder; eines von beiden

PROFESSIONNEL **c'est une déformation professionnelle** das ist eine Berufskrankheit; das sind die Folgen des Berufs; das bringt (halt) der Beruf mit sich

---

"faire le pont"

Comme chacun sait, le pont est un ouvrage reliant deux rives. De même, dans son sens figuré et depuis la fin du XIXe siècle, le pont est une période de jours fériés reliant deux périodes de travail. Il ne faut pas confondre cette locution avec l'expression homonyme: «faire le pont», qui est une figure de gymnastique, ou «faire un pont d'or» qui signifie: «offrir des conditions extrêmement avantageuses».

cf. PONT

8. LE TRAVAIL, LES AFFAIRES

PROIE **il ne faut pas lâcher la proie pour l'ombre** *(prov.)* besser ein Spatz in der Hand als eine Taube auf dem Dach *(Sprichw.)*

R

RAIL **(re)mettre sur les rails** (ein Unternehmen) wieder in Schwung bringen/hochbringen/flottmachen

RAISON **la raison du plus fort est toujours la meilleure** der Stärkere hat immer recht

RAMASSER (SE) **se ramasser** *voir **(se casser la) gueule***

RAMER **ramer** *voir **galérer***

RARE **se faire rare** sich rar machen; sich selten sehen lassen

RÂTELIER **manger à tous les râteliers** sein Mäntelchen nach dem Wind hängen; überall seinen Profit suchen

RAYON **c'est mon rayon** *voir **connaître***
en connaître un rayon etwas aus dem Effeff beherrschen/können/verstehen

RÉGLO **réglo** korrekt; anständig; wie es sich gehört

REIN **avoir les reins solides** gut bei Kasse sein; gut bemittelt sein; zahlungskräftig sein
casser les reins à qqn. jmdn. (beruflich) ruinieren
mettre l'épée dans les reins de qqn. jmdm. die Pistole auf die Brust setzen; jmdn. unter Druck setzen

REMERCIER **remercier qqn.** *voir **jour***

RENOMMÉE **bonne renommée vaut mieux que ceinture dorée** *(prov.)* guter Ruf geht über Reichtum/ist Goldes wert *(Sprichw.)*; besser arm in Ehren als reich in Schanden *(Sprichw.)*

RÉPUTATION **asseoir sa réputation sur qqch.** seinen Ruf auf etwas gründen/stützen

REQUIN **un (véritable) requin en affaires** ein (richtiger) Hai; ein Halsabschneider

RESSORT **ce n'est pas de mon ressort** das ist nicht mein Ressort; dafür bin ich nicht zuständig

RIEN **partir de rien** *voir **partir***

ROI **travailler pour le roi de Prusse** für nichts und wieder nichts arbeiten

ROMPRE **être rompu aux affaires** ein erfahrener Geschäftsmann sein; geschäftstüchtig sein

ROND-DE-CUIR **un rond-de-cuir** ein Büromensch/-hengst

ROSSIGNOL **vendre un rossignol** einen Ladenhüter verscherbeln

ROULER **ça roule !** o.k./okay!; in Ordnung!; das geht klar!

S

SABLE **être sur le sable** voir **chômedu**

SABOT **ne pas avoir les deux pieds dans le même sabot** voir **pied**

SALADE **vendre sa salade** seinen Kram/Krempel verkaufen

SAQUER **se faire saquer** vor die Tür gesetzt werden; rausgeworfen/-geschmissen werden; gefeuert werden

SAUCE **on peut le mettre à toutes les sauces** das ist ein Hansdampf in allen Gassen

SAUVETTE **un marchand/vendeur à la sauvette** ein fliegender Händler

SECRET **être dans le secret des dieux** zu den Eingeweihten gehören

"*vendre un rossignol*"

L'origine du terme « rossignol » n'est pas formellement établie. La plupart des étymologistes s'accordent à penser que le rossignol constitue une façon imagée de désigner un livre haut perché sur une étagère et qui ne se vend pas. C'est ainsi que Balzac l'entend. Le journaliste Sarcey en étendra le sens à la fin du XIXe siècle : « ils ressemblent aux marchands de nouveautés qui comptent sur les visiteurs de l'exposition pour écouler leurs vieux rossignols ».

"*se faire saquer*"

En français médiéval, « sachier » ou « saquer » signifie « retirer violemment » et même « tirer l'épée du fourreau ». Plus tard, il signifiera également « agiter par saccades ». L'individu qui se fait saquer est donc retiré violemment et, s'il s'agite par saccades, c'est généralement de colère. Il garde plus d'un tour dans son sac à l'intention de celui ou de celle qui ne pouvait vraiment plus le saquer.

cf. ROSSIGNOL et cf. SAQUER

8. LE TRAVAIL, LES AFFAIRES

SELLE **(re)mettre qqn. en selle** *voir* **pied : mettre le pied à l'étrier**

SEMAINE **vivre à la petite semaine** *voir* **expédient**

SINGE **le singe** der Alte; der Boß

SOUFFLER **souffler un brin** eine (kurze) Verschnaufpause machen/einlegen

SOUFFRANCE **en souffrance** unerledigt; unabgeschlossen; ausstehend

SUER **suer sang et eau** sich mächtig ins Zeug legen

SUEUR **à la sueur de son front** *voir* **front**

T

TABLE **donner un dessous de table à qqn.** *voir* **dessous**
faire table rase (de qqch.) Tabula rasa/reinen Tisch machen (mit etwas); gründlich aufräumen (mit etwas)

TABLIER **rendre son tablier** seine Stelle aufgeben; sein Arbeitsverhältnis lösen, seinen Dienst quittieren

TACHE **une carrière sans tache** eine mustergültige/beispielhafte Karriere; eine Bilderbuchkarriere

TAILLABLE **être taillable et corvéable à merci** *voir* **corvéable**

TAS **apprendre sur le tas** bei der Arbeit/am Arbeitsplatz lernen

TENIR **mieux vaut tenir que courir** *voir* **proie**
un tiens vaut mieux que deux tu l'auras *voir* **proie**

TERRAIN **débroussailler le terrain** *voir* **débroussailler**

TÊTE **avoir ses têtes** (so) seine Lieblinge haben
des têtes vont tomber ! es werden Köpfe rollen!
la tête pensante de qqch. der kluge Kopf hinter etwas
ne plus savoir où donner de la tête nicht wissen, wo einem der Kopf steht
prendre la tête (de qqch.) die Führung (von etwas) übernehmen; an der Spitze (von etwas) stehen
une femme de tête eine kluge Frau; eine Frau mit Köpfchen

TIRE-AU-FLANC/TIRE-AU-CUL **un tire-au-flanc ; un tire-au-cul** ein Drückeberger; ein Faulenzer; ein Nichtstuer

TITAN **un travail de titan** eine gigantische Aufgabe

TOPER **tope-là !** schlag ein!; deine Hand drauf!
toper etwas mit Handschlag bekräftigen/besiegeln

TOUCHE-À-TOUT **un touche-à-tout** ein Tausendsassa; ein Allroundman

TRACE **marcher sur/suivre les traces de qqn.** in jmds. Fußstapfen treten

TRAIN **prendre le train en marche** auf den Zug aufspringen; nachziehen

TRAIN-TRAIN **c'est le train-train quotidien** der Alltagstrott; der graue Alltag; das tägliche Einerlei

TRAVAIL **et voilà le travail !** so, das hätten wir/das wäre geschafft!
le travail au noir voir **noir**
le travail c'est la santé (etwa) wer rastet, rostet

TRAVERSÉE **connaître/vivre une traversée du désert** eine Durststrecke durchmachen

TREMPLIN **servir de tremplin** als Sprungbrett dienen

TRIMER **trimer** voir **arrache-pied**

TROU **faire son trou** es zu etwas bringen; sich eine gesicherte Position schaffen

TRUC **avoir le truc** den Dreh raushaben
c'est mon truc voir **connaître**
connaître les trucs du métier voir **ficelle**

TURBIN **aller au turbin** voir **charbon**

TURBINER **turbiner ; un turbineur** voir **(dingue du) boulot**

TUYAU **avoir un (bon) tuyau** einen (guten) Tip haben

"il ne faut pas vendre la peau de l'ours avant de l'avoir tué"

En s'inspirant de l'ancienne formulation (« marchander la peau de l'ours jusques ad la beste fut morte », XVIe siècle), et des contes qui entouraient cette expression, La Fontaine a écrit cette fable (V. 20) :
« Deux compagnons pressés d'argent,
À leur voisin fourreur vendirent
La peau d'un ours encore vivant
Mais qu'ils tueraient bientôt,
Du moins à ce qu'ils dirent. »

cf. VENDRE

8. LE TRAVAIL, LES AFFAIRES

U

UTILE **joindre l'utile à l'agréable** das Angenehme mit dem Nützlichen verbinden

V

VENDRE **il ne faut pas vendre la peau de l'ours avant de l'avoir tué** *(prov.)* man soll den Pelz nicht verteilen, ehe der Bär geschossen ist *(Sprichw.)*
se vendre comme des petits pains *voir* **pain**

VENTRE **être/se mettre à plat ventre devant qqn.** *voir* **carpette**

VIRER **se faire virer** *voir* **saquer**

VOIE **mettre qqn. sur une voie de garage** jmdn. aufs Abstellgleis schieben; jmdn. kaltstellen

VOLÉE **un expert de haute volée** ein hochrangiger Experte; ein Top-Experte

VOLET **des candidats triés sur le volet** sorgfältig ausgewählte Kandidaten

Z

ZÈLE **faire la grève du zèle** *voir* **grève**

ZÉRO **repartir à zéro** wieder ganz von vorne anfangen

LES BONS CÔTÉS DES GENS

*C'est le moment de faire notre B.A. Dès lors, nous annonçons la couleur et cette fois,
elle est rose : voici le domaine des chics types, des merles blancs et des joyeux drilles.
Ça nous changera un peu !*

9. LES BONS CÔTÉS DES GENS

A

ADMIRATION **forcer l'admiration** Bewunderung abnötigen; Respekt einflößen

ÂME **en son âme et conscience** nach bestem Wissen und Gewissen

B

B.A. **faire sa B.A. (= bonne action)** seine gute Tat (des Tages) vollbringen

BLANC **être blanc (comme neige)** eine saubere/reine/weiße Weste haben; unschuldig sein

BOIS **être du bois dont on fait les héros** aus dem Holz (geschnitzt) sein, aus dem man Helden macht

BON **bon comme le/du bon pain** ein seelens-/herzensguter Mensch sein; eine Seele von Mensch sein

BOUTE-EN-TRAIN **un boute-en-train** ein Stimmungsmacher; eine Stimmungskanone; eine Betriebsnudel

C

CARREAU **se tenir à carreau** auf der Hut sein; vorsichtig sein

CARTE **jouer cartes sur table** mit offenen Karten spielen

CAUSE **c'est pour la/une bonne cause** das ist für die/eine gute/gerechte Sache

CHAT **appeler un chat un chat** das Kind beim Namen nennen

CHEVAL **être (très) à cheval sur les principes** ein Prinzipienreiter sein

---

"*un boute-en-train*"

L'animation et l'enthousiasme peuvent se communiquer par plusieurs voies. Si l'acceptation moderne y voit un étalon excitant les juments pour les préparer à l'accouplement, la tradition, elle veut que le boute-en-train soit un petit oiseau ayant le don d'être un animateur de talent.

cf. BOUTE-EN-TRAIN

CHIC **un chic type** ein prima/feiner/fabelhafter Kerl

CHIEN **chien qui aboie ne mord pas ; tous les chiens qui aboient ne mordent pas** *(prov.)* Hunde, die bellen, beißen nicht *(Sprichw.)*

CHOSE **chose promise, chose due** versprochen ist versprochen

CŒUR **avoir bon cœur** ein gutes Herz haben
avoir du cœur Herz haben
avoir le cœur sur la main eine offene Hand haben; großzügig/freigebig sein
avoir un cœur d'or ; avoir un cœur gros comme ça ein goldenes Herz/Gemüt haben
un homme/une femme de cœur ein Mann/eine Frau mit Herz

COMPOSITION **être de bonne composition** umgänglich/verträglich sein

CONSCIENCE **avoir la conscience tranquille** ein ruhiges Gewissen haben

en son âme et conscience *voir âme*

COULEUR **annoncer la couleur** *voir carte*

COUP **un coup d'éclat** ein Geniestreich; ein Glanzstück

CRAN **avoir du cran** Courage haben; beherzt/couragiert sein

CROIX **croix de bois, croix de fer, si je mens je vais en enfer** großes Ehrenwort; Hand drauf; (auf) mein Wort; auf Ehre

D

DOS **avoir bon dos** einen breiten Rücken/Buckel haben

DOUX **doux comme un agneau** sanft/geduldig wie ein Lamm; lammfromm

DRILLE **un joyeux drille** ein lustiger Kerl/Bruder; ein lustiges/fideles Haus

E

ÉGAL **rester égal à soi-même** sich selbst treu bleiben

ÉTOFFE **avoir l'étoffe d'un héros** *voir bois*

9. LES BONS CÔTÉS DES GENS

F

FACILE **elle est facile à vivre**   mit ihr kann man gut auskommen/ist gut auszukommen

FAUTE **faute avouée est à moitié pardonnée** *(prov.)* gebeichtet ist halb gebüßt *(Sprichw.)*

FIDÈLE **être fidèle au poste**   die Stellung halten; bei der Stange bleiben

FLEUR **faire une fleur à qqn.**   jmdm. einen großen Dienst erweisen; jmdm. sehr entgegenkommen; etwas Außergewöhnliches/Besonderes für jmdn. tun

FROID **ne pas avoir froid aux yeux**   kein Hasenfuß sein

H

HÉROS **avoir l'étoffe d'un héros**   *voir* **bois**

HONNEUR **c'est tout à son honneur**   das macht ihm alle Ehre; das gereicht ihm zur Ehre *(geh.)*
mettre un/son point d'honneur à faire qqch.   seine Ehre daransetzen, etwas zu tun; es als Ehrensache ansehen, etwas zu tun

I

IMAGE **être sage comme une image**   mustergültig brav sein; lieb und brav sein

---

❝*mettre son point d'honneur à faire quelque chose*❞

Ah, l'honneur! Pour cette tradition, provenue des tréfonds du pays mauresque, on se faisait tuer en Allemagne comme en France, et le perdre était plus affligeant que la mort elle-même. Aldous Huxley a dit de lui « qu'il ressemble aux jupes des femmes. Il se porte long, il se porte court, il se porte large, il se porte droit, il se porte avec des jupons, il se porte sans culotte. » Culotté ou non, l'honneur c'est l'essence de la dignité. Il devient donc essentiel de lui faire honneur et d'en réussir la démonstration avec bonheur.

cf. HONNEUR

J

JEU **jouer franc jeu** *voir* **carte**

JOYEUX **un joyeux drille** *voir* **drille**

L

LURON **un gai luron** *voir* **drille**

M

MAL **il ne ferait pas de mal à une mouche** er würde keiner Mücke etwas zuleide tun

MERLE **un merle blanc** das achte Weltwunder; ein toller Kerl; eine Wucht

MORAL **il a un moral d'acier** das ist eine Kämpfernatur; den wirft so leicht nichts um

MOURIR **plus (gentil, beau…) que ça tu meurs** (netter, schöner …) geht es nicht

MOUTON **le mouton à cinq pattes** *voir* **merle**

N

NOM **appeler les choses par leur nom** *voir* **chat**

O

ORPHELIN **défendre la veuve et l'orphelin** die Schwachen verteidigen/beschützen; sich für die Schwachen einsetzen

P

PAIN **comme le/du bon pain** *voir* **bon**

je ne mange pas de ce pain-là ! ohne mich!; da mach' ich nicht mit!; darauf lass' ich mich nicht ein!

9. LES BONS CÔTÉS DES GENS

PAROLE **donner sa parole (d'honneur) à qn** jmdm. sein (Ehren-)Wort geben
il n'a qu'une parole er hält sein Wort; er hält, was er verspricht
la parole est d'argent, (mais) le silence est d'or (prov.) Reden ist Silber, Schweigen ist Gold (Sprichw.)
tenir parole sein Wort halten
un homme de parole ein Mann von Wort; ein Mann, ein Wort

PÂTE **une bonne pâte** ein gutmütiger Mensch; eine gutmütige Haut

PATIENCE **avoir une patience d'ange** eine Engelsgeduld haben

PATTE **montrer patte blanche** sich gebührend ausweisen/legitimieren; seine Papiere vorweisen

PERSONNE **payer de sa personne** sich mit seiner ganzen Person für etwas einsetzen; völlig in etwas aufgehen

POINT **mettre un/son point d'honneur à faire qqch.** voir **honneur**

PRENDRE **prendre (qqch.) sur soi** für etwas geradestehen; etwas auf sich/auf seine Kappe nehmen

PRINCE **être bon prince** edelmütig sein; nobel sein

PRODIGE **tout ce qu'il fait tient du prodige** was er macht, grenzt ans Wunderbare/an ein Wunder

R

RAPPORT **être bien sous tous rapports** anständig/in Ordnung sein; integer sein (geh.)

REDRESSEUR **un redresseur de torts** ein Weltverbesserer

RESPECT **forcer le respect** voir **admiration**

S

SAGE **être sage comme une image** voir **image**

SAIGNER **se saigner aux quatre veines** (für jmdn.) bluten; große finanzielle Opfer bringen

SAMARITAIN **jouer les bons Samaritains** den guten Samariter spielen

SEIGNEUR **se montrer grand seigneur avec qqn.** sich großmütig gegenüber jmdm. zeigen/verhalten

T

TYPE **un chic type** *voir* ***chic***

V

VENTRE **avoir qqch./en avoir dans le ventre**
Schneid/Mumm haben

VEUVE **défendre la veuve et l'orphelin** *voir* ***orphelin***

10

LES MAUVAIS CÔTÉS DES GENS

*Même si c'est un peu cavalier,
vous allez apprendre des disciplines excitantes :
mentir comme un arracheur de dents,
se regarder le nombril, faire des frasques
ou jouer au pince-sans-rire.
Il ne s'agit pas de cracher dans la soupe,
mais dans ce monde impitoyable, mieux vaut
avoir du culot que d'être cucul la praline.*

A

AIMABLE **être aimable comme une porte de prison** brummig/mürrisch/griesgrämig sein; ein Brummbär/Griesgram sein

AIR **ne pas manquer d'air** ganz schön kühn/dreist/unverfroren sein; Nerven haben; die Frechheit/Stirn besitzen (, etwas zu tun)
prendre/se donner de grands airs vornehm tun; sich großtun

AMEN **dire amen à tout** zu allem ja und amen sagen

AMI **un ami des beaux jours** ein Freund nur in guten Zeiten; ein unzuverlässiger Freund

ÂNE **être comme l'âne de Buridan** unentschlossen sein; hin- und hergerissen sein

ARRACHEUR **mentir comme un arracheur de dents** lügen, daß sich die Balken biegen; das Blaue vom Himmel herunterlügen; lügen wie gedruckt

ASCENDANT **subir l'ascendant de qqn.** unter jmds. Einfluß stehen

B

BALANCER **balancer (la cavalerie)** (seine Komplizen) auffliegen lassen

BEAU **un ami des beaux jours** *voir* **ami**

BÉNI-OUI-OUI **un béni-oui-oui** ein Jasager

BÊTE **bête et méchant** doof; dämlich; beschränkt
chercher la petite bête immer ein Haar in der Suppe finden; an allem etwas auszusetzen haben; an allem herummeckern

---

 "être comme l'âne de Buridan"

À force de ne pouvoir trancher entre l'eau et la nourriture, cet âne torturé par l'indécision finit par en mourir. Son histoire est évoquée tendrement par Buridan, philosophe médiéval. Même s'il est probablement apocryphe, ce conte revêt une vérité que nous avons tous expérimentée un jour.

cf. ÂNE

10. LES MAUVAIS CÔTÉS DES GENS

BLOUSON **un blouson doré** *(etwa)* ein junger Straftäter aus gutem Hause
un blouson noir ein Halbstarker *(veralt.)*; ein Rocker; ein Biker

BOND **faire faux bond à qqn.** jmdn. versetzen

BORD **être (menteur, etc.) sur les bords** ein kleiner (Lügner usw.) sein; einen leichten Hang zum (Lügen usw.) haben

BORDEL **foutre le bordel** alles auf den Kopf stellen; für ein heilloses Durcheinander sorgen; ein Chaos anrichten; Unruhe stiften

BORNE **dépasser les bornes** die Grenzen überschreiten; zu weit gehen

BOUCHE **avoir la bouche en cœur** schmollen; eine Schnute/einen Schmollmund machen/ziehen
faire la bouche en cul de poule die Lippen schürzen; den Mund (verächtlich) verziehen
faire la fine bouche die Nase rümpfen

BOUCHON **pousser le bouchon un peu loin** etwas zu weit gehen; es übertreiben

BOUE **remuer la boue** im Schmutz wühlen

BRAS **jouer les gros bras** den strammen Max spielen/markieren

BURIDAN **être comme l'âne de Buridan** *voir* **âne**

C

CARACTÈRE **avoir un caractère de cochon** einen schwierigen Charakter haben; ein schwieriger Mensch sein

CASSER **casser le morceau** auspacken; singen

CAVALIER **c'est un peu cavalier de sa part (de faire cela)** das ist aber ziemlich unverschämt/dreist/geschmacklos von ihm

CEINTURE **un humour en dessous de la ceinture** ein derber Humor; ein Humor, der unter die Gürtellinie geht

CENTRE **se croire le centre du monde** sich für den Nabel der Welt halten; sich für etwas Besseres/Besonderes halten; sich sehr wichtig nehmen; sehr egoistisch/egozentrisch sein; sehr von sich eingenommen sein

CHARITÉ **c'est l'hôpital qui se moque de la charité** das sagt der/die Richtige; du hast's ja gerade nötig (, dich so über mich lustig zu machen)

CHARRIER **(il ne) faut pas charrier** das geht aber zu weit; jetzt reicht's aber

CHERCHER **chercher la petite bête** *voir bête*

CHEVALIER **le Chevalier à la Triste Figure** der Ritter von der traurigen Gestalt

CHEVEU **couper les cheveux en quatre** *voir (chercher la petite) bête*

CHEVILLE **avoir les chevilles qui enflent** *voir centre*
ne pas arriver à la cheville de qqn. jmdm. nicht das Wasser reichen können

CHICHI **faire des chichis ; faire du chichi** Mätzchen machen; ein Getue machen; zimperlich sein

CHIER **chier dans la colle** Blödsinn/Scheiß *(derb)* reden

CHIFFE **une chiffe molle** ein Waschlappen; ein Schlappschwanz

CHOPER **choper la grosse tête** *voir centre*

CLOCHER **l'esprit de clocher** Lokalpatriotismus; Kleingeisterei

COCHON **avoir une tête de cochon** ein Dickkopf/-schädel sein; ein eigensinniger/dickköpfiger/sturer Mensch sein

COCO **un drôle de coco** ein komischer Kauz; ein schräger Vogel; ein fauler Kunde

CŒUR **avoir un cœur de pierre** ein Herz aus Stein haben; herzlos sein

COINCER **être coincé** verklemmt/gehemmt/blockiert sein

COLLET **collet monté** (stock(steif; sehr förmlich/formell; knöchern

COLOSSE **un colosse aux pieds d'argile** ein Koloß auf tönernen Füßen

COMÉDIE **jouer la comédie** Theater spielen; sich verstellen; so tun, als ob

CONCIERGE **une vraie concierge** eine Klatschbase/-tante; eine Tratsche

CORDE **il ne faut pas parler de corde dans la maison d'un pendu** *(prov.)* *(etwa)* im Haus des Gehängten sprich nicht vom Strick

COUCHEUR **un mauvais coucheur** ein Meckerer; ein Nörgler; ein Streithahn/-hammel

COUDE **ne pas se moucher du coude** *voir centre*

COULEUVRE **être paresseux comme une couleuvre** stinkfaul sein; ein Faulpelz sein

COUTEAU **remuer/retourner le couteau dans la plaie** das Messer in der Wunde rumdrehen; Salz in die Wunde streuen

10. LES MAUVAIS CÔTÉS DES GENS

CRACHER **cracher dans la soupe** (denen, die es gut mit einem meinen,) in die Suppe spucken
cracher le morceau *voir casser*

CROIRE (SE) **se croire sorti de la cuisse de Jupiter** *voir centre*
se croire tout permis glauben, man kann/darf sich alles erlauben
s'y croire im Wolkenkuckucksheim leben; Luftschlösser bauen

CROQUEUSE **une croqueuse de diamants** eine kostspielige Kokotte/Mätresse

CRUCHE **tant va la cruche à l'eau qu'à la fin elle se brise/casse** *(prov.)* der Krug geht so lange zum Brunnen, bis er bricht *(Sprichw.)*

CUCUL **cucul (la praline)** einfältig; simpel; albern; läppisch; treudoof

CUISSE **se croire sorti de la cuisse de Jupiter** *voir centre*

CUL **un faux cul** ein falscher Fuffziger; eine Schlange *(Frau)*

CULOT **avoir du culot** *voir (ne pas manquer d')air*

CURIOSITÉ **la curiosité est un vilain défaut** *(etwa)* sei nicht so neugierig!

D

DÉGOÛTER **faire la dégoûtée** die Wählerische spielen; auf etwas/jmdn. verächtlich herabsehen

DÉPASSER **dépasser les bornes** *voir borne*

DIEU **on lui donnerait le bon Dieu sans confession** er sieht aus, als ob er kein Wässerchen trüben könnte/niemandem ein Haar krümmen könnte
se prendre pour Dieu le père *voir centre*

DINDE **une petite dinde** eine dumme Pute/Gans

DOIGT **avoir le petit doigt en l'air** affektiert/affig sein; sich gespreizt/gekünstelt benehmen

DOS **faire qqch. dans le dos de qqn.** etwas hinter jmds. Rücken tun

DRÔLE **un drôle d'oiseau/de coco/de lascar** *voir coco*

DUR **c'est un dur à cuire** das ist ein ganz Hartgesottener; dem ist schlecht beizukommen; der hat seinen eigenen Kopf
jouer les durs sich hart/abgebrüht geben; als harte Männer auftreten

E

EAU **il n'est pire eau que l'eau qui dort** *(prov.)* stille Wasser sind tief *(Sprichw.)*

ÉCOUTER (S') **s'écouter parler** sich (selbst) gern reden hören

EFFORT **un partisan du moindre effort** sich kein Bein ausreißen; den Weg des geringsten Widerstands gehen

ÉLÉPHANT **être comme un éléphant dans un magasin de porcelaine** sich wie ein Elefant im Porzellanladen benehmen

EMPÊCHEUR **un empêcheur de tourner/de danser/etc. en rond** ein Spielverderber

ENFANT **ce n'est pas un enfant de chœur** das ist kein Unschuldslamm; dem kann man nichts vormachen

faire l'enfant sich kindisch/albern/wie ein Kind aufführen

un enfant terrible ein Enfant terrible *(geh.)*; ein Familienschreck

ÉPATE **faire de l'épate** Eindruck machen/schinden (wollen); sich aufspielen

ESBROUF(F)E **faire de l'esbrouf(f)e** *voir* **épate**

ESPRIT **avoir l'esprit mal tourné** immer gleich Schlechtes denken; immer gleich auf schlechte Gedanken kommen

ÉTAGE **de bas étage** primitiv; zweitklassig; minderwertig; mies

ÉTALAGE **faire étalage de qqch.** etwas zur Schau stellen; mit etwas angeben/prahlen/protzen

F

FAÇON **faire des façons** sich zieren; sich haben; sich anstellen; etepetete sein

FAUTE **rejeter la faute sur qqn.** jmdm. die Schuld in die Schuhe schieben

FAUTEUR **un fauteur de troubles** ein Unruhestifter

FER **remuer le fer dans la plaie** *voir* **couteau**

FIER **être fier comme Artaban/comme un bar-tabac** stolz sein wie ein Spanier

FIER-À-BRAS **un fier-à-bras** ein Prahlhans; ein Prahler; ein Großmaul; eine Großschnauze; ein Sprücheklopfer; ein Maulheld

10. LES MAUVAIS CÔTÉS DES GENS

FIN **fin de siècle** dekadent; (typisch) Fin de siècle (geh.)

FLEUR **s'envoyer des fleurs** sich selbst loben; sein eigenes Loblied singen

FRASQUE **faire des frasques** über die Stränge schlagen

FRIME **c'est de la frime** das ist doch alles nur Theater/Mache; er/sie spielt doch nur Theater; er/sie tut doch nur so

FRIMEUR **un frimeur** ein Angeber; ein Aufschneider; ein Protz

G

GALERIE **dire/faire qqch. pour (épater) la galerie** etwas aus Effekthascherei tun; etwas tun, um zu imponieren

GASCON **des promesses de Gascon** leere Versprechungen

GLORIOLE **par gloriole** aus reiner Angeberei/Wichtigtuerei

GONFLER **être gonflé** voir *(ne pas manquer d')air*

GRABUGE **faire du grabuge** Krawall/Stunk machen

GUEULE **être/avoir (une) grande gueule** eine große Klappe/Schnauze haben; die Klappe/das Maul (derb) aufreißen

H

HAUT **le prendre de haut** von oben herab tun; herablassend sein

HÔPITAL **c'est l'hôpital qui se moque de la charité** voir *charité*

HUILE **jeter de l'huile sur le feu** Öl ins Feuer gießen

"*des promesses de Gascon*"

Comme l'Italien, le personnage du Gascon (cf. Alexandre Dumas père) est réputé pour sa capacité à fanfaronner et à promettre la lune. Cependant, il arrive qu'il mette tous ses fantasmes à exécution, et cela donne un héros sublime comme Cyrano de Bergerac.

cf. GASCON

I

ILLUSION **se faire des/se bercer d'illusions** sich Illusionen machen; sich Illusionen/Selbsttäuschungen hingeben

IMPORTANT **faire l'important** sich wichtig machen; wichtigtun

IVROGNE **des promesses d'ivrogne** voir **Gascon**

J

JE-M'EN-FOUTISTE **un je-m'en-foutiste** einer, dem alles wurscht/schnuppe/schnurz/scheißegal (*derb*) ist; jemand mit einer „Mir-doch-wurscht"-/„Null-Bock"-Mentalität; ein Egalo (*Jugendspr.*)

JETON **un faux jeton** voir **cul**

JOJO **un affreux jojo** ein mieser Typ; ein übler Bursche

JUPITER **se croire sorti de la cuisse de Jupiter** voir **centre**

L

LÂCHER **lâcher le morceau** voir **casser**

LANGUE **avoir une langue de serpent/de vipère/de pute** eine böse/spitze/scharfe Zunge haben
être (une) mauvaise langue ein Lästermaul sein

LANTERNE **prendre des vessies pour des lanternes** sich ein X für ein U vormachen lassen; sich einen Bären aufbinden lassen

LASCAR **un drôle de lascar** voir **coco**

LAVETTE **une lavette** voir **chiffe**

LÉZARD/LOCHE/LOIR **paresseux comme un lézard/une loche/un loir** voir **couleuvre**

M

M'AS-TU-VU **faire le m'as-tu-vu** sich in Szene setzen; große Reden schwingen; große Töne spucken; Wind machen
un m'as-tu-vu ein kleiner Gernegroß; ein Möchtegern; ein Wichtigtuer; ein Großkotz

10. LES MAUVAIS CÔTÉS DES GENS

MAIN **ils peuvent se donner la main** die können sich die Hand reichen; die sind (alle) vom gleichen Schlag
tu lui donnes la main et il te prend le bras wenn man ihm den kleinen Finger gibt, nimmt er gleich die ganze Hand

MALIN **jouer au plus malin** jmdn. zu überlisten suchen; den Schlaumeier spielen

MANGER **manger le morceau** *voir casser*

MANIÈRE **faire des manières** *voir façon*

MARIE-CHANTAL **c'est une Marie-Chantal** *(etwa)* das ist eine eingebildete Pute/Schnepfe; die hält sich für was Besseres

MARIOLE **faire le mariole** sich aufspielen/-blasen; sich für weiß was/wen halten

MAUVAIS **être mauvais comme une teigne** ein Giftzwerg/eine Giftnudel sein

MÉCANIQUE **rouler les/des mécaniques** *voir bras*

MÉCHANT **être méchant comme une teigne** *voir mauvais*

MÈCHE **vendre la mèche** die Katze aus dem Sack lassen; das Geheimnis verraten/ausplaudern

MENSONGE **un mensonge gros comme une maison** eine faustdicke Lüge

MENTIR **mentir comme un arracheur de dents ; mentir comme on respire** *voir arracheur*

MERDE **foutre/semer la merde** *voir bordel*
ne pas se prendre pour de la/une merde *voir centre*
remuer la merde *voir boue*

MIDI **chacun voit midi à sa porte** jeder ist sich selbst der Nächste
chercher midi à quatorze heures die Sache unnötig komplizieren; Schwierigkeiten sehen, wo keine sind; warum einfach, wenn's auch umständlich geht? *(Redew.)*

MIJAURÉE **faire la/sa mijaurée** *voir façon*

"*c'est une Marie-Chantal*"

Semblable à Baptiste (voir plus loin, chapitre 17), mais la prétention bourgeoise en plus, Marie-Chantal prend des airs intelligents, mais elle présente un sérieux déficit de cellules grises. N'est-ce pas elle qui, prenant un taxi anonyme, un soir, déclare hautement: «chauffeur, à la maison»?

cf. MARIE-CHANTAL

MISÈRE **faire des misères à qqn.** jmdn. piesacken; jmdn. plagen/quälen; jmdn. nicht in Ruhe lassen

MORCEAU **manger/lâcher/cracher/casser le morceau** *voir* **casser**

MORVEUX **qui se sent morveux (qu'il) se mouche** *(prov.)* wen's juckt, der kratze sich *(Sprichw.)*

MOUCHE **enculer les mouches** *voir* **(chercher la petite) bête**

MOUCHER (SE) **ne pas se moucher du pied** *voir* **centre**

MOULE **une moule** *voir* **chiffe**

MOUSSER **se faire mousser** *voir* **fleur**

MOUTARDIER **se croire le premier moutardier du pape** *(vieilli)* *voir* **centre**

N

NATUREL **chassez le naturel, il revient au galop** *(prov.)* Art läßt nicht von Art *(Sprichw.)*

NÉCESSITÉ **faire de nécessité vertu** aus der Not eine Tugend machen

NERF **un paquet de nerfs** ein Nervenbündel

NEZ **fourrer son nez partout** seine Nase überall reinstecken

NOMBRIL **se prendre pour le nombril du monde** *voir* **centre**
se regarder/se contempler le nombril Nabelschau betreiben

NORMAND **donner/faire une réponse de Normand** ausweichend antworten; weder ja noch nein sagen

NUMÉRO **un drôle de numéro** *voir* **coco**

O

OIE **une oie blanche** ein naives Gänschen

OIGNON **ce ne sont pas tes oignons** das geht dich (gar) nichts an

OISEAU **un drôle d'oiseau** *voir* **coco**

OISIVETÉ **l'oisiveté est (la) mère de tous les vices** *(prov.)* Müßiggang ist aller Laster Anfang *(Sprichw.)*

OLÉ OLÉ **olé olé** keck; keß; unbefangen; ungeniert; vorlaut

10. LES MAUVAIS CÔTÉS DES GENS

OURS **un ours mal léché** ein ungehobelter/ungeschlachter Kerl; ein grober Klotz; ein Grobian

P

PAGAILLE **foutre la pagaille** *voir bordel*

PAIRE **les deux font la paire** die beiden passen (gut) zusammen *(iron.)*

PANIER **ils sont (tous) à mettre dans le même panier** *voir (ils peuvent se donner la) main*

PAON **être fier comme un paon** stolz sein/sich spreizen wie ein Pfau

PAPE **être sérieux comme un pape** todernst/knochentrocken sein

PARESSEUX **paresseux comme une couleuvre/un loir/un lézard/une loche** *voir couleuvre*

PARFAIT **nul/personne n'est parfait** nobody's perfect; niemand ist vollkommen

PAROLE **manquer à sa/de parole** sein Wort brechen; wortbrüchig werden

PARTISAN **un partisan du moindre effort** *voir effort*

PAYS **se comporter comme en pays conquis** sich aufführen, als ob man der Herr sei/als ob einem alles gehöre/als ob man zu befehlen hätte

PEAU **une (vraie) peau de vache** ein (richtiger) Schuft; ein (hunds)gemeiner Kerl; ein (gemeines) Aas

PERMIS **se croire tout permis** *voir croire*

PERSONNAGE **grossier personnage !** Flegel!; Rüpel!; Lümmel!

PÉTER **péter plus haut que son cul** zu hoch hinauswollen *(voir aussi centre)*

PIED **ne pas se moucher du pied** *voir centre*

PIERRE **pierre qui roule n'amasse pas mousse** *(prov.)* auf dem rollenden Stein wächst kein Moos *(Sprichw.)*

PINCE-SANS-RIRE **c'est un pince-sans-rire** der hat einen trockenen Humor

PISSER **ne plus se sentir pisser** *voir centre*

PLAIRE **avoir tout pour plaire** so ziemlich das Letzte sein; ein Unsympath sein; ein (ausgewachsenes) Ekel sein

POIDS **ne pas faire le poids (face à qqn./qqch.)** (jmdm./etwas) nicht gewachsen sein

POIL **avoir un poil dans la main** stinkfaul sein; die Arbeit nicht erfunden haben

POSE **prendre des poses** voir **air : prendre de grands airs**

POT **un pot de colle** eine Klette

POUDRE **jeter de la poudre aux yeux de qqn.** jmdm. Sand in die Augen streuen

POULE **une poule mouillée** voir **chiffe**

POUSSER **(il ne) faut pas pousser grand-mère dans les orties** voir **charrier**

PRÊCHER **prêcher pour sa paroisse/son saint** in eigener Sache reden/sprechen

PRIX **ne pas être un prix de vertu** voir **enfant (de chœur)**

PROMESSE **des promesses d'ivrogne/de Gascon** voir **Gascon**

Q

QUART **démarrer au quart de tour/de poil** schnell/leicht in die Luft gehen; sehr reizbar sein; leicht erregbar sein

R

RABAT-JOIE **un rabat-joie** ein Spaßverderber; ein Miesmacher

RAMENER **la ramener** (immer) seinen Senf dazugeben; (immer) dazwischenquatschen

RATER **ne pas en rater une** dauernd ins Fettnäpchen treten

❝*avoir un poil dans la main*❞

Expression millésimée 1808, mais dont l'origine est curieuse. Elle provient sans doute de ce qu'une main industrieuse se doit d'être sinon rugueuse (bien des aristocrates français et, plus tard russes, payèrent cette absence de rugosité), en tout cas nue, prouvant par là-même son activité.

cf. POIL

10. LES MAUVAIS CÔTÉS DES GENS

REFAIRE (SE) **on ne se refait pas** niemand kann aus seiner Haut; was Hänschen nicht lernt, lernt Hans nimmermehr *(Sprichw.)*

RESPIRER **mentir comme on respire** *voir arracheur*

RIEN **un bon à rien ; un propre à rien** ein Nichtsnutz; ein Taugenichts; ein Tunichtgut

ROI **le roi n'est pas son cousin** *voir centre*

ROUE **faire la roue** *voir paon*

ROULER **rouler les/des mécaniques** *voir mécanique*

S

SAC **ils sont (tous) à mettre dans le même sac** *voir panier*

SAINT **ne pas être un saint** *voir enfant (de chœur)*

SAINTE-NITOUCHE **c'est une sainte-nitouche** das ist eine Scheinheilige; die tut nur so scheinheilig

SÉRIEUX **être sérieux comme un pape** *voir pape*

SIENNE **il a encore fait des siennes** er hat sich wieder ein Stück geleistet; er hat wieder Dummheiten gemacht

SIMAGRÉE **faire des simagrées** *voir façon*

SIRE **un triste/pauvre sire** ein armer Teufel/Schlucker

SOUPE **cracher dans la soupe** *voir cracher*
être soupe au lait hitzig/hitzköpfig/aufbrausend sein; gleich hochgehen/in die Luft gehen

SOURD **il n'est pire sourd que celui qui ne veut pas entendre** *(prov.)* der ist sehr taub, der nicht hören will *(Sprichw.)*

SPECTACLE **se donner en spectacle** sich zur Schau stellen; sich produzieren

T

TABLE **se mettre à/passer à table** *voir casser*

TEIGNE **être méchant/mauvais comme une teigne** *voir mauvais*

TEMPÊTE **qui sème le vent récolte la tempête** *(prov.)* wer Wind sät, wird Sturm ernten *(Sprichw.)*

TÊTE **attraper/choper la grosse tête** *voir centre*
avoir/être une tête à claques ein Ohrfeigengesicht haben
une tête brûlée ein Feuer-/Hitzkopf

TOUPET **avoir du toupet** *voir **(ne pas manquer d')air***

TRAVERS **faire tout de travers** alles falsch/verkehrt machen

TROUBLE-FÊTE **jouer les trouble-fête** den anderen die Laune verderben/die Freude an etwas nehmen; den anderen etwas vergällen/verleiden

V

VENT **qui sème le vent récolte la tempête** *voir **tempête***

VERRE **se noyer dans un verre d'eau** bei der geringsten Schwierigkeit versagen; bei der geringsten Sache in Verlegenheit geraten

VERTU **ne pas être un prix de vertu** *voir **enfant (de chœur)***
une femme de petite vertu ein leichtes Mädchen; ein Flittchen; ein liederliches Frauenzimmer

VESSIE **prendre des vessies pour des lanternes** *voir **lanterne***

VIE **une femme de mauvaise vie** *voir **vertu***

VIVRE **il est difficile à vivre** mit ihm ist schwer auszukommen; mit ihm ist nicht gut Kirschen essen

VUE **en mettre plein la vue à qqn.** auf jmdn. Eindruck machen; bei jmdm. Eindruck schinden; eine Show vor jmdm. abziehen

Z

ZIZANIE **semer la zizanie** Unfrieden stiften

LA CONVERSATION

Parlez sans ambages et répondez du tac au tac.
Pour pratiquer sans peine le bouche à oreille
– le bouche-à-bouche, c'est au chapitre 7 –
voici de nombreuses suggestions
qui vous donneront de la conversation.
Quand vous vous exprimerez,
on entendra une mouche voler.

A

ABONNÉ **se mettre aux abonnés absents** sich ausklinken

AMBAGE **parler sans ambages** ohne Umschweife reden; nicht um den heißen Brei herumreden

AMENDE **faire amende honorable** Abbitte leisten; um Verzeihung bitten

AMUSE-GUEULE **un amuse-gueule** ein Aufhänger; eine Einführung

ÂNE **beugler comme un âne** brüllen wie ein Stier; grölen; krakeelen

ANGE **un ange passe/passa** ein Engel geht/ging durch den Raum

B

BALIVERNE **raconter des balivernes** ungereimtes Zeug von sich geben; albern daherreden

BÂTON **parler à bâtons rompus** sich zwanglos unterhalten; ungezwungen plaudern

BAVE **la bave du crapaud n'atteint pas la blanche colombe/les étoiles** denn was von mir ein Esel spricht (, das acht' ich nicht)

BAVETTE **tailler une bavette avec qqn.** ein Schwätzchen/einen kleinen Schwatz/Plausch mit jmdm. halten

BEC **être/rester le bec dans l'eau** kein einziges Wort herausbringen/über die Lippen bringen (können)

BERGER **la réponse du berger à la bergère** das Schluß-/Nachwort

BEUGLER **beugler comme un âne** *voir* **âne**

BLAGUE **blague à part** Scherz beiseite

"*c'est la réponse du berger à la bergère*"

Aux XVIIe et XVIIIe siècles, la mode était aux poésies pastorales. Le berger faisait une cour empressée à la bergère et la belle répondait par mille coquetteries. La réponse du berger à la bergère finissait par clore l'échange. C'est du moins la version officielle, aux dires des gens bien élevés.

cf. BERGER

11. LA CONVERSATION

BLANC **dire tantôt blanc, tantôt noir** mal so, mal so sagen

BONNET **parler à son bonnet** Selbstgespräche führen; mit sich selbst sprechen

BOUCHE **de bouche à oreille** von Mund zu Mund

BROSSER **brosser un tableau très noir (d'une situation)** (eine Situation) in den schwärzesten Farben malen/darstellen

BRUIT **beaucoup de bruit pour rien** viel Lärm um nichts
ça va faire du bruit ! das wird Aufsehen erregen!; das wird für Aufregung sorgen!
le bruit court que... es geht das Gerücht, daß ...

BRÛLER **brûler la politesse à qqn.** jmdn. einfach stehenlassen

C

CANTONADE **parler à la cantonade** etwas in den Raum sagen; sich an die Anwesenden/die Allgemeinheit wenden

CARPE **muet comme une carpe** stumm wie ein Fisch

CASSER **ne pas en casser une** kein Wort/keinen Ton sagen/von sich geben

CAUSETTE **faire la causette/un brin de causette à qqn.** sich mit jmdm. unterhalten; mit jmdm. plaudern/plauschen/klönen; jmdm. etwas erzählen

CHANSON **on connaît la chanson** das (Lied) kenn' ich/kennen wir schon

CHAPELET **un chapelet d'injures** eine Schimpfkanonade; ein Hagel von Beschimpfungen/Beleidigungen

CHARRETIER **parler/jurer comme un charretier** fluchen wie ein Droschkenkutscher/Fuhrmann

CHAT **donner sa langue au chat** (es) aufgeben

CHEMIN **ne pas y aller par quatre chemins** kurzen Prozeß machen; nicht viel Federlesens machen; nicht lange fackeln

CHEVEU **avoir un cheveu sur la langue** lispeln; mit der Zunge anstoßen

CHIEN **les chiens aboient, la caravane passe** *voir* **bave**

CHIER **(il n')y a pas à chier** es hilft alles nichts; da ist nichts zu machen; da müssen wir durch

CHIFFON **parler chiffons** über Mode/Kleidung/Klamotten reden/sprechen

CHIQUE **couper la chique à qqn.** jmdm. die Sprache/Rede verschlagen

CHOSE **c'est bien peu de choses !** das ist doch nicht der Rede wert!
parler de choses et d'autres von dies und jenem reden/sprechen

CHRONIQUE **défrayer la chronique** von sich reden machen; Schlagzeilen machen

CŒUR **épancher/ouvrir son coeur cœur** sein Herz ausschütten; sich etwas vom Herzen reden
parler à cœur ouvert à qqn. offenherzig mit jmdn. reden/sprechen

CONCERT **soulever un concert de protestations** einen Sturm der Empörung/Entrüstung entfachen

CONVERSATION **avoir de la conversation** redegewandt/zungenfertig/eloquent sein
être en grande conversation ins Gespräch vertieft sein

COQ **passer/sauter du coq à l'âne** vom Hundertsten ins Tausendste kommen

COR **réclamer/demander qqch. à cor et à cri** etwas lauthals fordern

❝*défrayer la chronique*❞

Si « défraiement » est couramment utilisé en commerce, « défrayer » est peu usité. Ce verbe signifie « décharger (quelqu'un) de ses frais ». Lorsque l'on défraye la chronique, on fait les frais de la « chronique », c'est-à-dire de la conversation courante ou de l'actualité.

❝*sauter du coq à l'âne*❞

Que l'on pardonne les propos impudiques de l'auteur de ces lignes, mais « sauter » doit s'entendre dans son acceptation moderne et gaillarde. Ce thème est repris dans plusieurs textes satyriques, notamment au Moyen-Âge, et dans le conte des Musiciens de Brême où l'on voit des animaux perchés les uns sur les autres, le coq dominant le tout et l'âne au plus bas. Il correspond à une latitude de langage qui peut nous paraître étonnante, mais qui devrait nous rendre modestes quant aux soi-disant libertés nouvelles de notre époque.

cf. COQ

11. LA CONVERSATION

COUP **donner/passer un coup de fil à qqn.** jmdn. anrufen

COUPER **couper la chique à qqn.** *voir chique*

COURT **pour la faire courte ; je te la fais courte** um es kurz zu machen; der langen Rede kurzer Sinn; lange Rede, kurzer Sinn

CRACHOIR **tenir le crachoir** keinen anderen zu Wort kommen lassen; das Gespräch an sich reißen

CUISINER **cuisiner qqn.** jmdn. ausfragen/-quetschen; jmdn. bearbeiten

D

DÉCONNER **déconner à plein(s) tube(s)** Mist/Käse/Stuß/Blödsinn/dummes Zeug reden

DENT **avoir la dent dure** eine spitze/böse Zunge haben
parler entre ses dents etwas in seinen Bart brummen/murmeln

DIALOGUE **c'est un dialogue de sourds** sie reden aneinander vorbei

DIRE **à qui le dites-vous/dis-tu ?** wem sagen Sie/sagst du das?
c'est beaucoup dire das will was heißen
c'est vite dit das sagt sich so leicht
ce n'est pas peu dire ! das will nicht (gerade) wenig heißen!
cela va sans dire (mais cela irait/va mieux en le disant) das versteht sich von selbst
comme dit/disait l'autre wie man (so schön) sagt; wie es (so schön) heißt
dire ce qu'on a sur le cœur sich aussprechen; sich etwas von der Seele reden
en dire long vielsagend sein; viel besagen; Bände sprechen
entre nous soit dit ; soit dit entre nous unter uns (gesagt)
je me suis laissé dire que... ich habe mir sagen lassen, daß ...
laisser dire die Leute reden lassen
ne me faites pas dire ce que je n'ai pas dit legen Sie mir nicht Worte in den Mund, die ich nicht gesagt habe
ne pas l'envoyer dire à qqn. jmdm. etwas ins Gesicht sagen
on a beau dire da hat man gut reden
pour ne pas dire autre chose gelinde gesagt
se tuer à dire qqch. à qqn. jmdm. etwas tausendmal sagen

soit dit en passant beiläufig/nebenbei gesagt
tu l'as dit, bouffi ! du sagst es!

DISCUTER **discuter le bout de gras avec qqn.** *voir* **bavette**

E

EAU **apporter/amener de l'eau au moulin de qqn.** Wasser auf jmds. Mühle sein

ÉCHO **se faire (l')écho de qqch.** etwas weitererzählen/-tragen

ÉCRASER **écraser** den Mund halten; nichts ausplaudern

EFFET **c'est tout l'effet que ça te fait ?** ist das alles, was du dazu zu sagen hast?

EMBROUILLER **ni vu ni connu (j't'embrouille) !** das merkt niemand/keiner/kein Mensch!; da merkt niemand/keiner etwas!

ENCENSOIR **manier l'encensoir** Weihrauch streuen; lobhudeln

ENTENDRE **ce qu'il faut (pas) entendre !** was muß man sich (nicht) alles anhören!; was man sich (nicht) alles sagen lassen muß!
entendons-nous bien ! daß/damit wir uns recht verstehen!

EXCUSE **faire de plates excuses** zu Kreuze kriechen; (jmdn.) inständig um Entschuldigung bitten

EXPRESSION **passez-moi l'expression** verzeihen Sie das harte Wort

F

FAÇON **(c'est une) façon de parler** das sagt man so (hin)
dire à qqn. sa façon de penser jmdm. seine Meinung sagen

FACONDE **avoir de la faconde** redselig/gesprächig sein

FORMALISER (SE) **ne pas se formaliser de qqch.** an etwas keinen Anstoß nehmen; sich an etwas nicht stoßen; etwas nicht übelnehmen

FORME **en y mettant les formes** taktvoll; rücksichtsvoll; in höflicher Form

FRAIS **faire les frais de la conversation** den Gesprächsstoff liefern; das Gesprächsthema sein

11. LA CONVERSATION

FRAISE **ramener sa fraise** (immer) seinen Senf dazugeben; (immer) dazwischenquatschen

FRANC-PARLER **avoir son franc-parler** offen/freimütig reden; frei-/geradeheraus reden; frei/frisch von der Leber weg reden

FROID **jeter un froid** wie eine kalte Dusche/ernüchternd/peinlich (auf die Zuhörer) wirken

G

GANT **ne pas prendre/mettre de gants (pour dire qqch.)** (jmdm.) unverblümt seine Meinung sagen

GÊNER (SE) **faut pas se gêner** tun Sie sich keinen Zwang an; seien Sie ganz offen

GORGE **faire des gorges chaudes de qqch.** über etwas schadenfroh lachen; sich offen/ungeniert über etwas lustig machen

GRAIN **mettre/fourrer son grain de sel** *voir fraise*

GRAS **discuter le bout de gras avec qqn.** *voir bavette*

GUEULANTE **pousser une (bonne) gueulante** ein Donnerwetter loslassen; jmdn. anschreien/-brüllen/-fahren/-herrschen

GUEULE **un fort en gueule** ein Großmaul; eine Großschnauze; ein Maulheld

GUEULER **gueuler comme un putois** *voir âne*

H

HALEINE **tenir qqn. en haleine** jmdn. in Atem halten

HAUT **dire qqch. haut et fort** *voir franc-parler*

HORS-D'ŒUVRE **un hors-d'œuvre** *voir amuse-gueule*

J

JACASSER/JASER **jacasser/jaser comme une pie borgne** reden wie ein Wasserfall/ein Buch; dem Teufel ein Ohr abschwätzen

JAMBE **tenir la jambe à qqn.** jmdn. die Ohren vollquasseln

JETER **n'en jetez plus (la cour est pleine !)** danke für die Blumen!; genug der Komplimente!; Sie bringen mich ja in Verlegenheit!

JURER **jurer comme un charretier** *voir* **charretier**

L

LANGUE **avoir la langue bien pendue ; ne pas avoir la langue dans sa poche** ein gutes/flinkes Mundwerk haben; nicht auf den Mund gefallen sein; den Mund auf dem rechten Fleck haben

la langue de bois *(etwa)* Phrasendrescherei

les langues vont aller bon train da wird das Gerede wieder losgehen; da werden sie sich wieder die Mäuler zerreißen

prendre langue avec qqn. mit jmdm. Kontakt aufnehmen/in Verbindung treten

tenir sa langue den/seinen Mund halten

tourner sept fois sa langue dans sa bouche avant de parler jedes Wort auf die Goldwaage legen

LAPALISSADE **c'est une lapalissade de dire que...** das ist doch eine Binsenweisheit, daß ...

LÈVRE **être pendu aux lèvres de qqn.** an jmds. Lippen hängen

être sur toutes les lèvres in aller Munde sein

M

MÂCHER **ne pas mâcher ses mots** kein Blatt vor den Mund nehmen

MAIS **il n'y a pas de mais (qui tienne)** keine Widerrede!

MEILLEUR **j'en passe, et des meilleures** und so weiter, und so fort; das ist längst noch nicht alles; ich könnte noch ganz andere Beispiele nennen

MENU **raconter qqch. par le menu** etwas haarklein/bis ins kleinste Detail erzählen

MESSE **faire des messes basses** miteinander tuscheln

MORDICUS **soutenir mordicus** etwas steif und fest behaupten; hartnäckig an etwas festhalten

MOT **avoir des mots avec qqn.** einen Wortwechsel/eine Auseinandersetzung mit jmdm. haben; ein Streitgespräch mit jmdm. führen

avoir deux mots à dire à qqn. ein Wörtchen mit jmdm. zu reden haben

11. LA CONVERSATION

avoir le dernier mot/le mot de la fin das letzte Wort haben

dire des gros mots Kraftausdrücke/Schimpfwörter verwenden/gebrauchen

échanger deux mots avec qqn. kurz mit jmdm. sprechen

en deux mots ganz kurz; in wenigen Worten

en toucher un mot à qqn. jmdm. Bescheid sagen; jmdm. etwas mitteilen/ausrichten

en un mot comme en cent mit einem Wort; kurz und gut

glisser un mot à l'oreille de qqn. etwas bei jmdm. zur Sprache bringen

je n'ai pas dit mon dernier mot das ist noch nicht mein letztes Wort

n'avoir jamais un mot plus haut que l'autre in ruhigem Ton sprechen; (im Gespräch) nie laut werden

ne pas comprendre un traître mot à qqch. kein Wort/auch nicht so viel von etwas verstehen

ne pas mâcher ses mots *voir* **mâcher**

ne pas pouvoir placer un mot/ne pas pouvoir en placer une nicht zu Wort kommen

parler à mots couverts durch die Blume sprechen

peser ses mots seine Worte abwägen

prendre qqn. au mot jmdn. beim Wort nehmen

qui ne dit mot consent *(prov.)* wer schweigt, stimmt zu *(Sprichw.)*; keine Antwort ist auch eine Antwort *(Sprichw.)*

se passer le mot etwas (vom einen zum anderen) weitersagen/-sagen; sich (untereinander) absprechen

un jeu de mots ein Wortspiel

MOTUS **motus (et bouche cousue) !** nichts sagen/verraten!; Mund halten!

"*motus et bouche cousue*"

« Botus et mouche cousue » dirait Dupont avec t, répondant à son inénarrable double avec d. Si « botus » n'existe pas, sauf pour les besoins de la contrepèterie, « motus » constitue également une pure invention latinisée permettant aux gentilshommes du XVᵉ siècle de s'intimer mutuellement le silence. Puisque nous en sommes à l'univers des petites cases dessinées, sachez aussi que le principal héros d'Hergé, candide redresseur de torts et de travers, doit son nom à un mode de paiement provençal du XIIᵉ siècle (payer en tintins), ainsi qu'à l'interjection des dames aux migraines rageuses : « ce soir, mon ami, vous ferez tintin ! »

cf. MOTUS

MOUCHE **on entendrait une mouche voler** man könnte eine Stecknadel fallen hören

MOULIN **apporter/amener de l'eau au moulin de qqn.** *voir* **eau**
un moulin à paroles ein Plapper-/Schnattermaul; eine Plapper-/Plaudertasche; ein Quasselkopf; eine Quasselstrippe

MOUTON **revenons à nos moutons** kommen wir wieder zur Sache!; kommen wir zu unserem Thema zurück!; zur Sache, Schätzchen! *(Redew.)*

MUET **muet comme une carpe ; muet comme la/une tombe** *voir* **carpe**

MUR **c'est comme parler à un mur** bei ihm/ihr redet man gegen eine Wand
les murs ont des oreilles die Wände haben Ohren

N

NÈGRE **parler petit nègre** Kauderwelsch reden; kauderwelschen

NEUF **quoi de neuf ?** was gibt's Neues?

NEZ **parler du nez** durch die Nase sprechen; näseln

NOIR **dire tantôt blanc, tantôt noir** *voir* **blanc**

NOM **nom de Dieu !** ach du lieber Gott!; Herrgott (nochmal)!
nom de nom ! ; nom d'un (petit) bonhomme ! ; nom d'une pipe ! ; nom d'un chien ! ; nom d'un tonnerre ! ; tonnerre de nom ! verdammt/verflixt (nochmal)!; verflixt und zugenäht!; verflucht (nochmal)!; (zum) Donnerwetter (nochmal)!; Himmel, Arsch und Zwirn! *(derb)*

NOUVELLE **première nouvelle !** (das ist) das erste, was ich höre!

O

OCCASION **il a (encore) perdu/manqué/raté l'occasion de se taire** er hätte besser den Mund halten sollen

OREILLE **avoir l'oreille de qqn.** bei jmdm. Gehör finden; jmds. Ohr/Vertrauen haben
entrer par une oreille et sortir par l'autre zum einen Ohr hinein-, zum anderen wieder hinausgehen
les murs ont des oreilles *voir* **mur**

11. LA CONVERSATION

les oreilles ont dû lui tinter   die Ohren müssen ihm geklungen haben
n'écouter que d'une oreille   nur mit halbem Ohr hin-/zuhören
prêter l'oreille   die Ohren spitzen; aufmerksam zuhören
rebattre les oreilles à qqn. (de qqch.)   jmdm. die Ohren voll blasen/schwätzen (mit etwas)

OUÏ-DIRE   **par ouï-dire**   vom Hörensagen

OUÏE   **être tout ouïe**   ganz Ohr sein

P

PARENTHÈSE   **entre parenthèses**   übrigens; was ich noch sagen wollte; nebenbei bemerkt
fermer la parenthèse   zum eigentlichen Thema zurückkehren
ouvrir la parenthèse   kurz vom Thema abschweifen; eine Zwischenbemerkung einfügen/-schieben

PARLER   **faire parler de soi**   von sich reden machen
parler à tort et à travers ; parler en l'air ; parler pour ne rien dire   das Blaue vom Himmel reden; Opern reden/erzählen; leeres Stroh dreschen; abgedroschenes Zeug reden
parler chiffons   *voir chiffon*
parler/jurer comme une poissonnière   keifen wie ein Fischweib
parler d'or   goldene Worte sprechen; weise reden
parler de choses et d'autres   *voir chose*
parler de la pluie et du beau temps   über Gott und die Welt reden
parler du nez   *voir nez*
parler en pure perte   drauflosreden; daherreden/-quasseln; faseln; schwafeln; labern
parler par énigmes   in Rätseln sprechen
parlons peu (mais) parlons bien   fassen wir uns kurz; in der Kürze liegt die Würze
tu parles, Charles !   von wegen!; das glaubst du!

PARLEUR   **un beau parleur**   ein Schönredner; ein Schmeichler

PAROLE   **boire les paroles de qqn.**   *voir lèvre : être pendu aux lèvres*

PARTIE   **prendre qqn. à partie**   auf jmdn. losgehen; jmdn. (verbal) angreifen

PEU   **un peu (mon neveu) !**   allerdings!; das will ich meinen!

PHOTO **tu veux ma photo ?** was glotzt/stierst du mich denn so (blöd) an?; stimmt was nicht?; ist was (nicht in Ordnung)?

PIE **jacasser/jaser comme une pie (borgne)** voir *jaser*

PIED **mettre les pieds dans le plat** ins Fettnäpfchen treten

PIPEAU **c'est du pipeau** das ist doch Quatsch/dummes Zeug; das ist doch alles Käse

PIPER **ne pas piper (mot)** keinen Piep von sich geben; nicht piep sagen

PIQUE **lancer des piques à qqn.** jmdn. sticheln/reizen/aufziehen; jmdm. gegenüber boshafte/bissige/spitze Bemerkungen machen; Spitzen austeilen; Giftpfeile abschießen

PIROUETTE **répondre par une pirouette** einer Frage geschickt (mit Scherzen) ausweichen; sich (mit einem Witz) aus der Affäre ziehen

PIS **dire pis que pendre de qqn.** kein gutes Haar/keinen guten Faden an jmdm. lassen

PLAISANTERIE **trêve de plaisanterie(s)** voir *blague*

PLUIE **parler de la pluie et du beau temps** voir *parler*

POCHE **ne pas avoir la langue dans sa poche** voir *langue*

POLI **pour rester poli** voir *dire : pour ne pas dire autre chose*

POLICHINELLE **un secret de Polichinelle** ein offenes Geheimnis

PORTILLON **ça se bouscule au portillon** er/sie verhaspelt/verheddert sich; er/sie stammelt

POSSÉDÉ **crier/hurler comme un possédé** wie ein Verrückter/wie verrückt schreien; herumschreien/-brüllen

PROVERBE **comme dit le proverbe** wie es im Sprichwort heißt; wie das Sprichwort so schön sagt
faire mentir le proverbe das Sprichwort Lügen strafen

Q

QU'EN-DIRA-T-ON **le qu'en-dira-t-on** das Gerede/Geschwätz der Leute

QUEUE **un argument sans queue ni tête** ein Argument, das weder Hand noch Fuß hat

QUIA **être réduit/être à quia** nichts mehr zu antworten/zu entgegnen wissen

11. LA CONVERSATION

QUOI **il n'y a pas de quoi** keine Ursache; gern geschehen

R

RAJOUTER **en rajouter** dick auftragen; übertreiben; etwas ausschmücken/aufbauschen

RECEVOIR **je te/vous reçois 5 sur 5** ich verstehe dich/Sie sehr gut; ich weiß, was du sagen willst/was Sie sagen wollen

REFUS **ce n'est pas de refus** da sag' ich nicht nein

REMETTRE **en remettre** *voir rajouter*

RÉPARTIE **avoir la répartie facile** schlagfertig sein; nie um eine Antwort verlegen sein

RÉPONSE **c'est la réponse du berger à la bergère** *voir berger*

RESTER **pour rester poli** *voir poli*

RÉSULTAT **résultat des courses...** Ergebnis: ...; Fazit: ...

REVOYURE **à la revoyure !** bis dann!; bis später!

RIEN **de rien** *voir quoi*

S

SAC **vider son sac** mit der Sprache herausrücken; sich offen aussprechen; seine Karten offen auf den Tisch legen

SAINT-JEAN **un Saint-Jean-Bouche-d'Or/un Saint-Jean-Chrysostome** ein Plapperer; ein Schwätzer; ein Schwafler; ein Plapper-/Faselhans; ein Quackelfritze

SALADE **savoir vendre sa salade** *voir langue : avoir la langue bien pendue*

SALÉE **en raconter des salées** derbe/schlüpfrige Geschichten erzählen/drauf haben

SALON **c'est le dernier salon où l'on cause !** *(etwa)* das ist ja der reinste Kaffeklatsch! *(hum.)*

SECRET **un secret de Polichinelle** *voir Polichinelle*

SELLETTE **mettre qqn. sur la sellette** *voir cuisiner*

SI **avec des si, on mettrait Paris en bouteille** wenn das Wörtchen „wenn" nicht wär, wär mein Vater Millionär

SIFFLET **couper le sifflet à qqn.** *voir chique*

SORNETTE **raconter des sornettes** *voir baliverne*

SOUFFLER **ne pas souffler mot** voir *piper*

SOURIS **j'aimerais être une petite souris** da möchte ich Mäuschen sein

SUCRE **casser du sucre sur le dos de qqn.** über jmdn. herziehen/(ab)lästern

SUITE **la suite au prochain numéro** Fortsetzung folgt

T

TABLEAU **brosser un tableau très noir (d'une situation)** voir *brosser*

TAC **répondre du tac au tac** schlagfertig antworten

TANTE **si ma tante en avait, on l'appellerait mon oncle** voir *si*

TAPIS **mettre qqch. sur le tapis** etwas aufs Tapet/zur Sprache bringen
revenir sur le tapis wieder zur Sprache kommen

TARTE **une tarte à la crème** ein ergiebiges/dankbares Thema

TARTINE **débiter une tartine** sich lang und breit/des langen und breiten über etwas auslassen/ergehen; einen langen Sermon machen

TÉLÉPHONE **le téléphone arabe** der Dschungeltelegraph, der Nachrichtendienst *(hum.)*

TEMPS **un temps mort** eine toter Punkt (während des Gesprächs)

TOIT **crier qqch. sur (tous) les toits** etwas ausposaunen; etwas an die große Glocke hängen

TOLLÉ **provoquer un tollé** allgemeines Protestgeschrei hervorrufen

TOMBE **muet comme la/une tombe** voir *carpe*

TONNE **en faire des tonnes** voir *rajouter*

TORT **parler à tort et à travers** voir *parler*

"*répondre du tac au tac*"

Et toc! C'en est fini du tact: les lames s'entrechoquent et les ripostes sont fulgurantes. Terme d'escrime et non de mitraillade, le tac au tac prouve à souhait qu'une langue se forme aussi par les onomatopées.

cf. TAC

11. LA CONVERSATION

TORTILLER   **y a pas à tortiller**   *voir ([il n']y a pas à) chier*

TRAÎNÉE   **se répandre comme une traînée de poudre**   sich wie ein Lauffeuer verbreiten

TRÊVE   **trêve de plaisanterie(s)**   *voir blague*

TUBE   **déconner à plein(s) tube(s)**   *voir déconner*

TUER (SE)   **se tuer à dire qqch. à qqn.**   *voir dire*

V

VANNE   **envoyer/lancer une vanne à qqn.**   *voir pique*

VEILLEUSE   **la mettre en veilleuse**   *voir écraser*

VENT   **avoir vent de qqch.**   Wind von etwas bekommen
  ce n'est que du vent   *voir pipeau*
  faire du vent   Wind/Aufhebens (um etwas) machen

VER   **tirer/sortir les vers du nez à qqn.**   jmdm. die Würmer aus der Nase ziehen

VERBE   **avoir le verbe haut**   das große Wort führen

VÉRITÉ   **c'est la vérité vraie**   das ist die ganze/reine Wahrheit
  dire la vérité toute nue   die nackte/reine/unverhüllte Wahrheit sagen; unverblümt die Wahrheit sagen
  dire ses quatre vérités à qqn.   jmdm. gründlich seine Meinung sagen; jmdm. die Wahrheit ins Gesicht sagen; jmdm. ins Gesicht sagen, was man von ihm/ihr hält
  la vérité n'est pas toujours bonne à dire   *(etwa)* es ist nicht immer gut, die Wahrheit zu sagen

VERT   **en raconter des vertes et des pas mûres**   Zoten reißen; schmutzige/verdorbene/unanständige Witze/Geschichten erzählen

VIE   **raconter sa vie**   sein Leben/seine Lebensgeschichte erzählen

VIF   **entrer dans le vif du sujet**   zum Kern der Sache kommen; in medias res gehen *(geh.)*

VILLE   **toute la ville en parle**   die ganze Stadt spricht davon; das ist Stadtgespräch

VOIR   **ni vu ni connu (j't'embrouille) ! ; pas vu, pas pris !**   *voir embrouiller*

VOIX   **de vive voix**   mündlich
  rester sans voix   sprachlos/baff/wie vor den Kopf geschlagen sein

VRAI   **c'est vrai de vrai**   *voir vérité : c'est la vérité vraie*

LA VIE SOCIALE, LA MODE

*Si vous ne désirez pas être mis au ban
de la société, voici de quoi faire un effet bœuf :
la crème de la crème des expressions
va vous permettre d'épater
la galerie, de tenir le haut du pavé
et d'être tout à fait à la page.
Vous deviendrez ainsi la coqueluche
des soirées mondaines.*

12. LA VIE SOCIALE, LA MODE

A

ABSENCE **briller par son absence** durch Abwesenheit glänzen

ACTE **faire acte de présence** sich kurz blicken lassen

ADAM **ne connaître qqn. ni d'Ève ni d'Adam** jmdn. überhaupt nicht kennen; jmdm. noch nie vorher begegnet sein

ADRESSE **se tromper d'adresse** an die falsche Adresse geraten

AISE **se mettre à l'aise** es sich bequem machen

AMBIANCE **mettre de l'ambiance** für Stimmung sorgen; die Stimmung anheizen/-kurbeln

ÂME **il n'y a pas âme qui vive** es ist keine Menschenseele da

AMUSER **amuser la galerie** das Publikum erheitern

ÂNE **il y a plus d'un âne qui s'appelle Martin** *(etwa)* es gibt viele Leute, die Meier heißen; das ist ein sehr weitverbreiteter Name

APPEL **manquer à l'appel** (beim namentlichen Aufruf) fehlen

B

BAN **convoquer le ban et l'arrière ban (de ses amis/de sa famille)** (seine gesamte Clique/Sippschaft) zusammentrommeln

être en rupture de ban avec la société mit der Gesellschaft gebrochen haben

faire un ban pour/à qqn. jmdm. Applaus/Beifall spenden; ein Hoch auf jmdn. ausbringen

mettre qqn. au ban de la société jmdn. aus der Gesellschaft ausstoßen; jmdn. gesellschaftlich ächten

BANDE **faire bande à part** sich absondern; eigene Wege gehen

BANQUETTE **faire banquette** sitzen bleiben; außen vor bleiben

BARBE **agir/faire qqch. (au nez et) à la barbe de qqn.** etwas vor jmds. Nase/Augen tun

BIBI **bibi** ich; meine Wenigkeit

BŒUF **faire un effet bœuf** einen Bombeneffekt/eine Bombenwirkung haben; einen gewaltigen Eindruck machen

BONNET **jeter son bonnet par-dessus les moulins** sich über die Moral/die guten Sitten hinwegsetzen; auf die Moral/die guten Sitten pfeifen

BOUFFE **on se téléphone, on se fait une bouffe** wir müssen uns unbedingt (mal/wieder) zum Essen verabreden

BRANCHER **branché** in; aktuell; modern; trendy, hip, angesagt (*Jugendspr.*), Szene- … (Bar, Disco, Kneipe usw.)

BRIN **faire un brin de conduite à qqn.** jmdn. ein Stück Weges begleiten

BRUIT **ça va faire du bruit dans (le) Landerneau** das wird hohe Wellen schlagen
faire grand bruit autour de qqch. viel Aufsehen/Wesens von etwas machen; viel Geschrei/Wirbel um etwas machen

BRÛLER **brûler la politesse à qqn.** jmdn. einfach stehenlassen

C

CHACUN **tout un chacun** jede; jeder; jedermann; ein jeder

CHAT **il n'y a pas un chat** voir *âme*

CHEVEU **arriver/venir comme un cheveu sur la soupe** denkbar ungelegen kommen; zum unpassenden Zeitpunkt kommen

CHIC **avoir du chic** Schick/Stil/Klasse haben; schick (gekleidet) sein; schick aussehen
bon chic bon genre (BCBG) zur Schickeria gehörend; Schickimicki- … (Typ, Lokal, Restaurant usw.)
c'est du dernier chic das ist der neueste Schick; das ist das Neueste vom Neuen; das ist Trumpf

CHICHI **ne pas faire de chichis** sich ungezwungen/zwanglos/salopp benehmen/geben; locker/lässig sein

CHIEN **arriver comme un chien dans un jeu de quilles** voir *cheveu*
se regarder en chien(s) de faïence sich feindselig anblicken/anstarren; einander fixieren

CHOSE **bien des choses (chez vous/à votre maman…)** viele Grüße (zuhause/an Ihre Mutter…)
bien faire les choses sich nicht lumpen lassen; sich in Unkosten stürzen; alles aufbieten

CIRCUIT **être dans le circuit** dabeisein; dazugehören; mitmischen, mit von der Partie sein; herumkommen

12. LA VIE SOCIALE, LA MODE

se remettre dans le circuit wieder auf der Bildfläche erscheinen; aus der Versenkung auftauchen; sich wieder unter die Leute mischen

CIRCULATION **disparaître de la circulation** von der Bildfläche verschwinden; in der Versenkung verschwinden

CITÉ **avoir droit de cité** sich einbürgern; allgemein bekannt werden

CLOU **le clou de la soirée** der Höhepunkt/das Highlight des Abends

COIN **regarder qqch./qqn. du coin de l'œil** etwas/jmdn. verstohlen/aus den Augenwinkeln/von der Seite anschauen/-sehen

COMITÉ **se réunir en petit comité** sich in engstem/kleinem Kreis versammeln

COMMUN **le commun des mortels** der die (breite) Masse; Otto Normalverbraucher

COMPAGNIE **bonsoir, la compagnie !** guten Abend, zusammen!
fausser compagnie à qqn. jmdm. entwischen/-kommen/-fliehen

CONDUITE **faire un brin de conduite à qqn.** *voir* **brin**
(s')acheter une conduite sich nichts mehr zu schulden kommen lassen
un écart de conduite ein schlechtes Benehmen/Betragen; ein Fehltritt/-verhalten

CONGÉ **prendre congé (de qqn.)** Abschied nehmen/sich verabschieden (von jmdm.)

CONSORT **x et consorts** X und Konsorten

COQUELUCHE **la coqueluche de** der Liebling/Schwarm von

COQUILLE **rentrer dans sa coquille** sich in sein Schneckenhaus zurückziehen

COUCOU **coucou (me voici/me voilou) !** kuckuck!; hallihallo!; hallo, da bin ich!

COULISSE **dans la coulisse/les coulisses** hinter den Kulissen

COUP **être dans le coup** auf dem laufenden sein; im Bilde sein
passer en coup de vent nur auf einen Sprung vorbeikommen; nur kurz vorbeischauen

COURBETTE **faire des courbettes** vor jmdm. Bücklinge/einen krummen Buckel machen

COUTEAU **des seconds couteaux** Randfiguren; Komparsen

COUVERT **il a son couvert (mis) chez nous** er ist bei uns ein oft und gern gesehener Gast

CRÈME **la crème (de la crème)** die Crème (de la crème); die Crème (der Gesellschaft)

CRI **c'est le dernier cri** das ist der letzte/neueste Schrei; das hat/trägt man jetzt so

D

DAME **honneur aux dames !** Ladies first!

DÉBUT **faire ses débuts dans le monde** in die Gesellschaft eingeführt werden

DÉCONNER **sans déconner !** ganz ehrlich!; ohne Scheiß! *(derb)*

DÉPOURVU **prendre qqn. au dépourvu** jmdn. (völlig) überraschen; jmdn. unvorbereitet treffen/finden

DÉROBÉE **regarder qqch./qqn. à la dérobée** *voir* **coin**

DESSUS **le dessus du panier** *voir* **crème**

DISTANCE **garder ses distances** Distanz/den nötigen Abstand wahren

DOIGT **montrer qqn. du doigt** mit dem Finger auf jmdn. zeigen

DONNANT **donnant, donnant** eine Hand wäscht die andere

E

ÉCOLE **un homme de la vieille école** ein Kavalier der alten Schule

ENCRE **cette affaire a fait couler beaucoup d'encre** darüber ist schon viel Tinte verspritzt worden/geflossen; darüber ist schon viel geschrieben worden; die Zeitungen waren voll davon

ENTOURNURE **être gêné aux entournures** sich in seiner Haut nicht wohl fühlen; sich unbehaglich fühlen

ENTRÉE **avoir ses (grandes) entrées chez qqn./quelque part** bei jmdm./irgendwo ein- und ausgehen
faire une entrée remarquée bei seinem Kommen alle Blicke auf sich ziehen

ENTREGENT **avoir de l'entregent** ein gewandtes Auftreten haben; mit den Leuten umgehen können

12. LA VIE SOCIALE, LA MODE

ERREUR **il y a erreur sur la personne** da muß es sich um eine Verwechslung handeln

ÈVE **ne connaître qqn. ni d'Ève ni d'Adam** *voir* **Adam**

F

FACE **sauver/perdre la face** das Gesicht wahren/verlieren

FAÇON **(merci,) sans façon(s)** nein danke, wirklich/bestimmt nicht

FIL **avoir un fil à la patte** nicht frei sein; gebunden sein

FIN **le fin du fin** das Feinste vom Feinen; das Allerfeinste/-beste

FLEUR **la fine fleur de qqch.** die Blüte/die Besten/die Creme von etwas

FOU **plus on est de fous, plus on rit** *(prov.)* je mehr, desto besser *(Redew.)*

FRANCE **être vieille France** altfränkisch/altväterlich/altbacken/antiquiert sein
la France profonde *(etwa)* die breite Masse der Franzosen; der Durchschnittsfranzose

FRETIN **le menu fretin** kleine Fische

FROID **cueillir/prendre qqn. à froid** *voir* **dépourvu**

FUMÉE **il n'y a pas de fumée sans feu** *(prov.)* kein Rauch ohne Feuer *(Sprichw.)*

FUREUR **faire fureur** Furore machen

G

GALERIE **amuser/épater la galerie** *voir* **amuser**

GÊNE **où (il) y a de la gêne, (il n') y a pas de plaisir** *(etwa)* tu dir/tun Sie sich nur keinen Zwang an *(iron.)*

"gêné aux entournures"

Étrange tournure que ces entournures, mot qui désigne l'endroit où s'adapte une manche. Être gêné aux entournures, c'est être mal à l'aise, ne pas disposer de la liberté de mouvement nécessaire. Par exemple, quand on vous taille un costard...

cf. ENTOURNURE

GÊNER **gêné aux entournures** *voir **entournure***

GENRE **bon chic bon genre (BCBG)** *voir **(bon) chic***
ce n'est pas mon genre de (faire qqch.) das ist nicht meine Art (, so etwas zu tun)

GLACE **rompre/briser la glace** das Eis brechen

GOÛT **au goût du jour** im Zeitgeist; im heutigen Geschmack

GRATIN **le gratin** die oberen Zehntausend; die (gesellschaftliche) Oberschicht

GRELOT **faire sonner son grelot** die Aufmerksamkeit auf sich lenken

GUEULE **arriver la gueule enfarinée** naßforsch/keck/dreist/siegessicher ankommen/auftreten

H

HAUT **tenir le haut du pavé** zu den Honoratioren gehören; eine hohe Stellung haben; etwas zu sagen haben; wer sein

HAUTE **être de la haute** zur Hautevolee/High-Society gehören

HONNEUR **à tout seigneur, tout honneur** *(prov.)* Ehre, wem Ehre gebührt *(Sprichw.)*
en tout bien tout honneur in allen Ehren
honneur aux dames ! *voir **dame***

HUIS **à huis clos** hinter verschlossenen Türen

HURLER **hurler avec les loups** mit den Wölfen heulen

"*tenir le haut du pavé*"

Fut un temps où les rues de nos cités regorgeaient d'eau sale, de sanies, de détritus jetés des fenêtres et de boue mêlés. Le haut du pavé – entendez la partie la moins grasse, la plus praticable – était réservé aux gentilshommes à sang bleu, cependant que la partie basse était le domaine du populaire, des manants, bref du Tiers État. À force de se faire rosser et tuer par des arrogants à particules ou par leurs carrosses roulant à vive allure, le Tiers État finit par arracher les pavés, en chantant : « les aristocrates à la lanterne ».

cf. HAUT

12. LA VIE SOCIALE, LA MODE

I

IDÉE **une idée reçue** eine vorgefaßte Meinung; ein Vorurteil

IMPOSER (S') **ça s'impose !** das ist ein absolutes Muß!; daran führt kein Weg vorbei!

INCONNU **il est inconnu au bataillon** er ist völlig unbekannt
un illustre inconnu *(hum.)* ein unbeschriebenes Blatt

J

JEU **vieux jeu** *(vieilli)* altmodisch; ein alter Hut; unzeitgemäß

L

LA **donner le la** das A angeben

LAPIN **poser un lapin à qqn.** jmdn. versetzen

LÈVRE **ne connaître (qqn.) ni des lèvres ni des dents** *voir* **Adam**

LIEU **le haut lieu de qqch.** die Hochburg von etwas

LINGE **(il) y a du beau linge** *(etwa)* wir befinden uns in bester Gesellschaft

LOGE **être aux premières loges** etwas aus nächster Nähe miterleben; in der ersten Reihe sitzen

LOUP **hurler avec les loups** *voir* **hurler**
il est connu comme le loup blanc er ist bekannt wie ein bunter Hund
quand on parle du loup (on en voit la queue) wenn man vom Teufel spricht (, dann kommt er)

LUNE **les vieilles lunes** überholte Vorstellungen (aus vergangener Zeit)

M

MACHIN **M./Mme Machin (-Chouette/-Chose)** Herr/Frau Dingsda/Dingsbums

MARQUE **un invité de marque** ein wichtiger/hochgestellter Gast; ein Gast von hohem Rang; eine VIP *(= very important person)*

MECQUE **la Mecque de qqch.** das Mekka von etwas

MÊLÉE **rester au-dessus de la mêlée** sich aus etwas heraushalten; sich von etwas fernhalten

MIRE **être le point de mire** alle Blicke auf sich ziehen; ein Blickfang sein; im Mittelpunkt (des Interesses) stehen

MODE **être passé de mode** aus der Mode gekommen sein; unmodern sein

MONDE **(il) y a du beau monde** *voir* **linge**
   il y a un monde fou es sind eine Menge Leute da; es herrscht großer Andrang; es ist gerammelt voll
   le grand monde die große/vornehme/elegante Welt
   le monde est petit die Welt ist (doch) klein; die Welt ist ein Dorf
   Monsieur Tout-le-Monde der einfache/kleine Mann
   pour faire comme tout le monde um es den Müllers und Meiers gleichzutun
   un homme/une femme du monde ein Mann/eine Frau von Welt

MOT **savoir/connaître le fin mot de l'histoire** den wahren Sachverhalt kennen; des Pudels Kern/des Rätsels Lösung kennen

MOULIN **jeter son bonnet par-dessus les moulins** *voir* **bonnet**

MOUTON **se conduire en mouton(s) de Panurge** mit der Herde laufen; ein Herdenmensch sein

MUR **raser les murs** dicht an den Mauern/Hauswänden entlangschleichen

N

NEC **le nec plus ultra** *voir* **fin**

NEZ **agir/faire qqch. (au nez et) à la barbe de qqn. ; faire qqch. sous le nez de qqn.** *voir* **barbe**
   montrer le bout de son nez den Kopf zur Tür hineinstecken
   tomber nez à nez avec qqn. jmdm. unverhofft gegenüberstehen

NOBLESSE **noblesse oblige** Noblesse oblige *(geh.)*; Adel verpflichtet

NOM **un nom à coucher dehors** ein unaussprechlicher Name

12. LA VIE SOCIALE, LA MODE

un nom à rallonge/à tiroirs ein Name mit vielen von und zu

NOUVEAU **rien de nouveau sous le soleil** nichts Neues unter der Sonne

NOUVELLE **pas de nouvelles, bonnes nouvelles** keine Nachricht, gute Nachricht

O

ŒIL **regarder qqch./qqn. du coin de l'œil** *voir coin*

OPINION **braver l'opinion (publique)** sich über die Konventionen/die öffentliche Meinung hinwegsetzen

OUBLIER **se faire oublier** sich bedeckt halten; im Hintergrund bleiben

P

PAGE **être à la page** mit der Zeit gehen; up to date sein

PANIER **le dessus du panier** *voir crème*

PANURGE **se conduire en moutons de Panurge** *voir mouton*

PÂQUERETTE **au ras des pâquerettes** niveaulos; anspruchslos; unbedarft

PARTAGER **partager la vedette avec qqn.** nicht allein die Szene beherrschen/im Mittelpunkt stehen/die Hauptperson sein

PAVÉ **tenir le haut du pavé** *voir haut*

PEAU **se mettre dans la peau de qqn.** sich in jmds. Lage versetzen

PELÉ **il y a trois pelés et un tondu** es ist so gut wie niemand/fast kein Mensch da

PERSONNALITÉ **une personnalité de premier/de second plan** eine Persönlichkeit ersten/zweiten Ranges

PETIT **se faire tout petit** sich ganz klein machen (, um übersehen zu werden); sich ducken

PIERRE **Pierre, Paul ou Jacques** Hinz und Kunz

PIQUE-ASSIETTE **un pique-assiette** ein Schmarotzer; ein Parasit; ein Nassauer

PIQUET **être/rester planté comme un piquet** stocksteif dastehen; dastehen, als ob man einen Stock verschluckt hätte

PLACE **les places sont chères** *(etwa)* da kommt nicht jeder rein

PLAN **passer au second plan** in den Hintergrund treten/rücken

PLAT **mettre les petits plats dans les grands** jmdn. fürstlich bewirten

POINT **être le point de mire** *voir mire*

POLITESSE **brûler la politesse à qqn.** *voir brûler*

POMME **ma pomme** *voir bibi*

POMPE **en grande pompe** mit großem Prunk/Pomp

PORTE **frapper à la mauvaise porte** *voir adresse*

PRÈS **ne connaître qqn. ni de près ni de loin** *voir Adam*

PRESSE **avoir bonne/mauvaise presse** eine gute/schlechte Presse haben

PRÊT-À-PORTER **le prêt-à-porter** das Prêt-à-porter; die Konfektionskleidung

Q

QUANT-À-SOI **rester sur son quant-à-soi** reserviert bleiben; Zurückhaltung üben

R

RAMDAM **faire du ramdam autour de qqch.** *voir (faire grand) bruit*

RARE **se faire rare** sich rar machen; sich selten sehen lassen

RELATION **avoir des relations** Beziehungen haben

RÉVÉRENCE **tirer sa révérence (à qqn.)** sich empfehlen

RIGUEUR **il est de rigueur (de faire qqch.)** es ziemt/gehört sich (, etwas zu tun)

RIRE **plus on est de fous, plus on rit** *(prov.)* *voir fou*

RISÉE **être la risée de tout le monde** sich zum Gespött der Leute machen

RÔLE **avoir le beau rôle** gut dastehen; fein heraus sein

jouer les seconds rôles *voir plan*

ROND **faire des ronds de jambe** *voir courbette*

12. LA VIE SOCIALE, LA MODE

S

SALAMALEC **faire des salamalecs** *voir* **courbette**

SAUT **faire un saut chez qqn.** auf einen Sprung bei jmdm. vorbeikommen/-schauen; eine Stippvisite bei jmdm. machen

SEIGNEUR **à tout seigneur, tout honneur** *voir* **honneur**
se montrer grand seigneur avec qqn. sich großmütig gegenüber jmdm. zeigen/verhalten

SENTIER **s'éloigner des sentiers battus** die ausgetretenen Pfade verlassen

SERVIETTE **il ne faut pas mélanger les torchons et les serviettes** man darf nicht alle(s) in einen Topf werfen

SU **au vu et au su de tous/tout le monde** vor aller Augen

T

TABLE **tenir table ouverte** offene Tafel halten; häufig Tischgäste haben

TAMBOUR **sans tambour ni trompette** sang- und klanglos; heimlich, still und leise

TAPAGE **faire du tapage autour de qqch.** *voir* **(faire grand) bruit**

TAPE-À-L'ŒIL **tape-à-l'œil** pompös; protzig; prunkvoll; übertrieben; überladen
c'est du tape-à-l'oeil das ist (alles nur) Schaumschlägerei

TAPIS **dérouler le tapis rouge** den roten Teppich ausrollen

TAPISSERIE **faire tapisserie** ein Mauerblümchen sein

TARTEMPION **M./Mme Tartempion** *voir* **Machin**

"*faire tapisserie*"

Au bal de la marquise, la comtesse se sent bien délaissée: cependant que son aimé danse au centre de la salle avec une gourgandine, elle se confond avec les murs tendus de tapisseries. Toute à sa bouderie, elle ne songe pas que son cas et bien d'autres fourniront matière à expression.

cf. TAPISSERIE

TÉLÉPHONE **le téléphone arabe** der Dschungeltelegraph, der Nachrichtendienst *(hum.)*

TEMPÊTE **une tempête dans un verre d'eau** ein Sturm im Wasserglas

TENTE **se retirer sous sa tente** sich gekränkt zurückziehen

TON **donner le ton** *voir la*
il est de bon ton de faire qqch. es gehört zum guten Ton, etwas zu tun; es gehört sich, etwas zu tun

TONDU **il y trois pelés et un tondu** *voir pelé*

TORCHON **il ne faut pas mélanger les torchons et les serviettes** *voir serviette*

TOUR **se retirer/s'enfermer dans sa tour d'ivoire** in einem Elfenbeinturm leben/sitzen

TOUT-PARIS **le Tout-Paris** die Hautevolee von Paris; alles, was in Paris Rang und Namen hat

TRALALA **en grand tralala** *voir pompe*

TROMPETTE **sans tambour ni trompette** *voir tambour*

U

UNE **faire la une des journaux** Schlagzeilen machen

UNTEL **M./Mme Untel** *voir Machin*

V

VAGUE **faire des vagues** Wellen schlagen

VASE **en vase clos** abgekapselt/-geschirmt; ohne Kontakt mit den anderen

VEDETTE **partager la vedette avec qqn.** *voir partager*
voler la vedette à qqn. jmdm. die Schau stehlen

VENT **passer en coup de vent** *voir coup*
quel bon vent (vous/t'amène) ? was verschafft mir die Ehre (Ihres/deines Besuchs)?

VIDE **faire le vide autour de qqn.** jmdn. isolieren/ausschließen

VIEUX **vieux jeu** *voir jeu*

VISU **de visu** durch persönlichen Augenschein; aus eigener Anschauung

VOIR **c'est bien vu (de faire qqch.)** *voir ton*

VU **au vu et au su de tous/tout le monde** *voir su*

13

LES APPARENCES, LES QUANTITÉS

*Votre voisin de palier est beau
comme un Adonis, la boulangère d'en face
est belle à faire damner un saint
– surtout avec son décolleté plongeant –
et votre PDGère est carrossée
comme une Cadillac ? Inutile de piquer un fard.
Montrez-vous sous votre meilleur jour
en l'exprimant avec aisance
en allemand comme en français.*

A

A de A à Z ; depuis A jusqu'à Z   von A bis Z

ADONIS (beau comme) un Adonis   (schön wie) ein Adonis

AIR l'air ne fait pas la chanson   der Schein trügt; es ist nicht alles Gold, was glänzt

ANTIPODE être aux antipodes de qqch./qqn.   genau das Gegenteil von etwas/jmdm. sein; in diametralem/krassem Gegensatz zu etwas/jmdm. stehen

APPAREIL dans le plus simple appareil   nackt; hüllenlos; im Adamskostüm; im Evaskostüm

APPARENCE sauver les apparences   den Schein wahren

ARMOIRE une (vraie) armoire à glace   ein (richtiger) Schrank

AS être fagoté comme l'as de pique ; être habillé à/comme l'as de pique   wie eine Vogelscheuche aussehen/herumlaufen; komisch/unmöglich angezogen sein

ASPERGE une asperge (montée en graine)   eine lange Latte; ein langer Lulatsch

AVANTAGE être à son avantage   am vorteilhaftesten/ besonders gut aussehen

AVENANT tout est à l'avenant   alles paßt dazu/ist darauf abgestimmt

B

BAISSER (SE) il n'y a qu'à se baisser (pour les/en prendre/ramasser)   die findet man haufenweise/in rauhen Mengen; die gibt's wie Sand am Meer

BALCON (il) y a du monde au balcon !   die hat (vielleicht) einen tollen Balkon/Vorbau!; die hat (vielleicht) Holz vor der Tür!

BARRIQUE né sur une barrique   Säbelbeine/O-Beine haben

BAS bas du cul ; baduc   mit kurzen Beinen/Beinchen

BEAU beau comme un Adonis/comme un dieu   voir **Adonis**

un vieux beau   ein alternder Beau/Schönling

BEAUTÉ être en beauté   schön wie der junge Morgen/Tag sein

se (re)faire une beauté   sich fertig-/schön-/zurechtmachen; sich herrichten

13. LES APPARENCES, LES QUANTITÉS

- **BELLE** **belle comme le jour** bildhübsch; bildschön; wunderschön

  elle est belle à faire damner un saint sie ist schön wie die Sünde; sie ist verdammt hübsch
- **BIDE** **prendre du bide** einen Bauch bekommen/kriegen; sich einen Bauch zulegen
- **BIEN** **être bien de sa personne** gut aussehen; attraktiv sein
- **BILLE** **avoir une bille/boule de billard** eine Glatze haben; einen Kahl-/Glatzkopf haben
- **BLANC** **blanc comme un cachet d'aspirine/comme un lavabo** weiß wie die Wand
- **BLOND** **blond comme les blés** stroh-/weizenblond
- **BORDEL** **c'est un (vrai/véritable/foutu/sacré) bordel** das ist (vielleicht) ein Durcheinander; das ist ja ein (regelrechter) Schweinestall; hier sieht's ja aus wie in einem Saustall *(derb)*
- **BOUILLE** **avoir une bonne bouille** nett/sympathisch aussehen
- **BOULE** **avoir la boule à zéro** *voir bille*
- **BRIN** **un beau brin de fille** ein hübsches junges Mädchen/Ding
- **BRINGUE** **une grande bringue** eine Hopfen-/Bohnenstange
- **BRIOCHE** **prendre de la brioche** *voir bide*
- **BROCHETTE** **une (belle) brochette de** ein (nettes) Grüppchen von

C

- **CACHET** **être blanc comme un cachet d'aspirine** *voir blanc*
- **CAILLOU** **n'avoir plus un poil sur le caillou** *voir bille*
- **CAMION** **beau (belle) comme un camion** *voir belle (comme le jour)*
- **CANON** **un canon** eine Klassefrau; ein Prachtweib; ein tolles Weib
- **CARROSSER** **être carrossée comme une Cadillac** wohlgeformt sein; gut gebaut/gewachsen sein; eine gute Figur haben
- **CHAIR** **bien en chair** gut beieinander; gut im Fleisch; wohlgenährt

  en chair et en os in Fleisch und Blut; leibhaftig

CHANTIER c'est un (vrai/véritable/foutu/sacré) chantier *voir* **bordel**

CHARGER chargé comme un mulet/un baudet/une bourrique wie ein Packesel beladen sein

CHAT la nuit, tous les chats sont gris in der Nacht sind alle Katzen grau
une chatte n'y retrouverait pas ses petits *voir* **bordel**

CHAUVE chauve comme un œuf/un genou/une bille *voir* **bille**

CHEVAL cette fille est un vrai cheval die ist (vielleicht) kräftig gebaut/kernig
né sur un cheval *voir* **barrique**

CHEVEU avoir le cheveu rare schütteres Haar haben
avoir les cheveux raides comme des baguettes de tambour schnurgerades Haar haben

CHIEN avoir du chien das gewisse Etwas haben
avoir des yeux de chien battu (aus der Wäsche) schauen wie ein geprügelter Hund

CHOSE à peu de choses près so gut wie; beinahe; fast
avoir quelque chose *voir* **chien**

CLASSE avoir (de) la classe Klasse/Stil haben

CLOCHE avoir l'air cloche doof/dämlich/beschränkt/bekloppt aussehen

CLOU maigre comme un (cent de) clou(s) klapper-/spindeldürr

COIFFER (SE) s'être coiffé avec un pétard eine Sturmfrisur haben

COMPTE-GOUTTE donner qqch. au compte-gouttes etwas tröpfchen-/scheibchenweise geben

CONGRU être réduit à la portion congrue kurzgehalten werden; auf Schmalkost gesetzt werden; vom Existenzminimum leben müssen

CONTENT avoir (tout) son content (de qqch.) alles (von etwas) bekommen, was man sich wünscht; (mit etwas) eingedeckt sein

CONVERSATION avoir de la conversation *voir* **balcon** et **falloir**

CORDE usé jusqu'à la corde abgewetzt; abgetragen, abgenutzt; verschlissen

COSTARD-CRAVATE (le look) costard-cravate in Schlips und Kragen; im Busineß-Look

COSTUME en costume d'Adam *voir* **appareil**

COULER ils sont tous coulés dans le même moule die sind alle aus dem gleichen Holz geschnitzt

13. LES APPARENCES, LES QUANTITÉS

COURIR **courir les rues** weitverbreitet/sehr verbreitet sein; alltäglich/gewöhnlich/durchschnittlich sein; nichts Ungewöhnliches/Besonderes sein

COURT **être court sur pattes** kurzbeinig sein; kurze Beine haben

CRACHER **être le portrait (tout) craché de qqn. ; être qqn. tout craché** jmdm. wie aus dem Gesicht geschnitten sein; jmdm. zum Verwechseln ähnlich sehen

CRESSON **ne plus avoir de cresson sur la fontaine** voir *bille*

CRIN **à tous crins** leidenschaftlich; durch und durch; mit Leib und Seele; reinsten Wassers

CROQUER **(jolie/mignonne) à croquer** voir *belle (comme le jour)*

CUL **bas du cul ; baduc** voir *bas*
tortiller du cul mit dem Hintern/Po wackeln

CULOTTE **avoir une culotte de cheval** Reithosenspeck haben

D

DÉCOLLETÉ **avoir un décolleté plongeant** ein tiefes Dekolleté haben; ein(e) tief dekolletierte(s)/weit ausgeschnitte(s) Kleid/Bluse/usw. tragen

DÉSORDRE **ça fait désordre** das sieht schlampig/schludrig/ungepflegt aus

DOS **ne rien avoir à se mettre sur le dos** nichts anzuziehen/zum Anziehen haben

DOSE **à doses homéopathiques** in kleinsten/geringsten Dosen

DROIT **être/se tenir droit comme un i/piquet/cierge/échalas** sich geradehalten; geradestehen/-sitzen; kerzengerade/gerade wie eine Eins stehen/sitzen;

DUEL **deux/trois ... qui se battent en duel** ein paar; eine Handvoll; einige wenige

E

ÉPINGLE **tiré à quatre épingles** wie aus dem Ei gepellt; geschniegelt und gebügelt

F

FAÇADE **se faire ravaler la façade** sich das Gesicht richten lassen; sich liften lassen
se ravaler la façade Make-up/Schminke auflegen/-tragen; sich schminken/anmalen; sich die Nase pudern (hum.)

FAGOTER **être fagoté comme l'as de pique ; être mal fagoté** voir **as**

FALLOIR **avoir tout ce qu'il faut là où il faut** genau richtig sein; wohlproportioniert sein

FARD **piquer un fard** rot anlaufen; knallrot werden; einen roten Kopf bekommen/kriegen

FER **tomber les quatre fers en l'air** auf den Rücken fallen

FICELER **être ficelé comme un saucisson** in viel zu enge Kleider eingezwängt sein; sich fühlen wie die Wurst in der Pelle

FIL **ne tenir qu'à un fil** an einem (dünnen/seidenen) Faden hängen

FILE **en file indienne** im Gänsemarsch

FLOTTER **elle flotte dans ses vêtements** sie schwimmt in ihren Kleidern; ihre Kleider schlabbern ihr um den Körper/hängen einfach so an ihr herunter

FOND **de fond en comble** von oben bis unten; von Grund auf

FONTAINE **ne plus avoir de cresson sur la fontaine** voir **bille**

FORCE **force …** viele/zahlreiche/eine Reihe von …

FORCE **être une force de la nature** voller Vitalität stecken; eine Bärennatur haben

FOUTOIR **c'est un (vrai/véritable/foutu/sacré) foutoir** voir **bordel**

FUMÉE **il n'y a pas de fumée sans feu** (prov.) kein Rauch ohne Feuer (Sprichw.)

"*tiré à quatre épingles*"

Ce n'est pas aussi désagréable qu'avoir des problèmes d'entournure (voir chapitre 12). Cependant, en multipliant ainsi les épingles aux points cardinaux de votre parure, vous risquez de passer pour un être affecté, voire pour quelqu'un qui – pour reprendre Brel – « voudrait bien avoir l'air, mais n'a pas l'air du tout. »

cf. ÉPINGLE

13. LES APPARENCES, LES QUANTITÉS

G

GANT **avoir des seins en gants de toilette** einen Hängebusen haben
ça te va comme un gant das paßt/steht dir wie angegossen

GARÇON **c'est un garçon manqué** an ihr ist ein Junge verlorengegangen

GÂTER **ne pas avoir été gâté par la nature** von der Natur nicht (gerade) verwöhnt worden sein

GAULER **être bien gaulée** tolle Kurven/Rundungen haben

GOGO **à gogo** soviel man will; bis zum Abwinken

GOUTTE **avoir les fesses en goutte(s) d'huile** einen schlaffen Po haben
se ressembler comme deux gouttes d'eau sich gleichen wie ein Ei dem anderen

GROS **gros (comme une maison)** auffällig; augenfällig; extrem; frappant
un gros patapouf/plein de soupe/lard ein Fettkloß/-klops; ein Plumpsack; ein Dickerchen/Dickwanst

GUEULE **avoir de la gueule** apart/interessant wirken; toll/nicht übel/nach etwas aussehen
avoir une gueule à caler une roue de corbillard ein Gesicht wie drei Tage Regenwetter machen
avoir une gueule à chier dessus ; avoir une gueule de fausse couche (à faire rater une couvée de singes) eine dämliche Visage haben *(derb)*; eine verbotene Fresse haben *(derb)*

H

HABIT **l'habit ne fait pas le moine** *(prov.)* das Kleid macht keinen Mönch *(Sprichw.)*; der Schein trügt *(Redew.)*
sortir ses habits du dimanche voir *épingle*

HABILLER **être habillé à/comme l'as de pique** voir *as*

HAUT **haut comme trois pommes** klein; winzig
être haut en couleur eine frische Gesichtsfarbe haben; rote Backen/Bäckchen haben

HORREUR **on a vu assez d'horreurs pendant la guerre** *(etwa)* den/die möchte ich nicht geschenkt

J

JOJO **pas très jojo** nicht besonders hübsch/ansehnlich

JOUR **être (comme) le jour et la nuit** sich unterscheiden wie Tag und Nacht; grundverschieden sein
se montrer sous son meilleur jour sich (selbst) ins rechte Licht rücken

L

LAID **être laid à faire peur/comme les sept péchés capitaux** häßlich wie die Nacht/wie die Sünde sein; abstoßend/furchtbar häßlich sein

LARD **un gros lard** voir *gros*

LAVABO **blanc comme un lavabo** voir *cachet*

LÉGION **ils/elles sont légion** die Zahl der … ist Legion (*geh.*); sie sind sehr zahlreich

LIGNE **garder la ligne** seine schlanke Linie behalten; schlank bleiben

LINGE **blanc comme un linge** voir *blanc*

LONG **long comme un jour sans pain** ellenlang
tomber de tout son long der Länge nach hinfallen/-schlagen

M

MAIGRE **maigre comme un (cent de) clou(s)** voir *clou*

"l'habit ne fait pas le moine"

Si nous revenons sur ce proverbe, ce n'est pas tant pour une explication de sens – laquelle est limpide – que pour l'ancienneté de son origine. C'est au XIIIe siècle qu'il est attesté pour la première fois. Étrange destinée des mots: si le proverbe a survécu, des expressions comme « bailler le moine » (porter malheur) ou « donner le moine » (vilaine plaisanterie qui consistait à attacher une cordelette à l'orteil d'une victime et à la tirer!) ont disparu corps et biens.

cf. HABIT

13. LES APPARENCES, LES QUANTITÉS

MASQUE **jeter/tomber le masque** die Maske fallen lassen/abwerfen

MÉMÉ **une mémé** ein Muttchen; ein (biederes) Hausmütterchen

MINCE **mince comme un fil** fadendünn; gertenschlank

MINE **ne pas payer de mine** unscheinbar/nach nichts aussehen

MOCHE **moche comme un cul** mordshäßlich; so häßlich wie die Sünde

MONTRER (SE) **se montrer sous son meilleur jour** *voir jour*

MORCEAU **un morceau de roi/de choix ; un beau/joli morceau** ein Appetithappen *(fig.)*; ein leckeres Mäuschen

MORT **(avoir l'air de) porter un mort en terre** *voir gueule : avoir une gueule à caler une roue de corbillard*

MORT **blanc comme la mort** *voir blanc*

MOT **au bas mot** mindestens; bei vorsichtiger Schätzung

MOUCHOIR **grand comme un mouchoir de poche** klitzeklein; winzig

MOULE **ils sont tous coulés dans le même moule** *voir couler*

MUR **passer entre le mur et l'affiche** *voir clou*

N

NAGER **elle nage dans ses vêtements** *voir flotter*

NAÎTRE **né sur une barrique/un cheval/un tonneau** *voir barrique*

NAVET **blanc comme un navet** *voir blanc*

NEIGE **fondre comme neige au soleil** (dahin)schmelzen wie die Butter/wie Schnee in der Sonne

NEZ **avoir le/un nez en trompette** eine Himmelfahrtsnase haben
ça se voit comme le nez au milieu de la figure *voir gros (comme une maison)*

NOIR **noir comme l'ébène/du jais** (kohl)rabenschwarz; pechschwarz; schwarz wie ein Rabe/wie der Teufel/wie Ebenholz
il fait noir comme dans un four/tunnel es ist stockdunkel/-finster; es ist so dunkel, daß man nicht die Hand vor Augen sieht
une rue noire de monde eine Straße, auf der es vor Menschen nur so wimmelt

NU   **mettre qqch. à nu**   etwas frei-/bloßlegen

NUIT   **être (comme) le jour et la nuit**   *voir jour*

O

ŒIL   **un œil poché/au beurre noir**   ein blaues Auge; ein Veilchen

ŒUF   **des œufs sur le plat**   zwei Linsen auf einem Brett; eine Erbse auf dem Brett

OMBRE   **n'être plus que l'ombre de soi-même**   nur noch der Schatten seiner selbst sein; nicht mehr wiederzuerkennen sein

ONGLE   **jusqu'au bout des ongles**   bis in die Fingerspitzen; ganz und gar

OR   **tout ce qui brille n'est pas or**   *(prov.)*   *voir or*

OREILLE   **avoir les oreilles en chou-fleur**   Blumenkohlohren haben

avoir les oreilles en feuille de chou   abstehende Ohren haben; Segelfliegerlöffel haben

OS   **n'avoir (plus) que la peau et/sur les os**   (nur noch) Haut und Knochen sein

P

PAGAILLE   **c'est une (véritable/foutue/jolie/sacrée) pagaille**   *voir bordel*

il y en a en pagaille   *voir baisser*

PATAPOUF   **un gros patapouf**   *voir gros*

PATTE   **à quatre pattes**   auf allen vieren

PATTE-D'OIE   **avoir des pattes-d'oie**   Krähenfüße haben

PEAU   **n'avoir (plus) que la peau et/sur les os**   *voir os*

PÊCHE   **un teint de pêche**   eine Haut wie ein Pfirsich/eine Pfirsichhaut haben; wie Milch und Blut aussehen

PÉCHÉ   **être laid comme les sept péchés capitaux**   *voir laid*

PEIGNE   **être sale comme un peigne**   vor Dreck starren; sehr schmutzig/dreckig sein

PELLE   **il y en à la pelle**   *voir baisser*

PERCHE   **une grande perche**   *voir asperge*

PÈRE   **ton père n'est pas vitrier (pousse-toi, j'y vois rien) !**   (weg da, ich sehe nichts!) dein Vater war wohl Glaser?

13. LES APPARENCES, LES QUANTITÉS

PÉTARD **s'être coiffé avec un pétard** *voir (se) coiffer*

PIED **des pieds à la tête ; de la tête aux pieds ; de pied en cap** von Kopf bis Fuß; vom Scheitel bis zur Sohle

PIQUER **piquer un fard** *voir fard*

PLANCHE **être plate comme une planche à pain/à repasser** *voir œuf*
une planche à pain flach wie ein Bügelbrett sein; platt wie eine Flunder sein

PLEIN **plein comme un œuf ; plein à craquer** geknüppelt/gerammelt/gerappelt voll; brechend/zum Brechen voll; zum Bersten voll; so voll, daß kein Apfel/keine Stecknadel zur Erde fallen kann
un gros plein de soupe *voir gros*

PLEUVOIR **comme s'il en pleuvait** haufenweise; massenweise; massenhaft; massig; en masse

POIGNÉE **des poignées d'amour** Schwimmringe *(hum.)*

poil **à poil** *voir appareil*
de tout poil allerlei; vielerlei; mannigfach; mannigfaltig; aller Art; aller Schattierungen
n'avoir plus un poil sur le caillou *voir bille*

POIL-DE-CAROTTE **poil-de-carotte** rothaarig; fuchsrot; fuchsig

POIVRE **poivre et sel** graumeliert; ergraut

POPOTIN **tortiller du popotin** *voir cul*

PORTRAIT **être le portrait (tout) craché de qqn.** *voir cracher*

"*un gros patapouf*"

Puisqu'il paraît qu'il y a de la matière, disséquons le mot en ses deux parties principales. « Pata » intervient comme une onomatopée indiquant un bruit sourd (patatras, patapon et autres pataquès). « Pouf » exprime un bruit de chute, de gonflement et de dégonflement (faire pouf, pouffer, pouffi ou bouffi et pouffiasse). Le patapouf représente donc une synthèse, ce qu'il ignorait probablement, et pour sa lourdeur, ressemble étrangement à cette autre onomatopée : « badaboum » dont les consonnes sont voisées. Résumons. Si je vous dis que vous êtes un patapouf, sachez : (a) que vous provoquez des bruits sourds; (b) que vous êtes gonflé comme une baudruche; (c) que tout ceci finira par une chute. Celle de cette plaisante explication.

cf. PATAPOUF

POT **un pot à tabac** eine dicke Nudel; eine Dampfwalze; eine Maschine

POTEAU **avoir des/les jambes comme des poteaux** (richtige) Elefantenbeine haben

POU **être moche comme un pou** *voir laid*

PRIX **ne pas être un prix de beauté/un prix à réclamer** keine Schönheit sein; ein häßliches Entlein sein
un prix de Diane ein(e) sehr schöne(s) Mädchen/Frau; eine Traumfrau

PROPORTION **toute(s) proportion(s) gardée(s)** verhältnismäßig; im Verhältnis

PROPRE **propre comme un sou neuf** blitzblank/-sauber

PRUNE **pour des prunes** für nichts und wieder nichts; umsonst; vergeblich

Q

QUANTITÉ **en quantité(s) industrielle(s)** in sehr großer Menge

QUEUE **à la queue leu leu** *voir file*

QUINQUET **ouvrir ses quinquets** seine Augen/Glupschen aufmachen/aufsperren

R

RAIDE **raide comme la justice/un piquet** stocksteif; steif wie ein Brett; wie ein Zinn-/Bleisoldat

RANG **en rangs d'oignon(s)** wie die Orgelpfeifen; in einer Reihe

---

"*ouvrir ses quinquets*"

D'où vient ce quinquet qui fait penser à la fois à « guichet » et à « Quinquin », personnage légendaire de Lille ? D'aucun des deux, puisqu'il s'agit d'une lampe à la Quinquet, d'après le nom d'Antoine Quinquet, son concepteur (XVIIIe siècle) qui perfectionna la lampe d'Argand. Par métaphore, ouvrir ses quinquets revient ainsi à « allumer ses yeux ».

cf. QUINQUET

13. LES APPARENCES, LES QUANTITÉS

RASE-BITUME **un rase-bitume** ein abgebrochener Riese; ein Gartenzwerg *(hum.)*

REMÈDE **c'est un remède contre l'amour** der/die ist zum Abgewöhnen

RESSEMBLER (SE) **qui se ressemble s'assemble** *(prov.)* gleich und gleich gesellt sich gern *(Sprichw.)*

RESTE **il a de beaux restes** er ist noch gut erhalten/sieht noch gut aus für sein Alter

REVENDRE **avoir de qqch. à revendre** etwas im Überfluß haben; von etwas mehr als genug haben

RIDER **ridé comme une peau de fesses** *(vulg.)* ganz faltig/runzelig/schrumpelig/verschrumpelt; voller Falten

RIEN **n'avoir l'air de rien** *voir (ne pas payer de) mine*

ROSE **un teint de rose** *voir pêche*

ROUGE **être rouge comme une tomate/une pivoine/une écrevisse/un homard/un coquelicot** puter-/feuer-/hochrot sein; rot wie eine Tomate sein

ROUGIR **rougir jusqu'aux oreilles/jusqu'à la racine des cheveux** bis über beide Ohren rot werden; bis in die Haarwurzeln erröten

ROULER **être bien roulée** *voir gauler*

ROULEMENT **elle est montée sur roulement à billes** sie wiegt sich beim Gehen (so schön) in den Hüften; sie wackelt beim Gehen (so schön) mit dem Po

RUE **courir les rues** *voir courir*

S

SAPER **mal sapé** *voir as*
sapé comme un nabab/prince/milord *voir épingle*

SAUTERELLE **une sauterelle** *voir asperge*

SAUVER **sauver les apparences** *voir apparence*

SENS **sens dessus dessous** völlig durcheinander; das Unterste zuoberst

SINGE **vilain comme un singe** *voir laid*

SOU **on lui donnerait cent sous dans la rue** der sieht verwahrlost/abgerissen/wie ein Penner aus

SPLENDEUR **dans toute sa splendeur** in seiner ganzen Pracht

SQUELETTE **un squelette ambulant** ein Gerippe; ein Skelett; ein Knochengestell

T

TACHE **faire tache** nicht passen; unpassend/deplaciert wirken; Fehl am Platz sein

TAILLE **avoir une taille de guêpe** eine Wespentaille

TEINT **un teint de pêche/de rose** voir **pêche**

TÉNÉBREUX **un beau ténébreux** ein schöner, dunkler, düsterer Mann

TENUE **en petite tenue** spärlich bekleidet; in der Unterwäsche

TÊTE **la tête haute** mit hoch erhobenem Kopf; erhobenen Hauptes

TIRE-LARIGOT **à tire-larigot** reichlich; zur Genüge; soviel das Herz begehrt

TIRER **être tiré à quatre épingles** voir **épingle**

TOC **c'est du toc** das ist Talmi/Tand; das ist Imitation/Modeschmuck; das ist Plunder/Ramsch

TONNEAU **né sur un tonneau** voir **barrique**

TRAIT **ressembler à qqn. trait pour trait** jmds. Ebenbild sein; jmdm. aufs Haar gleichen (voir aussi **cracher**)

TREIZE **treize à la douzaine** dreizehn Stück für den Preis von zwölf/einem Dutzend

TRENTE ET UN **se mettre sur son trente et un** sich in Schale werfen/schmeißen; sich herausputzen/-staffieren; sich hübsch-/feinmachen

TROGNON **ce qu'il/elle est trognon !** ist der/die niedlich/süß/goldig/reizend/entzückend!; so ein süßer Fratz!

U

UNIQUE **être unique en son genre** einzig in seiner Art sein

---

"*se mettre sur son trente et un*"

Et pourquoi pas sur son quarante-deux ou sur son soixante-neuf (la décence dût-elle en souffrir) ? Réponse: parce que trente et un provient de « trentain », étoffe ancienne comptant trente et un fils par centimètre carré. Voici donc dénoué le fil de cette énigme.

cf. TRENTE ET UN

13. LES APPARENCES, LES QUANTITÉS

V

VALISE **avoir des valises sous les yeux** dunkle Ringe unter den Augen/Augenringe haben

VER **nu comme un ver** *voir **appareil***

VÊTEMENT **elle flotte/nage dans ses vêtements** *voir **flotter***

VIANDE **montrer sa viande** nicht mit seinen Reizen geizen

VITRIER **ton père n'est pas vitrier !** *voir **père***

VOULOIR **en veux-tu, en voilà** *voir **pleuvoir***

VRAI **plus vrai que nature** täuschend echt

X

X **avoir les jambes en X** X-Beine haben

Y

YEUX **ça saute aux yeux ; ça crève les yeux** *voir **gros (comme une maison)***
des yeux de braise glühende/feurige Augen
des yeux de chien battu *voir **chien***
être tout yeux, tout oreilles ganz Auge und Ohr sein
ne pas avoir les yeux dans sa poche seine Augen überall/vorn und hinten haben
ne pas avoir les yeux en face des trous keine Augen im Kopf haben; mit offenen Augen schlafen
ouvrir des yeux comme des soucoupes die Augen aufreißen; große Augen/Kulleraugen machen; gucken wie ein Auto

LE TEMPS QUI PASSE

*Tout passe, tout lasse, tout casse,
dit une antienne fort pessimiste. Si c'est le cas,
fonce Alphonse ! N'hésitez pas à battre le fer tant
qu'il est chaud en considérant
qu'il n'y a pas d'heure pour les braves.
Sinon, laissez pisser le mérinos, et dites-vous
que, petit à petit, l'oiseau fait son nid.
Car tout bien pesé, le temps est un mal
à prendre en patience.*

14. LE TEMPS QUI PASSE

A

ACTUALITÉ **d'actualité** aktuell; derzeit von Interesse
être d'une actualité brûlante von großer/größter/äußerster Brisanz sein

ADVENIR **advienne que pourra** komme, was (da) wolle; mag kommen, was kommen mag

AFFAIRE **toutes affaires cessantes** vordringlich; vor allem anderen

ÂGE **d'un âge canonique** im kanonischen Alter
dans la fleur/la force de l'âge im besten Alter; in den besten Jahren; in der Blüte der Jahre
entre deux âges mittleren Alters; in den mittleren Jahren
être d'un certain âge ; avoir un âge avancé/respectable nicht mehr ganz jung sein; schon etwas älter sein
l'âge bête die Flegeljahre; das kritische Alter
l'âge d'or die Blüte des Lebens
l'âge de raison das Verstandesalter; das Alter, in dem das Kind vernünftig/verständig wird
l'âge ingrat die Pubertätszeit; die Entwicklungsjahre
l'âge mûr das reifere Alter; die reiferen Jahre
l'âge tendre das Kindesalter; die Kindheit
le retour d'âge die Wechseljahre
on a l'âge de ses artères man kann sein Alter nicht verleugnen

ALLER **aller à fond de train/à fond la caisse/à toute allure/à toute vapeur** *(vieilli)***/au (triple) galop/à tout berzingue/à toute blinde** laufen wie ein geölter Blitz

ALLURE **à toute allure (- à tout à l'heure)** bis gleich/später

AN **attendre (pendant) cent sept ans** eine Ewigkeit/ewig lange warten
avoir (40, 50…) ans bien sonnés gut (40, 50…) Jahre alt sein/auf dem Buckel haben

---

❝être d'une actualité brûlante❞

C'est ainsi : comme la servante est accorte, le chêne séculaire et la surprise totale, l'actualité est victime d'un constant incendie. Pourquoi ? Parce que l'action de brûler a rapidement pris un sens métaphorique autant que métabolique, car elle se rapporte aux émotions fortement ressenties. À rapprocher de « ça chauffe ! » pour se dire qu'au fond, chaque jour le monde brûle en quelque lieu.

cf. ACTUALITÉ

bon an mal an durchschnittlich; im Durchschnitt

on n'a plus vingt ans wir sind auch nicht mehr die Jüngsten

ANNALE **être inscrit/rester dans les annales** in die Annalen/die Geschichte eingehen

ANNÉE **à longueur d'année** das ganze Jahr über/hindurch

dans ses jeunes/vertes années in jungen Jahren; in seiner/ihrer Jugend

ANTICHAMBRE **faire antichambre** auf Einlaß warten; antichambrieren

AUBE **à la (fine) pointe de l'aube** im Morgengrauen; in der Morgendämmerung

AUJOURD'HUI **c'est pour aujourd'hui ou pour demain ?** wird's bald?!

AUSSITÔT **aussitôt dit, aussitôt fait** gesagt, getan

AVANCER **avancer comme un escargot/à une allure d'escargot ; avancer comme une tortue** im Schnecken-/Zeitlupentempo vorwärtskommen

AVANT **(une féministe) avant la lettre** (eine Feministin), noch ehe es diesen Begriff überhaupt gab

AVENIR **l'avenir appartient à ceux qui se lèvent tôt** *(prov.)* Morgenstund' hat Gold im Mund *(Sprichw.)*

B

BAIL **(il) y a/ça fait un bail (qu'on ne s'est pas vus, etc.)** das ist ja eine Ewigkeit her (, daß wir uns nicht mehr gesehen haben); wir haben uns ja schon ewig nicht mehr gesehen

BALAI **avoir (40, 50...) balais** (40, 50...) sein

BATAILLE **arriver après la bataille** kommen, wenn alles getan/fertig ist; zu spät kommen

BEC **c'est un blanc bec** das ist ein Grünschnabel/ein grüner Junge

BERGE **avoir (40, 50...) berges** *voir balai*

BERZINGUE **à tout berzingue** wie ein geölter Blitz

BESOGNE **aller vite en besogne** rasch ans Werk gehen

BLANC **c'est un blanc bec** *voir bec*

BLINDE **à toute blinde** *voir berzingue*

BŒUF **enlevez le bœuf (c'est de la vache) !** fertig!; geschafft!; es ist soweit!

14. LE TEMPS QUI PASSE

BONHOMME **aller son petit bonhomme de chemin** gemütlich den alten Schlendrian gehen

BOTTE **marcher/avancer avec des bottes de sept lieues** mit Siebenmeilenstiefeln vorwärtsmarschieren

BOUCHON **prendre du bouchon** älter/erfahrener/reifer werden; altern

BOUCLER **boucler la boucle** wieder da angelangen, wo man angefangen hat

BOURRE **être à la bourre** etwas auf den letzten Drücker machen; spät dran sein

BOUT **un (bon) bout de temps** eine ganze Weile; einige Zeit

BOUTEILLE **prendre de la bouteille** voir **bouchon**

BRIDE **aller à bride abattue/à toute(s) bride(s)** mit verhängtem Zügel

BRÛLER **brûler les étapes** voir **besogne**

BUT **de but en blanc** ohne Umschweife; geradeheraus; so mir nichts, dir nichts

---

"avoir (40, 50...) balais"

Avouons-le tout de suite: les distingués étymologistes dûment consultés par nos soins ne distinguent pas clairement l'origine de cette expression bizarre. Et pourtant, toute notre vie est rythmée par le frotte-frotte des balais. D'abord, nous commençons positivement notre vie, puisque les nouveaux balais balayent mieux. Ensuite, nous apprenons à balayer devant notre porte avant d'être balayés par les événements et de finir au placard à balais. Tous ces indices sont troublants!

"aller son petit bonhomme de chemin"

Dans son acception moderne, un petit bonhomme est un personnage griffonné ou un enfant. Mais ce n'est pas dans ce sens qu'il faut entendre cette expression: il s'agit ici d'une démarche empreinte de bonhomie, c'est-à-dire caractérisée par le bon cœur, la sérénité, la gentillesse. Ces attributs s'opposent à un cheminement brillant, bruyant ou rapide.

cf. BALAI et cf. BONHOMME

C

CADENCE **(main)tenir/garder la cadence** Schritt halten

CADRAN **faire le tour du cadran** rund um die Uhr schlafen; zwölf Stunden am Stück schlafen

CAISSE **à fond la caisse** *voir* **berzingue**

CALENDE **renvoyer/remettre qqch. aux calendes grecques** etwas auf einen viel späteren Zeitpunkt verschieben

CAP **passer/dépasser/franchir le cap des (40, 50...) ans** über (40, 50...) sein; die (40, 50...) überschritten haben

CARABINIER **arriver comme les carabiniers (d'Offenbach)** *voir* **bataille**

CASSE **être bon pour la casse** schrottreif sein

CASSEROLE **c'est dans les vieilles casseroles qu'on fait les bonnes/meilleures soupes** *(etwa)* Oldies, but Goldies; je oller, um so toller

CATASTROPHE **en catastrophe** fieberhaft; fluchtartig; Hals über Kopf

CHAMP **à tout bout de champ** alle naselang; dauernd
sur(-)le(-)champ sofort; gleich; auf der Stelle

CHAPEAU **démarrer sur les chapeaux de roue** einen Blitzstart machen; rasant beginnen

CHARRETTE **être charrette** unter Zeit-/Termindruck stehen

CHEVAL **j'en parlerai à mon cheval (il fait de la politique)** verschon mich bloß damit/mit deinem Gelaber; laß mich (damit) jetzt in Ruhe

CHEVEU **(il s'en est fallu) d'un cheveu** um ein Haar

CHIEN **entre chien et loup** in der Abenddämmerung

CHOSE **chaque chose en son temps** alles zu seiner Zeit

CHOUETTE **une vieille chouette** eine alte Ziege/Kuh *(derb)*

"*marcher avec des bottes de sept lieues*"

Si vous n'avez jamais rencontré d'ogre dans votre vie, vous ignorez que ces gros gourmands disposent de bottes magiques leur permettant de franchir d'un coup dix-huit kilomètres (bonjour, le turbo). Oui mais, pourquoi sept lieues et pas six ou quarante-trois ? Parce que Charles Perrault, auteur du Petit Poucet a respecté ce nombre magique, symbolique et cabalistique.

cf. BOTTE

14. LE TEMPS QUI PASSE

CINQ **c'était moins cinq** viel hat nicht gefehlt; beinahe wäre es passiert
en cinq sec in Null Komma nichts

CLAIR **passer le plus clair de son temps à faire qqch.** die meiste Zeit damit verbringen; etwas zu tun

CLIN D'ŒIL **en un clin d'œil** im Nu; im Handumdrehen; in einem Augenblick

COMMENCEMENT **il faut/il y a un commencement à tout** es ist noch kein Meister vom Himmel gefallen

COMPTE **le compte à rebours est commencé** der Countdown läuft

COQ **au chant du coq** beim ersten Hahnenschrei
se lever au (premier) chant du coq mit den Hühnern aufstehen

COUP **coup sur coup** Schlag auf Schlag; schnell hintereinander
donner un coup d'accélérateur Gas geben; das Tempo steigern
en deux/trois coups de cuiller à pot *voir cinq (sec)*
le coup d'envoi der Start; der Beginn; der Anstoß *(Sport)*
prendre un coup de vieux mit einem Schlag alt/älter werden
sur le coup de midi um zwölf Uhr (mittags)

COURIR **courir comme un dératé** rennen wie der Wind/wie ein Wiesel; rennen/laufen, was die Beine hergeben; die Beine unter den Arm nehmen
rien ne sert de courir (il faut partir à point) *(prov.)* *(etwa)* Eile allein tut es nicht; Hetzen hat keinen Sinn - man muß rechtzeitig anfangen

COURT **prendre qqn. de court** jmdn. überrumpeln

COUVERT **remettre le couvert** (nochmal) von vorne anfangen/von neuem beginnen

CULOTTE **une (vieille) culotte de peau** ein Kommißhengst

"*entre chien et loup*"

Vous vivez en des temps et des lieux reculés que n'ont pas encore civilisés les fast foods, les sitcoms et les autoroutes à quatre voies. Voici que le crépuscule ensanglante l'horizon et que la forêt proche bruisse étrangement. Il est temps pour vous de rentrer vos bêtes et de fermer portes et volets. Après le temps des chiens, voici venu celui des loups, jusqu'à l'aube. Le souvenir en est resté.

cf. CHIEN

D

DARE-DARE **dare-dare** eiligst; schleunigst; schnellstens

DATE **ça fera date** das wird Epoche/Geschichte machen

DATER **dater de Mathusalem** stein-/uralt sein; alt wie Methusalem sein

DÉBOTTÉ **au débotté** unversehens; unverhofft; unvermutet

DÉBRIS **un vieux débris** ein alter Knabe/Knochen; ein Tattergreis; ein älteres Semester

DÉBUT **il faut/il y a un début à tout** *voir* **commencement**

DEMAIN **c'est pas/ce n'est pas demain la veille ; c'est pas/ce n'est pas pour demain** so schnell geht das nicht; das kann noch einige Zeit dauern

c'est pour demain/pour bientôt das wird (bald) kommen; es wird bald soweit sein

demain est un autre jour ; demain il fera jour morgen ist auch noch ein Tag

demain, on rase gratis wer's glaubt, wird selig

il ne faut pas remettre au lendemain/à demain ce que l'on peut faire le jour même *(prov.)* was du heute kannst besorgen, das verschiebe nicht auf morgen *(Sprichw.)*

qui sait de quoi demain sera fait wer weiß, was uns das Morgen bringen wird

DÉMARRER **démarrer sur les chapeaux de roue** *voir* **chapeau**

DÉMON **le démon de midi** die Midlife-Crisis

DÉMULTIPLIÉE **enclencher la démultipliée** einen Zahn zulegen

DENT **avoir toutes ses dents** alt genug sein; kein Kind mehr sein

DÉPASSER **être dépassé (par les événements)** der Dinge nicht mehr Herr werden; den Geschehnissen nicht mehr gewachsen sein

DÉPOURVU **prendre qqn. au dépourvu** jmdn. (völlig) überraschen; jmdn. unvorbereitet treffen/finden

DER **la/le der des der** der/die/das allerletzte

DÉRATÉ **courir comme un dératé** *voir* **courir**

DÉSEMPARER **sans désemparer** ununterbrochen; unablässig; in einem fort

DEUX **jamais deux sans trois** aller guten Dinge sind drei

DILIGENCE **faire diligence** sich beeilen; sich sputen

DIRECT **en direct** Direkt-...; Original-...; Live-...

DURER **pourvu que ça dure !** hoffentlich bleibt es so!; wenn es doch nur so bliebe!

14. LE TEMPS QUI PASSE

E

EAU **d'ici là, il coulera/passera beaucoup d'eau sous le(s) pont(s)** bis dahin fließt noch viel Wasser den Rhein/die Donau/die Elbe/usw. hinunter

ENFANCE **depuis sa plus tendre enfance** von klein auf; von Kindheit/Kindesbeinen an

ENTRÉE **d'entrée (de jeu)** von Anfang an; gleich zu Beginn/am Anfang; von vornherein

ENTREFAITE **sur ces entrefaites** unterdessen; inzwischen; mittlerweile; in diesem Augenblick

ÉPOQUE **marquer son époque** sein Zeitalter prägen; seinem Zeitalter den Stempel aufdrücken

ESCARGOT **avancer comme un escargot/à une allure d'escargot ; être un (véritable) escargot** *voir* **avancer**

ÉTERNISER (S') **on ne va pas s'éterniser (ici)** wir wollen (doch) hier nicht übernachten

pas la peine de s'éterniser là-dessus geschehen ist geschehen

ÉTERNITÉ **il y a/ça fait une éternité (qu'on ne s'est pas vus, etc.)** *voir* **bail**

ÊTRE **on ne peut pas être et avoir été** *(etwa)* im Leben geht alles vorüber; alles ist vergänglich

EXACTITUDE **l'exactitude est la politesse des rois** *(prov.)* Pünktlichkeit ist die Höflichkeit der Könige *(Sprichw.)*

EXPECTATIVE **être/rester dans l'expectative** sich abwartend verhalten; abwarten (und Tee trinken)

F

FER **il faut battre le fer quand il/pendant qu'il/tant qu'il est chaud** *(prov.)* man muß das Eisen schmieden, solange es heiß ist *(Sprichw.)*

FEU **avoir le feu au derrière/au cul/quelque part** es brandeilig haben
(il n')y a pas le feu (au lac) kein Grund zur Eile; warum so eilig?
(ne pas) faire long feu nicht von Dauer sein
un feu de paille ein Strohfeuer

FIFRELIN **(il s'en est fallu) d'un fifrelin** *voir* **cheveu**

FIL **de fil en aiguille** nach und nach; wie sich eines aus dem anderen ergibt

FIN **jusqu'à la fin des temps/des siècles** bis ans Ende der Zeit
(même) les meilleures choses ont une fin alles hat ein Ende (, nur die Wurst hat zwei)
toucher à sa fin, tirer à sa fin, prendre fin zu Ende gehen; sich dem Ende zuneigen

FINIR **à n'en plus finir ; qui n'en finit pas** ohne Ende; endlos; unaufhörlich

FISSA **faire fissa** schnell/fix machen; Tempo machen; auf's Tempo drücken

FOI **le cachet de la poste faisant foi** es gilt das Datum des Poststempels

FOIS **il était une fois** es war einmal
la troisième (fois) sera la bonne beim dritten Mal klappt's bestimmt
plutôt deux fois qu'une ! das lass' ich mir nicht zweimal sagen!
une (bonne) fois pour toutes ein für allemal
une fois n'est pas coutume einmal ist keinmal

FONCER **fonce, Alphonse !** *(arg.)* auf in den Kampf, Torero! *(hum.)*

FOND **à fond de train ; à fond la caisse** *voir **aller***

FORT **au plus fort de l'hiver** mitten im Winter

FOULÉE **dans la foulée** unmittelbar danach; gleich im Anschluß (daran); gleich anschließend

FRASQUE **des frasques de jeunesse** der Übermut/Überschwang der Jugend

FREIN **ronger son frein** vor Ungeduld ganz kribbelig werden; es kaum mehr erwarten können

FRISER **friser la quarantaine** knapp/an die vierzig sein; auf die vierzig zugehen

G

GARE **sans crier gare** unvermittelt; unerwartet; mit einem Mal

GROUILLER (SE) **se grouiller** *voir **fissa***

H

HAUT **du haut de ses 18 ans** in seinem/ihrem jugendlichen Leichtsinn

14. LE TEMPS QUI PASSE

HERBE **être un … en herbe** das Zeug zu einem/einer … haben

HEURE **à 8 heures pile/sonnantes/pétantes/tapantes ; à 8 heures juste** Punkt/Schlag 8 (Uhr); pünktlich um 8 (Uhr)
à l'heure qu'il est jetzt; zu diesem Zeitpunkt; gegenwärtig; in der heutigen Zeit
à ses heures perdues in seiner freien Zeit/Freizeit
à tout à l'heure bis gleich/später *(voir aussi **allure**)*
avant l'heure c'est pas l'heure, après l'heure c'est plus l'heure *(etwa)* zu früh ist zu früh und zu spät ist zu spät; man soll weder zu früh noch zu spät kommen
avoir (déjà) quelques heures de vol schon ein paar Jährchen auf dem Buckel haben; nicht mehr (ganz) taufrisch sein
(il n')y a pas d'heure pour les braves den Glücklichen schlägt keine Stunde
l'heure de vérité die Stunde der Wahrheit
l'heure est à … die Zeichen stehen auf …
l'heure H die Stunde X
les heures creuses die ruhigen/stillen Zeiten; die verkehrsschwachen Zeiten
les heures de pointe die Hauptverkehrs-/Stoßzeiten

HISTOIRE **c'est de l'histoire ancienne** das gehört der Vergangenheit an; das ist längst vorbei
l'histoire est un perpétuel recommencement die Geschichte wiederholt sich

HIVER **au plus fort de l'hiver** *voir **fort***

HOLÀ **mettre le holà à qqch.** einer Sache Einhalt gebieten/einen Riegel vorschieben

HORLOGE **faire le tour de l'horloge** *voir **cadran***

HUITAINE **remettre à huitaine** etwas um acht Tage/eine Woche verschieben
sous huitaine binnen acht Tagen

I

ILLICO **illico (presto)** umgehend; unverzüglich; augenblicklich

J

JAMAIS **c'est le moment/c'est maintenant ou jamais** jetzt oder nie

JEUNESSE **il faut (bien) que jeunesse se passe** (*prov.*) Jugend hat keine Tugend (*Sprichw.*)
(il n') y a plus de jeunesse die jungen Leute sind auch nicht mehr das, was sie einmal waren
ne pas être de la (toute) première jeunesse *voir* **heure : avoir (déjà) quelques heures de vol**

JOUR **du jour au lendemain** von heute auf morgen; von jetzt auf nachher
le jour J der Tag X
les jours se suivent et ne se ressemblent pas (*prov.*) die Tage folgen einander wohl, aber sie gleichen sich nicht (*Sprichw.*)
Paris ne s'est pas fait en un jour Rom ist (auch) nicht an einem Tag erbaut worden
tous les jours que (le bon) Dieu fait/a faits an jedem Tag, den (der liebe) Gott macht/gemacht hat
un jour à marquer d'une pierre blanche ein denkwürdiger Tag (, den man im Kalender rot anstreicht)

JOURNÉE **toute la sainte journée** den lieben langen Tag (lang)

L

LÉGENDE **entrer dans la légende** in die Legende eingehen; legendär/zur Legende werden

LENDEMAIN **des lendemains qui chantent** eine glückliche/bessere Zukunft
le lendemain de la veille der Morgen danach

LENTEMENT **lentement mais sûrement** langsam, aber sicher
qui va lentement, va sûrement (*prov.*) wer langsam geht, kommt auch ans Ziel (*Sprichw.*)

LÈVE-TARD **un lève-tard** ein Spätaufsteher; ein Morgenmuffel

LÈVE-TÔT **un lève-tôt** ein Frühaufsteher

LIGNE **la dernière ligne droite (avant l'arrivée)** die Zielgerade
sur toute la ligne auf der ganzen Linie

LIT **être tombé du lit** aus dem Bett gefallen sein

LOIN **qui veut voyager loin ménage sa monture** (*prov.*) gut Ding will Weile haben (*Sprichw.*)

LONG **en long, en large et en travers** lang und breit; des langen und breiten

LONGUE **à la longue** auf die Dauer; mit der Zeit

14. LE TEMPS QUI PASSE

LUNE **il y a (bien) des lunes** *(vieilli)* vor vielen Monden
renvoyer qqch. aux vieilles lunes etwas zum alten Eisen werfen

LURETTE **il y a belle lurette** es ist schon eine Ewigkeit her

M

MACHIN **un vieux machin** *voir débris*

MAGNER (SE) **se magner (le train/le derrière/le cul/les fesses/le popotin/le derche…)** *voir fissa*

MAIN **ne pas être une première main** *voir heure : avoir (déjà) quelques heures de vol*

MAJEUR **être majeur et vacciné** *voir dent*

MARQUER **marquer (son époque/son temps)** *voir époque*

MATIN **au petit matin** bei Tagesanbruch/Sonnenaufgang
de bon/de grand matin frühmorgens; am frühen Morgen; in aller Hergottsfrühe
être du matin ein Morgenmensch sein

MÉRINOS **laisser pisser (le mérinos)** die Dinge laufen lassen; den Dingen ihren Lauf lassen

MIDI **c'est midi (sonné) !** zu spät!; nichts mehr zu machen!
le démon de midi *voir démon*

MINUTE **la minute de vérité** der Augenblick der Wahrheit
minute (papillon) ! Moment mal!; halt mal!

MOIS **tous les 36 du mois** alle Schalt-/Jubeljahre

MOLLO **vas-y mollo(-mollo) !** sachte, sachte!; nicht so eilig/hastig!

MOMENT **à ses moments perdus** in seiner Mußezeit/seinen Mußestunden
c'est le moment/c'est maintenant ou jamais *voir jamais*

MONDE **depuis que le monde est monde** seit die Erde sich dreht; solange die Welt besteht; seit Adams Tagen/Zeiten

---

"il y a belle lurette"

Qu'est-ce qu'une lurette ? Une petite luronne ? Un genre de burette ? Vous n'y êtes pas : l'expression provient en droite ligne de « belle heurette » (petite heure). L'usage tendant à la rapidité de la phrase, la langue a transformé lentement heurette en lurette.

cf. LURETTE

MONTRE **j'ai mis une heure montre en main** ich habe genau eine Stunde gebraucht
une course contre la montre ein Wettlauf gegen die Zeit
MOUTON **laisser pisser le mouton** *voir* **mérinos**
MUSIQUE **aller plus vite que la musique** voreilig/vorschnell/übereilt handeln

N

NEZ **on lui pincerait le nez qu'il en sortirait du lait** *voir* **bec**
NUIT **au cœur de la nuit** mitten in der Nacht
dans la nuit des temps in grauer Vorzeit

O

OCCASION **saisir l'occasion au vol, sauter sur l'occasion** die Gelegenheit beim Schopf(e) packen
OISEAU **petit à petit, l'oiseau fait son nid** *(prov.)* viele Federn machen ein Bett *(Sprichw.)*; viele Wenig machen ein Viel *(Sprichw.)*
ORDRE **jusqu'à nouvel ordre** bis auf weiteres
ORME **attendre sous l'orme** warten können, bis man schwarz wird; lange und vergeblich warten
OUBLI **tomber dans l'oubli** in Vergessenheit geraten
OUF **avant de pouvoir dire ouf** ehe man sich's versieht

"*aller plus vite que la musique***"**

Si vous pensez qu'il s'agit d'une question de tempo, détrompez-vous. L'origine de cette expression se trouve dans la tradition militaire. Tout défilé qui se respecte est précédé par une clique. Dès lors, dépasser l'orchestre de tête n'est pas simplement périlleux pour votre matricule (encore une expression militaire), mais constitue la marque d'une précipitation de mauvais aloi. Au bloc, m'ferez quat'jours, mon gaillard!

cf. MUSIQUE

14. LE TEMPS QUI PASSE

P

PANIQUE **pas de panique** (nur) keine Panik/Hektik; immer mit der Ruhe

PANNE **avoir une panne d'oreiller** verschlafen

PAPIER **être réglé comme du papier à musique** streng/peinlich genau geregelt sein

PÂQUES **à Pâques ou à la Trinité** voir *mois*

PARTIE **ce n'est que partie remise** aufgeschoben ist nicht aufgehoben

PARTIR **c'est (re)parti (mon kiki) (comme en quatorze/en quarante) !** auf/los geht's!

PAS **au pas de charge/de gymnastique/de course** im Lauf-/Sturm-/Eilschritt
avancer à pas de géant/à grands pas mit Riesenschritten voranschreiten
de ce pas schnurstracks; geradewegs

PATIENCE **patience et longueur de temps (font plus que force ni que rage)** *(prov.)* mit Geduld und Zeit kommt man weit *(Sprichw.)*; mit Geduld und Spucke fängt man eine Mucke *(Sprichw.)*
prendre son mal en patience sein Unglück geduldig/mit Geduld ertragen/hinnehmen

PAYE **ça fait une paye** voir *bail*

PEAU **une vieille peau** voir *chouette*

PÉRIL **(il n')y a pas péril en la demeure** es ist keine Gefahr im Verzug *(voir aussi feu)*

PIANO **qui va piano va sano** *(prov.)* gemächlich kommt auch weit *(Sprichw.)*

PIÈCE **on n'est pas aux pièces** voir *feu*

PIED **au pied levé** stehenden Fußes
faire le pied de grue sich die Beine in den Bauch stehen
lever le pied Gas wegnehmen; langsamer machen

PIGE **avoir (40, 50...) piges** voir *balai*

PILE **à 8 heures pile** voir *heure*
pile à l'heure ; à l'heure pile auf die Minute; ganz pünktlich

PLAISIR **faire durer le plaisir** *(iron.)* etwas hinausziehen/in die Länge ziehen

PLOMBE **ça fait une plombe que j'attends** ich warte schon eine geschlagene Stunde auf dich

POIDS **être courbé sous le poids des ans** altersgebeugt/vom Alter gebeugt sein

POINT **tout vient à point à qui sait attendre** *(prov.)* voir *patience*

POINTE à la (fine) pointe de l'aube voir *aube*

POISSON poisson d'avril ! Aprilscherz!

POT c'est dans les vieux pots qu'on fait les bonnes/meilleures soupes voir *casserole*

POTRON-MINET dès potron-minet voir *aube*

POULE quand les poules auront des dents voir *mois*
se coucher avec les poules mit den Hühern zu Bett/schlafen gehen
se lever avec les poules voir *(se lever au chant du) coq*

PREMIER les premiers arrivés seront les premiers servis wer zuerst kommt, mahlt zuerst

PRESSÉ parer au plus pressé das Dringendste/Eiligste zuerst erledigen

PRÊT être fin prêt (start)bereit/fertig/soweit sein

PROFOND au plus profond de la nuit voir *nuit*

PUISSANCE être un ... en puissance ... Mann hoch sein

Q

QUART attendre 15 quarts d'heure voir *an : attendre cent sept ans*
le quart d'heure américain die Damenwahl (beim Tanzen)
le quart d'heure de Rabelais die Stunde der Abrechnung
passer un mauvais/sale quart d'heure bange/böse/schlimme Minuten/Augenblicke durchmachen

QUATRE un de ces quatre (matins) demnächst; (einer) dieser Tage; in Bälde

QUEUE se mordre la queue kein Ende nehmen; (immer) wieder von vorne beginnen

"*le quart d'heure de Rabelais*"

Nous ne voudrions pas nous plaindre ou nous faire immodestement valoir, mais sachez que l'éventuelle richesse des idées n'est pas forcément proportionnelle à celle du portefeuille. Ainsi, on dit (faussement, sans doute) que le Sieur Rabelais éprouva bien des sueurs au sortir d'une auberge: le pauvre ne pouvait pas payer, et comme Pantagruel se refusait à lui prêter main forte, il lui fallut subir un long moment de gêne.

cf. QUART

14. LE TEMPS QUI PASSE

QUINZAINE **remettre à quinzaine** um vierzehn Tage/zwei Wochen verschieben
sous quinzaine in vierzehn Tagen/zwei Wochen

R

RABELAIS **le quart d'heure de Rabelais** voir **quart**
RALENTI **tourner au ralenti** im Leerlauf/leer laufen
RANCART **bon à mettre au rancart** voir *casse*
RAPIDE **rapide comme l'éclair** schnell wie der Blitz
RASER **demain, on rase gratis** voir *demain*
RÉCHAUFFÉ **c'est du réchauffé** das ist ja kalter Kaffee; das sind ja olle Kamellen
RÉGLER **être réglé comme du papier à musique** voir *papier*
REPARTIR **c'est reparti (mon kiki) ; c'est reparti comme en quatorze/comme en quarante ! ; c'est reparti (pour un tour) !** und auf/los geht's!; auf ein Neues!; neues Spiel, neues Glück!
RETOUR **être sur le retour** allmählich alt werden
ROUGE **le rouge est mis** der/dieser Zug ist abgefahren

S

SAINT-GLINGLIN **à la saint-glinglin** am Sankt-Nimmerleins-Tag

"à la saint-glinglin"

Comment, vous ne connaissez pas Saint Glinglin ? Ce pauvre homme, ermite de son état, n'avait pour toute perspective de ressources qu'un lamentable boulot de sonneur de cloches. Hélas pour lui, le misérable curé de la paroisse ne le payait pas et le faisait lanterner de mois en mois. Ainsi, on l'appela par moquerie Saint Glinglin. Il en mourut de chagrin, glin-glin. Vous ne le croyez pas, et vous avez raison ! Il n'en reste pas moins que le mot seing signifiait « cloche » et klingen « sonner » en allemand.

cf. SAINT-GLINGLIN

SAUT **au saut du lit** beim/gleich nach dem Aufstehen; in aller Herrgottsfrühe

SAUTER **et que ça saute !** hopp! hopp!; (los,) dalli, dalli!

SAUVETTE **à la sauvette** hastig; überstürzt

SCHNOCK **un vieux schnock** ein alter Knacker

SÉANCE **séance tenante** *voir (sur[-]le[-])champ*

SEC **aussi sec** jetzt gleich; direkt; unmittelbar

SEMAINE **la semaine des quat' jeudis** *voir mois*

SÉNATEUR **à un train de sénateur** gemächlich; bedächtig; in aller Ruhe

SIÈCLE **être d'un autre siècle** aus einer anderen Zeit/Epoche stammen
être de son siècle mit seiner Zeit gehen
il y a/ça fait un siècle/des siècles (qu'on ne s'est pas vus, etc.) *voir bail*
le Siècle des Lumières das Zeitalter der Aufklärung; die Aufklärung

SINGE **ce n'est pas à un vieux singe qu'on apprend à faire des grimaces** *(prov.)* das Ei will oft klüger sein als die Henne *(Sprichw.)*

SUITE **la suite au prochain numéro** Fortsetzung folgt

T

TAPER **être tapé** verwelkt/verblüht/gealtert sein; angeschlagen/angegammelt sein *(Obst)*

TARD **il n'est jamais trop tard (pour bien faire)** es ist nie zu spät
il n'est pas trop tard, mais il est temps es wird Zeit
mieux vaut tard que jamais besser spät als nie
sur le tard in vorgerücktem Alter *bzw.* zu vorgerückter Stunde

TAUPE **une vieille taupe** *voir chouette*

TÉLÉPHONER **c'était téléphoné** das war absehbar/abzusehen/vorauszusehen/zu erwarten

TEMPS **autres temps, autres mœurs** *(prov.)* andere Zeiten, andere Sitten *(Sprichw.)*
avoir fait son temps ausgedient haben; sich überlebt haben
c'était le bon (vieux) temps das waren noch Zeiten
comme le temps passe vite ! wie (doch) die Zeit vergeht!
être dans les temps gut in der Zeit liegen
en deux temps, trois mouvements ; en moins de deux *voir cinq sec*

14. LE TEMPS QUI PASSE

en moins de temps qu'il ne faut pour le dire *voir ouf*

il trouve le temps long ihm wird die Zeit lang

il y a/ça fait un temps fou (qu'on ne s'est pas vus, etc.) *voir bail*

le temps, c'est de l'argent Zeit ist Geld

le temps perdu ne se rattrape jamais *(prov.)* entflohener Augenblick kommt nicht zurück *(Sprichw.)*; was vergangen, kehrt nicht wieder *(Sprichw.)*

les temps sont durs die Zeiten sind schwer

par les temps qui courent heutzutage; in der heutigen Zeit

tuer le temps die Zeit totschlagen

un temps mort ein toter Punkt (während des Gesprächs)

vivre avec son temps mit der Zeit (mit)gehen/Schritt halten

TERME **à terme échu** nachträglich; nach Ablauf der Frist; nach dem Fälligkeitstermin

TOMBER **tomber pile/à pic/bien/à point nommé** gerade recht/zur richtigen Zeit kommen; gelegen/wie gerufen kommen

TORTUE **avancer comme une tortue** *voir escargot*

TOUPIE **une vieille toupie** *voir chouette*

TOUR **en un tour de main ; en un tournemain** im Handumdrehen

faire le tour du cadran/de l'horloge *voir cadran*

TOURNER **tourner en rond** sich im Kreis drehen; auf der Stelle treten; nicht vom Fleck kommen

TRAIN **à fond de train** *voir berzingue*

à un train de sénateur *voir sénateur*

aller à un train d'enfer mit einem höllischen Tempo fahren; ein Höllentempo draufhaben

aller bon train flott vorwärts-/vorangehen

au train où l'on va ; au/du train où vont les choses ; à ce train-là wenn es so weitergeht; so wie die Dinge laufen; bei dem jetzigen Tempo

TRAIT **tirer un trait sur son passé** einen Schlußstrich unter seine Vergangenheit ziehen

TURBO **mettre le turbo** durchstarten; auf die Tube drücken

U

UNE **ne faire ni une ni deux** nicht lange fackeln/überlegen; sich nicht lange besinnen

V

VAPEUR **renverser la vapeur** das Steuer herumreißen; auf Gegenkurs gehen

VA-VITE **à la va-vite** auf die Schnelle; hopplahopp

VÉRITÉ **l'heure/la minute de vérité** *voir* **heure**

VIBURE **à toute vibure** mit voller Geschwindigkeit; mit vollem Tempo

VIEUX **être vieux comme le monde/comme Hérode/comme mes robes** *voir* **dater**
un vieux de la vieille ein alter Haudegen
vivre vieux alt werden; ein biblisches Alter erreichen

VIN **(quand) le vin est tiré, il faut le boire** *voir* **rouge**

VINGT **on n'a pas tous les jours vingt ans** man ist nur einmal jung
on n'a plus vingt ans *voir* **an**

VITE **aller plus vite que la musique/les violons** *voir* **musique**
aller vite en besogne *voir* **besogne**

VITESSE **à la vitesse grand V** im Eiltempo; mit Volldampf/Karacho
faire qqch. en quatrième vitesse/à toute vitesse etwas in größter Eile/Hast machen
il ne faut pas confondre vitesse et précipitation eile mit Weile *(Sprichw.)*
passer à la vitesse supérieure *voir* **démultipliée**
prendre/gagner qqn. de vitesse jmdm. zuvorkommen; schneller sein als jmd.

VIVRE **qui vivra verra** *(prov.)* die Zeit wird es lehren *(Sprichw.)*

VOIR **c'est du déjà vu ; ça a un goût de déjà vu** *voir* **réchauffé**

LE TEMPS QU'IL FAIT

*Remplir les blancs, parlez du temps.
Cependant, prudence : évitez de dire
« on se les gèle » à Monsieur le Maire de votre
ville jumelée en Allemagne.
Ne parlez pas de « vent à décorner les cocus »
si vous avez le moindre doute
sur votre interlocuteur. Et mesurez les dictons
sentencieux du genre « Noël au balcon,
Pâques aux tisons » : votre dernier béguin
pourrait vous reprocher la neige
qui tombe sur les jonquilles.*

A

AVRIL **en avril, ne te découvre pas d'un fil, en mai, fais ce qu'il te plaît** (prov.) (etwa) man ziehe sich noch nicht zu leicht an im April, im Mai kann man dann machen, was man will

B

BEAU **le temps est au beau fixe** das Barometer steht hoch/auf Schön; das Wetter ist beständig/bleibt schön
BROUILLARD **un brouillard à couper au couteau** ein dichter/undurchdringlicher Nebel

C

CAILLER/SE CAILLER **on se (les) caille ; on/ça/il caille** (hier/heute ist es) ganz schön/verdammt kalt/arschkalt (derb); da friert man sich ja einen ab/den Arsch ab (derb)
CHIEN **il fait un temps à ne pas mettre un chien dehors** bei diesem Wetter jagt man keinen Hund vor die Tür
un temps de chien ein Hundewetter; ein Scheißwetter (derb)
COCHON **un temps de cochon** voir **(un temps de) chien**
CORDE **il pleut des cordes** es regnet Bindfäden/junge Hunde; es regnet/gießt wie mit Kübeln; es schifft (derb)

E

ESSUYER **essuyer une tempête** in ein Unwetter/Gewitter kommen; ein Unwetter/Gewitter abbekommen/abkriegen
ÉTÉ **l'été indien** der Altweiber-/Indianersommer

"*l'été indien*"

*Expression nord-américaine en usage au Québec, calquée sur l'*Indian summer *américain et à peu près équivalente à « l'été de la Saint-Martin » en France. « L'été indien » désigne cet été magnifique et coloré qui se poursuit jusqu'au cœur de l'automne au Canada et a – heureusement! – remplacé « l'été des sauvages ».*

cf. ÉTÉ

15. LE TEMPS QU'IL FAIT

F

FOND **le fond de l'air est frais** die Luft ist kühl; es ist frisch

FROID **être mort de froid** (fast) erfrieren/vor Kälte umkommen; frieren wie ein junger Hund/wie ein Schneider
il fait un froid de canard so eine/was für eine Hunde-/Saukälte (derb)

G

GELER/SE GELER **il gèle à pierre fendre** es friert Stein und Bein
on se les gèle ; on se gèle le cul voir **(se) cailler**

H

HALLEBARDE **il pleut des hallebardes** voir **corde**

HIRONDELLE **une hirondelle ne fait pas le printemps** (prov.) eine Schwalbe macht noch keinen Sommer (Sprichw.)

HIVER **au plus fort/au cœur de l'hiver** mitten im Winter; im tiefsten Winter

N

NEZ **il fait un temps à ne pas mettre le nez dehors** voir **chien : un temps à ne pas mettre un chien dehors**

NOËL **Noël au balcon, Pâques aux tisons** (prov.) grüne Weihnachten, weiße Ostern (Sprichw.)
Noël aux tisons, Pâques au balcon (prov.) (etwa) weiße Weihnachten, grüne Ostern

"*il fait un froid de canard*"

Ce volatile palmipède n'est pourtant pas un animal à sang froid, ni un citoyen des pôles. Alors, d'où lui vient cette réputation ? Tout simplement des puissants et majestueux vols migratoires de canards sauvages qui traversent nos cieux lorsque les grands froids s'annoncent.

cf. FROID

P

PELER (SE) **on (se) pèle** es ist eisig/lausig kalt; es ist hunde-/saukalt *(derb)*

PLEUVOIR **il pleut des cordes/des hallebardes/à torrents/comme vache qui pisse/à verse** *voir corde*
   qu'il pleuve ou qu'il vente bei Wind und Wetter; bei jedem Wetter

PLUIE **une pluie battante** heftiger/starker/strömender Regen
   une/des pluie(s) diluvienne(s) sintflutartige Regenfälle

POURRIR **un temps pourri** *voir (un temps de) chien*

PURÉE **une purée de pois** eine richtige (Milch) Suppe/Waschküche

T

TEMPS **il fait un temps à ne pas mettre un chien/le nez dehors** *voir chien*
   il fait un temps de chien *voir chien*

TORRENT **il pleut à torrents** *voir pleuvoir*

TRANSIR **être transi jusqu'à la moelle (des os)** vor Kälte erstarrt sein; ganz durchgefroren sein

TREMPER **être trempé jusqu'aux os/comme une soupe** naß/durchgeweicht bis auf die Knochen sein; pudel-/tropfnaß sein

V

VACHE **il pleut comme vache qui pisse** *voir pleuvoir*

VENT **un vent à (d)écorner les bœufs/les cocus** ein starker/heftiger Wind/Sturm

VERSE **il pleut à verse** *voir pleuvoir*

16

LES DÉPLACEMENTS, LES VOYAGES

« Heureux qui, comme Ulysse », etc., etc.
Lever l'ancre, c'est sympa, rouler sa bosse,
c'est instructif, et faire la crêpe au soleil,
il n'y a pas plus agréable. Mais voilà,
vous êtes sur un rafiot allemand
et vous ne parvenez pas à dire que vous avez
le mal de mer. Mieux : vous voulez épater
vos compagnons de voyage et souffler
dans un ultime rictus que « partir, c'est mourir
un peu. » Comment traduire ? Réponses ici.

A

AIR **changer d'air (lui ferait du bien)** eine Luftveränderung (täte ihm/ihr gut)
prendre un (bon) bol d'air frische Luft schnappen

ALONZO **allons-y, Alonzo !** los geht's!

AMARRE **larguer les amarres** die Leinen losmachen

ANCRE **lever l'ancre** den Anker lichten

ANGLAISE **filer à l'anglaise** sich (auf) französisch empfehlen

APPEL **faire un appel de phares** blinken; die Lichthupe betätigen

APPUYER **appuyer sur le champignon** aufs Gaspedal treten; Gas geben

ARME **partir avec armes et bagages** mit Sack und Pack abreisen/weggehen

ARRACHER (S') **s'arracher** das Weite suchen; sich verdrücken

ARRIVÉE **coiffer qqn. sur la ligne d'arrivée/à l'arrivée** jmdn. im Ziel abfangen; jmdn. überraschend überholen/besiegen

AVANT **en avant toute !** volle Kraft voraus!

AVENTURE **partir à l'aventure** ins Blaue (hinein) fahren

AVEUGLETTE **aller/avancer à l'aveuglette** blindlings/aufs Geratewohl/auf gut Glück vorangehen

AZIMUT **tous azimuts** nach allen Seiten; allseitig

B

BAGAGE **plier bagage** seine Koffer packen; sein Bündel schnüren

BAISE-EN-VILLE **un baise-en-ville** eine Wochenend(reise)tasche

BALAI **du balai !** hau ab!; zisch ab!; zieh Leine!

BALLON **faire souffler qqn. dans le ballon** jmdn. ins Röhrchen blasen lassen; jmdn. einen Alkoholtest machen lassen

BALLUCHON **faire son balluchon** *voir* **bagage**

BAPTÊME **un baptême de l'air** eine Lufttaufe; ein Jungfernflug

BARRER (SE) **se barrer** *voir* **(s')arracher**

16. LES DÉPLACEMENTS, LES VOYAGES

BELLE **(se) faire la belle** (aus dem Knast) ausbrechen; ausbüxen

BERCAIL **rentrer au bercail** in den Schoß der Familie/an den heimischen Herd zurückkehren

BLED **habiter dans un bled paumé** in einem Nest/Kaff/Kuhdorf wohnen

BOSSE **j'ai roulé ma bosse (un peu partout)** ich bin schon viel herumgekommen

BOUGEOTTE **avoir la bougeotte** ein Zug-/Wandervogel sein

BOUILLON **boire un bouillon (en nageant)** (beim Schwimmen) Wasser schlucken

BOULET **arriver comme un boulet (de canon)** angeschossen kommen

BOUT **mettre les bouts** *voir amarre*

BRANLE **se mettre en branle** sich in Bewegung setzen

C

CAMP **ficher/foutre le camp** abhauen; verschwinden; sich davonmachen
lever le camp das Lager abbrechen; abziehen; das Feld räumen

CAP **mettre le cap sur ...** Kurs auf ... nehmen; Richtung ... fahren

CARAPATER (SE) **se carapater** *voir arracher*

CARTON **faire un carton** einen Zusammenstoß/Crash haben

"*un baise-en-ville*"

Avis aux mineurs et personnes sensibles : cette expression est leste et, pour tout dire, franchement grivoise. Si je vous dis « il (ou elle, ne soyons pas chiches) baise en ville », il est inutile, je pense, de vous expliquer de quoi il s'agit. Certes, mais comment l'heureux(se) fripon(ne) transporte-t-il (elle) de quoi passer la nuit hors de ses murs ? À l'aide de ce petit sac de voyage qui en permet d'autres, des plus agréables quoi qu'en disent les mauvais coucheurs (voir cette expression).

cf. BAISE-EN-VILLE

CASE **retourner à la case départ** auf „Start"/auf das Startfeld zurückgehen

CASSER (SE) **je me casse !** ich hau' ab!; ich mach' die Fliege/Flatter!
se casser voir **(s')arracher**

CAVALE **être en cavale** entflohen/flüchtig sein

CHAMPIGNON **appuyer sur le champignon** voir **appuyer**

CHARGE **avoir charge d'âmes** für das Leben anderer/seiner Beifahrer verantwortlich sein

CHASSE **qui va à la chasse perd sa place** (prov.) wer nicht kommt zur rechten Zeit, der muß essen, was übrigbleibt (Sprichw.)

CHAUFFEUR **être un chauffeur du dimanche** ein Sonntagsfahrer sein

CHEMIN **chemin faisant** unterwegs; während der Fahrt/Reise
prendre le chemin des écoliers Umwege machen
rebrousser chemin umkehren; kehrtmachen
tous les chemins mènent à Rome (prov.) alle Wege führen nach Rom (Sprichw.)

CHOU **aller planter ses choux** (etwa) sich aufs Land zurückziehen

CIEL **à ciel ouvert** unter freiem Himmel

CLEF **prendre la clé des champs** das Weite suchen

CLIQUE **prendre ses cliques et ses claques** sich mit Kind und Kegel davonmachen; seine Siebensachen packen und abhauen

CLOPIN-CLOPANT **aller clopin-clopant** humpeln; hinken

COIFFER **coiffer qqn. au poteau/sur la ligne d'arrivée/à l'arrivée** voir **arrivée**

COIN **aux quatre coins du monde** in der ganzen Welt; in aller Herren Länder

COLLER **coller au train de qqn.** sich jmdm. an die Fersen heften; jmdn. auf Schritt und Tritt verfolgen

---

❝*tous les chemins mènent à Rome*❞

...mais pas au paradis. Souvenir du temps où la puissance romaine dominait notre vieux monde, du Pont-Euxin au mur d'Hadrien. Les viae de l'Empire, superbement dessinées et bâties, tracèrent à travers les pays qu'elles traversaient des lignes que le temps n'a pas effacées.

cf. CHEMIN

16. LES DÉPLACEMENTS, LES VOYAGES

COMPAGNIE **fausser compagnie à qqn.** jmdm. entwischen/-fliehen/-kommen

CONGÉ **prendre congé (de qqn.)** Abschied nehmen/sich verabschieden (von jmdm.)

CÔTÉ **c'est la porte à côté** das ist gleich nebenan/um die Ecke

COULEUR **faire couleur locale** für Lokalfarbe/-kolorit sorgen

COUP **passer en coup de vent** nur auf einen Sprung vorbeikommen; nur kurz vorbeischauen

COUPER **couper à travers champs** querfeldein gehen/laufen

couper au plus court den kürzesten Weg/eine Abkürzung nehmen

COURANT **se déguiser en courant d'air** sich in Luft auflösen; sang- und klanglos verschwinden

COURSE **une course contre la montre** ein Wettlauf gegen die Zeit

CRÊPE **faire la crêpe (au soleil)** sich in die Sonne legen; sich sonnen; sonnenbaden

CRU **monter à cru** ohne Sattel reiten

CUBE **un gros cube** ein heißer Ofen

D

DÉCOR **aller/entrer dans le décor** im Graben landen

DÉTOUR **au détour du chemin** hinter der Wegbiegung

DIABLE **habiter au diable (vauvert)** j.w.d. (= „janz weit draußen", aus dem Berlinischen) wohnen; am Arsch der Welt wohnen *(derb)*

s'enfuir comme si l'on avait le diable aux trousses weglaufen/-rennen, als ob der Teufel hinter einem her sei

DIMANCHE **c'est pas tous les jours dimanche !** es ist nicht alle Tage Sonntag!

❝*habiter au diable vauvert*❞

Il s'agit vraisemblablement du diable de Vauvert, démon qui aurait hanté cette petite localité située près de Paris. S'y rendre, ce serait aller le diable sait où, c'est-à-dire en un lieu forcément mal défini et plein de mauvaises surprises.

cf. DIABLE

E

ENCOMBRE **arriver sans encombre**   ohne Zwischenfälle/ Schwierigkeiten ankommen

ÉPINGLE **un virage en épingle à cheveu**   eine Haarnadelkurve

ERRER **errer comme une âme en peine**   ziellos umherirren

ESCAMPETTE **prendre la poudre d'escampette**   das Hasenpanier ergreifen; davonlaufen

F

FIL **au fil de l'eau**   mit dem Strom

FILE **(garé) en double file**   in zweiter Reihe (geparkt)

FILLE **jouer la fille de l'air**   sich aus dem Staub machen; verduften

FLÈCHE **partir comme une flèche**   davonschießen; absausen *(voir aussi* **belle**)

FLÛTE **jouer des flûtes**   sich dünnmachen/verdünnisieren; stiften gehen

FUSIL **à (une) portée de fusil**   einen Büchsenschuß weit entfernt

G

GOMME **mettre la gomme**   *voir* **appuyer**

GUÊTRE **traîner ses guêtres**   umherziehen; rumstrolchen; stromern; vagabundieren

---

❝*prendre la poudre d'escampette*❞

Qu'est-ce qu'une escampette ? Une façon de s'escamper, c'est-à-dire de «fuir» en français archaïque, de «cacher» en italien et de «prendre le large» en provençal. Certes, mais que vient faire la poudre dans tout ceci ? Allons, un petit effort : souvenez-vous des contes d'enfants... les poudres magiques y possèdent des vertus insoupçonnées.

cf. ESCAMPETTE

16. LES DÉPLACEMENTS, LES VOYAGES

H

HUE **tirer à hue et à dia** (mal) hü und (mal) hott sagen
HUILE **une mer d'huile** ein spiegelglattes Meer

J

JAMBE **prendre ses jambes à son cou** die Beine in die Hand/unter den Arm nehmen; Hals über Kopf davonlaufen/-rennen
JET **à un jet de pierre de** einen Steinwurf weit/entfernt

L

LÂCHER **ne pas lâcher qqn. d'une semelle/d'un pouce** *voir* **coller**
LANCÉE **continuer sur sa lancée** weiterlaufen/-rennen
LAPIN **détaler comme un lapin** Reißaus nehmen; sich verziehen
LÉZARD/LÉZARDER **faire le lézard ; lézarder (au soleil)** *voir* **crêpe**
LIEU **vider les lieux** den Platz räumen

M

MAL **avoir le mal de mer** seekrank sein
MALLE **(se) faire la malle** *voir belle*
MARIN **un marin d'eau douce** ein Süßwassermatrose
MER **avoir le mal de mer** *voir* **mal**
une mer d'huile *voir* **huile**
MONT **être toujours par monts et par vaux** immer unterwegs sein; ständig auf Achse sein
MUR **faire le mur** *voir* **belle**

N

NAGER **nager comme un fer à repasser** wie eine bleierne Ente schwimmen
nager comme un poisson wie ein Fisch schwimmen

NAVETTE **faire la navette** pendeln

NEZ **mettre le nez dehors** den Kopf zur Tür hinausstrecken; kurz hinausgehen

NID **trouver le nid vide** das Nest leer (vor)finden
trouver l'oiseau/la pie au nid jmdn. zu Hause antreffen

O

OISEAU **être comme l'oiseau sur la branche** ein unstetes Leben führen; keine sichere Stellung haben; keinen festen Aufenthalt haben
l'oiseau s'est envolé der Vogel ist ausgeflogen

P

PARTIR **partir, c'est mourir un peu** (prov.) Scheiden tut weh (Sprichw.)
partir en trombe weglaufen/-rennen; davonhasten/-jagen

PAS **à deux pas d'ici** ganz in der Nähe; ein paar Schritte von hier
emboîter le pas à qqn. jmdm. auf dem Fuße folgen; hinter jmdm. hergehen
faire les cent pas auf und ab gehen
la salle des pas perdus die Bahnhofshalle
revenir/retourner sur ses pas voir **(rebrousser) chemin**

PAVÉ **battre le pavé** Pflaster treten; (ziellos) durch die Straßen schlendern

PAYS **en pays de connaissance** in vertrauter Umgebung
voir du pays viel reisen; herumkommen

PÉNATE **regagner ses pénates** heimkehren/-kommen; nach Hause zurückkehren

PERPÈTE **à Perpète(-les-Oies)** voir **bled**

PERTE **à perte de vue** so weit das Auge reicht

PET **filer comme un pet sur une toile cirée** abdüsen wie ein geölter Furz (derb)

16. LES DÉPLACEMENTS, LES VOYAGES

PÉTAOUCHNOCK **à pétaouchnock** *voir **bled***

PIED **avoir le pied marin** seefest/-tauglich/-tüchtig sein
 avoir pied (dans l'eau) (im Wasser) Grund haben; stehen können
 lever le pied Gas wegnehmen; langsamer machen
 marcher sur la pointe des pieds auf Zehenspitzen gehen/laufen
 mettre le pied au plancher *voir **appuyer***
 mettre pied à terre vom Pferd absteigen; absitzen
 perdre pied keinen Grund mehr haben; den Grund unter den Füßen verlieren
 traîner les pieds schlurfen

PIED-À-TERRE **un pied-à-terre** eine (kleine) Zweitwohnung

PILER **piler** *(voiture)* anhalten; stoppen; stehenbleiben

PINCE **être/aller à pinces** zu Fuß; per pedes; auf Schusters Rappen

PLACE **la place du mort** der Beifahrersitz

PLANCHER **débarrasser le plancher** sich zum Teufel/zum Henker scheren
 le plancher des vaches das Festland; der feste Boden

PLANTER (SE) **se planter** *(voiture)* von der Fahrbahn abkommen

PLATANE **embrasser les platanes** gegen einen Baum fahren/prallen

POINT **un point de chute** eine (vorübergehende) Bleibe

POINTE **pousser/faire une pointe jusqu'à ...** vorstoßen bis nach ...

PORT **arriver à bon port** im sicheren Hafen landen; wohlbehalten ankommen/eintreffen
 un port d'attache ein Heimathafen

PORTE **c'est la porte à côté** *voir **côté***

PORTÉE **à (une) portée de fusil** *voir **fusil***

POTEAU **coiffer qqn. au poteau** *voir **arrivée***

POUDRE **prendre la poudre d'escampette** *voir **escampette***

Q

QUART **démarrer au quart de tour/de poil** sofort anspringen

QUARTIER **prendre ses quartiers d'hiver** die Winterquartiere beziehen

QUEUE **faire une queue de poisson** einen anderen Verkehrsteilnehmer (beim Einscheren) schneiden

R

RASE-MOTTES **faire du rase-mottes** *(avion)* im Tiefflug fliegen

RECULONS **aller à reculons** rückwärts gehen

REINE **la petite reine** der Drahtesel; das Fahrrad

RESTE **partir sans demander/attendre son reste** stillschweigend weggehen; heimlich, still und leise abziehen/fortgehen

RETRAITE **battre en retraite ; sonner la retraite** den Rückzug antreten

RÉVÉRENCE **tirer sa révérence (à qqn.)** sich (jmdm.) empfehlen

ROME **tous les chemins mènent à Rome** *voir* **chemin**

ROND **tourner en rond** sich im Kreis drehen; auf der Stelle treten; nicht vom Fleck kommen

RONDE **à 10 km à la ronde** im Umkreis von 10 km

ROUTE **tailler la route** sich auf den Weg machen; die Zelte abbrechen

S

SAUT **être à un saut de puce** *voir* **fusil** *et* **jet**
faire un saut chez qqn. auf einen Sprung bei jmdm. vorbeikommen/-schauen; eine Stippvisite bei jmdm. machen

T

TAILLER **se tailler** *voir* **(s')arracher**
tailler la route *voir* **route**

TALON **tourner les talons** Fersengeld geben; türmen

TANGENTE **prendre la tangente** die Kurve kratzen

TAPE-CUL **cette voiture est un tape-cul** das ist vielleicht eine Karre/Klapperkiste

TASSE **boire la/une tasse** *voir* **bouillon**

TÂTONS **aller/avancer à tâtons** *voir* **aveuglette**

TÊTE **piquer une tête dans l'eau** einen Kopfsprung/Köpper machen

16. LES DÉPLACEMENTS, LES VOYAGES

TIRE-D'AILE **à tire-d'aile** pfeilschnell

TIRER (SE) **se tirer** voir **(s')arracher**

TOMBEAU **rouler à tombeau ouvert** mit halsbrecherischer Geschwindigkeit fahren/rasen

TONNEAU **faire un tonneau** sich überschlagen

TOUR **aller faire un tour** einen Spaziergang machen; eine Spritztour machen (Auto usw.)

TRAIN **filer le train** voir **coller**

TREMPETTE **faire trempette** (mer, rivière, etc.) (kurz) ins Wasser gehen; sich abkühlen/erfrischen

TRIFOUILLIS-LÈS-PERPÈTES **à Trifouillis-lès-perpètes** voir **bled**

TROTTE **ça fait une (bonne/sacrée) trotte** das ist eine ganze Ecke/ein ganz schönes Ende (zu laufen)

TROU **habiter dans un trou perdu** voir **bled**
n'être jamais sorti de son trou noch nie aus seinem Kuhdorf rausgekommen sein; nie fortgekommen sein

TROUSSE **avoir qqn. à ses trousses** jmdn. auf den Fersen haben; von jmdm. verfolgt werden

V

VALISE **(se) faire la valise** voir **belle**

VENT **passer en coup de vent** voir **coup**

VENTRE **filer ventre à terre** machen, daß man wegkommt; sich im Galopp/im Eiltempo davonmachen; davonstürmen

VERT **se mettre au vert** ins Grüne/aufs Land fahren

VIANDE **(r)amène ta viande !** (vulg.) komm her!; beweg deinen Hintern hierher! (derb)

VIANDER (SE) **se viander** (voiture, moto) verunglücken; einen schweren (Auto-, Motorrad-)Unfall haben

VOILE **mettre les voiles** voir **amarre**
toutes voiles dehors mit vollen Segeln

VOL **à vol d'oiseau** Luftlinie

VOLEUR **se sauver comme un voleur** sich davonstehlen; sich wie ein Dieb in der Nacht davonschleichen

VOYAGE **les voyages forment la jeunesse** Reisen bildet

VUE **à perte de vue** voir **perte**

Y

Y **j'y suis, j'y reste** hier bin ich und hier bleibe ich

YEUX **je peux y aller les yeux fermés** den Weg dorthin/das finde ich sogar mit verbundenen Augen/im Schlaf

LES JUGEMENTS, LES HUMEURS, LA PEUR

*Des goûts et des couleurs, on ne discute pas.
Et pourtant, quand ça commence à bien
faire, quand vous en avez gros sur le cœur
et plein le dos, hurler en bilingue:
« je m'en fous comme de l'an 40 »,
« je m'assieds dessus ! » ou encore « je m'en bats
l'œil », voire « ça va chier des bulles carrées ! »,
ça vous branche ? Alors, lisez ce qui suit.*

A

ABATTRE **ne pas se laisser abattre** sich nicht unterkriegen lassen

ACABIT **ils sont tous du même acabit** die sind alle vom selben Schlag/von derselben Art

AFFAIRE **ça fera l'affaire** das kommt hin; das ist genau richtig
en faire une affaire d'État eine Staatsaktion aus etwas machen; einen richtigen Zirkus machen; Theater machen
être à son affaire in seinem Element sein

AISE **à l'aise, Blaise** locker (vom Hocker); mit links; spielend; problemlos

ALLER **ça me va !** das ist mir recht!; das paßt mir!; das kommt mir gelegen/zupaß!
on fait aller ! es wird schon/muß einfach klappen!

ÂME **avoir du/le vague à l'âme** an Weltschmerz leiden

AN **je m'en fiche/je m'en balance/je m'en fous comme de l'an 40** das ist mir schnuppe; das ist mir piep-/schnurzegal; das ist mir scheißegal (derb)

ART **il a l'art de m'endormir** er schafft es (immer wieder), mich zum Einschlafen zu bringen

ASSEOIR (S') **je m'assieds dessus** da pfeif' ich drauf

AVALER **avoir du mal à avaler qqch.** etwas nicht so recht abnehmen/-kaufen können

AVEC **faire avec** sich mit etwas behelfen; mit etwas aus-/zurechtkommen (müssen)

AVEUGLE **juger de qqch. comme un aveugle des couleurs** von etwas reden wie der Blinde von der Farbe

---

"*je m'en fous comme de l'an quarante*"

Voici l'une de ces phrases étranges qui, par l'effet du temps, se transforment et perdent tout lien avec leurs origines. Au temps jadis, les bons chrétiens épris de croisades manifestaient leur indifférence en déclarant s'en moquer comme de l'Al Coran, le livre sacré des Musulmans, lesquels ne se privaient pas de leur rendre la pareille.

cf. AN

17. LES JUGEMENTS, LES HUMEURS, LA PEUR

B

BAPTISTE **être tranquille comme Baptiste** die Ruhe weg haben; seelenruhig/ganz gelassen sein

BASKET **être bien/à l'aise dans ses baskets** sich wohlfühlen; gut drauf sein

BEURRE **compter pour du beurre** überhaupt nicht zählen

BIDON **c'est (du) bidon** das ist (alles) fauler Zauber/Schwindel; das ist Beschiß *(derb)*

BIÈRE **ce n'est pas de la petite bière** das ist keine Kleinigkeit/kein Kinderspiel; das ist nicht zum Lachen

BILE **se faire de la bile** sich Sorgen machen; krank vor Sorge werden

BLINDER **être blindé contre qqch.** gegen etwas gefeit/immun sein

BOIRE **(il) y a à boire et à manger** etwas/alles hat seine zwei Seiten; alles hat sein Für und Wider/seine Vor- und Nachteile

BOL **en avoir ras le bol** etwas satt haben; die Nase (gestrichen) voll von etwas haben

BONNE **elle est (bien) bonne celle-là !** der ist (vielleicht) gut! *(iron.)*

BONNET **c'est bonnet blanc et blanc bonnet** das ist Jacke wie Hose

BOTTE **être bien/à l'aise dans ses bottes** *voir* **basket**

BOTTER **ça me botte (bien)** das sagt mir zu; das liegt mir *(voir aussi* **aller : ça me va**)

BOULE **avoir les boules** ein mulmiges Gefühl haben

BOUQUET **c'est le bouquet !** das ist doch der Gipfel/die Höhe!

BRANCHER **ça me branche (bien)** *voir* **aller : ça me va**

BRILLANT **c'est pas brillant !** das ist keine Glanzleistung!; das ist nicht so toll!

BROYER **broyer du noir** Trübsal blasen; trüben/düsteren Gedanken nachhängen

---

 "être tranquille comme Baptiste"

Personnage de comédie connu pour sa sottise (c'est un genre de Marie-Chantal masculin – voir chapitre 10), Baptiste ne s'é-ner-ve pas. Il est tranquille, Baptiste, et rien ne peut le toucher. On rêve parfois d'être comme lui.

cf. BAPTISTE

C

CADEAU **c'est un cadeau empoisonné** das ist ein Danaergeschenk/ein Trojanisches Pferd
ne pas être un cadeau eine Nervensäge sein; schwer zu ertragen sein

CADET **c'est le cadet de mes soucis** das ist meine geringste Sorge

CAFARD **avoir le cafard** *voir* **broyer**

CAGE **être/tourner comme animal/un écureuil/un lion/un ours en cage** (wie ein gefangenes Tier im Käfig) hin und her gehen

CALMER (SE) **on se calme !** immer (schön) mit der Ruhe!

CANARD **ça (ne) casse pas trois pattes à un canard** das haut einen nicht um; das ist nichts Weltbewegendes

CASSER **ça (ne) casse pas des briques/trois pattes à un canard** *voir* **canard**

CERCLE **c'est un cercle vicieux** das ist ein Teufelskreis

CHAIR **ça donne la chair de poule** davon bekommt man Gänsehaut
ni chair ni poisson weder Fisch noch Fleisch; nichts Halbes und nichts Ganzes

CHANTER **je le ferai si ça me chante** ich mach's, wenn es mir zusagt/wenn ich Lust dazu habe

CHAPEAU **chapeau bas !** Hut ab!; alle Achtung!

CHAPELET **dévider/débiter/égrener son chapelet** sein Herz ausschütten; seinem Herzen Luft machen

CHARBON **être sur des charbons ardents** auf glühenden Kohlen sitzen

CHAT **(il n')y a pas de quoi fouetter un chat** da ist doch nichts dabei; das ist doch kein Grund zur Aufregung

CHAUD **avoir eu chaud (aux fesses)** es mit der Angst gekriegt haben; Bammel/Schiß *(derb)* gehabt haben
ça ne me fait ni chaud ni froid das ist mir völlig egal/gleichgültig/einerlei
ne pas être (très) chaud pour (faire) qqch. sich für etwas nicht richtig erwärmen können; nicht sehr begeistert von etwas sein

CHEMISE **s'en soucier/s'en foutre comme de sa première chemise** *voir* **an**

CHER **ne pas donner cher de qqch./qqn.** keinen (roten) Heller für etwas/jmdn. geben; für etwas/jmdn. keine Chance sehen/das Schlimmste befürchten

CHEVAL **monter sur ses grands chevaux** sich aufs hohe Roß setzen

17. LES JUGEMENTS, LES HUMEURS, LA PEUR

CHEVEU **faire dresser les cheveux sur/à la tête à qqn.** jmdm. die Haare zu Berge stehen lassen
s'arracher les cheveux sich die Haare raufen
se faire des cheveux (blancs) sich über etwas graue Haare wachsen lassen; sich über etwas große Sorgen machen

CHIC **ça a le chic de m'endormir** voir **art**

CHIEN **être d'une humeur de chien** eine Stinklaune haben; furchtbar schlecht gelaunt sein
qui veut noyer son chien l'accuse de la rage (prov.) man findet bald einen Stecken, wenn man einen Hund schlagen will (Sprichw.)

CHIER **chier dans son froc** sich ins Hemd/in die Hosen machen (vor Angst)
en chier une pendule großen Wirbel um etwas machen
(nul) à chier zum Kotzen (derb); scheußlich; widerlich; ekelhaft
se faire chier comme un rat mort sich tödlich/zu Tode langweilen

CHOC **sous le choc** unter Schock; im Schockzustand

CHOCOTTE **avoir les chocottes** Muffensausen haben

CHOSE **de deux choses l'une** eines von beiden; entweder oder

CINÉMA **faire (tout un) cinéma de qqch.** voir **affaire : en faire une affaire d'État**

CIRER **n'avoir rien à cirer de qqch.** nichts am Hut (mit etwas) haben

"*d'une humeur de chien*"

Cynophiles et propriétaires de toutous, ne nous en veuillez pas, cette expression n'est pas de notre fait. Même si Médor a un cœur d'or, le mot « chien » comporte le plus souvent une nuance péjorative, de douleur, de difficulté (« avoir un mal de chien »). Seule exception, le notable « elle a du chien » qui explique le grand nombre de mordus.

"*avoir les chocottes*"

...d'être chocolat, très certainement. Cependant, les rapprochements étymologiques seraient vains : une chocotte n'a rien de sucré. Il s'agit tout bonnement d'une déformation du mot « chicot » qui signifie moignon de dent. En conséquence, claquer des chicottes montre à quel point vous êtes tenaillé par la peur.

cf. CHIEN et cf. CHOCOTTE

CIRQUE **faire (tout) un cirque de qqch.** *voir affaire : en faire une affaire d'État*

CLAQUE **en avoir sa claque** *voir bol*

CŒUR **avoir un coup de cœur pour qqch.** sich in etwas verlieben; spontan auf etwas zugehen
cette chose me tient à cœur diese Sache liegt mir am Herzen
en avoir gros sur le cœur bedrückt/niedergeschlagen sein
faire chaud au cœur ; réchauffer le cœur das Herz erwärmen
il a le cœur gros/serré ihm ist schwer ums Herz
ne pas avoir le cœur à faire qqch. nicht das Herz haben, etwas zu tun

COIN **ça ne se trouve pas à tous les coins de rue** das findet man nicht an jeder Straßenecke

COLÈRE **la colère est mauvaise conseillère** die Wut ist ein schlechter Ratgeber

COMBLE **c'est le/un comble !** *voir bouquet*

COMMENCER **ça commence à bien faire !** jetzt langt's/reicht's aber allmählich!

COMPTE **avoir son compte** sein Fett abbekommen/-kriegen

CON **… à la con** Mist-… *(derb)*; Scheiß-… *(derb)*

COOL **cool, Raoul** keine Panik; take it easy; immer schön cool bleiben

COUP **ça ne vaut pas le coup** das lohnt sich nicht; das ist nicht der Mühe wert
valoir le coup d'œil einen Umweg wert sein

COUPER **c'est à vous couper le souffle** da bleibt einem die Luft/Spucke weg; da ist man sprachlos

CRACHER **c'est comme si on crachait en l'air** das ist in den Wind gesprochen; das ist, als würde man gegen eine Wand sprechen
il ne faut pas cracher dessus das ist nicht zu verachten

CRISE/CRISER **piquer/faire sa/une crise ; criser** einen Koller/Wutausbruch/Tobsuchtsanfall bekommen/kriegen; ausflippen

CRITIQUE **la critique est aisée ([mais] l'art est difficile)** tadeln können zwar die Toren (, aber besser machen nicht)

CUL **c'est à se taper le cul par terre** das lacht man sich krumm und bucklig
(en) avoir plein le cul de qqch. die Nase gestrichen voll haben (von etwas)

17. LES JUGEMENTS, LES HUMEURS, LA PEUR

être (assis)/avoir le cul entre deux chaises zwischen den/zwei Stühlen sitzen

CULOTTE **s'en fiche/s'en balancer/s'en foutre comme de sa première culotte** *voir an*

CURE **n'en avoir cure** *voir an*

D

DÉBITER **débiter son chapelet** *voir chapelet*

DÉSIRER **laisser (beaucoup) à désirer** (viel/einiges) zu wünschen übriglassen

DESSOUS **en dessous de tout** unter aller/jeder Kritik; unter aller Sau *(derb)*

DÉTOUR **valoir le détour** *voir coup : valoir le coup d'œil*

DEUX **couilles de mes deux !** Scheiße! *(derb)*; Shit! *(derb)*

DÉVIDER **dévider son chapelet** *voir chapelet*

DÉVOLU **jeter son dévolu sur qqch./sur qqn.** sein Auge auf etwas/jmdn. werfen; etwas/jmdn. auserwählen

DIRE **ça ne me dit rien qui vaille** das reizt mich überhaupt nicht; dazu hab' ich keine Lust/keinen Bock *(derb)*

DOIGT **se/s'en mordre les doigts** etwas bitter bereuen

DOS **en avoir plein le dos** *voir (en avoir plein le) cul*

DOUCHE **faire l'effet d'une douche froide** wie eine kalte Dusche wirken

DRAME **en faire (tout) un drame** *voir affaire : en faire une affaire d'État*

DUR **c'est dur-dur** das ist gar nicht so leicht; das ist ganz schön schwierig

E

ÉCHELLE **pouvoir tirer l'échelle après qqch.** etwas nicht übertrumpfen können

ÉCLATER (S') **s'éclater (comme une bête)** sich (tierisch) gut amüsieren

ÉCROULER **être écroulé (de rire)** sich kugeln vor lachen; sich kaputtlachen

ÉGAL **ça m'est égal** das ist mir egal/schnuppe

ÉGRENER **égrener son chapelet** *voir chapelet*

ÉLÉMENT ne pas être/ne pas se sentir dans son élément nicht in seinem Element sein

EMBALLER être emballé par qqch. ; s'emballer pour qqch. ganz begeistert/hingerissen/hin und weg von etwas sein

ENNUYER (S') s'ennuyer comme un rat mort *voir **(se faire) chier comme un rat mort***

ENTERREMENT c'est un enterrement de première classe das haben wir wohl in den Sand gesetzt
faire/avoir une tête d'enterrement ; faire une gueule d'enterrement eine Trauer-/Leichenbittermiene aufsetzen

ÉPINGLE monter qqch. en épingle etwas hochspielen/aufbauschen

ÉTAT être/se mettre dans tous ses états ganz aufgeregt/aus dem Häuschen sein

ÉTERNEL un (grand) ... devant l'Éternel ein großer ... vor dem Herrn

F

FAGOT qqch. de derrière les fagots etwas von der besten Sorte; etwas für ganz besondere Anlässe

FAIBLE avoir un (petit) faible pour qqch./qqn. ein (kleines) Faible/eine (kleine) Schwäche für etwas/jmdn. haben

FAIM rester sur sa faim nicht auf seine Kosten kommen; in seinen Erwartungen enttäuscht werden

FALLOIR (il) faut le faire ! das muß man erst mal nachmachen!; das ist eine (reife) Leistung!

FARCIR (SE) devoir se farcir qqch./qqn. mit etwas/jmdm. auskommen/vorliebnehmen müssen

FENDRE (SE) se fendre la gueule/pêche/poire/pipe *voir **écrouler***

FÊTE être à la fête überglücklich/selig sein; sich freuen wie ein Schneekönig

FI faire fi de qqch. etwas verschmähen/verachten; sich über etwas hinwegsetzen; etwas in den Wind schlagen

FICHER (SE) je m'en (contre)fiche/(contre)foutre *voir **an***

FIGUE mi-figue, mi-raisin mit einem lachenden und einem weinenden Auge

FOIE avoir les foies *voir **chier (dans son froc)***

FOIN faire tout un foin de qqch. *voir **affaire : en faire une affaire d'État***

FOLIE c'est de la folie furieuse/douce/pure das ist heller Wahnsinn

17. LES JUGEMENTS, LES HUMEURS, LA PEUR

FORT **c'est un peu fort (de café) ; c'est trop fort ; elle est forte, celle-là ; c'est plus fort que du roquefort/que de jouer au bouchon** das ist ja allerhand; das ist ja ein starkes Stück; das geht aber zu weit

FOUTAISE **c'est une vaste foutaise** das ist Quatsch mit Soße

FOUTRE **je m'en contre fous** *voir* **an**
n'avoir rien à foutre de qqch. *voir* **cirer**

FREIN **ronger son frein** vor Ungeduld ganz kribbelig werden; es kaum mehr erwarten können

FRISSON **ça me donne des frissons** dabei läuft es mir kalt den Rücken hinunter/überläuft es mich kalt/überläuft mich ein Schauer

FROID **faire froid dans le dos** *voir* **frisson**
ça me laisse froid das läßt mich kalt; das berührt mich nicht

FROMAGE **faire (tout) un fromage de qqch.** *voir* **affaire : en faire une affaire d'État**

FUMISTERIE **c'est une vaste fumisterie** *voir* **foutaise**

G

GAI **gai comme un pinson** quietschvergnügt

GLACE **rester de glace** eiskalt bleiben

GLANDER **n'avoir rien à glander de qqch.** *voir* **cirer**

GLOIRE **c'est pas la gloire !** *voir* **brillant**

GNOGNOTE **ce n'est pas de la gnognote** *voir* **bière**

GOMME **... à la gomme** schlecht; miserabel; jämmerlich; billig; wertlos; unseriös

GOND **sortir de ses gonds** *voir* **crise**

GORGE **ça m'est resté en travers de la gorge** das ist mir im Hals steckengeblieben
il avait la gorge serrée/nouée seine Kehle war wie zugeschnürt; er brachte kein Wort heraus

GOÛT **avoir un goût de chiottes** einen schlechten Geschmack haben
chacun ses goûts jeder nach seinem Geschmack
des goûts et des couleurs on ne discute pas ; les goûts et les couleurs, ça ne se discute pas über Geschmack läßt sich (nicht) streiten
tous les goûts sont dans la nature die Geschmäcker sind verschieden

GOUTTE **c'est une goutte d'eau dans la mer/l'océan** das ist ein Tropfen auf den heißen Stein

GRAIN c'est un grain de sable dans le désert *voir* **goutte**

GROS en avoir gros sur le cœur/sur la patate *voir* **(en avoir gros sur le) cœur**

GUEULE **faire/tirer la gueule** schmollen; ein schiefes Gesicht machen; eingeschnappt sein
faire une gueule d'enterrement *voir* **enterrement**
tirer une gueule de trois kilomètres ein langes Gesicht machen

H

HANNETON **un ... pas piqué des hannetons** ein ..., der sich gewaschen hat/der nicht von schlechten Eltern ist

HERBE **l'herbe est toujours plus verte à côté/dans le pré du voisin** *(prov.)* auf Nachbars Feld steht das Korn besser *(Sprichw.)*

HISTOIRE **faire toute une histoire de qqch.** *voir* **affaire : en faire une affaire d'État**

HORS **mettre qqn. hors de soi** *voir* **gond**

HUMEUR **avoir des sautes d'humeur** Stimmungsschwankungen/plötzliche Stimmungswechsel haben
d'une humeur de chien/massacrante *voir* **chien**
je ne suis pas d'humeur (à faire qqch.) ich bin jetzt nicht in der Stimmung/Laune (, etwas zu tun); ich hab' jetzt keine Lust (, etwas zu tun); mir ist jetzt nicht danach (, etwas zu tun)

J

JETON **avoir les jetons** *voir* **chier (dans son froc)**

JEU **le jeu n'en vaut pas la chandelle** *voir* **(ça ne vaut pas le) coup**

JOIE **c'est pas la joie !** das kommt Freude auf! *(iron.)*

JOJO **c'est pas (très) jojo !** das ist kein schöner Zug!

JOLI **(tout ça) c'est bien joli, mais...** das ist ja (alles) schön und gut, aber ...

JOUR **être dans un bon jour** seinen guten Tag haben; gute Laune haben; gut gelaunt/aufgelegt sein; mit dem rechten Fuß aufgestanden sein
être dans un mauvais jour seinen schlechten Tag haben; schlechte Laune haben; schlecht gelaunt/aufgelegt sein; mit dem linken Fuß aufgestanden sein

17. LES JUGEMENTS, LES HUMEURS, LA PEUR

JUGEMENT **un jugement à l'emporte-pièce** ein hartes/scharfes/schonungsloses Urteil

JUGER **juger de qqch. comme un aveugle des couleurs** voir **aveugle**

JURER **il ne faut jurer de rien** man kann nie wissen
ne jurer que par qqch. auf etwas schwören; fest an etwas glauben

K

KIF-KIF **c'est kif-kif (bourricot)** das kommt aufs gleiche raus; das ist gehüpft wie gesprungen

L

LAISSER **laisser (beaucoup) à désirer** voir **désirer**

LARME **avoir la larme facile ; avoir toujours la larme à l'oeil** nahe am Wasser gebaut haben
être au bord des larmes den Tränen nahe sein; Tränen in den Augen haben
faire monter les larmes aux yeux die Tränen in die Augen treiben
fondre en larmes in Tränen ausbrechen
pleurer à chaudes larmes ; pleurer toutes les larmes de son corps heiße Tränen vergießen; bitterlich weinen; sich die Augen ausweinen
verser des larmes de crocodile Krokodilstränen weinen/vergießen
verser sa/y aller de sa (petite) larme sich ein paar Tränen verdrücken

LATTE **en avoir plein les lattes** voir **bol**

"c'est kif-kif"

L'émir ajusta sa chéchia. « Inch Allah ! » dit-il en fumant son narguilé, « si ma mouquère m'a préféré un poussah, eh bien tant pis ! j'épouserai Djamila. Pour moi, c'est kif-kif ».
Puis il croqua un loukoum et il répéta « kif-kif » dans sa barbe, un mot d'origine algérienne qui signifie « comme »…

cf. KIF-KIF

LIMITE **c'est limite** das ist/liegt (hart) an der Grenze

LUNÉ **être bien/mal luné** *voir jour*

M

MADELEINE **pleurer comme une Madeleine** heulen wie ein Schloßhund; Rotz und Wasser heulen

MAIN **applaudir des deux mains à qqch.** etwas mit großem Beifall aufnehmen; einer Sache begeistert Beifall spenden

(faire comme [Ponce] Pilate,) s'en laver les mains seine Hände in Unschuld waschen

MALADE **en être malade** (schon) halb krank von etwas sein

MALADIE **en faire une maladie** *voir **affaire : en faire une affaire d'État***

MALHEUREUX **malheureux comme une/les pierre(s)** tod-/kreuzunglücklich sein

MARBRE **rester de marbre** *voir **glace***

MARCHÉ **par-dessus le marché** obendrein; noch dazu, zu allem Überfluß

MARRE **en avoir marre** *voir **bol***

MARTEL **se mettre martel en tête** sich Gedanken/Sorgen machen

MAUVAISE **je l'ai mauvaise** das gefällt/paßt mir gar nicht; das find' ich ärgerlich/gar nicht schön

MEILLEURE **ça, c'est la meilleure !** das ist (ja) das Letzte!; das ist ein dicker Hund!; das ist (vielleicht) ein Hammer!

MÉLANCOLIE **ne pas engendrer la mélancolie** kein Kind von Traurigkeit sein

MÊME **c'est du pareil au même** *voir **bonnet***

MERCI **merci (bien), je sors d'en prendre/j'ai ma dose !** (vielen Dank,) ich bin bedient/mir reicht's!

"*pleurer comme une Madeleine*"

Pécheresse récidiviste, Marie-Madeleine avoua tout à Jésus dans un torrent de larmes. Ensuite, elle se repentit sous son influence bénéfique. Dès lors, si vous pleurez comme une Madeleine, dites-vous que d'un mal, il peut sortir un bien, même si vous avez quelque chose à vous reprocher.

cf. MADELEINE

17. LES JUGEMENTS, LES HUMEURS, LA PEUR

MONDE **c'est le monde à l'envers !** das ist (die/eine) verkehrte Welt!; die Welt steht Kopf!
c'est un monde ! das ist ja unerhört/ungeheuerlich!
faire (tout) un monde de qqch. voir **affaire : en faire une affaire d'État**
il faut de tout pour faire un monde es gibt sone und solche

MONTAGNE **c'est la montagne qui accouche d'une souris** (prov.) der Berg kreißte und gebar eine Maus (Redew.)
faire une montagne de qqch. voir **affaire : en faire une affaire d'État**

MONTER **monter qqch. en épingle** voir **épingle**

MOQUER (SE) **je m'en moque royalement** voir **an**
se moquer du tiers comme du quart auf etwas pfeifen; sich nicht um etwas kümmern; sich keinen Pfifferling um etwas scheren

MORAL **avoir le moral à zéro** voir **broyer**
avoir le moral au beau fixe in guter seelischer Verfassung sein; gut beieinander sein

MORDS-MOI-LE-... **... à la mords-moi-le-nœud/-le-doigt/-le-chose** nicht ganz astrein; unsolide; zweifelhaft

MORT **mort de rire** voir **écrouler**

MORTEL **c'est mortel** das ist tödlich; das ist zum Gähnen langweilig

MOUCHE **prendre la mouche** gleich hochgehen; aufbrausen
quelle mouche t'a piqué ? was ist denn mit dir los?; was ist bloß in dich gefahren?

MOULE **le moule (en) est cassé/brisé** den/die/das gibt's nur einmal

MOURON **se faire du mouron** voir **bile**

MOUTARDE **la moutarde m'est montée au nez** die Wut hat mich gepackt; ich bin in Wut/auf achtzig gekommen; ich hab' die Nerven verloren

MUR **grimper aux murs** die Wände hochgehen; fuchsteufelswild sein; ausflippen

N

NERF **avoir les nerfs à fleur de peau** überreizte/überempfindliche Nerven haben

avoir les nerfs en boule/en pelote furchtbar nervös/angespannt sein

NOCE **ne pas être à la noce** übel/schlecht/arm dran sein; sich in seiner Haut nicht wohl fühlen

NOIX **... à la noix (de coco)** *voir* **gomme**

NOYER (SE) **se noyer dans un verre d'eau/une goutte d'eau** bei der geringsten Schwierigkeit versagen; bei der geringsten Sache in Verlegenheit geraten

NUMÉRO **faire son (petit) numéro** das übliche Theater machen; wieder die alte Platte auflegen

O

ŒIL **je m'en bats l'œil** das kümmert mich einen Dreck; ich scher' mich den Henker/den Teufel darum

OREILLE **il ne l'entend pas de cette oreille** davon will er nichts wissen; auf diesem Ohr hört er schlecht/ist er taub

P

PAIN **ça ne mange pas de pain** das ist nicht der Rede wert; das ist ein Klacks/eine Kleinigkeit

PAREIL **c'est du pareil au même (et du même au pareil)** *voir* **bonnet**

PARTI **prendre son parti de qqch.** sich mit etwas abfinden/zufriedengeben

PATATE **en avoir gros/lourd sur la patate** *voir* **(en avoir gros sur le) cœur**

PEAU **être bien dans sa peau** sich in seiner Haut wohl fühlen; rundherum zufrieden sein

être mal dans sa peau sich in seiner Haut nicht wohl fühlen; sich unbehaglich fühlen; unzufrieden sein

"je m'en bats l'œil"

Fenêtre de l'âme, l'œil est le révélateur de nombreuses conduites humaines. Exemple: si votre bien-aimé(e) se rince l'œil, cela ne signifie pas pour autant qu'il (elle) fasse réellement de l'œil. Certes, vous avez mille fois raison de l'avoir à l'œil, mais certainement pas de ne plus pouvoir fermer l'œil. Vu?

cf. ŒIL

17. LES JUGEMENTS, LES HUMEURS, LA PEUR

PÊCHE **ne pas avoir la pêche** *voir broyer*

PEINARD **être peinard** sich aus allem heraushalten; sich durch nichts aus der Ruhe bringen lassen

PENCHANT **avoir un penchant pour qqch./qqn.** *voir faible*

PENDULE **en faire une pendule** *voir chier : en chier une pendule*

PENSER **(je ne dis rien mais) je n'en pense pas moins** (ich sage zwar nichts,) aber ich denke mir meinen Teil

PERTE **ce n'est pas une grosse perte** das ist kein großer Verlust

PÉTARD **se mettre/se foutre en pétard** *voir crise*

PÉTOCHE **avoir la pétoche** *voir chier (dans son froc)*

PEUR **avoir une peur bleue** höllische Angst/eine Heidenangst haben

avoir peur de son ombre sich vor seinem eigenen Schatten fürchten; Angst vor dem eigenen Schatten haben

avoir plus de peur que de mal mit dem Schrecken davongekommen sein

être vert de peur vor Angst blaß/erstarrt sein

la peur donne des ailes Angst macht Beine

PIED **prendre son pied ; prendre un pied monumental/un pied pas possible** unheimlich viel Spaß haben; sich wahnsinnig/tierisch gut amüsieren

c'est le (super) pied ! ; quel (super) pied ! das ist super/toll/klasse/genial/optimal!; das ist (ober)affengeil *(Jugendspr.)*

c(e n)'est pas le pied das ist nicht (so) das Wahre; das ist nicht (so) der Hammer/Abschuß *(Jugendspr.)*

j'aurais voulu être à cent/six pieds sous terre ich wäre am liebsten im Erdboden versunken

se lever du pied gauche/du mauvais pied mit dem linken Fuß aufstehen

PILATE **(faire comme [Ponce] Pilate,) s'en laver les mains** *voir main*

PINSON **gai comme un pinson** *voir gai*

PISSER **ça (ne) pisse pas (très) loin** damit ist es nicht weit her; damit ist nicht viel los

c'est comme si on pissait dans un violon *voir cracher : c'est comme si on crachait en l'air*

PLAIRE **si ça (ne) te plaît pas, c'est le même prix !** wer nicht will, der hat schon!

PLAISANTERIE **c'est une vaste plaisanterie** *voir foutaise*

PLAT **faire tout un plat de qqch.** *voir affaire : en faire une affaire d'État*

POIL   être de bon/mauvais poil   *voir jour*

POILER (SE)   se poiler   *voir écrouler*

POISSON   **comme un poisson sur une bicyclette**   wie ein Fisch auf dem Trockenen
être comme un poisson dans l'eau   *voir (être à son) affaire*

POMPE   être bien/à l'aise dans ses pompes   *voir basket*

POMPON   c'est le pompon !   *voir bouquet*

POUSSER   à la va-comme-je-te-pousse   *voir mords-moi-le- ...*

PROGRÈS   **on n'arrête pas le progrès**   den Fortschritt kann man nicht aufhalten

R

RAGE   **être vert/fou/ivre de rage ; être dans une rage folle**   eine Mordswut (im Bauch) haben; vor Wut platzen

RAIDE   la trouver (un peu) raide   *voir avaler*

RANCART   **mettre qqch. au rancart**   etwas ausrangieren; etwas zum alten Eisen werfen

RAT   s'ennuyer comme un rat mort   *voir (se faire) chier comme un rat mort*

RÉFÉRENCE   **ce n'est pas une référence**   das ist nicht gerade eine Empfehlung

RELAX   relax, Max   *voir cool*

RELEVER (SE)   il n'y a pas de quoi se relever la nuit   *voir canard*

REPOS   **ce n'est pas de tout repos !**   das ist alles andere als erholsam!

RESTER   ça m'est resté là !   *voir gorge*

REVENIR   **je n'en reviens pas !**   das darf doch nicht wahr sein!; ich glaub's (einfach) nicht!

RÊVER   **on croit rêver !**   ich denk', mich tritt ein Pferd!

RIEN   **c'est trois fois rien**   das ist doch gar nichts/überhaupt nichts; das ist doch nicht der Rede wert
c'est pas/ce n'est pas rien   *voir bière*

RIGOLADE   c'est une vaste/de la rigolade   *voir foutaise*
finie la rigolade   Spaß/Scherz beiseite; Schluß mit lustig *(Neolog.)*

RIGOLER   **histoire de rigoler**   nur (so) zum Spaß; aus (lauter) Jux und Tollerei

17. LES JUGEMENTS, LES HUMEURS, LA PEUR

RIRE **avoir le/un fou rire** einen Lachkrampf/-anfall haben; nicht mehr können vor lachen

RIRE **avoir toujours le mot pour rire** immer einen Scherz auf den Lippen haben; immer zu Scherzen aufgelegt sein
 être mort de rire voir *écrouler*
 laissez-moi rire ! daß ich nicht lache!
 rire à gorge déployée/à pleine gorge lauthals lachen; aus vollem Halse/voller Kehle lachen
 rire aux larmes Tränen lachen
 rire comme une baleine/un bossu sich bucklig/schief/krank lachen
 rire dans sa barbe sich ins Fäustchen lachen
 rire du bout des lèvres gezwungen lachen; kaum sein Gesicht verziehen
 rire jaune falsch/hinterhältig lachen

RONGER (SE) **se ronger les sangs** vor Sorge umkommen; sich vor Angst/Unruhe/Sorge verzehren

ROUE **être la cinquième roue du carrosse/de la charrette** das fünfte Rad am Wagen sein

ROUGE **se fâcher tout rouge ; voir rouge** sich schwarz/grün ärgern; rot sehen

ROULER (SE) **c'est à se rouler par terre (de rire)** das ist zum Totlachen; das ist (ja) zum Schießen

S

SABOT **ça ne se trouve pas sous le sabot d'un cheval** voir *coin*

SANG **glacer le(s) sang(s)** voir *frisson*
 se faire un sang d'encre voir *cheveu : se faire des cheveux blancs*
 se ronger les sangs voir *ronger*

SAUMÂTRE **la trouver saumâtre** voir *mauvaise*

SAUTE **avoir des sautes d'humeur** voir *humeur*

SAUTER **sauter au plafond** an die Decke/in die Luft gehen

"*rire comme une baleine*"

Les baleines, ces animaux merveilleux qui émettent des sons étranges, élèvent puissamment leur mâchoire supérieure, laissant apparaître de multiples fanons qui composent une apparence de rire.

cf. RIRE

SCÈNE **faire une scène** *voir* ***affaire : en faire une affaire d'État***
jouer la grande scène du deux/trois (vielleicht) ein Theater machen/aufführen/inszenieren

SÉCHER **sécher sur pied** *voir* ***chier : se faire chier comme un rat mort***

SECOUER **n'avoir rien à secouer de qqch.** *voir* ***cirer***

SINÉCURE **c'est pas une sinécure** *voir* ***repos***

SINGE **faire le singe ; faire des singeries** den Hanswurst machen/spielen; Faxen machen

SOUFFLE **c'est à vous couper le souffle** *voir* ***couper***

SOULIER **être dans ses petits souliers** verlegen/betreten sein; kleinlaut werden

SOUPER **en avoir soupé** *voir* ***bol***

SOURIRE **avoir un sourire jusqu'aux oreilles** von einem Ohr zum anderen strahlen; über beide/alle vier Backen strahlen; strahlen wie ein Honigkuchenpferd
sourire en coin hämisch/schadenfroh grinsen

T

TAPER **je m'en tape** *voir* ***an***

TASSE **c'est pas ma tasse de thé** das ist nicht (so) mein Fall

TENTE **se retirer sous sa tente** sich gekränkt zurückziehen

TERRE **en vouloir à la terre entière** mit sich und der Welt unzufrieden sein; Frust schieben *(Jugendspr.)*
j'aurais voulu être à cent/six pieds sous terre *voir* ***pied***

TÊTE **en avoir par-dessus la tête** *voir* ***bol***
faire/avoir une tête d'enterrement *voir* ***enterrement***
faire la tête *voir* ***(faire/tirer la) gueule***

TOI **il n'y a pas que toi au monde** du bist nicht der/die einzige; von deiner Sorte gibt es noch genug/andere auf der Welt

TONNEAU **ils sont tous du même tonneau** *voir* ***acabit***

TRANQUILLE **être tranquille comme Baptiste** *voir* ***Baptiste***

TRISTE **c'était pas triste** es war sehr lustig; was haben wir gelacht
être triste comme un bonnet de nuit/comme un lendemain de fête *voir* ***malheureux***

TRONCHE **tirer une tronche de trois kilomètres** *voir* ***gueule : tirer une gueule de trois kilomètres***

17. LES JUGEMENTS, LES HUMEURS, LA PEUR

TROU j'aurais voulu rentrer/disparaître dans un trou (de souris) *voir pied : j'aurais voulu être à cent/six pieds sous terre*

TRUC **c'est pas mon truc** das ist nichts für mich
chacun son truc jedem das Seine

TUER **ça me tue !** das macht mich ganz krank!; das bringt mich (noch) um!

V

VACCINER **être vacciné contre qqch.** *voir blinder*

VEINE **ils sont tous de la même veine** *voir acabit*

VER **un ... pas piqué des vers** *voir hanneton*

VERT **être vert de peur** *voir peur*

VIOLON **c'est comme si on pissait dans un violon** *voir cracher : c'est comme si on crachait en l'air*

VOIR **c'est tout vu !** Schluß damit!; das ist ein für allemal erledigt!
on aura tout vu ! das ist doch unglaublich!; das ist doch die Höhe!; das ist doch nicht zu fassen!

VOLER **ça vole bas ; ça vole pas (très) haut** das ist ziemlich niveaulos/geisttötend/langweilig

Y

YEUX **fermer les yeux sur qqch.** ein Auge/beide Augen (bei etwas) zudrücken

18

LA CULTURE, LES ARTS

Vous connaissez la phrase :
« La culture, c'est comme la confiture,
moins on en a, plus on l'étale. » Mais bon,
vous aimez passer en vedette américaine,
chauffer la salle et casser la baraque.
Alors dites-nous,
comment traduisez-vous « crever l'écran » ?
Par « avoir beaucoup de présence »
tout simplement. Pour affirmer la vôtre,
voici une série d'expressions
sous forme de répétition générale.

18. LA CULTURE, LES ARTS

A

AFFICHE **mettre une pièce à l'affiche** die Aufführung eines Stückes ankündigen; ein Stück auf den Spielplan setzen

tenir l'affiche lange gespielt/aufgeführt werden; lange auf dem Spielplan bleiben

ANTENNE **à l'antenne** auf Sendung

ART **le septième art** die Filmkunst

B

BARAQUE **casser la baraque** einen Bombenerfolg erzielen; durchschlagenden Erfolg haben

BEAUTÉ **finir en beauté** einen guten Abschluß finden; sich einen glänzenden Abgang verschaffen; (seine Karriere) mit einem Triumph beenden

BERZINGUE **jouer (de la musique) à tout berzingue** (die Musik) sehr laut spielen/voll aufdrehen

BÊTE **une bête de scène** ein(e) Vollblutschauspieler(in); ein(e) Schauspieler(in), der/die auf der Bühne alles gibt

BIDE **(se) prendre un bide** einen Mißerfolg/ein Fiasko erleben; beim Publikum durchfallen

BILLET **un billet de faveur** eine Ehren-/Freikarte

BŒUF **faire le/un bœuf** eine Jamsession abhalten

BOURRER **un texte bourré de fautes** ein Text voller Fehler; ein Text, in dem es vor Fehlern nur so wimmelt

BOUSCULER (SE) **les gens ne se bousculent pas (au portillon)** es herrscht kein großer Andrang; es herrscht gähnende Leere

BOUT **faire/tourner un bout d'essai** eine Probeaufnahme machen

---

"casser la baraque"

À première vue, voilà qui devrait s'avérer fort négatif: détruire une maison n'est pas très sympathique. Pourtant, ce serait oublier les métiers du spectacle: lorsque l'on casse la baraque, c'est qu'un formidable succès est assuré... une réussite « à tout casser ».

cf. BARAQUE

BRAVOURE **un morceau de bravoure** ein Bravour-/Glanzstück

BROSSER **brosser le portrait de qqn.** ein Porträt/Charakterbild von jmdm. zeichnen; jmdn. porträtieren

BUREAU **jouer à bureaux fermés** vor vollem/ausverkauftem Haus spielen

C

CACHET **courir le cachet** Klinken putzen gehen; sich ständig um Engagements bemühen

CAPE **un film de cape et d'épée** ein Mantel-und-Degen-Film

CASSEROLE **chanter comme une casserole** (furchtbar/schrecklich) falsch singen

CATASTROPHE **un scénario catastrophe** eine Horrorvorstellung/-vision

CHANSON **tout finit par des chansons** alles findet ein Happy-End; alles wendet sich zum Guten

CHANSONNETTE **pousser la chansonnette** ein Lied schmettern/trällern

CHANT **c'est son chant du cygne** das ist sein Schwanengesang

CHANTER **chanter comme une casserole** *voir* **casserole**

CHARRETTE **en charrette** unter Zeit-/Termindruck

CHAUFFER **chauffer la salle** das Publikum anheizen

COFFRE **avoir du coffre** gut bei Stimme sein; eine kräftige Stimme haben

COUR **côté cour** auf der linken Seite der Bühne *(vom Schauspieler aus gesehen)*

COURRIER **le courrier du cœur** der Kummerkasten; die Briefkastenecke

CRAYON **avoir un joli/bon coup de crayon** gut zeichnen können; zeichnerisches Talent haben

D

DÉBUT **faire ses débuts sur (la) scène** sein Bühnendebüt geben

DOMAINE **dans le domaine public** frei von Urheberrecht/Copyright

18. LA CULTURE, LES ARTS

E

EAU **à l'eau de rose** kitschig; schmalzig; schnulzig; sentimental

ÉCRAN **crever l'écran** ungeheure Leinwandpräsenz haben
le petit écran das Fernsehen

ENFANT **être un enfant de la balle** ein Artisten-/Zirkuskind sein

F

FEUILLE **une feuille de chou** ein Käse-/Revolverblatt

FEUILLETON **un feuilleton qui fera pleurer dans les chaumières** eine schnulzige Fernsehserie; eine Fernsehserie, die auf die Tränendrüsen drückt

FICELER **une histoire bien ficelée** eine gut durchdachte/aufgebaute Geschichte/Handlung/Erzählung
une histoire mal ficelée eine abwegige/ungereimte/abstruse Geschichte/Handlung/Erzählung

FICTION **la réalité dépasse la fiction** die Wirklichkeit übertrifft häufig die Vorstellung; im richtigen Leben geht es oft bunter zu als im Film

FILM **tourner un film** einen Film drehen

FINIR **finir en beauté** *voir* **beauté**

FLOP **faire un flop** *voir* **bide**

FLOU **un flou artistique** eine (gewollte) Verschwommenheit/Unschärfe

FOUR **faire un four** *voir* **bide**

G

GÉNÉRALE **une (répétition) générale** eine Generalprobe

GLOIRE **la rançon de la gloire** der Preis des Ruhms/für das Berühmtsein

GUICHET **jouer à guichets fermés** *voir* **bureau**

I

INDEX **mettre qqch. à l'Index** etwas auf den Index/auf die schwarze Liste setzen

J

JARDIN **côté jardin** auf der rechten Seite der Bühne *(vom Schauspieler aus gesehen)*

L

LETTRE **écrire un nom en toutes lettres** einen Namen ausschreiben
être en toutes lettres dans les journaux groß/in großer Aufmachung/als Schlagzeile in der Zeitung stehen
LEVER **en lever de rideau** als (einaktiges) Vorspiel
LIVRE **un livre de chevet** eine Bettlektüre

M

MALHEUR **faire un malheur** *voir* **baraque**
MASSACRER **massacrer une langue** eine Sprache verunstalten/verhunzen/verstümmeln
massacrer une pièce ein Stück zerreißen *(Kritik)*
MESURE **battre la mesure** den Takt schlagen/angeben
MONSTRE **un monstre sacré** ein Welt-/Superstar; ein Idol
MUSIQUE **la musique adoucit les mœurs** *(etwa)* Musik besänftigt die Gemüter

N

NÈGRE **le nègre de** der Ghostwriter von
NOIR **mettre qqch. noir sur blanc** etwas schriftlich festhalten
NOM **se faire un nom** sich einen Namen machen

O

OREILLE **jouer à l'oreille/d'oreille** nach Gehör spielen

18. LA CULTURE, LES ARTS

P

PAPIER **faire/écrire un papier sur qqch./qqn.** einen Artikel/Beitrag über etwas/jmdn. schreiben

PAROLE **les paroles s'envolent, les écrits restent** (prov.) was man schwarz auf weiß besitzt, kann man getrost nach Hause tragen (Redew.)

PAS **faire ses premiers pas** voir **début**

PATAQUÈS **il a fait un pataquès** er hat einen Schnitzer gemacht; ihm ist ein (sprachlicher) Ausrutscher passiert

PATTE **écrire avec/faire des pattes de mouche** unleserlich schreiben; krakeln; eine Sauklaue haben (derb)

PEAU **il entre dans la peau de son/du personnage** er identifiziert sich völlig mit der von ihm dargestellten Gestalt/mit seiner Rolle; er geht ganz in seiner Rolle auf

PLAN **un gros plan** eine Großaufnahme

PLANCHE **brûler les planches** voller Leidenschaft (Theater) spielen; auf der Bühne alles geben
monter sur les planches zur Bühne/zum Theater gehen; Schauspieler(in) werden

POUSSER **pousser la chansonnette ; en pousser une (petite)** voir **chansonnette**

PREMIER **un jeune premier** ein Schauspieler in der Rolle des jugendlichen Liebhabers/Helden

PUBLIC **être bon public** dankbare Zuhörer/Zuschauer sein; ein gutes Publikum sein
le grand public das breite Publikum

"être le nègre de..."

L'homme noir a fourni une multitude d'acceptions vouées à l'esclavage ou au travail forcé, ces hontes de l'humanité. Ainsi est née l'expression « traiter comme un nègre », « travailler comme un nègre », et par suite « faire le nègre », c'est-à-dire jouer le rôle ingrat de rude ouvrier anonyme peinant sang et eau pour un auteur ou un éditeur. Comment ? Que dites-vous ? C'est le cas de M. X qui connaît un succès à nul autre pareil ? Et Machin n'a pas écrit une ligne des célèbres pensées qu'on lui prête ? Rassurez-vous pour ce qui nous concerne : ce livre est totalement conçu par ses auteurs.

cf. NÈGRE

R

RAMPE **sous les feux de la rampe** im Rampenlicht
RANÇON **la rançon de la gloire** voir *gloire*
RAT **un rat de bibliothèque** eine Lese-/Bücherratte
RÉALITÉ **la réalité dépasse la fiction** voir *fiction*
RECETTE **faire recette** ein Kassenerfolg/-schlager sein
RÔLE **un rôle qui colle à la peau de qqn.** eine Rolle, die jmdm. wie auf den Leib geschrieben ist

S

SAUCE **(r)allonger la sauce** eine Geschichte/Erzählung/Handlung in die Länge ziehen
SCÈNE **à la scène comme à la ville** auf der Bühne wie im richtigen Leben
    occuper le devant de la scène die Szene beherrschen; im Vordergrund stehen
SENTIER **les sentiers de la gloire** der Weg zum Ruhm
SERINGUE **chanter comme une seringue** voir *casserole*
SUCCÈS **avoir un succès fou** einen Riesen-/Bombenerfolg haben
    la rançon du succès voir *rançon*
    remporter un succès d'estime einen Achtungserfolg erzielen

T

TABAC **faire un tabac** voir *baraque*
TALENT **être bourré de talent** außerordentlich begabt/talentiert sein
TARTINE **une tartine dans le journal (à propos de qqch.)** ein Geschmier in der Zeitung (über etwas)
THÉÂTRE **un coup de théâtre** ein Theatercoup/-streich/-effekt
TIROIR **une pièce à tiroirs** ein Theaterstück mit eingeschobenen (, von der Haupthandlung unabhängigen) Szenen
TOILE **se faire une toile** ins Kino gehen; sich einen Film im Kino anschauen

18. LA CULTURE, LES ARTS

une toile de maître   ein alter Meister; ein Meisterwerk *(Gemälde)*

TOMATE   **recevoir des tomates**   mit Tomaten beworfen werden; (beim Publikum) schlecht ankommen

TRAC   **avoir le trac**   Lampenfieber haben

TRUFFER   **un texte truffé de citations**   ein Text voller Zitate; ein mit Zitaten gespickter Text

TUE-TÊTE   **chanter à tue-tête**   aus vollem Halse/mit schallender Stimme singen

VACHE   **parler le français comme une vache espagnole** *(= comme un Basque espagnol)*   Französisch radebrechen; ein miserables/schauderhaftes Französisch sprechen

VEDETTE   **partager la vedette avec qqn.**   nicht allein die Szene beherrschen/im Mittelpunkt stehen/die Hauptperson sein

passer en vedette américaine   als Star des Abends/als besonderer (Überraschungs-)Gast (in einer Show) auftreten

VOYAGE   **les gens du voyage**   die Zirkusleute; das fahrende Volk

19

LA POLITIQUE, LA RELIGION

*De parti, Alphonse Allais affirmait
qu'il n'en avait qu'un : celui d'en rire.
Et vous, quelle est votre opinion ?
Si vous voulez entrer en lice, partir en croisade,
jeter un pavé dans la mare et ne pas pratiquer
la langue de bois, nous vous proposons
des expressions à géométrie variable
qui vous éviteront les réponses de Normand.*

19. LA POLITIQUE, LA RELIGION

A

ABCÈS **crever/vider l'abcès** einer Sache (energisch) zu Leibe gehen/rücken

ACCEPTER **accepter qqch. comme parole d'évangile** etwas wie dem/einem Evangelium lauschen; etwas aufs Wort glauben

ACCORD **un accord en béton (armé)** eine unumstößliche Vereinbarung

un accord franc et massif uneingeschränkte/vorbehaltlose Zustimmung

ACCORDER **accorder ses violons** sich einigen/einig werden

AFFAIRE **c'est une affaire classée** die Sache/Angelegenheit ist abgeschlossen

expédier les affaires courantes die Tagesgeschäfte erledigen

ÂME **avoir charge d'âmes** Seelsorge haben; seelsorgerisch tätig sein

ARBRE **mettre le doigt entre l'arbre et l'écorce** sich zwischen zwei Feuern befinden; in einer Zwickmühle sitzen

ARGENT **prendre qqch. pour argent comptant** *voir accepter*

ARGENTIER **le Grand Argentier** *(iron.)* der Finanzminister

AVEUGLE **il n'est pire aveugle que celui qui ne veut pas voir** *(prov.)* keiner ist blinder, als der nicht sehen will *(Sprichw.)*

AVORTER **faire avorter qqch.** etwas vereiteln; etwas im Keim ersticken; etwas scheitern lassen/zum Scheitern bringen

B

BAIN **prendre un bain de foule** ein Bad in der Menge nehmen

BÂTON **prendre son bâton de pèlerin** für etwas zu Felde ziehen

BÉNITIER **être une (vraie) grenouille de bénitier** eine (richtige) Betschwester/Kanzelschwalbe sein

BÉTON **un accord en béton (armé)** *voir accord*

BORD **changer/virer de bord** umschwenken; den Kurs ändern; sich anders besinnen

BOUCLIER **une levée de boucliers** eine starke Opposition; ein heftiger Widerstand

BOULE **faire boule de neige** lawinenartig anwachsen; sich ausbreiten; um sich greifen
l'effet boule de neige der Schneeballeffekt

BRAS **avoir le bras long** einen langen Arm haben; weitreichenden Einfluß haben

BROUILLER **brouiller les cartes/pistes** die (Hintergründe der) Angelegenheit verschleiern; bewußt Verwirrung stiften

BRÛLER **brûler ce qu'on a adoré** wankelmütig sein; handeln nach dem Motto: heute Hosianna, morgen kreuzige ihn

C

CAMPAGNE **faire campagne pour un candidat** für einen Kandidaten Stimmen werben/einen Wahlfeldzug veranstalten

CARTE **brouiller les cartes** voir *brouiller*

CASAQUE **tourner casaque** voir *bord*

CATHOLIQUE **être plus catholique que le pape** päpstlicher als der Papst sein

CHAISE **pratiquer la politique de la chaise vide** *(etwa)* die Politik des Abstimmungsboykotts betreiben; sich seiner Stimme (durch demonstratives Fernbleiben von der Abstimmung) enthalten

CHANSON **c'est toujours la même chanson** das ist immer dasselbe Lied

CHAPELET **dévider son chapelet** sein Herz ausschütten; seinem Herzen Luft machen

CHAPITRE **(ne pas) avoir voix au chapitre** (k)ein Wort mitzureden haben

CHARBONNIER **la foi du charbonnier** der Köhlerglaube

CHARGE **avoir charge d'âmes** voir *âme*

CHASSE **une chasse aux sorcières** eine Hexenjagd

CHAT **jouer au chat et à la souris** Katze und Maus spielen

CHEVAL **j'en parlerai à mon cheval (il fait de la politique)** verschon mich bloß damit/mit deinem Gelaber; laß mich (damit) jetzt in Ruhe

CLASSER **c'est une affaire classée** voir *affaire*

19. LA POLITIQUE, LA RELIGION

CLOCHE **n'avoir/n'entendre qu'un (seul) son de cloche** nur eine Version (eines Vorfalls) kennen

COUP **un coup d'État** ein Staatsstreich
un coup de théâtre ein Theatercoup/-streich/-effekt

CRÉNEAU **monter au créneau (pour défendre sa politique)** auf die Barrikaden steigen (, um seine politischen Anschauungen zu verteidigen)

CROIRE **croire dur comme fer (à qqch.)** einen unerschütterlichen Glauben (an etwas) haben
croire qqch. les yeux fermés *voir accepter*

CROISADE **partir en croisade contre qqch.** einen Kreuzzug gegen etwas starten

CUL **un cul béni** ein Scheinheiliger

CURÉ **bouffer/manger du curé** die Pfaffen gefressen haben *(pej.)*

D

DESSOUS **les dessous de la politique** die verborgene/versteckte Seite der Politik

DÉTRUIRE **détruire qqch. dans l'œuf** *voir avorter*

DIALOGUE **c'est un dialogue de sourds** sie reden aneinander vorbei

DIEU **(il n')y a pas de bon Dieu** das ist so sicher wie das Amen in der Kirche
l'homme propose, Dieu dispose *(prov.)* der Mensch denkt, Gott lenkt *(Sprichw.)*
manger le bon Dieu zum Tisch des Herrn/zur Kommunion gehen
ne craindre ni Dieu ni le diable weder Tod noch Teufel fürchten; vor nichts zurückschrecken
ne croire ni à Dieu ni à diable weder an Gott noch an den Teufel glauben; ungläubig sein

DISQUE **c'est toujours le même disque** *voir chanson*

DIVISER **diviser pour (mieux) régner** teile und herrsche!; divide et impera! *(geh.)*

DOIGT **mettre le doigt dans l'engrenage** in ein Räderwerk geraten

DOS **renvoyer deux adversaires dos à dos** die beiden Gegner gleichermaßen abweisen; keinem der beiden Gegner recht geben

E

ÉCOLE **faire école** Schule/Beispiel machen

ÉCORCE **mettre le doigt entre l'arbre et l'écorce** *voir* ***arbre***

ÉCOUTE **mettre qqn. sur écoute (téléphonique)** jmds. Telefongespräche abhören; jmds. Telefonleitung anzapfen

ÉCRASER **écraser/étouffer qqch. dans l'œuf** *voir* ***avorter***

ÉMINENCE **une éminence grise** eine graue Eminenz

ENCLUME **se trouver/être entre le marteau et l'enclume** *voir* ***arbre***

ÉTOUFFER **étouffer un scandale** einen Skandal vertuschen

ÉVANGILE **c'est parole d'évangile** das ist ein Evangelium (für jmdn.)

F

FAGOT **sentir le fagot** ketzerische Ansichten haben

FER **être le fer de lance (de qqch.)** der Vorkämpfer (von etwas) sein

FIGURE **être la figure de proue (d'un mouvement)** die Galionsfigur (einer Bewegung) sein

FOI **être sans foi ni loi ; n'avoir ni foi ni loi** weder Glauben noch Moral besitzen
la foi du charbonnier *voir* ***charbonnier***

FORCE **un cas de force majeure** ein Fall von höherer Gewalt

FOULE **prendre un bain de foule** *voir* ***bain***

FROC **jeter le/son froc aux orties** den Priesterberuf aufgeben; in den Laienstand zurückkehren

"une éminence grise"

Nom donné au principal conseiller de Richelieu, un mystérieux personnage, le père Joseph, auquel l'Éminence rouge ne dédaignait pas de confier de délicates et périlleuses entreprises. L'écrivain Robert Merle le décrit comme un ecclésiastique dégageant… un fumet monacal.

cf. ÉMINENCE

19. LA POLITIQUE, LA RELIGION

G

GÉOMÉTRIE **à géométrie variable** mit variabler/veränderbarer Geometrie; wandelbar

GIROUETTE **virer comme une girouette** sich drehen wie eine Wetterfahne; sein Fähnchen nach dem Wind drehen; seine Meinung wie sein Hemd wechseln

GRAIN **séparer le bon grain de l'ivraie** die Spreu vom Weizen trennen

GRENOUILLE **être une (vraie) grenouille de bénitier** voir **bénitier**

GUERRE **partir en guerre** voir **croisade**

H

HABIT **prendre l'habit** in einen Orden eintreten bzw. Priester werden
quitter l'habit die Kutte/Ordenstracht bzw. das Priestergewand ablegen

HISTOIRE **c'est toujours la même histoire** voir **chanson**

HOMME **l'homme propose, Dieu dispose** (prov.) voir **Dieu**

HURLER **hurler avec les loups** mit den Wölfen heulen

"*la foi du charbonnier*"

Et pourquoi donc, on se le demande, un charbonnier serait-il plus croyant ou plus crédule qu'un ramoneur, qu'une danseuse étoile ou qu'un collectionneur de tampons encreurs du Bechouanaland oriental ? Tout provient de ce centenier, officier romain, dont Jésus-Christ soigna l'enfant. Par suite, centeniers et charbonniers s'unirent dans le vocabulaire populaire pour exprimer une foi naïve et sans concession. Cette expression est parfois confondue, mais faussement, avec la farouche détermination des « carbonari » (révolutionnaires de la société secrète de la Charbonnerie).

cf. FOI

I

ICEBERG **la partie visible/émergée de l'iceberg** die Spitze des Eisbergs

IVRAIE **séparer le bon grain de l'ivraie** voir *grain*

J

JOUR **mettre qqch. au grand jour** ans Tageslicht/an den Tag bringen

JUSQU'AU-BOUTISTE **être (un) jusqu'au-boutiste** ein Hardliner sein; einen harten politischen Kurs einschlagen

L

LANGUE **pratiquer la langue de bois** Phrasen dreschen; leere Parolen von sich geben

LICE **entrer en lice** die Arena betreten; mitmischen/-tun; mit von der Partie sein

LIÈVRE **c'est là que gît le lièvre** da liegt der Hase im Pfeffer
lever un lièvre in ein Wespennest greifen/stechen; ein heikles Thema anschneiden

LOUP **hurler avec les loups** voir *hurler*

LUMIÈRE **faire (toute) la lumière sur qqch.** eine Sache (völlig) aufklären

LUNE **promettre la lune (à qqn.)** jmdm. das Blaue vom Himmel (herunter) versprechen

M

MAIN **pratiquer la politique de la main tendue** eine Versöhnungspolitik betreiben

MARE **c'est le pavé dans la mare** das schlägt ein wie eine Bombe; die Sache schlägt Wellen

MARTEAU **se trouver/être entre le marteau et l'enclume** voir *arbre*

MINISTRE **la valse des ministres** der ständige Wechsel der Minister; die ständigen Kabinettsumbildungen

MOULIN **un moulin à prières** ein Frömmler

19. LA POLITIQUE, LA RELIGION

N

NORMAND **donner/faire une réponse de Normand** eine ausweichende Antwort geben; weder ja noch nein sagen

NOYAU **le noyau dur** der harte Kern

O

ŒUF **tuer/écraser/étouffer/détruire qqch. dans l'œuf** *voir* **avorter**

OFFICE **les bons offices** gute Dienste; Vermittlung
un Monsieur bons offices ein Mittelsmann; ein Vermittler; ein Unterhändler

OPÉRATION **par l'opération du Saint-Esprit** durch eine Fügung des Himmels; wie durch ein Wunder

P

PAVÉ **jeter un pavé dans la mare** *voir* **mare**

PEAU **faire peau neuve** sich verändern; sich verwandeln

PÉCHER **pécher par (ignorance, bêtise, etc.)** aus (Unwissenheit, Dummheit usw.) sündigen

PÈLERIN **prendre son bâton de pèlerin** *voir* **bâton**

PISTE **brouiller les pistes** *voir* **brouiller**

POINT **être au point mort** an einem toten Punkt angelangt sein
un point chaud ein heißes Eisen; eine brennende Frage

POLITICARD **un politicard** ein skrupelloser Politiker

POLITIQUE **pratiquer la politique de la chaise vide** *voir* **chaise**

PORTEFEUILLE **la valse des portefeuilles** *voir* **ministre**

POSITION **durcir ses positions** eine unnachgiebigere Position einnehmen
prendre position Stellung nehmen/beziehen
rester/camper sur ses positions auf seinem Standpunkt beharren

PRÊCHER **prêcher dans le désert** ein Rufer/Prediger in der Wüste sein
prêcher pour sa paroisse/son saint in eigener Sache reden/sprechen

prêcher un converti/un convaincu (bei jmdm.) offene Türen einrennen

PROFIL **garder (un) profil bas** zurückhaltend sein; sich im Hintergrund halten

PROMESSE **des promesses en l'air** leere Versprechungen

PROPHÈTE **nul n'est prophète dans/en son pays** *(prov.)* der Prophet gilt nichts in seinem Vaterland *(Sprichw.)*

PUNAISE **être une punaise de sacristie** *voir bénitier*

PUR **pur et dur ; pur jus** unnachgiebig; unerbittlich; kompromißlos

R

RACINE **prendre/couper le mal à la racine** das Übel an der Wurzel packen
s'attaquer aux racines du mal das Übel mit der Wurzel ausreißen

RAISON **la raison d'État** die Staatsräson

RATISSER **ratisser large** seine Netze überall auswerfen

RAZ **un raz de marée (électoral)** ein Erdrutschsieg (im Wahlkampf)

RELIGION **la religion est l'opium du peuple** Religion ist Opium für das Volk

RÊNE **tenir les rênes (du pouvoir)** die Zügel (der Macht) in der Hand halten

RENGAINE **c'est toujours la même rengaine** *voir chanson*

RETOURNER **retourner sa veste** *voir bord*

ROUTIER **un vieux routier de la politique** ein alter Routinier in der Politik

ROYALISTE **être plus royaliste que le roi** *voir catholique*

"*prêcher dans le désert*"

Encore du latin : vox camans in deserto… *Jésus fit sa traversée du désert, avant que sa parole ne se répandît comme l'on sait. C'est le lot de nombre de grands de ce monde. Conclusion : que vous prêchiez dans le désert ou seul après le dessert, ne vous découragez pas. La gloire vous attend peut-être.*

cf. PRÊCHER

19. LA POLITIQUE, LA RELIGION

S

SABRE **le sabre et le goupillon** die Armee und die Kirche

SCANDALE **étouffer un scandale** *voir étouffer*

SELLETTE **être sur la sellette** aufs Korn genommen werden; auf der Anklagebank sitzen

SINCÉRITÉ **avoir des sincérités successives** *voir bord*

SOLDE **être à la solde (d'une puissance étrangère)** im Sold (einer ausländischen Macht) stehen

SON **n'avoir/n'entendre qu'un (seul) son de cloche** *voir cloche*

SORCIÈRE **une chasse aux sorcières** *voir chasse*

SOUFRE **sentir le soufre** *voir fagot*

SOURCE **de source sûre** aus maßgeblicher/sicherer Quelle

SOURIS **jouer au chat et à la souris** *voir chat*

SPHÈRE **les hautes sphères du pouvoir/de la politique** die führenden politischen Kreise

T

TABLE **faire table rase (de qqch.)** Tabula rasa/reinen Tisch machen (mit etwas); gründlich aufräumen (mit etwas)

TACHE **faire tache d'huile** sich (allmählich) verbreiten; sich (nach und nach) durchsetzen

TANGENTE **prendre la tangente** einer Frage ausweichen; um den heißen Brei reden

TEINT **bon teint** überzeugt; wahr; treu

"*la religion est l'opium du peuple*"

C'est Lénine qui a popularisé cette formule de Marx, mais ils n'avaient rien inventé, car ils reprenaient ainsi un thème philosophique cher aux Lumières : le peuple trompe sa misère en s'adonnant aux illusions de la religion. Pour certaines écoles de la pensée libre-exaministe, la religion revêt donc un caractère mystificateur. Le débat reste ouvert...

cf. RELIGION

TERRAIN **trouver un terrain d'entente** eine Verständigungsgrundlage finden; etwas auf einen gemeinsamen Nenner bringen

TOPO **c'est toujours le même topo** *voir chanson*

TUER **tuer qqch. dans l'œuf** *voir avorter*

U

UNION **l'union fait la force** Einigkeit macht stark

V

VALSE **la valse des ministres/portefeuilles** *voir ministre*

VESTE **retourner sa veste** *voir bord*

VIOLON **accorder ses violons** *voir accorder*

VOILE **prendre le voile** den Schleier nehmen; Nonne werden

VOIX **(ne pas) avoir voix au chapitre** *voir chapitre*

VOTER **voter utile** taktisch wählen

20

LA MATIÈRE GRISE

*Agités du bocal, ânes bâtés, fins renards
et bêtes à concours, oyez, oyez ! Pour éviter
de perdre la boussole ou d'avoir l'air
dur de la comprenette, passez ce chapitre
au crible, en long, en large et en travers.
Il vous permettra de mettre
le doigt sur les bonnes expressions
et vos interlocuteurs en resteront babas.
Au fond, la matière grise,
c'est bête comme chou.*

A

A **prouver/démontrer qqch. par A plus B** etwas klipp und klar beweisen

ABORD **au premier abord ; de prime abord** auf den ersten Blick; zunächst

ACQUIT **par acquit de conscience** um ganz sicher zu gehen; um sein Gewissen zu beruhigen

AGITÉ **un agité du bocal** ein Verrückter; ein Wahnsinniger; ein Geistesgestörter

AIGLE **ce n'est pas un aigle** er ist kein großes Licht; er ist nicht besonders hell(e)

ALLEMAND **c'est du haut allemand** das sind für mich böhmische Döfer

AMBULANT **un dictionnaire/une encyclopédie ambulant(e)** ein wandelndes Wörterbuch/Lexikon

ANDOUILLE **faire l'andouille** den Dummkopf/Trottel spielen

ÂNE **un âne (bâté)** ein Esel; ein Kamel; ein Rindvieh

ANTENNE **avoir des antennes** den sechsten Sinn haben; eine Antenne (für etwas) haben

"*ce n'est pas un aigle*"

Depuis la plus haute antiquité, l'aigle représente la force supérieure (l'aigle romaine, l'aigle autrichienne à deux têtes, ou l'aigle américaine). C'est pourquoi sa puissance, son regard pénétrant et son envergure se sont naturellement appliqués aux qualités reconnues aux grands hommes (à leur intelligence surtout). Ainsi, Bossuet fut-il surnommé « l'aigle de Meaux » et Napoléon « l'aigle » tout court.

"*faire l'andouille*"

Que les habitants de Vire et d'ailleurs me pardonnent : je n'ai pas inventé cette expression qui décrie leur succulente spécialité. C'est par référence au membre viril, réputé idiot, que l'andouille a pris cette désagréable tournure. Je proteste, mais Brassens objecte à juste titre qu'il est également scandaleux de donner un sens péjoratif à la plus douce partie de la femme. Dans ce cas...

cf. AIGLE et cf. ANDOUILLE

20. LA MATIÈRE GRISE

ARAIGNÉE **avoir une araignée dans le plafond** nicht alle Tassen im Schrank haben; einen Dachschaden haben; nicht ganz richtig im Oberstübchen sein; nicht (mehr) richtig ticken; einen Vogel haben; einen Sparren haben

ARBRE **les arbres cachent la forêt** (prov.) man sieht den Wald vor lauter Bäumen nicht (Sprichw.)

ARGUMENT **un argument massue** ein schlagendes Argument

AVERSE **ne pas être né de la dernière averse** nicht von gestern sein

AVEUGLE **au royaume des aveugles, les borgnes sont rois** (prov.) unter den Blinden ist der Einäugige König (Sprichw.)

AVIS **deux avis valent mieux qu'un** (etwa) es ist klug, eine zweite Meinung einzuholen
il change d'avis comme de chemise er wechselt seine Meinung wie seine Hemden

B

BABA **(en) rester baba** verblüfft/sprachlos/baß erstaunt sein

B.A.-BA **le b.a.-ba de qqc.** die Anfangsgründe/Grundlagen von etwas

BERCER **il a été bercé un peu près du mur** er ist als Kind zu heiß gebadet worden

BESTIAL **être bestial** eine Intelligenzbestie sein

BÊTE **bête comme chou** kinderleicht; ein Kinderspiel; nichts leichter als das

BÊTE **être une bête** voir *bestial*
faire la bête voir *andouille*
il est bête à manger du foin er ist dumm wie Bohnenstroh; er ist stroh-/saudumm (derb); er ist so dumm, daß er brummt
une bête à concours ein Streber

BORGNE **au royaume des aveugles, les borgnes sont rois** (prov.) voir *aveugle*

BOSSE **avoir la bosse (des maths)** gut in Mathe sein; ein Mathe-As sein

BOUCHE **(en) rester bouche bée** voir *baba*

BOUCHER **bouché (à l'émeri)** voir *bête (à manger du foin)*

BOULE **perdre la boule** überschnappen; seinen Verstand verlieren

BOURRICHON **monter le bourrichon à qqn.** jmdm. Flausen in den Kopf setzen; jmdn. auf dumme Gedanken bringen; jmdn. aufhetzen
se monter le bourrichon sich in etwas hineinsteigern; sich etwas einreden

BOUSSOLE **perdre la boussole** *voir* ***boule***

BOUT **il a un mot/nom sur le bout de la langue** ihm liegt das Wort/der Name auf der Zunge

BOUTEILLE **c'est la bouteille à l'encre** das ist eine (ziemlich) undurchsichtige/verworrene Angelegenheit

BRAS **les bras m'en tombent** da bin ich baff/platt/sprachlos

BROUILLER **être brouillé avec les dates/les chiffres** mit Daten/Zahlen auf Kriegsfuß stehen; sich Daten/Zahlen einfach nicht merken können

C

CABOCHE **fourre-toi bien ça dans la caboche !** merk dir das gut!; schreib dir das hinter die Ohren!

CASE **avoir une case en moins/une case vide** *voir* ***araignée***

CASSE-TÊTE **un casse-tête (chinois)** eine harte Nuß

CENT **je vous/te le donne en cent !** das raten Sie/rätst du nie!

CERVELLE **avoir une cervelle de moineau** ein Spatzenhirn haben *(voir aussi* ***bête [à manger du foin]****)*
avoir/être une tête sans cervelle ein Hohl-/Strohkopf sein; keine Grütze im Kopf haben
se creuser la cervelle sich den Kopf zerbrechen; sich das Hirn zermartern

CHAPEAU **travailler du chapeau** *voir* ***araignée***

CHAT **donner sa langue au chat** (es) aufgeben

CHEVAL **miser sur le mauvais cheval** auf das falsche Pferd setzen

CHEVEU **c'est tiré par les cheveux** das ist an den Haaren herbeigezogen

CHIFFONNER **ça me chiffonne** das stört/nervt mich; das geht mir gegen den Strich

CHINOIS **c'est du chinois** *voir* ***allemand***

CHOUCROUTE **pédaler dans la choucroute** auf der Stelle treten; sich (unnütz) abstrampeln; nicht vorankommen

20. LA MATIÈRE GRISE

CINGLÉ **(complètement) cinglé** bekloppt; bescheuert; behämmert; meschugge; plemplem

CIRAGE **être dans le cirage** nicht klarsehen; keinen Durchblick haben

CLAIR **c'est clair comme de l'eau de roche** das ist (doch) sonnenklar/klar wie Klärchen
c'est clair comme de l'eau de vaisselle/du jus de boudin das ist (doch) klar wie Kloßbrühe/dicke Tinte

CLOU **enfoncer le clou** (jmdm.) etwas einhämmern/ -trichtern

CŒUR **en avoir le cœur net** Gewißheit haben; ganz sicher sein

COIN **en boucher un coin à qqn.** jmdn. verblüffen/verdutzen/überrumpeln

COLLE **poser une colle à qqn.** jmdn. eine knifflige Frage stellen; jmdn. in die Enge treiben

COLOMB **c'est l'œuf de Christophe Colomb** das ist das Ei des Kolumbus

COMBAT **c'est un combat de nègres dans un tunnel** *(etwa)* das ist eine undurchsichtige/nebulöse Angelegenheit

COMPRENETTE/COMPRENURE **dur de la comprenette/comprenure** schwer von Begriff/Kapee sein

COMPTE **au bout du compte ; tout compte fait ; tous comptes faits** im Grunde genommen; im Endeffekt; alles in allem

COMPTEUR **avoir la tête comme un compteur à gaz** eine Matschbirne haben

CON **con comme un balai ; con comme un manche (à balai) ; con comme la lune** *voir bête (à manger du foin)*
il a oublié d'être con so blöd/doof/dämlich ist er gar nicht
jouer au con *voir andouille*
ne pas être aussi con qu'on en a l'air nicht so dumm sein, wie man aussieht

CONFIDENCE **être dans la confidence** eingeweiht sein

COUCHE **en tenir une couche** *voir bête (à manger du foin)*

COUDRE **c'est cousu de fil blanc** das ist leicht zu durchschauen; das ist fadenscheinig

COUP **être dans le coup** auf dem laufenden sein; im Bilde sein

COURANT **être au courant** *voir coup*

COUTURE **regarder/examiner qqch./qqn. sous toutes les/ ses coutures** etwas/jmdn. auf Herz und Nieren prüfen

CRÂNE **bourrer le crâne à qqn. ; faire du bourrage de crâne à qqn.** jmdn. mit Informationen/Faktenwissen vollstopfen/überfüttern

CRIBLE **passer qqch. au crible** etwas unter die Lupe nehmen

CROIRE **(être comme saint Thomas,) ne croire que ce que l'on voit** (ein ungläubiger Thomas sein,) nur glauben, was man sieht

CUL **tomber le cul par terre ; (en) tomber/rester sur le cul** *voir baba*

CUTI **virer sa cuti** seine Einstellung/Gesinnung ändern

D

DÉBARQUER **tu débarques ?** du lebst wohl hinter dem Mond?

DÉBLOQUER **tu débloques !** red keinen Unsinn/Stuß!; quatsch nicht so dämlich/blöd!

DEBOUT **ça ne tient pas debout** das hat weder Hand noch Fuß; das ergibt keinen Sinn

DÉCOR **connaître l'envers du décor** hinter die Kulissen geblickt haben; die wahren Verhältnisse kennen

DEGRÉ **prendre qqch. au premier degré** etwas wortwörtlich nehmen

DÉTENTE **dur/long à la détente** eine lange Leitung haben; auf der Leitung stehen

DEUX **lui et les maths, ça fait deux** Mathe ist nicht sein Ding; von Mathe hat er keinen blassen Schimmer/nicht die leiseste Ahnung

DICTIONNAIRE **un dictionnaire ambulant** *voir ambulant*

DINGUE **(complètement) dingue** *voir cinglé*

DIRE **ça dit bien ce que ça veut dire** das drückt gut aus, was gemeint ist
ça ne me dit rien (du tout) das sagt mir (gar) nichts

DISJONCTER **tu disjonctes !** du hast wohl einen Sprung in der Schüssel!; bei dir hackt's wohl! *(voir aussi débloquer)*

DOIGT **mettre le doigt sur qqch.** auf etwas hin-/verweisen; etwas aufzeigen
mon petit doigt me l'a dit das sagt mir mein kleiner Finger
savoir/connaître qqch. sur le bout du/des doigt(s) etwas in- und auswendig können

20. LA MATIÈRE GRISE

se mettre/se fourrer/se foutre le doigt dans l'œil (jusqu'au coude)   sich gewaltig irren/täuschen; schiefgewickelt sein

DOUTE   **dans le doute, abstiens-toi**   laß im Zweifel lieber die Finger davon

il n'y a pas l'ombre d'un doute   es besteht nicht der leiseste/geringste Zweifel

DUR   **dur de la comprenette/comprenure**   *voir* ***comprenette/comprenure***

E

EAU   **ne pas avoir inventé l'eau chaude**   nicht bis drei zählen können; keine Leuchte sein

ÉCOLE   **à bonne école**   in einer guten Lehre/Schule sein

ENCYCLOPÉDIE   **une encyclopédie ambulante**   *voir* ***ambulant***

ENTRAVER   **j'y entrave que dalle/que couic/que pouic**   ich verstehe nichts/kein Wort

ERREUR   **erreur profonde ! ; grave erreur !**   das stimmt überhaupt nicht!; da liegen Sie/liegst du völlig falsch!; da irren Sie sich/irrst du dich gewaltig!

l'erreur est humaine ; errare humanum est *(latin)*   Irren ist menschlich

ESPRIT   **avoir l'esprit d'escalier/de l'escalier**   Treppenwitz haben; alles andere als schlagfertig sein

les grands esprits se rencontrent   zwei Seelen und ein Gedanke

rassembler ses esprits   sich sammeln; sich zusammennehmen

EXCEPTION   **c'est l'exception qui confirme la règle**   Ausnahmen bestätigen die Regel

EXPLIQUER   **je t'explique pas !**   das kannst du dir ja vorstellen!

F

FIL   **c'est cousu de fil blanc**   *voir* ***coudre***

ne pas avoir inventé le fil à couper le beurre   *voir* ***eau***

perdre le fil (de ses idées)   den Faden verlieren

FLÈCHE   **ce n'est pas une flèche**   *voir* ***aigle***

FOLIE   **c'est de la folie furieuse/douce/pure**   das ist heller Wahnsinn

FORÊT **les arbres cachent la forêt** *(prov.)* *voir* **arbre**

FORT **ce n'est pas mon fort** das ist nicht meine Stärke/meine starke Seite

FOU **fou à lier** total verrückt; völlig übergeschnappt; reif fürs Irrenhaus *(voir aussi* **cinglé***)*

G

GARDE **être sur ses gardes** auf der Hut sein; sich vorsehen

GÂTER **ne pas avoir été gâté par la nature** nicht gerade mit Weisheit gesegnet sein

GIROUETTE **être une vraie girouette** eine Wetterfahne sein; ein Wendehals sein

GOURER (SE) **se gourer (complètement)** *voir* **doigt** : **se mettre le doigt dans l'œil**

GRAIN **avoir un (petit) grain** *voir* **araignée**

GRAINE **en prendre de la graine** sich ein Beispiel daran nehmen

I

IDÉE **avoir de la suite dans les idées** konsequent/beharrlich/hartnäckig sein; sich nicht so leicht von seinem Vorhaben abbringen lassen
avoir les idées larges vorurteilsfrei/freisinnig sein; liberal denken
avoir une idée derrière la tête einen Hintergedanken haben
avoir une idée fixe eine fixe Idee haben
(il) y a de l'idée da ist was dran; da magst du/mögen Sie recht haben
remettre les idées en place à qqn. jmdn. den Kopf zurechtrücken

IDIOT **ne pas mourir idiot** nicht in Unwissenheit sterben

IGNORER (S') **être un poète (romancier, etc.) qui s'ignore** ein Dichter (Schriftsteller usw.) sein, ohne es zu wissen

IMBÉCILE **être un imbécile heureux** ein ausgemachter Idiot sein
n'avoir rien d'un imbécile ; ne pas être le quart/la moitié d'un imbécile nicht blöd sein; kein Dummkopf sein

20. LA MATIÈRE GRISE

IMPORTER **(c'est) n'importe quoi !** (so ein) Quatsch/Unsinn/Unfug!

IROQUOIS **c'est de l'iroquois** *voir* **allemand**

J

JACQUES **faire le Jacques** *voir* **andouille**

JE NE SAIS QUOI **un je ne sais quoi** das gewisse Etwas

JOUER **où t'as vu jouer ça ?** wie kommst du denn auf die Idee?; du hast aber auch Ideen!

JOUR **percer qqch./qqn. à jour** etwas/jmdn. durchschauen

L

LANGUE **avoir un mot/un nom sur le bout de la langue** *voir* **bout**
donner sa langue au chat *voir* **chat**

LANTERNE **éclairer la lanterne de qqn.** jmdn. aufklären/einweihen

LATIN **y perdre son latin** mit seinem Latein/seiner Weisheit am Ende sein

LAVAGE **un lavage de cerveau** eine Gehirnwäsche

LÉGÈRE **prendre qqch. à la légère** etwas leicht/auf die leichte Schulter nehmen

LETTRE **prendre qqch. au pied de/à la lettre** etwas wörtlich nehmen

LIEUE **j'étais à cent lieues de penser que...** ich hätte nicht geglaubt/gedacht/vermutet, daß ...; ich wäre nie auf die Idee gekommen, daß ...

LIGNE **entrer en ligne de compte** in Betracht/in Frage kommen
lire entre les lignes zwischen den Zeilen lesen

LINOTTE **avoir/être une tête de linotte** *voir* **(avoir/être une tête sans) cervelle**

LIRE **lire à livre ouvert dans qqn.** in jmdm. wie in einem offenen Buch lesen
lire en diagonale (einen Text) überfliegen/anlesen/diagonal lesen

LORGNETTE **regarder les choses par le petit bout de la lorgnette** nicht über den Tellerrand hinausgucken

LUMIÈRE **faire (toute) la lumière sur qqch.** eine Sache (völlig) aufklären
ne pas être une lumière voir *eau*

LUNE **con comme la lune** voir *bête (à manger du foin)*
être dans la lune nicht bei der Sache sein; geistesabwesend sein; mit seinen Gedanken ganz woanders sein

M

MABOUL **être maboul** voir *cinglé*

MACHINE **avoir la tête comme une machine à gaz** voir *compteur*

MAIN **en mettre sa main au feu** seine Hand dafür ins Feuer legen

MALIN **à malin, malin et demi** auf einen Schlauen gehört ein Überschlauer; auf einen Schelm anderthalbe
il est malin comme un singe das ist ein schlauer/gewiefter/gerissener Bursche

MARTEAU **complètement marteau** voir *cinglé*

MASSE **à la masse** voir *cinglé*

MATIÈRE **faire travailler sa matière grise** seinen Grips anstrengen
la matière grise die grauen Zellen

MÉMOIRE **avoir la mémoire comme une passoire** ein Gedächtnis wie ein Sieb haben
avoir une mémoire d'éléphant ein Gedächtnis wie ein Elefant haben
avoir un trou de mémoire einen Filmriß/Blackout haben

MÉTRO **avoir un métro de retard** hinterherhinken; die Gelegenheit verpaßt haben

MILLE **je vous/te le donne en mille !** voir *cent*

MOUCHE **une fine mouche** ein Schlaukopf; ein Pfiffikus

MUSIQUE **connaître la musique** wissen, wie der Hase läuft

N

NAÎTRE **ne pas être né de la dernière averse/pluie** voir *averse*

NEZ **à vue de nez** schätzungsweise; über den Daumen gepeilt

20. LA MATIÈRE GRISE

ne pas voir plus loin que le bout de son nez nicht weiter sehen, als die Nase reicht

NŒUD **faire un nœud à son mouchoir** sich einen Knoten ins Taschentuch machen

NORD **ne pas perdre le nord** nicht den Kopf verlieren; nicht aus der Fassung geraten
perdre le nord den Überblick verlieren; völlig durcheinandergeraten

NUAGE **avoir la tête dans les nuages** *voir lune*

NUE **tomber des nues** aus allen Wolken fallen

NUIT **la nuit porte conseil** *(prov.)* guter Rat kommt über Nacht *(Sprichw.)*

O

ŒILLÈRE **avoir des œillères** Scheuklappen tragen; mit Scheuklappen durchs Leben gehen

ŒUF **c'est l'œuf de Christophe Colomb** *voir Christophe Colomb*
quel œuf ! so ein Dummkopf/Idiot!

P

PANTOUFLE **raisonner comme une pantoufle** Unsinn/dummes Zeug reden

PARFUM **être au parfum** Bescheid wissen; auf dem laufenden sein
mettre qqn. au parfum jmdn. unterrichten/ins Bild setzen

PART **faire la part des choses** den Dingen Rechnung tragen

"*c'est l'œuf de Christophe Colomb*"

Si un œuf dur ne tient pas debout, frappez-en le gros bout pour l'aplatir : il tiendra. Simple ! Il suffisait d'y penser. Comme son illustre prédécesseur antique Alexandre – qui trancha d'un seul coup le nœud gordien qu'on le défiait de dénouer – Colomb prouve qu'il est d'efficace politique de modifier les conditions d'un problème pour le résoudre.

cf. ŒUF

PASSAGE **avoir un passage à vide** geistig weggetreten sein; Mattscheibe haben

PASSOIRE **avoir la mémoire comme une passoire** *voir mémoire*

PÉDALE **perdre les pédales** kopflos werden; nicht mehr ein noch aus wissen; sich nicht mehr zu helfen wissen

PÉDALER **pédaler dans la choucroute/dans la semoule/le yaourt** *voir choucroute*

PEIGNE **passer qqch. au peigne fin** *voir crible*

PENSE-BÊTE **un pense-bête** eine Merkhilfe; eine Gedächtnisstütze; eine Eselsbrücke

PÈRE NOËL **croire au père Noël** (noch) an den Weihnachtsmann glauben

PESER **tout bien pesé** nach reiflicher Überlegung

PIED **avoir/garder les pieds sur terre** mit beiden Beinen (fest) auf der Erde stehen
bête comme ses pieds *voir bête (à manger du foin)*
prendre qqch. au pied de la lettre *voir lettre*

PIF **au pif ; au pifomètre** pi mal Schnauze; über den Daumen gepeilt

PIGER **j'y pige que dalle** *voir entraver*
piger qqch. etwas begreifen/kapieren; etwas checken/fressen/raffen/schnallen (*Jugendspr.*)

PIQUER **piqué (de la tarentule)** *voir araignée*

PLACER **être bien placé pour le savoir** es eigentlich (am besten) wissen müssen

PLAFOND **bas de plafond** *voir bête (à manger du foin)*

PLAQUE **être (complètement) à côté de la plaque** *voir doigt : se mettre le doigt dans l'œil*

PLEURER **bête à pleurer** *voir bête (à manger du foin)*

PLOMB **mettre du plomb dans la cervelle de qqn.** jmdn. von seinem Leichtsinn kurieren
péter les plombs *voir disjoncter*

PLUIE **ne pas être né/tombé de la dernière pluie** *voir averse*

POCHE **connaître qqch. comme (le fond de) sa poche** etwas wie seine Westentasche kennen

POIDS **c'est un argument de poids** das ist ein gewichtiges Argument

POIS **avoir un petit pois dans la tête** *voir cervelle : avoir une cervelle de moineau*

POMPE **marcher/être à côté de ses pompes** von der Rolle sein; danebensein; neben der Kappe sein

PONTOISE **tu reviens de Pontoise ?** *voir débarquer*

20. LA MATIÈRE GRISE

POT **découvrir le pot aux roses** hinter das Geheimnis kommen; der Sache auf die Spur kommen

POUDRE **ne pas avoir inventé la poudre** *voir eau*

POUR **peser le pour et le contre** das Für und Wider abwägen

PREUVE **faire la preuve par 9** die Gegenprobe machen; etwas genau nachprüfen

PROUVER **prouver qqch. par A plus B** *voir a*

PUCE **ça m'a mis la puce à l'oreille** das hat mich stutzig/mißtrauisch gemacht

PUITS **un puits de science/d'érudition** ein gelehrtes Haus (hum.); ein Mensch mit einem unerschöpflichen Wissensschatz

Q

QUADRATURE **c'est la quadrature du cercle** das ist die Quadratur des Kreises

QUI-VIVE **être sur le qui-vive** *voir garde*

R

RAFRAÎCHIR **rafraîchir son anglais** sein Englisch auffrischen/-polieren

RECUL **prendre du recul par rapport à qqch.** Abstand von etwas gewinnen

REDESCENDRE **redescendre sur terre** wieder zur Realität zurückkehren; aus seinen Träumereien erwachen

RÈGLE **c'est l'exception qui confirme la règle** *voir exception*

RENARD **c'est un fin renard** das ist ein schlauer Fuchs; der hat es faustdick hinter den Ohren

RENVERSE **tomber à la renverse** *voir baba*

RESTE **avoir de beaux restes** noch auf Zack sein

RIMER **ça ne rime à rien** *voir debout*

ROI **le roi des cons** ein Volldepp/-idiot; ein Blödmann; ein (richtiges) Arschloch *(derb) (voir aussi con [comme un balai])*

ROND **il en est resté comme deux ronds de flan** vor Staunen den Mund nicht mehr zukriegen

ROUTE ça ne tient pas la route *voir debout*
faire fausse route auf dem Holzweg sein

S

SANG-FROID garder son sang-froid einen kühlen Kopf bewahren; gelassen bleiben

SAVOIR être bien placé pour le savoir *voir placer*
être payé pour le savoir etwas aus eigener Erfahrung wissen; etwas am eigenen Leib erfahren haben

SCIENCE **avoir la science infuse** die Weisheit mit Löffeln gefressen haben; die Weisheit für sich gepachtet haben

SCIER **scié** baff; platt; sprachlos

SECOUER **secoué** *voir cinglé*

SEMOULE **pédaler dans la semoule** *voir choucroute*

SENS **avoir un sixième sens** *voir antenne*
ça tombe sous le sens das liegt auf der Hand; das ist doch offensichtlich; das versteht sich von selbst

SENTIR (SE) **ne plus se sentir** nicht (ganz/recht) bei Trost sein

SIMPLE **c'est simple comme bonjour** *voir bête (comme chou)*

SORCIER **ce n'est pas (bien) sorcier** das ist keine Kunst/kein Kunststück; dazu gehört nicht viel

SOUFFLER **soufflé** *voir scier*

SOURCE **couler de source** sich zwangsläufig ergeben; die logische Folge sein

T

TAMBOUR **raisonner comme un tambour (mouillé/crevé)** *voir pantoufle*

TENANT **connaître les tenants et les aboutissants d'une affaire** die näheren Umstände einer Angelegenheit kennen; über die ganze Angelegenheit im Bild(e) sein

TERRE **être terre à terre** ein nüchterner/rationaler/prosaischer Mensch sein
redescendre sur terre *voir redescendre*

TÊTE **avoir/être une tête de linotte/sans cervelle** *voir cervelle : avoir une cervelle de moineau et (avoir/être une tête sans) cervelle*

20. LA MATIÈRE GRISE

avoir la tête dure ; avoir une tête de lard/de pioche eigensinnig sein; ein Dickkopf/-schädel sein

avoir la tête sur les épaules vernünftige Ansichten haben

avoir (toute) sa tête seinen Verstand beisammenhaben

avoir un (petit) vélo dans la tête *voir* **araignée**

avoir une tête de premier de la classe/premier communiant aussehen, als ob man nicht bis drei zählen könnte

ça (ne) va (pas) la tête ? du hast wohl was am Kopf?; bei dir ist wohl eine Schraube locker?

(en) donner sa tête à couper *voir* **main**

foncer tête baissée dans qqch. sich kopfüber in etwas stürzen

garder la tête froide *voir* **sang-froid**

il est tombé sur la tête der hat sie nicht mehr alle; bei dem ist die Sicherung durchgebrannt

la tête la première mit dem Kopf voran; kopfüber

la tête pensante de qqch. der kluge Kopf hinter etwas

monter la tête à qqn. *voir* **bourrichon**

ne pas avoir la tête à ça ; avoir la tête ailleurs keinen Kopf für so etwas haben; mit seinen Gedanken anderswo/nicht dabei sein

ne pas avoir toute sa tête seine fünf Sinne nicht (mehr) richtig beisammenhaben; nicht mehr recht bei Verstand sein

se casser la tête *voir* **(se creuser la) cervelle**

se taper la tête contre les murs durchdrehen; ausflippen

une (grosse) tête ein großer Geist; ein Denker; ein Intellektueller

TÊTU **être têtu comme une mule** *voir* **tête : avoir la tête dure**

THÈME **(un) fort en thème** ein Musterschüler

TILT **ça fait tilt (, le petit franc est tombé)** der Groschen ist gefallen

TOQUÉ/TOC-TOC **toqué ; toc-toc** *voir* **cinglé**

TOUR **avoir plus d'un tour dans son sac** die verschiedensten Kniffe kennen; mit allen Wassern gewaschen sein

TRAIN **avoir un train de retard** *voir* **métro**

TRAIT **un trait de génie** ein Geniestreich

TROU **j'ai un trou (de mémoire)** ich habe einen Aussetzer/Blackout

V

VAGUE **rester (dans le) vague** im Unklaren bleiben; sich nur unklar äußern

VALISE **être con comme une valise** *voir con (comme un balai)*

VÉLO **avoir un (petit) vélo dans la tête** *voir araignée*

VOILE **lever le voile (de/sur qqch.)** den Schleier lüften; die Wahrheit herausfinden

Y

YAOURT **avoir du yaourt dans la tête** *voir araignée*
pédaler dans le yaourt *voir choucroute*

Z

ZINZIN **complètement zinzin** *voir cinglé*

ZOUAVE **faire le zouave** den Clown spielen; herumalbern

LES STRATÉGIES, LES ENVIES, LES POSSIBILITÉS

Quand le shérif entra dans ce saloon, Revolver-Joe assura ses arrières, et déclara : « quand il faut y aller, faut y aller. » Il alla de l'avant, sortit la grosse artillerie, revint à la charge, ne fit pas le détail et abattit son jeu ainsi que le serveur. « La balle est dans ton camp, shérif », hurla-t-il en faisant feu de tout bois. « Il faut ce qu'il faut », déclara ce dernier en relevant le gant et en descendant Joe. La fin ne justifie-t-elle pas les moyens ?

A

ABATTRE **abattre ses cartes** seine Karten aufdecken/offen auf den Tisch legen

ACCENT **mettre l'accent sur qqch.** den Nachdruck auf etwas legen; etwas betonen/hervorheben

ACQUIS **tenir/considérer qqch. comme acquis** etwas als selbstverständlich betrachten/hinnehmen

AFFAIRE **ce n'est pas une mince affaire** das ist keine Kleinigkeit/einfache Sache

AIGUILLE **chercher une aiguille dans une botte/une meule/un tas de foin** eine Stecknadel im Heuhaufen suchen

AIR **sans avoir l'air d'y toucher ; sans en avoir l'air** ohne es sich anmerken zu lassen; so als ob nichts wäre

AISE **en prendre à son aise avec qqch.** es mit etwas nicht so genau nehmen; es sich mit etwas leicht machen

VA **à la va comme je te pousse ; à la va te faire fiche** auf lieblose/nachlässige/schludrige/schlampige Art und Weise
quand (il) faut y aller, (il) faut y aller auf, in den Kampf! (hum.)

ALOUETTE **le miroir aux alouettes** Blendwerk; schöner Schein

ÂME **se donner corps et âme à qqch.** sich einer Sache ganz hingeben/mit Leib und Seele verschreiben

ANGUILLE **il y a anguille sous roche** da steckt (doch) etwas dahinter

ARRACHÉ **avoir qqch. à l'arraché** etwas mit großer Anstrengung/mit Ach und Krach schaffen

ARRIÈRE **assurer/protéger ses arrières** sich noch ein Hintertürchen offenhalten; nicht alle Brücken hinter sich abbrechen

---

"*le miroir aux alouettes*"

Les alouettes, oiseaux gracieux et doux, seraient-elles si coquettes qu'il leur faille un miroir pour s'admirer ? Voilà une explication qui satisferait les poètes, mais qui n'a rien à voir avec la bonne : le miroir aux alouettes est un dispositif formé d'éléments scintillants, destiné à attirer les petits oiseaux. L'objet brillant, c'est bien connu, abuse plus facilement.

cf. ALOUETTE

21. LES STRATÉGIES, LES ENVIES, LES POSSIBILITÉS

ARRONDIR **arrondir les angles** die Wogen glätten

ARTILLERIE **sortir la grosse artillerie/l'artillerie lourde** schweres Geschütz auffahren; starke Gegenargumente anführen

AUTRUCHE **faire (comme) l'autruche ; pratiquer la politique de l'autruche** den Kopf in den Sand stecken; Vogel-Strauß-Politik betreiben

AVANT **aller de l'avant** kühn/entschlossen handeln; drauflosgehen

AVERTIR **un homme averti en vaut deux** gewarnt sein heißt gewappnet sein

AVOCAT **se faire l'avocat du diable** sich zum Anwalt des Teufels machen

B

BALANCE **faire pencher la balance** den Ausschlag geben; das Zünglein an der Waage sein

BALLE **la balle est dans votre camp** jetzt sind Sie/seid ihr dran/an der Reihe; jetzt sind Sie/seid ihr gefragt
saisir/prendre/attraper la balle au bond die Gelegenheit beim Schopf(e) packen/fassen/nehmen

BANC **un banc d'essai** ein Prüfstand

BANDE **faire/prendre qqch. par la bande** etwas hintenherum/auf Umwegen tun

BARRE **avoir barre sur qqn.** ein Druckmittel gegen jmdn. haben; jmdn. in der Hand haben
placer la barre haut große/hohe Erwartungen haben

BÂT **c'est là où le bât blesse** da drückt der Schuh; da hapert es

BÉMOL **mettre un bémol à qqch.** etwas dämpfen/abschwächen

BÊTE **bête comme chou** kinderleicht; ein Kinderspiel; nichts leichter als das

BEURRE **battre le beurre** auf der Stelle treten; sich (unnütz) abstrampeln; nicht vorankommen
vouloir le beurre et l'argent du beurre (et la fermière avec) *(etwa)* alles (haben) wollen; keine Kompromisse eingehen wollen

BLANC **dire blanc puis noir ; dire tantôt blanc, tantôt noir** heute so, morgen so/mal so, mal so sagen

BONHEUR **au petit bonheur (la chance)** auf gut Glück; aufs Geratewohl

BONJOUR **simple comme bonjour** *voir **bête***

BOUC **trouver un bouc émissaire** einen Sündenbock finden

BOULET **traîner le/son boulet ; s'attacher un boulet au pied** einen Klotz am Bein haben

BRAQUET **changer de braquet** die Taktik/Strategie ändern

BRÈCHE **battre (une théorie) en brèche** (eine Theorie) systematisch zu entkräften/widerlegen suchen

BROUILLARD **foncer dans le brouillard** sich kopfüber in ein Unternehmen stürzen

C

CANARD **il y a plusieurs façons de plumer un canard** es gibt verschiedene Arten, jmdn. übers Ohr zu hauen/reinzulegen

CARTE **abattre ses cartes** *voir **abattre***
brouiller les cartes die (Hintergründe der) Angelegenheit verschleiern; bewußt Verwirrung stiften
jouer sa dernière carte seinen letzten Trumpf ausspielen

CARTOUCHE **brûler ses dernières cartouches** sein letztes Pulver verschießen

CÉSAR **il faut rendre à César ce qui est à César (et à Dieu ce qui est à Dieu)** man soll dem Kaiser geben, was des Kaisers ist (, und Gott, was Gottes ist)

CHAMP **laisser le champ libre à qqn.** jmdm. freie Hand/Handlungsfreiheit lassen; jmdn. frei schalten und walten lassen

"*il faut rendre à César ce qui est à César*"

César Jules, ainsi évoqué par ce passage de l'Évangile intervenant traditionnellement le 22ᵉ dimanche après la Pentecôte : « Allez, hypocrites : rendez à César ce que vous confessez être à César et rendez à Dieu ce qui est à Dieu. » Une lecture laïque de ce texte peut induire une réflexion sur la séparation de l'Église et de l'État.

cf. CÉSAR

21. LES STRATÉGIES, LES ENVIES, LES POSSIBILITÉS

CHANCE **tenter/courir sa chance** sein Glück versuchen

CHANSON **ça, c'est une autre chanson** das ist etwas (ganz) anderes

CHARGE **revenir à la charge** nicht lockerlassen; sich nicht abweisen lassen

CHASSE **c'est chasse gardée !** das (hier) ist mein Revier!

CHAT **chat échaudé craint l'eau froide** *(prov.)* ein gebranntes Kind scheut das Feuer *(Sprichw.)*

CHÂTEAU **bâtir des châteaux en Espagne** Luftschlösser bauen

CHAUD **souffler le chaud et le froid** *voir* **blanc**

CHEMIN **ne pas y aller par quatre chemins** kurzen Prozeß machen; nicht viel Federlesens machen; nicht lange fackeln

CHÈVRE **ménager la chèvre et le chou** es mit keinem verderben wollen

CHIC **avoir le chic pour faire qqch.** eine besondere Begabung/ein besonderes Geschick/Talent dafür haben, etwas zu tun

CHIEN **garder/réserver un chien de sa chienne à qqn.** jmdn. für etwas büßen lassen; es jmdm. heimzahlen

CHOU **bête comme chou** *voir* **bête**

CHOUCROUTE **pédaler dans la choucroute** *voir* **(battre le) beurre**

CIEL **remuer ciel et terre** Himmel und Hölle/alle Hebel in Bewegung setzen

CŒUR **à cœur joie** nach Herzenslust
à cœur vaillant, rien d'impossible *(prov.)* dem Mutigen gehört die Welt *(Sprichw.)*
avoir à cœur de faire qqch. es sich angelegen sein lassen, etwas zu tun

---

❝*bâtir des châteaux en Espagne*❞

« Quel esprit ne bat la campagne ? Qui ne fait châteaux en Espagne ? » interroge La Fontaine. Il aurait pu dire « des châteaux en Albanie » ou encore « des châteaux en Cocagne », expressions qui coexistaient alors. Cependant, « bâtir des châteaux en Espagne » a supplanté ses rivales, pour se mélanger à ces espagnolades en faveur, sortes de descriptions convenues d'une Espagne exotique figée dans les clichés.

cf. CHÂTEAU

si le cœur vous en dit   wenn Sie Lust (dazu) haben; wenn Sie wollen/möchten

CONSEILLEUR **les conseilleurs ne sont pas les payeurs**   (das ist) leicht gesagt; (das ist) einfacher gesagt als getan

CONTRE **peser le pour et le contre**   das Für und Wider/das Pro und Contra abwägen

CONTRECŒUR **faire qqch. à contrecœur**   etwas widerwillig/mit Widerwillen tun

CONTRE-PIED **prendre le contre-pied de qqch.**   genau das Gegenteil von etwas behaupten

COR **réclamer/demander qqch. à cor et à cri**   etwas lauthals fordern

CORDE **toucher/faire vibrer/faire jouer la corde sensible**   an jmds. Gefühle appellieren; es auf die sentimentale Tour versuchen

CORPS **à son corps défendant**   widerstrebend; ungern; unfreiwillig
il faudra me passer sur le corps   nur über meine Leiche
se donner corps et âme à qqch.   *voir **âme***
se lancer à corps perdu dans qqch.   sich blindlings/unbesonnen in etwas stürzen

COTON **c'est coton**   das ist knifflig/verzwickt/vertrackt

COUDE **jouer des coudes**   die Ellbogen gebrauchen

COUP **calculer son coup**   sich die Sache genau ausrechnen; einen genauen Plan machen
faire qqch. sur un coup de tête   etwas spontan/unüberlegt/aus einer Laune heraus tun
risquer/tenter le coup   den Versuch machen/wagen
sans coup férir   ohne Schwierigkeiten; mühelos
un coup d'essai   ein erster Versuch

COUPE **il y a loin de la coupe aux lèvres** *(prov.)*   zwischen Glas und Lippe gibt's manche Klippe *(Sprichw.)*

COUPER **couper dans le vif**   rigorose/drakonische Maßnahmen ergreifen; zum letzten/äußersten Mittel greifen
ne pas y couper   nicht drumrumkommen

COURIR **c'est couru (d'avance)**   kein Zweifel darüber; das ist todsicher
ne pas courir après qqch.   nicht hinter etwas herlaufen/hinter einer Sache her sein

COUSCOUS **pédaler dans le couscous**   *voir **(battre le) beurre***

COUTURE **battre qqn. à plates coutures**   jmdn. haushoch schlagen

CRÊPE **retourner qqn. comme une crêpe**   jmdn. im Handumdrehen umstimmen/herumkriegen

21. LES STRATÉGIES, LES ENVIES, LES POSSIBILITÉS

CROIX **c'est la croix et la bannière** das ist eine (wahre) Tortur; damit hat man seine liebe Not

CUILLER **ne pas y aller avec le dos de la (petite) cuiller** nicht gerade zimperlich sein/vorgehen

CUIRE **c'est du tout cuit** *voir bête*
laisser qqn. cuire dans son jus jmdn. in seinem eigenen Fett schmoren lassen

D

DÉBROUILLER (SE) **se débrouiller avec les moyens du bord** zurechtkommen; zu Rande kommen; einen Ausweg finden

DÉBROUSSAILLER **débroussailler le terrain** den Weg ebnen; Vorbereitungen treffen

DÉCOUVERT **agir à découvert** aufrichtig/unverblümt handeln

DÉFI **jeter un défi à qqn.** jmdn. den Fehdehandschuh hinwerfen *(geh.)*; jmdn. den Kampf ansagen; jmdn. herausfordern
relever le défi den Fehdehandschuh aufnehmen *(geh.)*; eine Herausforderung annehmen

DÉGONFLER (SE) **se dégonfler** einen Rückzieher machen; den Schwanz einziehen

DÉMENER (SE) **se démener comme un beau diable pour avoir qqch.** sich für etwas die Beine ausreißen; etwas mit aller Gewalt haben wollen

DENTELLE **ne pas faire dans la dentelle** es nicht gerade auf die feine Tour machen

DÉPIT **faire qqch. en dépit du bon sens** etwas völlig planlos/unsystematisch durchführen

DÉSIR **prendre ses désirs pour des réalités** seine Wunschvorstellungen für Tatsachen halten; sich etwas vormachen

DÉTAIL **ne pas faire le détail** *voir dentelle*

DEVANT **prendre les devants (par rapport à qqn.)** jmdn. zuvorkommen; schneller sein (als der andere)

DÉVOILER **dévoiler son jeu** *voir abattre*

DIABLE **faire le diable à quatre** sich wie toll/wie ein Verrückter gebärden; wild herumtoben

DIEU **jurer ses grands dieux** Stein und Bein schwören

DIRE **c'est plus facile à dire qu'à faire ; faire et dire sont deux ; il est plus facile de dire que de faire** *voir conseilleur*

DOIGT **faire qqch. les (deux) doigts dans le nez** etwas mit links machen; etwas nebenbei/ohne besondere Anstrengung machen

DOUCE **en douce** heimlich; unauffällig; sang- und klanglos

DOUTER **ne douter de rien** unverfroren/dreist sein; ein Draufgänger sein

E

EAU **mettre de l'eau dans son vin** Abstriche machen; zurückstecken
nager entre deux eaux es mit keinem verderben wollen
se jeter à l'eau sich ein Herz fassen; den Stier bei den Hörnern packen

EFFET **couper ses effets à qqn.** jmdm. die Schau stehlen; jmdn. um seine Wirkung bringen
faire l'effet d'une bombe wie eine Bombe einschlagen

EMBRASSER **qui trop embrasse mal étreint** (prov.) wer viel faßt, läßt viel fallen (Sprichw.)

EMBROUILLER (S') **s'embrouiller les pinceaux/pédales** voir **(battre le) beurre**

EMMÊLER (S') **s'emmêler les pinceaux/pédales** voir **(battre le) beurre**

EMPLÂTRE **c'est (mettre) un emplâtre sur une jambe de bois** das ist überflüssig wie ein Kropf

ENFANCE **c'est l'enfance de l'art** voir bête

ÊTRE **y être pour quelque chose** etwas damit zu tun haben; seine Finger im Spiel haben

F

FACE **se voiler la face** seinen Blick abwenden; wegschauen

FACILITÉ **choisir/opter pour la solution de facilité** sich für die bequemste Lösung entscheiden; den Weg des geringsten Widerstandes gehen

FACTURE **garanti sur facture** garantiert; hundertprozentig

FAIM **la faim fait sortir le loup du bois ; la faim chasse le loup (hors) du bois** (prov.) der Hunger treibt den Fuchs aus dem Bau (Sprichw.)

21. LES STRATÉGIES, LES ENVIES, LES POSSIBILITÉS

FAIT **mettre qqn. devant le fait accompli** jmdn. vor vollendete Tatsachen stellen

FALLOIR **(il) faut ce qu'il faut** was sein muß, muß sein

FAUX **prêcher le faux pour connaître le vrai** etwas Falsches behaupten, um die Wahrheit zu erfahren

FAUX-SEMBLANT **user de faux-semblants** etwas unter Vorspiegelung falscher Tatsachen versuchen/tun

FEU **avoir le feu sacré** mit Feuereifer an etwas herangehen
être tout feu tout flamme Feuer und Flamme sein
faire feu de tout bois alle Mittel einsetzen; alle Minen springen lassen

FIL **être dans le droit fil de** auf der gleichen Linie liegen wie/mit
le fil d'Ariane der Ariadnefaden

FILER **filer doux** klein beigeben; kuschen

FILLE **la plus belle fille du monde ne peut donner que ce qu'elle a** *(etwa)* keiner kann mehr geben, als er hat

FIN **arriver à ses fins** sein(e) Ziel(e) erreichen; seinen Willen durchsetzen
la fin justifie les moyens *(prov.)* ; **qui veut la fin veut les moyens** *(prov.)* der Zweck heiligt die Mittel (Sprichw.)

FLÈCHE **faire flèche de tout bois** *voir feu*

FLEUR **comme une fleur** spielend; mühelos

FONTAINE **il ne faut pas dire fontaine (je ne boirai pas de ton eau)** *(prov.)* man soll niemals nie sagen *(Redew.)*

FORCE **présumer de ses forces** seine Kräfte überschätzen; sich zuviel zutrauen

FORME **sans autre forme de procès** kurzerhand; kurz entschlossen; mir nichts, dir nichts

FORT **c'est plus fort que moi** ich kann (einfach) nicht anders

"la fin justifie les moyens"

Vous trouvez ? Débat vieux comme le monde, que dépoussière à la Renaissance Nicolas Machiavel ! Celui-ci estime qu'en politique, seule compte la fin à atteindre et non la valeur des moyens utilisés. Dans ses Dialogues *(XXXI), Voltaire relance la réflexion : « mais la fin de l'action en sanctifie les moyens, et je vous absous pour toutes celles de même nature ».*

cf. FIN

FOUTRE **être (bien) foutu de faire qqch.** (es doch tatsächlich) fertigbringen; etwas zu tun; imstande sein, etwas zu tun

FRANCHIR **franchir le pas** voir *(se jeter à l')eau*

FRUIT **c'est au fruit que l'on connaît l'arbre** *(prov.)* an der Frucht erkennt man den Baum *(Sprichw.)*

FUSIL **changer son fusil d'épaule** umschwenken; seine Absichten/Pläne ändern

G

GAFFE **faire gaffe** aufpassen; sich in acht nehmen

GANT **prendre/mettre des gants avec qqn.** jmdn. mit Glacéhandschuhen anfassen
relever/jeter le gant voir *défi*

GARANTIR **garanti sur facture** voir *facture*

GÂTEAU **c'est du gâteau** voir *bête*
ce n'est/c'est pas du gâteau das ist keine Kleinigkeit; das ist kein Honig-/Zuckerschlecken
vouloir sa part du gâteau sich ein Stück Kuchen abschneiden wollen

GÊNER (SE) **je vais me gêner !** das wäre ja noch schöner!; das hätte ja gerade noch gefehlt!

GONFLER **gonflé à bloc** energiegeladen; zu allem entschlossen

GRÂCE **faire qqch. de/avec bonne grâce** etwas gern/bereitwillig tun

GRAIN **mettre un grain de sel sur la queue (d'un oiseau/moineau)** *(etwa)* das Unmögliche möglich machen
séparer le bon grain de l'ivraie die Spreu vom Weizen trennen
veiller au grain auf der Hut sein; sich vorsehen; aufpassen

GRÉ **bon gré mal gré ; de gré ou de force** wohl oder übel; ob man will oder nicht

GRIVE **faute de grives, on mange des merles** *(prov.)* in der Not frißt der Teufel Fliegen *(Sprichw.)*

GUÉRIR **mieux vaut prévenir que guérir** *(prov.)* Vorsicht ist besser als Nachsicht *(Sprichw.)*

21. LES STRATÉGIES, LES ENVIES, LES POSSIBILITÉS

H

HUSSARDE   **à la hussarde**   brutal; rabiat; rücksichtslos

I

IMPASSE   **faire l'impasse sur qqch.**   etwas auslassen; etwas nicht berücksichtigen

IMPOSSIBLE   **à l'impossible nul n'est tenu** *(prov.)*   man kann von niemandem Unmögliches verlangen *(Sprichw.)*
impossible n'est pas français *(prov.)*   *(etwa)* nichts ist unmöglich

IVRAIE   **séparer le bon grain de l'ivraie**   voir **grain**

J

JAMBE   **c'est un emplâtre sur une jambe de bois**   voir **emplâtre**
faire qqch. par-dessus/par-dessous la jambe   etwas nachlässig/flüchtig/oberflächlich erledigen

JEU   **abattre/dévoiler son jeu**   voir **abattre**
c'est un jeu d'enfant   voir **bête**

"à la hussarde"

Corps militaire réputé au XVIIe siècle pour son peu de finesse et sa brutalité, les hussards ont donné vie à une série d'expressions signifiant l'indélicatesse et le peu de retenue.

"impossible n'est pas français"

D'aucuns prétendent que cette formule, attribuée à Napoléon Bonaparte, signe le chauvinisme inhérent aux habitants de la Gaule. C'est manquer d'humour et d'ironie, autres traits dominants de l'Homo Hexagonis lambda. Dans Les Gaîtés de l'Escadron, charge cruelle contre l'esprit militaire, l'irrésistible Courteline fait de cette expression un usage des plus moqueurs, lequel est resté.

cf. HUSSARDE et cf. IMPOSSIBLE

comprendre le petit jeu de qqn. jmdm. auf die Schliche kommen

être pris à son propre jeu sich in der eigenen Schlinge fangen

faire jeu égal avec qqn. jmdm. gewachsen sein; jmds. ebenbürtiger Gegner sein

faire le grand jeu (à qqn.) alles aufbieten (, um jmdn. für sich zu gewinnen)

jouer bon jeu bon argent aufs Ganze gehen

jouer franc jeu offen/ehrlich/fair spielen

jouer un double jeu voir *blanc*

se prendre/se piquer au jeu Gefallen/Geschmack an der Sache finden

JOINT **trouver le joint (pour faire qqch.)** einen Weg/ein Mittel/eine Möglichkeit/eine Lösung/Mittel und Wege finden (, um etwas zu tun)

JOKER **sortir/jouer son joker** seinen Joker setzen/ausspielen

JOUER **jouer sur les deux tableaux** auf zwei Karten setzen; es mit beiden Seiten halten

L

LANCER (SE) **se lancer à corps perdu dans qqch.** voir *corps*

LEST **lâcher du lest** teilweise nachgeben; Zugeständnisse/Konzessionen machen

LETTRE **au pied de la lettre, à la lettre** (wort)wörtlich
passer comme une lettre à la poste glatt gehen; reibungslos verlaufen

LIT **comme on fait son lit, on se couche** (prov.) wie man sich bettet, so liegt man (Sprichw.)

LOUP **la faim fait sortir le loup du bois ; la faim chasse le loup (hors) du bois** (prov.) voir *faim*

LUNE **demander/vouloir la lune** Unmögliches wollen/verlangen
promettre la lune (à qqn.) jmdm. das Blaue vom Himmel (herunter) versprechen
vouloir décrocher la lune die Sterne vom Himmel holen wollen

LUXE **se payer/s'offrir le luxe de faire qqch.** es sich leisten/erlauben, etwas zu tun

21. LES STRATÉGIES, LES ENVIES, LES POSSIBILITÉS

M

MACHINE **faire machine/marche arrière** einen Rückzieher machen; es sich anders überlegen

MAIN **avoir qqch. sous la main** etwas bei der Hand/griffbereit haben

(faire comme [Ponce] Pilate,) s'en laver les mains sich die Hände in Unschuld waschen

faire main basse sur qqch. sich etwas unter den Nagel reißen

forcer la main à qqn. jmdn. zu etwas zwingen/nötigen; jmdm. seinen Willen aufzwingen

mettre la main sur qqch./qqn. einer Sache/Person habhaft werden; sich einer Sache/Person bemächtigen; eine Sache/Person zu fassen kriegen

ne pas y aller de main morte *voir cuiller*

MAL **aux grands maux, les grands remèdes** (*prov.*) (*etwa*) großen Übeln muß man tatkräftig zu Leibe rücken

se donner du mal ; se donner un mal de chien sich (alle erdenkliche) Mühe geben

MALADE **comme un malade** wie ein Irrer/Verrückter

MANCHE **ça, c'est une autre paire de manches** *voir chanson*

MANCHE **s'y prendre comme un manche** sich ungeschickt/tolpatschig anstellen

MANIÈRE **employer la manière forte** Gewalt anwenden; mit harten Bandagen kämpfen

MARINER **laisser/faire mariner qqn.** *voir cuire*

MÉLANGER (SE) **se mélanger les crayons/pinceaux/pédales** *voir (battre le) beurre*

MÉNAGER **ne pas ménager ses efforts** *voir donner*

MER **c'est pas/ce n'est pas la mer à boire** das ist gar nicht so schwierig/schwer; das ist halb so schlimm; das ist nicht die Welt

MERLE **faute de grives, on mange des merles** (*prov.*) *voir grive*

MERVEILLE **faire des merveilles ; faire merveille** Wunder tun/vollbringen

MIEL **être tout sucre, tout miel** zuckersüß sein/tun; übertrieben freundlich/scheißfreundlich (*derb*) sein

MIEUX **le mieux est l'ennemi du bien** (*prov.*) das Bessere ist des Guten Feind (*Sprichw.*)

MIJOTER **laisser qqn. mijoter dans son jus** *voir cuire*

MINE **mine de rien** *voir air : sans avoir l'air d'y toucher*

MIROIR **le miroir aux alouettes** *voir alouette*

MOITIÉ **ne pas faire les choses à moitié** nur halbe Arbeit machen

MONT **promettre monts et merveilles** *voir* **(promettre la) lune**

MORT **faire qqch. la mort dans l'âme** etwas schweren Herzens tun

MORT **faire le mort** sich nicht rühren; nichts von sich hören lassen; sich in Schweigen hüllen

MOU **donner du mou** *voir* *lest*

MOUCHE **on ne prend pas les mouches avec du vinaigre** (*prov.*) mit Speck fängt man Mäuse (*Sprichw.*)

MOUILLER (SE) **se mouiller** sich auf etwas einlassen, ein Risiko eingehen

MOULIN **se battre contre des/les moulins à vent** gegen Windmühlen kämpfen

MOYEN **employer les grands moyens** *voir* **artillerie**
il n'y a pas moyen de moyenner da ist nichts zu machen
la fin justifie les moyens (*prov.*) ; **qui veut la fin veut les moyens** (*prov.*) *voir* **fin**
se débrouiller avec les moyens du bord *voir* **(se) débrouiller**

N

NAGER **nager complètement** *voir* **(battre le) beurre**
nager entre deux eaux *voir* *eau*

NÉCESSITÉ **nécessité fait loi** (*prov.*) Not kennt kein Gebot (*Sprichw.*)

NŒUD **trancher le nœud gordien** den gordischen Knoten durchhauen

O

ŒIL **ouvrir l'œil (et le bon)** wachsam sein; die Augen aufmachen/offenhalten

ŒUF **marcher sur des œufs** wie auf Eiern gehen; etwas behandeln/anfassen wie ein rohes Ei

OMELETTE **on ne fait pas d'omelette sans casser des œufs** (*prov.*) wo gehobelt wird, fallen Späne (*Sprichw.*)

OR **ne vouloir faire qqch. pour tout l'or du monde** etwas um keinen Preis der Welt/nicht um alles in der Welt tun wollen

21. LES STRATÉGIES, LES ENVIES, LES POSSIBILITÉS

OREILLE **se faire tirer l'oreille (pour faire qqch.)** sich lange bitten lassen (, etwas zu tun)

OUBLIETTE **jeter/mettre qqch. aux oubliettes** etwas auf ein totes Gleis schieben

P

PAIN **manger son pain blanc le premier** das Angenehme vorwegnehmen; mit dem Einfachen/Leichten zuerst beginnen

PARLER **trouver à qui parler** an den Richtigen/die richtige Adresse geraten

PART **faire la part du feu** etwas preisgeben/opfern, um anderes zu retten
vouloir sa part du gâteau *voir gâteau*

PARTIE **avoir affaire à forte partie** es mit einem starken Gegner zu tun haben
avoir la partie belle leichtes Spiel haben

PAS **à pas de loups ; à pas feutrés** auf leisen Sohlen
faire le premier pas den ersten Schritt tun
franchir le pas *voir (se jeter à l')eau*
il n'y a que le premier pas qui coûte *(prov.)* aller Anfang ist schwer *(Sprichw.)*

PASSE **être en passe de faire qqch.** auf dem besten Weg sein, etwas zu tun; gute Aussichten haben, etwas zu tun

PASSER **il faudra me passer sur le corps** *voir corps*

PATTE **faire patte de velours** Samtpfötchen machen; die Krallen einziehen

PÉDALE **mettre la pédale douce** *voir bémol*
perdre/s'emmêler/se mélanger/s'embrouiller les pédales *voir (battre le) beurre*

PÉDALER **pédaler dans la choucroute/la semoule/le couscous/le yaourt** *voir (battre le) beurre*

PEIGNE **passer qqch. au peigne fin** etwas durchkämmen; etwas sorgfältig untersuchen

PEINE **avoir toutes les peines du monde à faire qqch.** größte Mühe haben, etwas zu tun

PENDULE **remettre les pendules à l'heure** etwas klarstellen; sagen, was Sache ist

PERLE **jeter/donner des perles aux cochons/aux pourceaux** Perlen vor die Säue werfen

PERSISTER **(je) persiste et signe !** Schluß! Aus! Amen!; das ist mein letztes Wort!

PET **vouloir tirer des pets d'un âne mort** einer Kröte ein Haar ausreißen wollen; etwas Unmögliches versuchen

PIED **aller (quelque part) avec des pieds de plomb** sich (irgendwohin) schleppen; nur widerwillig/gezwungenermaßen (irgendwohin) gehen
de pied ferme unerschrocken; furchtlos
être au pied du mur mit dem Rücken zur Wand stehen
faire des pieds et des mains voir *ciel*
faire qqch. comme un pied voir *(s'y prendre comme un) manche*
ne pas/plus savoir sur quel pied danser weder aus noch ein wissen
ne pas se laisser marcher sur les pieds sich nicht auf der Nase herumtanzen lassen; nicht auf sich herumtrampeln lassen; sich nichts gefallen lassen

PIERRE **décoiffer/découvrir/déshabiller (saint) Pierre pour coiffer/couvrir/habiller (saint) Paul ; prendre à Pierre pour donner à Paul** ein Loch aufmachen, um ein anderes (damit) zu stopfen

PILATE **(faire comme [Ponce] Pilate,) s'en laver les mains** voir *main*

PINCEAU **s'emmêler/se mélanger/s'embrouiller les pinceaux** voir *(battre le) beurre*

PIPI/PISSER **ça m'a pris comme une envie de faire pipi/de pisser** das ist einfach so über mich gekommen; da war ich nicht mehr zu halten

PISTE **brouiller les pistes** voir *carte : brouiller les cartes*

PLAISIR **ce n'est pas une partie de plaisir** voir *(ce n'est pas une mince) affaire*

PLI **ça ne fait pas un pli** keine Schwierigkeiten bereiten; glatt/reibungslos/wie geschmiert laufen

PLUMER **il y a plusieurs façons de plumer un canard** voir *canard*

"*décoiffer Saint-Pierre pour coiffer Saint-Paul*"

En des temps pas si éloignés, l'usage voulait que l'on vêtît les statues aux périodes de fêtes. Mais les garde-robes sont dispendieuses aux modestes et aux humbles (vérité qu'il serait peut-être bon d'exposer aux épouses dépensières…). Dès lors, le même ornement servait tantôt à Saint-Pierre et tantôt à Saint-Paul.

cf. PIERRE

21. LES STRATÉGIES, LES ENVIES, LES POSSIBILITÉS

POIDS **faire deux poids deux mesures** mit zweierlei Maß messen; unterschiedliche Maßstäbe anlegen

POIL **caresser qqn. dans le sens du poil** jmdn. um den Bart gehen/streichen

POINT **mettre les points sur les i** etwas/es klar und deutlich/klipp und klar/ganz klar sagen
un point c'est tout! (und damit) Schluß/punktum/basta!

POINTE **y aller sur la pointe des pieds** ganz vorsichtig zu Werke gehen (voir aussi œuf : marcher sur des œufs et gant : prendre/mettre des gants)

POISSON **noyer le poisson** (etwa) einer klaren Antwort (durch Ablenkungsmanöver) ausweichen

PORTE **c'est la porte ouverte à tous les abus** damit ist jedem Mißbrauch Tür und Tor geöffnet
enfoncer une/des porte(s) ouverte(s) offene Türen einrennen
laisser la porte ouverte à qqch. die Tür für/zu etwas offenlassen
se ménager/avoir une porte de sortie sich eine Hintertür offenhalten

POT **tourner autour du pot** um den heißen Brei herumreden
ne pas tourner autour du pot voir **chemin**

POUR **peser le pour et le contre** voir **contre**

POUVOIR **qui peut le plus peut le moins** (prov.) kommt man über den Hund, so kommt man auch über den Schwanz (Sprichw.)

PRÉCAUTION **deux précautions valent mieux qu'une** (prov.) doppelt genäht hält besser (Sprichw.)

PRENDRE **c'est à prendre ou à laisser** Ja oder Nein; entweder oder; eines von beiden

PRÉPARER **préparer le terrain** voir **débroussailler**

PRÉVENIR **mieux vaut prévenir que guérir** voir **guérir**

PROCÈS **sans autre forme de procès** voir **forme**

PROFIL **adopter un profil bas** Zurückhaltung üben

PROJET **caresser le projet de faire qqch.** mit der Idee liebäugeln/mit dem Gedanken spielen, etwas zu tun

PROMETTRE **promettre et tenir sont deux** voir **conseilleur**

PRUDENCE **prudence est mère de sûreté** (prov.) Vorsicht ist die Mutter der Weisheit/der Porzellankiste (Sprichw.)

Q

QUADRATURE **c'est la quadrature du cercle** das ist die Quadratur des Kreises

QUITTE **c'est jouer à quitte ou double ; c'est du quitte ou double** hier steht alles auf dem Spiel; hier geht's um alles oder nichts

R

RAISON **raison de plus pour faire qqch.** ein Grund mehr, um etwas zu tun

RECULER **reculer pour mieux sauter** *(etwa)* eine (unangenehme) Sache/Entscheidung aufschieben/hinausschieben/-zögern

REFUSER (SE) **ne rien se refuser** auf nichts verzichten; sich alles gönnen

RÈGLE **dans les règles (de l'art)** vorschrifts-/ordnungsgemäß; nach allen Regeln der Kunst *(iron.)*

REPOS **ce n'est pas de tout repos !** das ist alles andere als erholsam!

RIEN **comme si de rien n'était** *voir* **air**
on n'a rien pour/sans rien von nichts kommt nichts
qui ne demande rien n'a rien *(prov.)* wer nicht wagt, der nicht gewinnt *(Sprichw.)*

RIGOLADE **c'est de la rigolade** *voir* **bête**

RIRE **rira bien qui rira le dernier** *(prov.)* wer zuletzt lacht, lacht am besten *(Sprichw.)*

RISQUER **qui ne risque rien n'a rien** *(prov.)* *voir* **rien : qui ne demande rien n'a rien**
risquer le coup *voir* **coup**
risquer le paquet/le tout pour le tout alles aufs Spiel/auf eine Karte setzen

RÔLE **inverser/renverser les rôles** die Rollen vertauschen; den Spieß umdrehen
jouer un rôle dans qqch. bei einer Sache eine Rolle spielen; an einer Sache beteiligt sein

ROUE **se mettre en roue libre** sich treiben lassen

ROULETTE **comme sur des roulettes** wie geschmiert/geölt; wie am Schnürchen

RUBICON **franchir/passer le Rubicon** den Rubikon überschreiten

RUSE **avec des ruses de Sioux** mit geschickten Tricks/Kniffen

21. LES STRATÉGIES, LES ENVIES, LES POSSIBILITÉS

S

SABOT **je le vois venir avec ses gros sabots** Nachtigall, ich hör' dir trapsen

SAINT **ne pas/ne plus savoir à quel saint se vouer** *voir pied : ne pas savoir sur quel pied danser*

SAUT **faire le grand saut** *voir (se jeter à l')eau*

SAVATE **faire qqch. comme une savate** *voir manche*

SEMOULE **pédaler dans la semoule** *voir (battre le) beurre*

SENTIMENT **avoir qqn. aux/prendre qqn. par les sentiments** jmdn. von der Gefühlsseite her nehmen/packen

SERVIR **on n'est jamais si bien/mieux servi que par soi-même** selbst ist der Mann/die Frau

SIEN **y mettre du sien** das Seinige tun; seinen Teil dazu beitragen

SIGNER **c'est signé** das trägt seinen Stempel; das ist typisch für ihn; das sieht ihm ähnlich

SILENCE **passer qqch. sous silence** etwas verschweigen; etwas mit Stillschweigen übergehen

SIMPLE **c'est simple comme bonjour** *voir bête*

SINÉCURE **c'est pas une sinécure** *voir repos*

SOLUTION **il n'y a pas 36 solutions** da gibt's (im Grunde) nur eine Lösung

SORTIR **il n'y a pas à sortir de là** da kommen wir nicht drumrum

SOUFFLER **souffler le chaud et le froid** *voir blanc*

SOURDINE **mettre une sourdine (à)** (einer Sache) einen Dämpfer aufsetzen

STRATÈGE **un stratège en chambre** ein Biertischstratege; ein Stammtischpolitiker

SUCRE **être tout sucre tout miel** *voir miel*

"*franchir/passer le Rubicon*"

Jules César, encore lui, avait conquis toute la Gaule. En conséquence, il lui fallait prendre une nouvelle et grave décision : retourner en Italie pour y saisir les rênes du pouvoir (encore une belle expression). Il se tâta la toge, se fit mille et une réflexions et « alea jacta est ! », il franchit la rivière Rubicon pour descendre vers le Sud. La suite, vous la connaissez.

cf. RUBICON

SÛR **sûr comme/aussi sûr que deux et deux font quatre** so sicher wie das Amen in der Kirche

SYSTÈME **le système D (= système Débrouille ou Démerde)** *(etwa)* Wendigkeit; Improvisationskunst

T

TABLEAU **jouer/miser sur (les) deux/sur tous les tableaux** *voir* **jouer**
vouloir gagner sur les deux tableaux *voir* **beurre : vouloir le beurre et l'argent du beurre**

TAILLER **tailler dans le vif** *voir* **couper**

TAMBOUR **tambour battant** im Eiltempo; flink; prompt

TANGENTE **prendre la tangente** die Kurve kratzen

TAPIS **se prendre les pieds dans le tapis** *voir* **(battre le) beurre**

TARTE **ce n'est/c'est pas de la tarte** *voir* **gâteau**

TAUREAU **prendre le taureau par les cornes** den Stier bei den Hörnern packen

TEMPÉRATURE **prendre la température (de l'eau)** vorfühlen; die Stimmung erforschen

TENIR **qu'à cela ne tienne** daran soll's nicht liegen/scheitern; darauf soll's nicht ankommen

TENTATION **céder à la tentation** der Versuchung nachgeben/erliegen

TENTER **tenter le coup** *voir* **coup**

TERRAIN **tâter le terrain** das Terrain sondieren

TÊTE **n'en faire qu'à sa tête** nur nach seinem Kopf/Willen handeln; immer seinen Kopf durchsetzen

TISSER **tisser sa toile** Intrigen spinnen; Ränke schmieden

TORTILLER **il n'y a pas à tortiller (du cul pour chier droit dans une bouteille)** *voir* **sortir**

TOUR **avoir plus d'un tour dans son sac** die verschiedensten Kniffe kennen; mit allen Wassern gewaschen sein
et le tour est joué ! und damit ist die Sache (schon) in Ordnung/erledigt/geritzt!

TRANCHER **trancher dans le vif** *voir* **couper**

TROU **faire un trou pour en boucher un autre** *voir* **Pierre**

TRUC **avoir le truc** den Dreh raushaben
(il) y a un truc ! da ist (doch) ein Trick dabei!

21. LES STRATÉGIES, LES ENVIES, LES POSSIBILITÉS

V

VA-TOUT **jouer son va-tout** *voir risquer (le paquet)*

VAISSEAU **brûler ses vaisseaux** alle Brücken hinter sich abbrechen

VALSE-HÉSITATION **une valse-hésitation** ein Hin und Her; eine zögernde/unentschlossene Haltung

VENT **contre vents et marées** allen Widerständen/Hindernissen zum Trotz; unter allen Umständen; komme, was wolle

voir/sentir de quel côté/d'où vient le vent wissen/merken, woher der Wind weht

VIF **être piqué au vif** zutiefst getroffen/verletzt/gekränkt sein; ins Mark getroffen sein

trancher/couper/tailler dans le vif *voir couper*

VIOLENCE **faire violence à qqn.** auf jmdn. Zwang ausüben; jmdm. Gewalt antun

VISER **viser haut** *voir barre*

VOIE **montrer/ouvrir la voie** *voir débrousailler*

VOILER (SE) **se voiler la face** *voir face*

VOLONTÉ **dépendre du bon vouloir de qqn.** von jmds. Belieben abhängen

une volonté de fer ein eiserner Wille

VOULOIR **tu l'as voulu (tu l'as/tu l'as eu) ; tu l'as voulu, Georges Dandin** du hast es so/nicht anders gewollt

vouloir c'est pouvoir *(prov.)* wer will, der kann *(Sprichw.)*; wo ist ein Wille ist, ist auch ein Weg *(Sprichw.)*

VRAI **aussi vrai que je m'appelle ...** *voir sûr*

VUE **avoir des vues sur qqch./qqn.** ein Auge auf etwas/jmdn. geworfen haben

YAOURT **pédaler dans le yaourt** *voir (battre le) beurre*

YEUX **fermer les yeux sur qqch.** ein Auge/beide Augen (bei etwas) zudrücken

pouvoir/être capable de faire qqch. les yeux fermés etwas sogar mit verbundenen Augen/im Schlaf tun können

22

L'ARGENT

*Où il est démontré qu'une chose ne vaut
pas la même chose partout. Des clopinettes
françaises deviennent des cacahuètes à l'anglaise.
Des chanterelles du pays de Schiller et Goethe
deviennent des clous dans la patrie de Voltaire.
Que dire alors du fric des Français
qui se transforme en cailloux outre-Rhin ?
Un chapitre qui vaut son pesant d'or.*

22. L'ARGENT

A

ABONDANCE **abondance de biens ne nuit pas** *(prov.)* lieber zuviel als zuwenig *(Redew.)*; je mehr, desto besser *(Redew.)*

AIR **vivre de l'air du temps** von Luft und Liebe leben

ARDOISE **liquider une ardoise** eine Schuld begleichen

ARGENT **en avoir pour son argent** etwas für sein Geld haben/bekommen
faire argent de tout alles zu Geld machen
jeter l'argent par les fenêtres das Geld zum Fenster hinauswerfen/zum Schornstein hinausjagen
l'argent appelle l'argent Geld kommt zu Geld
l'argent liquide Bargeld; Bares; flüssige Mittel
l'argent lui file/lui glisse entre les doigts das Geld rinnt ihm durch die Finger
l'argent n'a pas d'odeur *(prov.)* Geld stinkt nicht *(Sprichw.)*
l'argent ne fait pas le bonheur *(prov.)* Geld (allein) macht nicht glücklich *(Sprichw.)*
le temps, c'est de l'argent Zeit ist Geld
pas/point d'argent, pas/point de Suisse für nichts gibt man nichts
plaie d'argent n'est pas/point mortelle *(prov.)* *(etwa)* ein Geldverlust ist kein Beinbruch
ramasser l'argent à la pelle Geld scheffeln
se faire un peu d'argent de poche sich etwas dazuverdienen

ARNAQUE **c'est de l'arnaque** das ist Wucher/Nepp

ARRONDIR **arrondir ses fins de mois** die Haushaltskasse aufbessern

AS **plein aux as** im Geld (fast) ersticken

ASSASSINER **assassiner qqn.** jmdn. ausnehmen (wie eine Weihnachtsgans); jmdn. (bis aufs Hemd) ausziehen

AVARICE **au diable l'avarice !** zum Teufel mit dem Geiz!

B

BANQUE **faire sauter la banque** die Bank sprengen

BAS **mettre de l'argent dans son bas de laine** Geld in den Sparstrumpf stecken; sich einen Notgroschen zurücklegen

BEURRE **faire son beurre** sein Schäfchen ins trockene bringen; sich gesundstoßen
mettre du beurre dans les épinards *voir **arrondir***

BIFTECK **gagner son bifteck** seine Brötchen verdienen

BLÉ **manger son blé en herbe** *(etwa)* ausgeben, bevor man eingenommen hat
ne plus avoir de blé keine Knete mehr haben

BOUCHÉE **pour une bouchée de pain** für ein Butterbrot; für einen Apfel/Appel und ein Ei

BOUILLON **boire un/le bouillon** Geld in den Sand setzen; finanzielle Einbußen erleiden

BOURSE **à la portée de toutes les bourses** für jeden Geldbeutel; für jeden erschwinglich
faire bourse commune gemeinsame Kasse machen
la bourse ou la vie ! Geld oder Leben!
sans bourse délier ohne einen Pfennig auszugeben; ohne etwas/einen Pfennig zu bezahlen
tenir les cordons de la bourse allein über das (gemeinsame) Geld verfügen

BOUT **joindre les deux bouts** über die Runden kommen; mit seinen Geld gerade so aus-/hinkommen

C

CAISSE **passer à la caisse** entlassen werden; hinausgeworfen/rausgeschmissen werden
une caisse noire eine Geheimkasse

CARROSSE **rouler carrosse** stink-/steinreich sein

CASQUER **casquer** blechen; berappen; Geld lockermachen

CASSER **ça vaut 1 000 francs à tout casser** das ist (aller)höchstens 1 000 Francs wert

CAVERNE **la caverne d'Ali Baba** die Höhle des Ali Baba

CEINTURE **se serrer la ceinture** den Gürtel enger schnallen

CHAT **acheter chat en poche** die Katze im Sack kaufen

CHANDELLE **faire des économies de bouts de chandelle** auf den Pfennig sehen; jeden Pfennig umdrehen; an lächerlichen Kleinigkeiten sparen

CHARITÉ **charité bien ordonnée commence par soi-même** *(prov.)* jeder ist sich selbst der Nächste *(Sprichw.)*

CHÂTEAU **mener la vie de château** leben wie ein Fürst; in Saus und Braus leben

CHEMISE **y laisser/perdre sa chemise** sich dabei/damit ruinieren; dabei Pleite machen

CHÈQUE **un chèque en bois** ein ungedeckter Scheck

22. L'ARGENT

CHOU **faire ses choux gras de qqch.** bei etwas seinen Schnitt machen

CLOCHE **déménager à la cloche de bois** sich davonmachen (, ohne zu bezahlen)

CLOPINETTE **des clopinettes** Peanuts

CLOU **ça ne vaut pas un clou** das taugt nichts; das ist keinen Pfennig/Pfifferling wert
des clous ! keinen Pfennig/Penny!; keine müde Mark!
mettre qqch. au clou etwas versetzen/verpfänden

CŒUR **à votre bon cœur !** bitte eine milde Gabe!

COMPTE **faire des comptes d'apothicaire** (etwa) sehr komplizierte/unübersichtliche Rechnungen machen
les bons comptes font les bons amis in Geldsachen hört die Freundschaft auf
un compte rond eine runde Zahl

CORDON **tenir les cordons de la bourse** voir **bourse**

CORNE **la corne d'abondance** das Füllhorn

CÔTÉ **mettre (de l'argent) de côté** voir **bas**

COUDE **ne pas se moucher du coude** ganz schön absahnen; überhöhte Preise verlangen

COUILLE **se faire des couilles en or** sich eine goldene Nase verdienen

COULEUR **je n'ai pas encore vu la couleur de son argent** von seinem Geld habe ich noch nichts zu sehen bekommen

---

"déménager à la cloche de bois"

Si le chèque en bois ne revêt aucune valeur, la cloche de bois, elle, ne résonne aucunement lorsque l'on quitte un endroit subrepticement.

"se faire des couilles en or"

Cet endroit (qu'il n'est pas nécessaire de préciser) est censé revêtir, si l'on ose dire, de multiples potentialités. Exemples : « avoir des couilles », « il y a une couille », « partir en couilles », etc. Dès lors, plutôt que de péter dans la soie, « se faire des couilles en or » est sans doute plus vulgaire, plus populaire, mais aussi plus déterminant. Notons que l'expression est récente.

cf. CLOCHE et cf. COUILLE

COUP **c'est le coup de fusil !** *voir **arnaque***

CRIBLER **être criblé de dettes** hochverschuldet sein; bis über beide Ohren/bis an den Hals in Schulden stecken; mehr Schulden als Haare auf dem Kopf haben; den Buckel voll Schulden haben

CROCHET **vivre aux crochets de qqn.** auf jmds. Kosten leben; jmdm. auf der Tasche liegen

CROQUEUSE **une croqueuse de diamants** eine kostspielige Kokotte/Mätresse

CROÛTE **gagner sa croûte** *voir **bifteck***

CUILLER **être né avec une cuiller d'/en argent dans la bouche** mit einem silbernen/goldenen Löffel im Mund geboren/zur Welt gekommen sein

CULOTTE **prendre une culotte (au jeu)** ein Mordspech (beim Spiel haben); einen Haufen Geld (beim Spiel) verlieren

y laisser/perdre sa culotte *voir **chemise***

D

DÈCHE **être dans la dèche** auf dem trockenen sitzen; pleite/abgebrannt sein

DÉPENSE **ne pas regarder à la dépense** nicht auf den Preis sehen; keine Kosten scheuen

DETTE **criblé de dettes** *voir **cribler***
qui paie ses dettes s'enrichit *(prov.)* *(etwa)* wer seine Schulden bezahlt, wird reich

DIABLE **tirer le diable (par la queue)** kaum sein Auskommen haben; von der Hand in den Mund leben

DONNER **c'est donné** das ist spottbillig; das ist (halb/fast/wie) geschenkt

DRAPEAU **le drapeau noir flotte sur la marmite** jmd. hat nichts zu beißen; jmd. ist völlig verarmt

E

EAU **dans ces eaux-là** in dem Dreh; so ungefähr

ÉCONOMIE **faire des économies de bouts de chandelle** *voir **chandelle***
(il n')y a pas de petites économies wer den Pfennig nicht ehrt, ist des Talers nicht wert

22. L'ARGENT

ÉCOT **payer son écot** seinen Anteil zahlen; seinen Obolus beisteuern

ÉCU **remuer les écus à la pelle** Geld wie Heu/wie Dreck haben

ÉLASTIQUE **les lâcher avec un élastique** den Pfennig drücken, daß der Adler schreit; sich jeden Pfennig einzeln aus der Tasche ziehen lassen

ENTOURNURE **être gêné aux entournures** knapp bei Kasse sein

ÉPINARD **mettre du beurre dans les épinards** *voir* ***arrondir***

ESPÈCE **payer en espèces** bar/cash zahlen, mit Bargeld zahlen
payer en espèces sonnantes et trébuchantes in/mit klingender Münze zahlen

EXPÉDIENT **vivre d'expédients** sich so durchschlagen/-bringen/-mogeln

F

FAUCHER être fauché (comme les blés) *voir* ***dèche***

FENDRE (SE) **il ne s'est pas fendu !** er hat sich nicht (gerade) verausgabt/in Unkosten gestürzt!
se fendre (de qqch.) etwas herausrücken

FESSE **coûter/valoir la peau des fesses** ein Heiden-/Schweinegeld *(derb)* kosten; sündhaft teuer/sauteuer *(derb)* sein

FIFTY-FIFTY **faire fifty-fifty** fifty-fifty/halbe-halbe machen

FILS **être un fils à papa** von Beruf Sohn sein

FIN **avoir des fins de mois difficiles** am/gegen Monatsende knapp bei Kasse sein
ne pas avoir de(s) fins de mois difficiles keine Geldsorgen haben; gut bei Kasse sein

FOIN **mettre du foin dans ses bottes** *voir **(faire son) beurre***

FOLIE **faire des folies** Geld verprassen/hemmungslos ausgeben

FOND **être à fond de cale** *voir **dèche***

FORTUNE **coûter une (petite) fortune** ein (kleines) Vermögen kosten

FOUILLE **s'en mettre plein les fouilles** in die eigene Tasche arbeiten; sich bereichern

FRAIS **à peu de frais** mit wenig/geringen Kosten; mit geringem Kostenaufwand
aux frais de la princesse auf Staats- bzw. Geschäftskosten; auf Kosten des Staates bzw. der Firma
des faux frais Extras; Spesen; Dienstausgaben
rentrer dans ses frais ; faire ses frais seine Ausgaben wieder hereinbekommen; ohne Verlust abschließen
se mettre en frais sich in Unkosten stürzen

FRANC **demander le franc symbolique** eine symbolische Zahlung verlangen

FRIC **abouler le fric** mit dem Geld rausrücken
être bourré de fric ; être friqué in Geld fast ersticken
fric Kies; Knete; Kohle(n(; Kröten; Mäuse; Moneten; Moos; Pinke(pinke(; Schotter; Zaster; Zunder
ramasser du fric à la pelle Kies scheffeln; viel Kohle machen
un fric fou/monstre ein Haufen Geld

G

GAUCHE **mettre (de l'argent) à gauche** *voir bas*

GÊNE **être dans la gêne** *voir dèche*

GNOGNOTE **c'est de la gnognote** das ist wertloses Zeug

GRANDEUR **avoir la folie des grandeurs** größenwahnsinnig sein

GRIPPE-SOU **un (vieux) grippe-sou** ein (alter) Pfennigfuchser

J

JETER **jeter l'argent par les fenêtres** *voir argent*
jeter les marchandises à la tête/à la figure des gens die Ware verschleudern; die Ware spottbillig/zum Spottpreis verkaufen

JEU **faites vos jeux !** bitte setzen! *(Spielkasino)*

L

LANGUE **tirer la langue** auf dem letzten Loch pfeifen
LIQUIDE **payer en liquide** *voir espèces*

22. L'ARGENT

M

MANCHE **faire la manche** betteln gehen

MARMITE **faire bouillir la marmite** für den Lebensunterhalt sorgen; die Familie ernähren

MILLE **gagner des mille et des cents** ein Großverdiener sein *(voir aussi **as**)*

MISER **miser gros** hoch setzen; mit hohem Einsatz spielen

MISÈRE **dans une misère noire** in bitterer/größter Armut
un salaire de misère ein Hungerlohn

MONNAIE **payer en monnaie de singe** jmdn. mit leeren Worten abspeisen; jmdn. mit leeren Verprechungen hinhalten

MONT-DE-PIÉTÉ **mettre qqch. au mont-de-piété** *voir **(mettre qqch. au) clou***

MOUCHER (SE) **ne pas se moucher du coude/pied** *voir **coude***

MOUISE **être dans la mouise** *voir **dèche***

MOYEN **vivre au-dessus de ses moyens** über seine Verhältnisse leben

N

NAGER **nager dans l'opulence** ein üppiges Leben führen

NATURE **payer en nature** in Naturalien/natura bezahlen

NERF **le nerf de la guerre** *(etwa)* das (liebe) Geld

NOURRIR **cela/ça ne nourrit pas son homme** davon kann man nicht leben

O

ŒIL **à l'œil** gratis; kostenlos; umsonst; für nichts

ŒUF **(trouver à) tondre (sur) un œuf** ein Knauser/Knicker/Geizhals sein

ONCLE **un oncle d'Amérique** ein (reicher) Onkel aus Amerika

OPULENCE **nager dans l'opulence** *voir **nager***

OR **acheter qqch. à prix d'or** für etwas ein kleines Vermögen ausgeben

acheter qqch. au poids de l'or etwas für teures Geld erstehen
c'est de l'or en barre das ist eine sichere Geldanlage
c'est une mine d'or das ist eine Goldgrube
cousu d'or es dicke haben; vermögend sein
crouler sous l'or im Geld schwimmen
l'or noir das schwarze Gold
rouler sur l'or *voir or : crouler sous l'or*
tout ce qui brille n'est pas (d') or *(prov.)* es ist nicht alles Gold, was glänzt *(Sprichw.)*
valoir son pesant d'or nicht mit Gold aufzuwiegen sein; Gold wert sein

ORDINAIRE **améliorer son/l'ordinaire** *voir arrondir*

P

PACHA **vivre comme un pacha** *voir château*

PAILLE **être sur la paille** auf der Straße sitzen; im Elend leben; bettelarm sein
une paille ! ein Klacks!

PAIN **ça ne mange pas de pain** da ist nicht viel verloren; damit sind keine großen Ausgaben verbunden; dabei geht man kein großes finanzielles Risiko ein

PANIER **c'est un panier percé** er ist ein maßloser Verschwender; er gibt das Geld mit vollen Händen aus

PAQUET **coûter un (bon/fameux) paquet** eine ganze Stange Geld kosten
mettre le paquet (sur qqch.) keine Ausgaben scheuen; (bei etwas) nicht aufs Geld schauen

PARADIS **un paradis fiscal** ein Steuerparadies

PART **avoir la part belle** den Löwenanteil bekommen

PAUVRE **pauvre comme Job** arm wie eine Kirchenmaus

PAVÉ **être sur le pavé** *voir (être sur la) paille*

PEAU **coûter/valoir la peau des fesses/du cul** *voir fesse*

PELLE **ramasser l'argent à la pelle** *voir argent*

PÉROU **ce n'est pas le Pérou** davon kann man nicht reich/Millionär werden

PERTE **une perte sèche** ein Barverlust; ein uneinbringlicher Verlust

PET **ça vaut pas un pet (de lapin)** *voir clou*

PIED **ne pas se moucher du pied** *voir coude*
vivre sur un grand pied *voir carrosse*

22. L'ARGENT

PIERRE **pierre qui roule n'amasse pas mousse** *(prov.)* auf dem rollenden Stein wächst kein Moos *(Sprichw.)*

PIQUE-ASSIETTE **un pique-assiette** *voir* **crochet**

PLAIE **plaie d'argent n'est pas/point mortelle** *(prov.)* *voir* **argent**

PLEIN **plein aux as** *voir* **as**

PLUME **y laisser/perdre des plumes** Federn/Haare lassen (müssen)

POCHE **en être de sa poche** Geld draufzahlen müssen; Verluste hinnehmen müssen
se remplir les poches ; s'en mettre plein les poches *voir* **fouille**

POGNON **avoir plein de pognon** einen Haufen Geld haben
se faire un pognon fou *voir* **fric : ramasser du fric à la pelle**

POIRE **couper la poire en deux** sich auf halbem Wege entgegenkommen
il faut toujours garder une poire pour la soif man sollte sich immer einen Notgroschen zurücklegen

POULE **tuer la poule aux œufs d'or** das Huhn, das goldene Eier legt, schlachten

POURRIR **être pourri de fric** stinkreich sein; nach Geld stinken

POUSSER **ça ne pousse pas !** das Geld liegt (doch) nicht auf der Straße/fällt (doch) nicht vom Himmel!

POUSSIÈRE **coûter 100 francs et des poussières** 100 Francs und ein paar zerquetschte/kleine kosten

PRENDRE **c'est toujours ça de pris** das ist (doch/immerhin) schon mal etwas; das ist (doch) schon mal ein Anfang

PRINCESSE **aux frais de la princesse** *voir* **frais**

"*ce n'est pas le Pérou*"

Mais où se trouve l'Eldorado ? En posant le pied sur le sol américain, les conquistadores entendirent parler de cette vieille légende indienne qui parle d'un pays où tout est or. Entre-temps, et pour se distraire, la joyeuse soldatesque pilla toutes les richesses du Pérou et d'ailleurs, massacrant la population par la même occasion. Elle ignorait que la première richesse est l'humanité.

cf. PÉROU

PRIX **au prix où est le beurre** bei den heutigen Preisen; wo jetzt alles so teuer ist
c'est hors de prix das ist völlig überteuert; das sind horrende Preise
faire un prix (d'ami) einen Freundschaftspreis machen
y mettre le prix tief in die Tasche greifen müssen

PROFIT **il n'y a pas de petits profits** *voir* ***économie : il n'y a pas de petites économies***

R

RADIS **ça ne vaut pas un radis** *voir* ***(ça ne vaut pas un) clou***
ne pas/plus avoir un radis *voir* ***dèche***

RAIDE **être raide (comme un passe-lacet)** *voir* ***dèche***

RAT **être rat** knickrig/knauserig sein

RÂTELIER **manger à tous les râteliers** sein Mäntelchen nach dem Wind hängen; überall seinen Profit suchen

REFAIRE (SE) **se refaire (au jeu)** (beim Spiel nach großem Verlust) wieder gewinnen

REGARDER **ne pas regarder à la dépense ; ne pas être regardant** *voir* ***dépense***

RÉPONDANT **avoir du répondant** Rücklagen/Ersparnisse haben

RICHE **on ne prête qu'aux riches** *voir* ***argent : l'argent appelle l'argent***
riche comme Crésus reich wie Krösus
un nouveau riche ein Neureicher

RIEN **coûter trois fois rien/moins que rien** *voir* ***donner***
on n'a rien pour/sans rien von nichts kommt nichts

ROND **avoir des ronds** *voir* ***as***
ne pas/plus avoir un rond ; être sans un rond *voir* ***dèche***
pour pas un rond *voir* ***(à l')œil***

ROULER **ne pas rouler sur l'or** nicht im Geld schwimmen

RUBIS **payer rubis sur l'ongle** bar/cash auf die Kralle zahlen

RUINER **ce n'est pas cela/ça qui va nous ruiner** *voir* ***pain***

RUISSEAU **les petits ruisseaux font les grandes rivières** *(prov.)* viele Wenig geben ein Viel *(Sprichw.)*

22. L'ARGENT

S

SABLE être sur le sable *voir (être sur la) paille*

SAIGNER **saigner qqn. à blanc** jmdn. (gehörig) schröpfen/ausnehmen

SAINTE(-)TOUCHE **c'est (la) Sainte(-)Touche** es ist Zahltag

SALAIRE **un salaire de misère** *voir misère*

SALER **saler la note** eine gesalzene/gepfefferte Rechnung machen

SAVATE **traîner la savate** am Hungertuch nagen

SEC être à sec *voir dèche*

SEMAINE **vivre à la petite semaine** *voir expédient*

SERRER être serré *voir entournure*

SOIE **péter dans la soie** im Wohlstand/Luxus leben; sich alles leisten können; auf großem Fuß leben

SOLEIL **avoir du bien au soleil** Grundbesitz haben

SOU **c'est une histoire de gros sous** hier spielt das Geld/der Profit die Hauptrolle
être près de ses sous *voir œuf*
être sans le/sans un sou ; ne pas/plus avoir un sou vaillant *voir dèche*
ne pas valoir un sou *voir clou*
un sou est un sou *voir économie : il n'y a pas de petites économies*
y laisser jusqu'à son dernier sou sein ganzes/letztes Geld bei etwas verlieren

SOUPE **par ici, la bonne soupe !** immer her damit!

T

TANTE **mettre qqch. chez ma tante** *voir (mettre qqch. au) clou*

TAPER **taper qqn. de 100 francs/balles** jmdn. um 100 Francs anpumpen

TEMPS le temps, c'est de l'argent *voir argent*

TÊTE **fixer les prix à la tête du client** *(etwa)* den Preis nach dem Geldbeutel des Kunden festlegen
payer 1 000 francs par tête (de pipe) 1 000 Francs pro (Mann und) Nase bezahlen

TIRELIRE **casser sa tirelire** sein Sparschwein schlachten

TIROIR **gratter/racler les fonds de tiroirs** seine letzten Pfennige/sein letztes Geld zusammenkratzen

TONDRE **(trouver à) tondre (sur) un œuf** *voir œuf*

TRAIN **mener grand train** *voir carrosse*

TRIPETTE **ça ne vaut pas tripette** das ist keinen Heller/Pfifferling wert

TRONC **apporter/mettre qqch. dans le tronc commun** etwas in den gemeinsamen Topf geben; etwas zur gemeinsamen Kasse beisteuern

V

VACHE **les vaches maigres** die mageren Jahre
manger/bouffer de la vache enragée viel durchmachen müssen; Elend und Not ausstehen; sich hart durchbeißen müsssen
une vache à lait eine Melkkuh; eine gute Einnahmequelle

VEAU **adorer le veau d'or** das Goldene Kalb anbeten

VENDRE **vendre à vil prix** *voir jeter*

VIE **gagner sa vie** *voir bifteck*

VIVRE **il faut bien vivre !** man muß schließlich leben!

VIVRES **couper les vivres à qqn.** jmdm. den Geldhahn zudrehen; jmdm. seine finanzielle Unterstützung entziehen

Y

YEUX **coûter/valoir les yeux de la tête** *voir fesse*

"adorer le veau d'or"

Puisque nous en sommes au chapitre moral, rappelons cet épisode de la Bible : lorsque Moïse eut libéré son peuple des griffes de Pharaon, il grimpa sur le mont Sinaï où il reçut les commandements de Dieu. Pendant ce temps, ses ouailles s'adonnaient au luxe et à la luxure, fondant tous leurs bijoux en un immense veau d'or. Pour leur punition, ils errèrent quarante ans de plus dans le désert avant de dénicher Canaan.

cf. VEAU

23

L'ARNAQUE

*Ça suffit! Fini de se faire entuber,
d'être le dindon de la farce et d'écouter
des histoires à dormir debout.
Désormais, vous aurez la gâchette facile
pour les voleurs de grand chemin,
on ne vous fera plus d'enfant dans le dos
et vous cesserez d'être une bonne poire.
D'ailleurs, même les pirates de l'air
ne vous mèneront plus en bateau.*

A

ABUS **un abus de confiance** ein Vertrauensmißbrauch; ein Verrat

ADDITION **payer l'addition (pour qqn./à la place de qqn.)** die Sache ausbaden müssen; der Dumme sein

AFFAIRE **une affaire louche** eine undurchsichtige/verdächtige/fragwürdige Angelegenheit

AGRAFER **se faire agrafer (par la police)** (von der Polizei) geschnappt werden

APPÂT **mordre à l'appât** anbeißen; sich ködern lassen

ARBRE **faire monter qqn. à l'arbre** jmdn. reinlegen; jmdn. übers Ohr hauen
monter à l'arbre reinfallen

ARRACHEUR **mentir comme un arracheur de dents** lügen, daß sich die Balken biegen; das Blaue vom Himmel herunterlügen; lügen wie gedruckt

ARROSEUR **c'est l'histoire de l'arroseur arrosé** wer andern eine Grube gräbt, fällt selbst hinein *(Sprichw.)*

ATTRAPE-NIGAUD **un attrape-nigaud** Nepp; Bauernfängerei

AUTRE **à d'autres !** das kannst du/können Sie anderen weismachen!

AVOIR **se faire avoir** sich an der Nase herumführen lassen; sich reinlegen lassen

B

BABA **l'avoir dans le baba** auf den Leim gegangen sein; aufsitzen

> ## "*mentir comme un arracheur de dents*"
>
> *Attention ! Ne citez pas cette expression à votre dentiste, sous peine d'être fraisé d'importance ! Il aura raison de se vexer, car ses ancêtres les barbiers ne disposant pas de sédatifs, n'avaient d'autre issue que de raconter des bobards avant de ... crac ! arracher la dent malade de leur pratique.*
>
> cf. ARRACHEUR

23. L'ARNAQUE

BAISER se faire baiser (la gueule) ; être baisé *voir* **avoir**

BALLON être au ballon im Knast/Kittchen sitzen; hinter Gittern/schwedischen Gardinen sitzen

BAN être mis au ban de la société aus der Gesellschaft ausgestoßen werden; gesellschaftlich geächtet werden

BANC finir sur le banc des accusés auf der Anklagebank enden

BARREAU être derrière des barreaux *voir* **ballon**

BATEAU mener qqn. en bateau ; monter un bateau à qqn. *voir* **(faire monter qqn. à l')arbre**

BEAU c'est trop beau pour être vrai das ist zu schön, um wahr zu sein

BERNER se faire berner ; être berné *voir* **avoir**

BIEN bien mal acquis ne profite jamais *(prov.)* unrecht Gut gedeiht nicht *(Sprichw.)*

BLAGUE raconter des blagues (Lügen-)Märchen erzählen

BLEU n'y voir que du bleu auf den Leim gehen; überhaupt nichts (be)merken

BLOUSER se faire blouser ; être blousé *voir* **avoir**

BOBARD raconter des bobards *voir* **blague**

BOIRE qui a bu boira *(prov.)* die Katze läßt das Mausen nicht *(Sprichw.)*

BOÎTE mettre qqn. en boîte *voir* **(faire monter qqn. à l')arbre**

BOUCLER se faire boucler eingelocht/-gebuchtet werden; hinter Schloß und Riegel gebracht werden

C

CATHOLIQUE ce n'est pas (très) catholique das ist nicht ganz koscher/astrein/hasenrein; da ist etwas faul

CHANGE donner le change à qqn. jmdn. auf eine falsche Fährte führen

CHANTER faire chanter qqn. jmdn. erpressen

CHAPEAU faire porter le chapeau à qqn. jmdm. etwas in die Schuhe schieben
porter le chapeau *voir* **addition**

CHAT acheter chat en poche die Katze im Sack kaufen

CHAUFFER chauffer qqch. à qqn. jmdm. etwas klauen/wegnehmen

CHEVILLE **être en cheville avec qqn.** mit jmdm. unter einer Decke stecken

CHOCOLAT **être chocolat** *voir avoir*

CHOPER **se faire choper** *voir agrafer*

COBAYE **servir de cobaye à** jmds. Versuchskaninchen/-karnickel sein

COCHON **jouer un tour de cochon à qqn.** jmdm. einen üblen Streich spielen; jmdm. übel mitspielen

COFFRER **se faire coffrer** *voir boucler*

COMBINE **marcher dans les combines de qqn.** auf jmdn. hereinfallen

CORDE **il ne vaut pas la corde pour le pendre** er ist keinen Schuß Pulver wert
un homme de sac et de corde ein Gauner; ein Halunke; ein Schurke; ein Lump

COU **tremper dans qqch. (jusqu'au cou)** (bis zum Hals) in etwas stecken

COUP **c'est un coup fourré/monté** das ist ein abgekartetes Spiel
donner un coup bas unter die Gürtellinie gehen
faire le coup du père François heimtückisch/hinterrücks/von hinten angreifen
faire un coup tordu/un sale coup à qqn. *voir cochon*
monter un coup einen Coup vorbereiten/planen/aushecken
un coup de filet ein Fang; ein Fischzug
un coup de Jarnac ein gemeiner/hinterhältiger Schlag/Streich

COUTEAU **mettre le couteau sur/sous la gorge de qqn.** jmdm. das Messer an die Kehle/die Pistole an die Brust setzen

CRAQUE **raconter des craques** *voir blague*

CRASSE **faire une crasse à qqn.** *voir cochon*

CUL **un faux cul** ein falscher Fuffziger; eine Schlange *(Frau)*

 "être en cheville avec quelqu'un"

Cheviller, c'est unir de façon indissoluble. De plus, la cheville est un outil important permettant de mener à bien divers travaux techniques. Cette instrumentation présente parfois une connotation clandestine.

cf. CHEVILLE

23. L'ARNAQUE

D

DÉ **les dés sont pipés** die Würfel sind gezinkt

DERCHE **un faux derche** *voir* ***cul***

DIEU **on lui donnerait le bon Dieu sans confession** er sieht aus, als ob er kein Wässerchen trüben könnte/niemandem ein Haar krümmen könnte

DINDON **le dindon de la farce** der Gelackmeierte sein; das Nachsehen haben

DONNER **donner c'est donner (reprendre c'est voler)** geschenkt ist geschenkt (wiederholen ist gestohlen)

DOS **faire un enfant dans le dos à/de qqn.** *voir* ***cochon***
l'avoir dans le dos *voir* ***avoir***
mettre qqch. sur le dos de qqn. *voir* ***(faire porter le) chapeau***

DUPE **c'est un jeu de dupes** das ist (doch alles nur) fauler Zauber
un marché de dupes eine krumme Tour

E

EAU **pêcher en eau trouble** im trüben fischen

ÉCHELLE **faire monter qqn. à l'échelle** *voir* ***(faire monter qqn. à l')arbre***
monter à l'échelle *voir* ***(monter à l')arbre***

"*un coup de Jarnac*"

Voici un épisode historique relatif à la cité de Jarnac dont le seigneur local, Guy Chabot, Baron de Jarnac, tua en 1547 au cours d'un duel judiciaire un certain François de Vivonne, seigneur de la Châtaigneraie. La célèbre botte de Jarnac, qu'il inaugura alors, consistait en un coup décisif et inattendu mais nullement déloyal (les gardes armés n'eurent donc pas à intervenir puisqu'aucun acte de félonie n'avait été commis par le vainqueur). Paradoxalement, cette expression revêt de nos jours le sens d'action perfide, de coup en traître. Un autre grand seigneur de Jarnac, réputé pour ses feintes imparables, y repose pour l'éternité. Il s'agit du Président François Mitterrand.

cf. **COUP**

EMBROUILLE **un sac d'embrouilles** eine verwickelte Angelegenheit

EMBROUILLER **ni vu ni connu (j't'embrouille) !** das merkt niemand/keiner/kein Mensch!; da merkt niemand/keiner etwas!

ENFANT **faire un enfant dans le dos à/de qqn.** voir *cochon*

ENTUBER **se faire entuber** voir *baiser*

ÉPINGLER **se faire épingler** voir *agrafer*

F

FAIRE **être fait comme un rat** in der Falle sitzen
on ne me la fait pas ! nicht mit mir!; ich lass' mich nicht reinlegen/drankriegen!

FEU **n'y voir que du feu** voir *bleu*

FLOU **un flou artistique** eine (absichtliche) Ungenauigkeit/Verschwommenheit/Vagheit

FRAIS **mettre qqn. au frais** jmdn. einlochen/-buchten

G

GÂCHETTE **avoir la gâchette facile** schießwütig sein

GAULER **se faire gauler** voir *agrafer*

GIBIER **un gibier de potence** ein Galgenvogel

GOGO **un gogo** ein Einfaltspinsel; ein Trottel

GUEULE **arriver la gueule enfarinée** naßforsch/keck/dreist/siegessicher ankommen/auftreten

---

"*un gogo*"

Le naïf avait rencontré une gogo-girl qui lui avait fait boire du whisky à gogo. Goguenarde, et après l'avoir fait chanter comme un goglu, elle lui dit tout de go : « tu n'es qu'un gogo en goguette ». Ce qui prouve que, pour une gourgandine, elle ne manquait pas de culture, car Gogo était bel et bien un personnage de comédie.

cf. GOGO

23. L'ARNAQUE

H

HAMEÇON **mordre à l'hameçon** *voir **appât***

HISTOIRE **raconter des histoires** *voir **blague***
une histoire à dormir debout eine völlig unglaubwürdige Geschichte; eine Räubergeschichte

HONNIR **honni soit qui mal y pense** *(devise)* Honni soit qui mal y pense *(geh.)*; ein Schuft, wer Böses dabei denkt

J

JETON **un faux jeton** *voir **cul***

JEU **cacher son jeu** mit verdeckten Karten spielen; sich nicht in die Karten sehen/schauen/gucken lassen
c'est un jeu de dupes *voir **dupe***

L

LAINE **se faire manger/tondre la laine sur le dos** sich das Fell über die Ohren ziehen lassen *(voir aussi **avoir**)*

LANTERNE **faire prendre à qqn. des vessies pour des lanternes** jmdm. ein X für ein U vormachen; jmdm. einen Bären aufbinden

LARD **c'est du lard ou du cochon ?** wie soll ich das (jetzt) verstehen?; soll das ein Witz sein?

LOUP **enfermer le loup dans la bergerie** *(prov.)* den Bock zum Gärtner machen *(Sprichw.)*
les loups ne se mangent pas entre eux *(prov.)* eine Krähe hackt der anderen kein Auge/nicht die Augen aus *(Sprichw.)*

LUNE **faire voir à qqn. la lune en plein midi** *voir **(faire monter qqn. à l')arbre***

M

MAIN **faire main basse sur qqch.** sich etwas unter den Nagel reißen
mettre la main sur qqn. jmdn. (zu fassen) kriegen; jmdn. verhaften

prendre qqn. la main dans le sac jmdn. in flagranti/auf frischer Tat ertappen

se salir les mains sich die Finger schmutzig machen

MAÎTRE **un maître chanteur** ein Erpresser

MANGER **se faire manger la laine sur le dos** *voir* **laine**

MARCHER **faire marcher qqn.** *voir* **(faire monter qqn. à l')arbre**

je (ne) marche pas (dans ta combine) da mach' ich nicht mit; darauf lass' ich mich nicht ein

MARRON **être marron** *voir* **avoir**

MÈCHE **être de mèche avec qqn.** *voir* **cheville**

MENSONGE **un mensonge gros comme une maison** eine faustdicke Lüge

MENTIR **mentir comme on respire** lügen wie gedruckt

MITARD **être au mitard** *voir* **ballon**

MOELLE **être pourri jusqu'à la moelle** durch und durch verkommen/verdorben sein

MONNAIE **payer en monnaie de singe** jmdn. mit leeren Worten abspeisen; jmdn. mit leeren Verprechungen hinhalten

MORDRE **mordre à l'hameçon** *voir* **appât**

N

NŒUD **un sac de nœuds** *voir* **embrouille**

O

OCCASION **l'occasion fait le larron** Gelegenheit macht Diebe

ŒIL **mon œil !** wer's glaubt, wird selig!

ŒUF **qui vole un œuf vole un bœuf** *(prov.)* klein fängt man an, groß hört man auf *(Sprichw.)*

OMBRE **être à l'ombre** *voir* **ballon**

ORTHODOXE **ne pas être (très) orthodoxe** *voir* **catholique**

OS **l'avoir dans l'os** *voir* **baba**

23. L'ARNAQUE

P

PANIER **un panier à salade** eine grüne Minna

PANNEAU **tomber/donner dans le panneau** jmdm. ins Garn/auf den Leim gehen

PAPE **c'est ça, et moi je suis le Pape !** ja, und dann bin ich der Kaiser von China!

PARADIS **tu (ne) l'emporteras pas en/au paradis !** dir werd' ich's zeigen!; das wirst du mir (noch) büßen!

PIÈCE **monté de toutes pièces** inszeniert; gestellt

PIÈGE **être pris à son propre piège** sich in der eigenen Schlinge fangen *(voir aussi arroseur)*
un piège à cons *voir attrape-nigaud*

PIGEON **un pigeon** *voir gogo*

PIGEONNER **se faire pigeonner** *voir baiser*

PILULE **dorer la pilule à qqn.** jmdm. die bittere Pille versüßen; jmdm. etwas Unangenehmes schmackhaft machen

PIPER **les dés sont pipés** *voir dé*

PIQUER **piquer qqch. à qqn.** *voir chauffer*

PIRATE **un pirate de l'air** ein Luftpirat

PLACARD **être au placard** *voir ballon*

PLUMER **se faire plumer** *voir baiser*

POCHE **faire les poches de qqn.** heimlich jmds. Taschen durchsuchen

POIRE **une (bonne) poire** ein Esel; ein Ochse

POIVRE **chier du poivre** (der Polizei) entkommen/entwischen

POLI **il est trop poli pour être honnête** er ist zu höflich, um aufrichtig zu sein

POSSÉDER **se faire posséder** *voir baiser*

PRENDRE **tel est pris qui croyait prendre** *(prov.)* *voir arroseur*

PROIE **une proie facile** leichte Beute

PUNIR **on est toujours puni par où on a péché** eine Strafe folgt auf dem Fuß(e)

R

RAMASSER **se faire ramasser** *voir agrafer*

RAT **être fait comme un rat** *voir faire : être fait comme un rat*

REINE   **c'est ça, et moi je suis la reine d'Angleterre !**   *voir* **pape**

REVUE   **être de la revue**   *voir* **avoir**

ROULER   **rouler qqn. (dans la farine)**   jmdn. reinlegen; jmdn. übers Ohr hauen
se faire rouler   *voir* **avoir**

S

SAC   **un homme de sac et de corde**   *voir* **corde**
un sac d'embrouilles/de nœuds   *voir* **embrouille**

SALADE   **raconter des salades**   *voir* **blague**

SECRET   **être au secret**   in Einzelhaft sitzen

SINGE   **payer en monnaie de singe**   *voir* **monnaie**

SŒUR   **et ta sœur !** *(réponse :* elle bat le beurre*)*   *voir* **œil**

SOUFFLER   **souffler qqch. à qqn.**   *voir* **chauffer**

T

TAULE   **être en taule**   *voir* **ballon**

TÊTE   **mettre la tête de qqn. à prix**   ein Kopfgeld auf jmdn. aussetzen; eine Belohnung/einen Preis auf jmds. Kopf aussetzen

TONDRE   **se faire tondre (comme un œuf)**   *voir* **avoir**
se faire tondre la laine sur le dos   *voir* **avoir** *et* **laine**

TOUR   **jouer un mauvais tour/un tour pendable à qqn.**   *voir* **cochon**

TRAÎTRE   **prendre/attaquer qqn. en traître**   *voir* **coup : coup du père François** *et* **coup de Jarnac**

TRINQUER   **trinquer pour les autres**   *voir* **addition**

TROGNON   **avoir qqn. jusqu'au trognon**   jmdn. nach Strich und Faden reinlegen

TROU   **être au trou**   *voir* **ballon**

V

VACHE   **une vache à lait**   eine Melkkuh; eine gute Einnahmequelle

23. L'ARNAQUE

VACHERIE   **faire une vacherie à qqn.**   *voir **cochon***

VENT   **qui sème le vent récolte la tempête** *(prov.)*   wer Wind sät, wird Sturm ernten *(Sprichw.) (voir aussi **puni**)*

VERROU   **être sous les verrous**   *voir **ballon***

VERT   **se mettre au vert**   sich auf dem Land verstecken; einen Unterschlupf/Schlupfwinkel auf dem Land aufsuchen

VESSIE   **faire prendre des vessies pour des lanternes**   *voir **lanterne***

VIOLON   **être au violon**   *voir **ballon***

VINGT-DEUX   **vingt-deux, v'la les flics !**   Achtung, die Polente!

VOIR   **ni vu ni connu (j't'embrouille) ! ; pas vu, pas pris !**   *voir **embrouiller***

VOLER   **être volé comme dans un bois/comme au coin d'un bois**   bis aufs Hemd ausgeraubt/ausgeplündert werden

VOLEUR   **être voleur comme une pie**   stehlen wie eine Elster/ein Rabe

un voleur de grand chemin   ein Straßenräuber; ein Wegelagerer; ein Strauchdieb

VRAI   **c'est trop beau pour être vrai**   *voir **beau***

24

LA TABLE

Et nous voici déjà au bout de notre périple. Après ce choix de chapitres à la carte qui vous aura sans doute mis en appétit, il est largement temps de vous nourrir et de vous faire croquer à belles dents les expressions de la table. En bonne logique, nous vous avons gardé les plus délicieuses pour la faim.

24. LA TABLE

A

ABUSER **il ne faut pas abuser des bonnes choses** *(etwa)* genieße in Maßen

AILE **avoir un coup dans l'aile** einen (Zacken) in der Krone haben

ALCOOL **(bien) tenir l'alcool** viel (Alkohol) vertragen

AMOUR **à tes amours !** auf dich!; auf dein Wohl!

APPÉTIT **avoir un appétit d'ogre** einen Riesenappetit haben
couper l'appétit à qqn. jmdm. den Appetit verderben
l'appétit vient en mangeant der Appetit kommt beim Essen
ouvrir l'appétit/mettre en appétit den Appetit anregen

ARDOISE **liquider une ardoise** eine Schuld begleichen
mettre les consommations sur l'ardoise seine Getränke anschreiben lassen

ARROSER (S') **ça s'arrose !** das muß begossen werden!; darauf müssen wir einen trinken!

AVALER **je pourrais avaler un bœuf** *(etwa)* ich hab' einen Hunger wie ein Bär/ein Wolf/ein Löwe

B

BABINE **se/s'en lécher les babines** sich (genüßlich) den Mund ablecken

BALLON **un ballon de rouge/blanc/rosé** ein Glas Rotwein/Weißwein/Rosé

BARRIQUE **plein comme un barrique** voll wie ein Faß/wie eine Strandhaubitze/wie tausend Russen; voll wie nur was/bis obenhin

BEC **claquer du bec** Kohldampf schieben

BEURRER **beurré comme un petit Lu** blau wie ein Veilchen; breit wie eine Kuh

BIBERONNER **biberonner** gern einen über den Durst trinken

BIEN **ça fait du bien par où ça passe !** ah, das tut gut!

BITURE/SE BITURER **prendre une biture ; se biturer** sich einen auf die Lampe gießen; sich besaufen

BŒUF **je pourrais avaler un bœuf** *voir* **avaler**

BOIRE **boire en Suisse** für sich allein trinken
boire pour oublier seine Sorgen im Alkohol ertränken
boire un canon ein Glas Wein trinken

BOISSON **s'adonner à la boisson** zur Flasche greifen

BOMBANCE **faire bombance** schlemmen; schwelgen

BOUCHÉE **ne faire qu'une bouchée de qqch.** etwas (gierig) hinunterschlingen

BOUDIN **plein comme un boudin** voir **barrique**

BOURRER **être bourré (comme un coing/comme un canon)** voir **beurrer**

BOUTEILLE **aimer la bouteille** sich gern einen genehmigen

BRIQUE **bouffer des briques** voir **bec**

BUFFET **danser devant le buffet** voir **bec**

C

CALER (SE) **se caler les joues** tüchtig drauflosessen/-futtern
se caler une dent creuse einen Bissen zu sich nehmen

CARTE **un repas à la carte** ein Essen à la carte

CASQUETTE **avoir une casquette plombée (sur le crâne)** einen Katzenjammer/Kater haben

CASSER **casser la croûte** eine Kleinigkeit essen; einen Imbiß zu sich nehmen

CEINTURE **se mettre/se serrer la ceinture ; faire ceinture** den Gürtel enger schnallen

CHAGRIN **noyer son chagrin dans l'alcool** voir **boire (pour oublier)**

CHAMPAGNE **sabler le champagne** Champagner/Sekt/Schampus trinken
sabrer le champagne eine Flasche Champagner/Sekt/Schampus köpfen

CHANCRE **manger/bouffer comme un chancre** (fr)essen wie ein Schwein (derb)

CHÈRE **faire bonne chère** gut essen; tafeln

CHOU **se farcir le chou** kräftig zulangen

CIRAGE **être dans le cirage** einen an der Birne haben

CLOCHE **se taper la cloche** sich den Bauch vollschlagen

COCO **se remplir le coco** voir **cloche**

CŒUR **manger par cœur** auf das Essen verzichten (müssen); nichts zu essen bekommen

COMPTE **avoir son compte** schwer geladen haben

CORDON **être un (vrai) cordon bleu** ein Meister-/Sternekoch sein

24. LA TABLE

CORNET **se mettre qqch. dans le cornet ; se remplir le cornet** *voir cloche*
se rincer le cornet sich die Kehle anfeuchten/ölen/schmieren

COUDE **lever le coude** gern einen heben/kippen/zischen

COUP **avoir un coup dans l'aile ; avoir bu un coup de trop** *voir aile*
boire un (bon) coup einen trinken
un coup de rouge ein Glas Rotwein

CRAVATE **s'en jeter un petit (derrière la cravate)** sich einen hinter die Binde/auf den hohlen Zahn gießen

CRÉMERIE **changer de crémerie** das Lokal wechseln

CREUX **j'ai un petit creux** ich hab' ein Loch im Bauch; mir knurrt der Magen

CREVER **crever de faim ; crever la dalle** verhungern; am Verhungern sein; vor Hunger sterben/umkommen

CROC **avoir les crocs** *voir crever*

CROÛTE **casser la croûte** *voir casser*

CUITE **prendre une cuite** *voir biture*

CUL **cul sec** auf ex!
faire cul sec (auf) ex trinken; das Glas in einem Zug leeren

CUVER **cuver son vin** seinen Rausch ausschlafen

D

DALLE **avoir la dalle** einen Mordshunger haben
avoir la dalle en pente eine trockene Kehle haben
crever la dalle *voir crever*
se rincer la dalle *voir (se rincer le) cornet*

DENT **avoir la dent** *voir dalle : avoir la dalle*

"se taper la cloche"

Qu'alliez-vous imaginer ? Cette expression n'a rien de grivois, même si elle est paillarde. Il faut entendre le mot « cloche » au sens de « tête », et se taper, se sonner la tête, c'est s'étourdir en mangeant. Aujourd'hui, « cloche » signifie estomac et lorsqu'il est précédé de l'adjectif qualificatif « pauvre », il désigne une personne qu'on dévorerait bien toute crue. Ceci en parfaite convivialité.

cf. CLOCHE

avoir les dents du fond qui baignent   *voir* **beurrer**
croquer à belles dents   kräftig reinhauen
manger du bout des dents   ohne Appetit essen; mit langen Zähnen essen
ne pas avoir de quoi se mettre sous la dent   *voir* **bec**
se caler une dent creuse   *voir* **(se) caler**

DER   **boire le der des der**   ein allerletztes Glas trinken

DERNIER   **en boire un (petit) dernier, pour la route**   *voir* **der**

DESCENTE   **avoir une bonne descente**   *voir* **dalle : avoir la dalle en pente**

DÉVORER   **dévorer qqch. à belles dents**   sich über etwas hermachen; etwas verdrücken/verputzen

DÎNER   **qui dort dîne** *(prov.)*   *(etwa)* wer schläft, braucht nicht zu essen; Schlaf erspart die Mahlzeit

DOCTEUR   **(boire) le coup du docteur**   *voir* **der**

DOIGT   **se/s'en lécher les doigts**   *voir* **babine**

DOULOUREUSE   **la douloureuse**   die Rechnung; die Zeche

DURILLON   **avoir un durillon de comptoir**   einen Bierbauch haben

E

EAU   **ça me fait venir l'eau à la bouche**   da läuft mir das Wasser im Mund zusammen
être à l'eau   keinen Alkohol (mehr) trinken
l'eau, c'est pour les poissons   von Wasser kriegt man Läuse in den Bauch

ÉMÉCHÉ   **éméché**   angeheitert; beschwipst; bedusselt; benebelt

ÉPONGE   **être une (véritable) éponge**   ein (richtiger) Schluckspecht sein

ESTOMAC   **j'ai l'estomac dans les talons**   mir hängt der Magen bis in die Kniekehlen

ÉTRIER   **boire le coup de l'étrier**   *voir* **der**

F

FAGOT   **(une bouteille) de derrière les fagots**   (eine Flasche) von der besten Sorte

FAIM   **avoir une faim de loup**   *voir* **crever**
crever de faim   *voir* **crever**

manger à sa faim   sich satt essen
rester sur sa faim   hungrig bleiben; nicht satt werden

FAIRE   **être complètement fait**   voir **beurrer** et **compte**

FAMINE   **crier famine**   (vor) Hunger schreien

FATIGUER   **fatiguer la salade**   den Salat schleudern

FLOT   **(le champagne) coule à flots**   (der Champagner/Sekt/Schampus) fließt in Strömen

FORTUNE   **manger à la fortune du pot**   mit dem vorliebnehmen, was es gerade zu essen gibt; essen, ohne besondere Umstände zu machen

FOURCHETTE.   **avoir un bon/un joli coup de fourchette ; être une belle/bonne fourchette**   einen gesunden Appetit haben; etwas verdrücken können
manger avec la fourchette du père Adam   mit den Fingern essen

FOURRER   **s'en fourrer jusque-là**   sich vollfressen/-stopfen

FRINGALE   **avoir la fringale**   einen Riesen-/Bärenhunger haben
avoir une fringale de qqch.   Heißhunger auf etwas haben

"*manger à la fortune du pot*"

La fortune est (parfois) le fruit du hasard. Elle signifia longtemps la destinée, cette gueuse incertaine. C'est ainsi que l'on mange au petit bonheur la chance, en espérant dénicher dans le pot, riche ou pauvre, ce qui fera nos délices. Au fond (du pot), on peut rapprocher cette expression de « manger à la bonne franquette », car dans les deux cas, il s'agit de se nourrir simplement, sans cérémonie. La meilleure façon, à mon sens.

"*manger avec la fourchette d'Adam*"

N'ayant pas eu l'honneur insigne de rencontrer le père de tous les hommes, et ne connaissant en fait de gastronomie originelle que l'épisode symbolique de la pomme, je m'en tiendrai à l'interprétation du populaire. Un pareil humain ante-préhistorique ne peut manger que de manière rustaude et primitive.

cf. FORTUNE et cf. FOURCHETTE

G

GAI être (un peu) gai voir *éméché*

GOGO à gogo soviel man will; bis zum Abwinken

GOSIER avoir le gosier en pente voir *dalle : avoir la dalle en pente*

GOURMANDISE c'est par pure gourmandise aus reiner Gier

GRAINE casser la graine voir *casser*

GRAS faire gras Fleisch essen

GRIS être gris voir *éméché*

GUEULE avoir la gueule de bois einen dicken Schädel/Brummschädel haben
  se saouler/se soûler la gueule sich einen ansaufen; sich vollaufen lassen

GUEULETON faire un (bon petit) gueuleton voir *cloche*

H

HONNEUR faire honneur à un repas einem Gericht tüchtig zusprechen; sich ein Gericht gut schmecken lassen

HUÎTRE être plein comme une huître voir *barrique*

I

IVROGNE il y a un dieu pour les ivrognes (etwa) Betrunkene haben einen Schutzengel

J

JAMBE s'en aller sur une jambe den Absacker auslassen; ohne ein letztes Glas Alkohol am Abend nach Hause/ins Bett gehen

JÉSUS c'est le petit Jésus en culotte de velours das schmiert/ölt (die Kehle) so richtig gut

JETER (SE) s'en jeter un (petit) (derrière la cravate) voir *cravate*

JOUE se caler les joues voir *(se) caler*

JUS du jus de chaussettes/de chique/de chapeau Blümchenkaffee; Brühe; Spülwasser

24. LA TABLE

L

LAMPE **s'en mettre plein la lampe** *voir* ***fourrer***

LANCE-PIERRE **manger avec un/manger au lance-pierre** hastig essen; schlingen

LÉCHER (SE) **se/s'en lécher les babines ; se/s'en lécher les doigts** *voir* ***babine***

LENDEMAIN **le lendemain de la veille** der Morgen danach

LIT **prendre son lit en marche** ins Bett wanken; betrunken schlafen gehen

M

MAIGRE **faire maigre (le vendredi)** (freitags) Fisch/kein Fleisch essen

MAIN **il a eu la main lourde avec le sel** ihm ist der Salzstreuer ausgerutscht; er hat das Essen versalzen

MANDIBULE **jouer des mandibules** essen; futtern; spachteln

MANGER **manger à la fortune du pot** *voir* ***fortune***
   manger avec la fourchette du père Adam *voir* ***fourchette***
   manger avec un/manger au lance-pierre *voir* ***lance-pierre***
   manger comme quatre/comme un ogre essen wie ein Scheunendrescher; für zwei essen
   manger comme un chancre *voir* ***chancre***
   manger comme un moineau/oiseau essen wie ein Spatz
   manger par cœur *voir* ***cœur***
   manger sur le pouce schnell einen Happen essen
   manger un morceau/bout *voir* ***casser***

MER **je boirais la mer et ses/les poissons** ich könnte eine ganze Badewanne leertrinken

METTRE **s'en mettre jusque là** *voir* ***fourrer***

MIENNE **c'est la mienne !** diese Runde geht auf meine Rechnung!; jetzt geb' ich einen aus!

N

NEZ **avoir un (petit) verre/coup dans le nez** *voir* ***aile***
   se piquer/se salir/se noircir le nez sich die Nase begießen

NOIR **noir** blau; zu; dicht; voll

NOYER **noyer son chagrin dans l'alcool** *voir **boire (pour oublier)***

NUAGE **juste un nuage de lait** nur ein Tropfen/ein klein wenig Milch

O

ŒUF **plein comme un œuf** *voir **barrique***
OGRE **manger comme un ogre** *voir **manger***
OISEAU **avoir un appétit d'oiseau** *voir **appétit***
OUTRE **plein comme une outre** *voir **barrique***

P

PAF **complètement paf** *voir **beurrer***
PAIN **au pain (sec) et à l'eau** bei Wasser und trockenem Brot
PANSE **s'en mettre plein la panse** *voir **cloche***
PARTIR **être (un peu) parti** *voir **éméché***
PAUSE **la pause-café** die Kaffee-/Teepause
PEINTURE **il vaut mieux/c'est plus rentable de l'avoir en peinture/en photo** der frißt dir die Haare vom Kopf
PERROQUET **étouffer/étrangler un perroquet** *(vieilli)* ein Glas Absinth trinken
un perroquet Pernod mit Pfefferminzsirup
PÉTER **complètement pété** stockbesoffen; hackedicht; sternhagelvoll
PICOLER **picoler** *voir **coude***
PICORER **picorer** *voir **dent : manger du bout des dents***
PILIER **être un pilier de bar** *voir **durillon***
PIPI **du pipi de chat** *voir **jus***
PLAT **mettre les petits plats dans les grands** jmdn. fürstlich bewirten
PLOMB **se faire sauter les plombs** sich einen in die Birne knallen
POIRE **entre la poire et le fromage** *(etwa)* nach dem Essen (in ungezwungener Atmosphäre)
POIVRER (SE) **se poivrer** *voir **(se saouler/se soûler la) gueule***

24. LA TABLE

POLONAIS **saoul/plein comme un Polonais** *voir **barrique***
POMPETTE **être pompette** angesäuselt/angetrunken sein
POPOTE **faire la popote** kochen
POT **manger à la fortune du pot** *voir **fortune***
POUCE **manger sur le pouce** *voir **manger***
POUSSE-CAFÉ **un pousse-café** ein Likör (nach dem Kaffee); ein Verdauungsschnäpschen
PRINCE **recevoir qqn. comme un prince** *voir **plat***

Q

QUATRE **manger comme quatre** *voir **manger***

R

RÉGALER **c'est moi qui régale** *voir **mienne***
RÉGIME **être au régime jockey** eine Abmagerungs-/Fasten-/Hungerkur machen
au régime sec *voir **(être à l')eau***
RÉGIMENT **il y en a pour (tout) un régiment** davon kann eine ganze Armee satt werden
RIPAILLE **faire ripaille** *voir **bombance***
ROND **rond comme une queue de pelle/une bille/un tonneau/une barrique** *voir **barrique** et **beurrer***
ROUGE **du gros rouge qui tache** ein (durchschnittlicher) Landrotwein
RUCHE **se piquer/se péter la ruche** *voir **(se piquer le) nez***

S

SAC **un sac à vin** ein Trinker; ein Säufer; ein Suffkopf
SAOUL **manger/boire tout son saoul** nach Herzenslust essen/trinken
SAUTER **la sauter** Hunger haben; hungrig sein
SCHLASS **complètement schlass** *voir **beurrer***
SEC **l'avoir sec** auf dem trockenen sitzen
SEMELLE **c'est de la semelle (de botte)** das (Fleisch) ist zäh wie Schuhsole

SOBRE **sobre comme un chameau**   stinknüchtern

SORT **faire un sort à une bouteille**   eine Flasche austrinken/leeren

SOUPE **à la soupe !**   zum Essen kommen!; auf geht's zum Essen!

un marchand de soupe   ein schlechter Gastwirt; der Inhaber eines drittklassigen Lokals

STOP **dire « stop »**   „halt"/„stop" sagen

SUCER **il (ne) suce pas de la glace !**   der säuft wie ein Loch!

SUISSE **boire en Suisse**   *voir* **boire**

T

TABLE **à table !**   bitte zu Tisch!
manger à la table qui recule   nichts zwischen die Zähne kriegen

TAMBOUILLE **faire la/sa tambouille**   zu essen machen; das Essen zubereiten

TENIR **en tenir une bonne**   *voir* **barrique**
qu'est-ce qu'il tient !   der ist (aber) trinkfest!; der verträgt (aber) viel!

TÊTE **(le vin) lui monte à la tête**   der Wein steigt ihm zu Kopf

TOAST **porter un toast à qqn./qqch.**   einen Toast/Trinkspruch auf jmdn. ausbringen

TONNEAU **rond/plein comme un tonneau**   *voir* **barrique**

TOURNÉE **c'est ma tournée!**   *voir* **mienne**

TROU **boire comme un trou**   *voir* **éponge**
le trou normand   ein Gläschen Schnaps (*oft Calvados*) zwischen zwei Gängen

"avoir du vent dans les voiles"

Quand le vent gonfle les voiles, que se passe-t-il ? Le bateau frémit, tangue un peu, et il faut toute la poigne et l'expérience du navigateur pour transformer la puissance de l'air en puissance motrice. Un coup dans le nez produit le même effet sur l'Homo Sapiens Sapiens.

cf. VENT

24. LA TABLE

V

VACHE **plein comme une vache** *voir barrique*

VEAU **tuer le veau gras** einen Festschmaus veranstalten

VENT **avoir du vent dans les voiles** schwanken; taumeln; Schlagseite haben

VENTRE **avoir le ventre creux** einen leeren Magen haben
ventre affamé n'a pas/point d'oreilles *(prov.)* einem hungrigen Magen ist nicht gut predigen *(Sprichw.)*

VER **tuer le ver** einen Schnaps vor dem/zum Frühstück trinken

VERRE **avoir un (petit) verre dans le nez** *voir coup : avoir bu un coup de trop*

VIN **avoir le vin gai** nach ein paar Gläsern (Wein) lustig werden
avoir le vin mauvais nach ein paar Gläsern (Wein) bösartig/gewalttätig werden
avoir le vin triste nach ein paar Gläsern (Wein) traurig/sentimental werden
entre deux vins *voir beurrer*
le vin ne l'aime pas beaucoup Wein verträgt er nicht so gut

VOLONTÉ **à volonté** *voir gogo*

Y

YEUX **il a les yeux plus grands/gros que le ventre/la panse** seine Augen sind größer als der Magen

INDEX

A

A, de A à Z 172
depuis A jusqu'à Z 172
prouver/démontrer qqch. par A plus B 260
abattre, abattre ses cartes 276
ne pas se laisser abattre 222
abcès, crever/vider l'abcès 249
abois, être (comme une biche) aux abois 71
abondance, abondance de biens ne nuit pas 297
abonder, abonder dans le sens de qqn. 27
abonné, se mettre aux abonnés absents 144
abord, au premier abord 260
de prime abord 260
absence, briller par son absence 159
abus, un abus de confiance 310
abuser, il ne faut pas abuser des bonnes choses 321
acabit, ils sont tous du même acabit 222
accent, mettre l'accent sur qqch. 276
accepter, accepter qqch. comme parole d'évangile 249
accident, un accident de parcours 71
accord, un accord en béton (armé) 249
un accord franc et massif 249
accorder, accorder ses violons 249
accrocher, tu peux toujours te l'accrocher 42
accu, recharger ses accus 8
acharnement, l'acharnement thérapeutique 88
Achille, le talon d'Achille 71
acquis, tenir/considérer qqch. comme acquis 276
acquit, par acquit de conscience 260
acte, faire acte de présence 159
action, dans le feu de l'action 101
ses actions sont en baisse 71
ses actions sont en hausse 61
actualité, d'actualité 187
être d'une actualité brûlante 187
Adam, ne connaître qqn. ni d'Ève ni d'Adam 159
addition, payer l'addition (pour qqn./à la place de qqn.) 310
admiration, forcer l'admiration 123
Adonis, (beau comme) un Adonis 172
adresse, se tromper d'adresse 159
advenir, advienne que pourra 61, 187
affaire, c'est une affaire classée 249
c'est une affaire entendue 101
ça fera l'affaire 222

ce n'est pas une mince affaire 276
en faire une affaire d'État 222
être à son affaire 101, 222
être sur une affaire 101
être une affaire (au lit) 27
expédier les affaires courantes 249
faire marcher/faire tourner l'affaire 101
faire son affaire à qqn. 42
l'affaire est dans le sac 101
les affaires sont les affaires 101
mener une affaire rondement 101
se tirer d'affaire 71
toutes affaires cessantes 187
une affaire louche 101, 310
affiche, mettre une pièce à l'affiche 241
tenir l'affiche 241
âge, avoir un âge avancé/respectable 187
d'un âge canonique 187
dans la fleur/la force de l'âge 187
entre deux âges 187
être d'un certain âge 187
l'âge bête 187
l'âge d'or 187
l'âge de raison 187
l'âge ingrat 187
l'âge mûr 187
l'âge tendre 187
le retour d'âge 187
on a l'âge de ses artères 187
agité, un agité du bocal 260
agrafer, se faire agrafer (par la police) 310
aider (s'), aide-toi, le ciel t'aidera 71
aigle, ce n'est pas un aigle 260
aigre, tourner à l'aigre 71
aiguille, chercher une aiguille dans une botte/une meule/un tas de foin 276
aile, avoir des ailes 61
avoir du plomb dans l'aile 71
avoir un coup dans l'aile 321
battre de l'aile 71
couper les ailes à qqn. 42
prendre qqn. sous son aile 27
se brûler les ailes 71
se sentir pousser des ailes 61
voler de ses propres ailes 18
aimable, être aimable comme une porte de prison 130
aimer, quand on aime, on a toujours vingt ans 27
qui aime bien châtie bien 27
air, changer d'air (lui ferait du bien) 210
l'air ne fait pas la chanson 172
ne pas manquer d'air 130
prendre un (bon) bol d'air 210
prendre/se donner de grands airs 130
s'envoyer en l'air 27
sans avoir l'air d'y toucher 276

334

ARAIGNÉE

sans en avoir l'air 276
vivre de l'air du temps 297
aise, à l'aise, Blaise 222
en prendre à son aise avec qqch. 276
se mettre à l'aise 159
alcool, (bien) tenir l'alcool 321
allemand, c'est du haut allemand 260
aller, à la va comme je te pousse 276
à la va te faire fiche 276
aller à fond de train/à fond la caisse/à toute allure/à toute vapeur/au (triple) galop/à tout berzingue/à toute blinde 187
ça me va ! 222
on fait aller ! 222
quand (il) faut y aller, (il) faut y aller 276
allure, à toute allure 187
Alonzo, allons-y, Alonzo ! 210
alouette, attendre que les alouettes vous tombent toutes rôties dans la bouche 101
le miroir aux alouettes 276
amarre, larguer les amarres 210
ambage, parler sans ambages 144
ambiance, mettre de l'ambiance 159
ambulance, il ne faut pas tirer/on ne tire pas sur une/l'ambulance 71
ambulant, un dictionnaire/une encyclopédie ambulant(e) 260
âme, avoir charge d'âmes 249
avoir du/le vague à l'âme 222
avoir l'âme chevillée au corps 88
en son âme et conscience 123
il n'y a pas âme qui vive 159
l'âme sœur 27
rendre l'âme 88
se donner corps et âme à qqch. 276
amen, dire amen à tout 130
amende, faire amende honorable 144
ami, être amis à la vie, à la mort 27
être les meilleurs amis du monde 27
le meilleur ami de l'homme (le cheval) 8
les amis de mes amis sont mes amis 27
un ami des beaux jours 130
un(e) petit(e) ami(e) 27
amitié, se lier d'amitié avec qqn. 27
amour, à tes amours ! 88, 321
ce n'est pas le grand amour/l'amour fou (entre eux) 42
ce n'est pas/plus de l'amour, c'est de la rage ! 27
amour, faites l'amour, pas la guerre 28

filer le parfait amour 28
l'amour avec un grand A 28
l'amour est aveugle 28
l'amour fait tourner le monde 28
le grand amour 28
vivre d'amour et d'eau fraîche 28
amuse-gueule, un amuse-gueule 144
amuser, amuser la galerie 159
s'amuser comme jamais 8
an, attendre (pendant) cent sept ans 187
avoir (40, 50...) ans bien sonnés 187
bon an mal an 188
je m'en fiche/je m'en balance/je m'en fous comme de l'an 40 222
on n'a plus vingt ans 188
ancre, lever l'ancre 210
andouille, faire l'andouille 260
âne, beugler comme un âne 144
être comme l'âne de Buridan 130
il y a plus d'un âne qui s'appelle Martin 159
le coup de pied de l'âne 42
un âne (bâté) 260
ange, être aux anges 61
un ange gardien 61
un ange passe/passa 144
anglaise, filer à l'anglaise 210
anguille, il y a anguille sous roche 276
annale, être inscrit/rester dans les annales 188
année, à longueur d'année 188
dans ses jeunes/vertes années 188
antenne, à l'antenne 241
avoir des antennes 260
antichambre, faire antichambre 188
antipode, être aux antipodes de qqch./qqn. 172
appareil, dans le plus simple appareil 172
M. Dupont à l'appareil 101
apparence, sauver les apparences 172
appât, mordre à l'appât 310
appel, faire un appel 18
faire un appel de phares 210
manquer à l'appel 159
un appel du pied 28
appeler (s'), (il y a) beaucoup d'appelés, (mais) peu d'élus 101
montrer à qqn. comment on s'appelle 42
appétit, avoir un appétit d'ogre 321
couper l'appétit à qqn. 321
l'appétit vient en mangeant 321
ouvrir l'appétit/mettre en appétit 321
appuyer, appuyer sur le champignon 210
araignée, avoir une araignée dans le plafond 261

335

ARBRE

arbre, faire monter qqn. à l'arbre 310
  les arbres cachent la forêt 261
  mettre le doigt entre l'arbre et l'écorce 249
  monter à l'arbre 310
ardoise, liquider une ardoise 297, 321
  mettre les consommations sur l'ardoise 321
arène, descendre dans l'arène 101
argent, en avoir pour son argent 297
  faire argent de tout 297
  jeter l'argent par les fenêtres 297
  l'argent appelle l'argent 297
  l'argent liquide 297
  l'argent lui file/lui glisse entre les doigts 297
  l'argent n'a pas d'odeur 297
  l'argent ne fait pas le bonheur 297
  le temps, c'est de l'argent 297
  pas/point d'argent, pas/point de Suisse 297
  plaie d'argent n'est pas/point mortelle 297
  prendre qqch. pour argent comptant 249
  ramasser l'argent à la pelle 297
  se faire un peu d'argent de poche 297
Argentier, le Grand Argentier 249
argument, un argument massue 261
arme, faire parler les armes 42
  faire ses premières armes 101
  faire taire les armes 28
  partir avec armes et bagages 210
  passer l'arme à gauche 88
  passer qqn. par les armes 42
  rendre/déposer les armes 28
armoire, une (vraie) armoire à glace 172
arnaque, c'est de l'arnaque 297
arraché, avoir qqch. à l'arraché 276
arrache-pied, travailler d'arrache-pied 101
arracher (s'), s'arracher 210
arracheur, mentir comme un arracheur de dents 130, 310
arrêt, signer son arrêt de mort 71
arrière, assurer/protéger ses arrières 102, 276
arrivée, coiffer qqn. sur la ligne d'arrivée/à l'arrivée 210
arriver, y arriver 61, 102
arrondir, arrondir les angles 277
  arrondir ses fins de mois 297
arroser (s'), ça s'arrose ! 321
arroseur, c'est l'histoire de l'arroseur arrosé 310
art, avoir l'art et la manière 102
  il a l'art de m'endormir 222
  le septième art 241

article, à l'article (de la mort) 88
artillerie, sortir la grosse artillerie/l'artillerie lourde 277
as, être fagoté comme l'as de pique 172
  être habillé à/comme l'as de pique 172
  plein aux as 297
ascendant, subir l'ascendant de qqn. 130
ascenseur, renvoyer l'ascenseur à qqn. 28, 42
asperge, une asperge (montée en graine) 172
assassiner, assassiner qqn. 297
asseoir (s'), je m'assieds dessus 222
  tu peux toujours t'asseoir dessus 42
assiette, ne pas être dans son assiette 88
Athénien, c'est ici que les Athéniens s'atteignirent 71
atome, avoir des atomes crochus avec qqn. 28
atout, avoir tous les atouts en main 61
  avoir/mettre tous les atouts dans son jeu 61
attaque, d'attaque 88
attrape-nigaud, un attrape-nigaud 310
aube, à la (fine) pointe de l'aube 188
auberge, nous ne sommes/on n'est pas sortis de l'auberge 71
aujourd'hui, c'est pour aujourd'hui ou pour demain ? 188
aussitôt, aussitôt dit, aussitôt fait 188
autel, conduire qqn. à l'autel 18
autorité, faire autorité dans qqch. 102
autre, à d'autres ! 310
autruche, faire (comme) l'autruche 277
  pratiquer la politique de l'autruche 277
avaler, avoir du mal à avaler qqch. 222
  je pourrais avaler un bœuf 321
avance, faire des avances à qqn. 28
avancer, avancer comme un escargot/à une allure d'escargot 188
  avancer comme une tortue 188
  nous voilà bien avancés ! 72
avant, (une féministe) avant la lettre 188
  aller de l'avant 277
  en avant toute ! 210
avantage, être à son avantage 172
avarice, au diable l'avarice ! 297
avec, faire avec 222
avenant, tout est à l'avenant 172
avenir, avoir de l'avenir 102

l'avenir appartient à ceux qui se lèvent tôt 188
aventure, partir à l'aventure 210
une aventure sans lendemain/d'une nuit 28
averse, ne pas être né de la dernière averse 261
avertir, un homme averti en vaut deux 277
aveugle, au royaume des aveugles, les borgnes sont rois 261
il n'est pire aveugle que celui qui ne veut pas voir 249
juger de qqch. comme un aveugle des couleurs 222
aveuglette, aller/avancer à l'aveuglette 210
avis, deux avis valent mieux qu'un 261
il change d'avis comme de chemise 261
avocat, se faire l'avocat du diable 277
avoir, on ne peut pas tout avoir 72
se faire avoir 310
avorter, faire avorter qqch. 249
avril, en avril, ne te découvre pas d'un fil, en mai, fais ce qu'il te plaît 206
azimut, tous azimuts 210

B

b.a., faire sa B.A. (= bonne action) 123
b.a.-ba, le b.a.-ba de qqc. 261
baba, (en) rester baba 261
l'avoir dans le baba 310
babine, se/s'en lécher les babines 321
baduc, baduc 172
baffe, flanquer une baffe à qqn. 42
se ramasser des baffes 42
bagage, plier bagage 210
bagatelle, être porté sur la bagatelle 28
bague, mettre la bague au doigt à qqn. 18
baguette, mener qqn. à la baguette 102
baigner, ça baigne 61
tout baigne (dans l'huile) 61
bail, (il) y a/ça fait un bail (qu'on ne s'est pas vus, etc.) 188
bâiller, bâiller à se/s'en décrocher la mâchoire 8
bain, prendre un bain de foule 249
se mettre dans le bain 102
baise-en-ville, un baise-en-ville 210
baiser, être baisé 311
se faire baiser (la gueule) 311
baisser (se), il n'y a qu'à se baisser (pour les/en prendre/ramasser) 172

balai, avoir (40, 50...) balais 188
du balai ! 210
balance, faire pencher la balance 277
balancer, balancer (la cavalerie) 130
balcon, (il) y a du monde au balcon ! 172
baliverne, raconter des balivernes 144
balle, il y a de quoi/c'est à se tirer une balle (dans la tête) 72
la balle est dans votre camp 102, 277
renvoyer la balle à qqn. 102
saisir/prendre/attraper la balle au bond 277
une balle perdue 42
ballon, avoir le ballon 18
être au ballon 311
faire souffler qqn. dans le ballon 210
un ballon d'oxygène 61
un ballon de rouge/blanc/rosé 321
balluchon, faire son balluchon 210
ban, convoquer le ban et l'arrière ban (de ses amis/de sa famille) 159
être en rupture de ban avec la société 159
être mis au ban de la société 311
faire un ban pour/à qqn. 159
mettre qqn. au ban de la société 159
banc, finir sur le banc des accusés 311
un banc d'essai 277
bande, faire bande à part 159
faire/prendre qqch. par la bande 277
banlieusard, un banlieusard 8
bannière, se ranger sous la bannière de qqn. 42
banque, faire sauter la banque 297
banquette, faire banquette 159
baptême, un baptême de l'air 210
Baptiste, être tranquille comme Baptiste 223
baraka, avoir la baraka 61
baraque, casser la baraque 61, 241
barbe, agir/faire qqch. (au nez et) à la barbe de qqn. 159
rire à la barbe de qqn. 42
barder, ça va barder ! 42
baroud, un baroud d'honneur 42
barque, bien mener sa barque 102
barre, avoir barre sur qqn. 277
placer la barre haut 102, 277
tenir la barre 102
barreau, être derrière les barreaux 311
fumer un barreau de chaise 8
mener une vie de barreau/bâton de chaise 8

barrer (se), on est/c'est mal barré(s) 72
se barrer 210
barrique, né sur une barrique 172
plein comme un barrique 321
bas, bas du cul 172
mettre de l'argent dans son bas de laine 297
mettre qqn. plus bas que terre 42
basket, être bien/à l'aise dans ses baskets 223
lâcher les baskets de qqn. 43
bât, c'est là où/que le bât blesse 72, 277
bataille, arriver après la bataille 188
une bataille rangée 43
bateau, être (embarqué) sur le même bateau 72
le bateau prend l'eau/fait eau de toutes parts 72
mener qqn. en bateau 311
monter un bateau à qqn. 311
nous sommes tous dans le même bateau 102
bâtiment, quand le bâtiment va, tout va 102
bâton, ce poste est son bâton de maréchal 102
mettre des bâtons dans les roues à qqn. 43
parler à bâtons rompus 144
prendre son bâton de pèlerin 249
un retour de bâton 72
battre, battre le rappel (de ses amis) 28
bave, la bave du crapaud n'atteint pas la blanche colombe/les étoiles 144
baver, en baver (des ronds de chapeau) 102
en baver comme un Russe 102
bavette, tailler une bavette avec qqn. 144
bayer, bayer aux corneilles 102
beau, beau comme un Adonis/comme un dieu 172
c'est trop beau pour être vrai 61, 311
faire qqch. pour les beaux yeux de qqn. 28
le temps est au beau fixe 206
un ami des beaux jours 130
un vieux beau 172
beauté, être en beauté 172
finir en beauté 241
se (re)faire une beauté 172
bébé, (se) repasser/(se) refiler le bébé 102
jeter le bébé avec l'eau du bain 72, 102
un bébé-éprouvette 18
bec, avoir une prise de bec avec qqn. 43
c'est un blanc bec 188

claquer du bec 321
clouer le bec à qqn. 43
être/rester le bec dans l'eau 72, 144
tomber sur un bec 72
béguin, avoir le béguin pour qqn. 29
belle, (se) faire la belle 211
belle comme le jour 173
elle est belle à faire damner un saint 173
l'échapper belle 72
bémol, mettre un bémol à qqch. 277
bénédictin, un travail de bénédictin 103
béni-oui-oui, un béni-oui-oui 130
bénitier, être une (vraie) grenouille de bénitier 249
bercail, rentrer au bercail 211
berceau, les prendre au berceau 29
bercer, il a été bercé un peu près du mur 261
bérézina, c'est la Bérézina 72
berge, avoir (40, 50...) berges 188
berger, la réponse du berger à la bergère 144
berlue, avoir la berlue 88
berner, être berné 311
se faire berner 311
berzingue, à tout berzingue 188
jouer (de la musique) à tout berzingue 241
besogne, aller vite en besogne 188
mâcher la besogne à qqn. 103
besoin, c'est dans le besoin que l'on (re)connaît ses vrais amis 29
on a toujours besoin d'un plus petit que soi 29
satisfaire un besoin pressant 8
un besoin naturel 8
bestial, être bestial 261
bête, bête comme chou 261, 277
bête et méchant 130
chercher la petite bête 130
être la bête noire de qqn. 43
être une bête 261
faire la bête 261
il est bête à manger du foin 261
travailler comme une bête (de somme) 103
une bête (de sexe) 29
une bête à concours 261
une bête de scène 241
béton, laisse béton ! 43
un accord en béton (armé) 249
beugler, beugler comme un âne 144
beurre, battre le beurre 277
compter pour du beurre 223
faire son beurre 297
mettre du beurre dans les épinards 297
vouloir le beurre et l'argent du beurre (et la fermière avec) 277

beurrer, beurré comme un petit Lu 321
biberonner, biberonner 321
bibi, bibi 159
bide, (se) prendre un bide 241
   prendre du bide 173
bidon, c'est (du) bidon 223
bien, bien mal acquis ne profite jamais 311
   ça fait du bien par où ça passe ! 321
   être bien de sa personne 173
   grand bien lui fasse 43
   ne pas penser que du bien de qqn. 43
   on n'a que le bien qu'on se donne 61
   penser le plus grand bien de qqn. 29
   tout est bien qui finit bien 61
bière, ce n'est pas de la petite bière 223
bifteck, courir après le bifteck 8
   défendre son bifteck 103
   gagner son bifteck 298
bijou, les bijoux de famille 29
bilan, déposer son bilan 103
bile, se faire de la bile 223
billard, passer sur le billard 88
bille, avoir une bille/boule de billard 173
   reprendre ses billes 103
billet, un billet de faveur 241
   un billet doux 29
biture, prendre une biture 321
blague, blague à part 144
   raconter des blagues 311
blairer, ne pas (pouvoir) blairer qqn. 43
blanc, blanc comme un cachet d'aspirine/comme un lavabo 173
   c'est un blanc bec 188
   dire blanc puis noir 277
   dire tantôt blanc, tantôt noir 145, 277
   être blanc (comme neige) 123
blason, redorer son blason 18, 103
blé, manger son blé en herbe 298
   ne plus avoir de blé 298
bled, habiter dans un bled paumé 211
bleu, des bleus (de chauffe) 103
   n'y voir que du bleu 311
   un bleu 103
   un bleu de travail 103
blinde, à toute blinde 188
blinder, être blindé contre qqch. 223
bloc, faire bloc contre qqn. 43
blond, blond comme les blés 173
blouser, être blousé 311
blouser, se faire blouser 311
blouson, un blouson doré 130
   un blouson noir 131
bobard, raconter des bobards 311

BORDEL

bœuf, enlevez le bœuf (c'est de la vache) ! 188
   faire le/un bœuf 241
   faire un effet bœuf 159
   fort comme un bœuf 88
   je pourrais avaler un bœuf 321
boire, (il) y a à boire et à manger 223
   boire en Suisse 321
   boire le calice/la coupe jusqu'à la lie 72
   boire pour oublier 321
   boire un canon 321
   en perdre le boire et le manger 88
   qui a bu boira 311
bois, être du bois dont on fait les héros 123
   montrer à qqn. de quel bois on se chauffe 43
   ne pas être de bois 29
   touchons du bois ! 61
boisson, s'adonner à la boisson 322
boîte, aller/sortir en boîte 8
   mettre qqn. en boîte 311
bol, avoir du bol 62
   en avoir ras le bol 223
   manque de bol 72
   pas de bol 72
   un coup de bol 62
bombance, faire bombance 322
bombe, faire la bombe 8
bon, bon comme le/du bon pain 123
   c'est toujours bon à prendre 62
   elle est (bien) bonne celle-là ! 223
   une atmosphère bon enfant 29
bonbon, casser les bonbons à qqn. 43
bond, faire faux bond à qqn. 43, 131
bonheur, au petit bonheur (la chance) 277
   le malheur des uns fait le bonheur des autres 72
   ne pas connaître son bonheur 62
bonhomme, aller son petit bonhomme de chemin 8, 189
bonjour, simple comme bonjour 278
bonne, avoir qqn. à la bonne 29
   la bonne à tout faire 103
bonnet, c'est bonnet blanc et blanc bonnet 223
   jeter son bonnet par-dessus les moulins 160
   opiner du bonnet 29
   parler à son bonnet 145
   un gros bonnet 103
bord, changer/virer de bord 249
   être (menteur, etc.) sur les bords 131
bordel, c'est un (vrai/véritable/foutu/sacré) bordel 173
   foutre le bordel 131

borgne, au royaume des aveugles, les borgnes sont rois 261
borne, dépasser les bornes 131
bosse, avoir la bosse (des maths) 261
j'ai roulé ma bosse (un peu partout) 211
bosser, bosser (comme un dingue) 103
botte, en avoir plein les bottes 88
être à la botte de qqn. 103
être bien/à l'aise dans ses bottes 223
marcher/avancer avec des bottes de sept lieues 189
proposer la botte à qqn. 29
une botte secrète 103
botter, ça me botte (bien) 223
bouc, sentir/puer le bouc 8
trouver un bouc émissaire 278
un bouc émissaire 43
boucan, faire du boucan 8
faire un boucan de tous les diables/un boucan du tonnerre 8
bouche, (en) rester bouche bée 261
avoir la bouche en cœur 131
de bouche à oreille 145
faire la bouche en cul de poule 131
faire la fine bouche 131
bouche-à-bouche, le bouche-à-bouche 88
bouchée, mettre les bouchées doubles 103
ne faire qu'une bouchée de qqch./qqn. 43, 322
pour une bouchée de pain 298
boucher, bouché (à l'émeri) 261
bouchon, pousser le bouchon un peu loin 131
prendre du bouchon 189
boucler, boucler la boucle 189
se faire boucler 311
bouclier, une levée de boucliers 250
boudin, finir en eau de boudin 72
plein comme un boudin 322
boue, remuer la boue 131
traîner qqn. dans la boue 44
bouffe, on se téléphone, on se fait une bouffe 160
bouffée, une bouffée d'oxygène 62
bougeotte, avoir la bougeotte 211
bouille, avoir une bonne bouille 173
bouillon, boire un bouillon (en nageant) 211
boire un/le bouillon 103, 298
prendre/boire un/le bouillon 72
boule, avoir la boule à zéro 173
avoir les boules 223
avoir les nerfs en boule 88
faire boule de neige 250
l'effet boule de neige 250
perdre la boule 261

boulet, arriver comme un boulet (de canon) 211
s'attacher un boulet au pied 278
tirer à boulets rouges sur qqn. 44
traîner le/son boulet 278
boulette, faire une boulette 72
boulot, au boulot ! 103
être boulot boulot 103
être un dingue du boulot 103
faire du bon boulot 103
métro, boulot, dodo 103
parler boulot 103
boum, être en plein boum 103
bouquet, c'est le bouquet ! 223
être/se mettre les doigts de pied en bouquet de violettes 8
bourde, faire une bourde 73
bourre, être à la bourre 189
bourreau, (notre prof,) c'est un vrai bourreau d'enfants 18
être un bourreau de travail 103
être un bourreau des cœurs 29
bourrer, être bourré (comme un coing/comme un canon) 322
un texte bourré de fautes 241
bourrichon, monter le bourrichon à qqn. 262
se monter le bourrichon 262
bourrique, faire tourner qqn. en bourrique 44
bourse, à la portée de toutes les bourses 262
faire bourse commune 298
la bourse ou la vie ! 298
sans bourse délier 298
tenir les cordons de la bourse 298
bousculer (se), les gens ne se bousculent pas (au portillon) 241
boussole, perdre la boussole 262
bout, être au bout du/de son rouleau 89
être/arriver au bout du tunnel 62
faire/tourner un bout d'essai 241
il a un mot/nom sur le bout de la langue 262
joindre les deux bouts 298
mettre les bouts 211
pousser qqn. à bout 44
tenir le bon bout 62
un (bon) bout de temps 189
un (petit) bout de chou 18
voir le bout du tunnel 62
boute-en-train, un boute-en-train 123
bouteille, aimer la bouteille 322
c'est la bouteille à l'encre 262
prendre de la bouteille 189
boutique, fermer (la) boutique 103
parler boutique 103
brancard, ruer dans les brancards 44
branche, scier la branche sur laquelle on est assis 73
vieille branche 29
brancher, branché 160
ça me branche (bien) 223

branle, se mettre en branle 211
branle-bas, sonner le branle-bas de combat 44
braquet, changer de braquet 278
bras, accueillir qqn. à bras ouverts 29
aller bras dessus, bras dessous avec qqn. 29
avoir le bras long 103, 250
baisser les bras 73
dans les bras de Morphée 8
être le bras droit de qqn. 103
jouer les gros bras 131
jouer petit bras (tennis) 8
les bras m'en tombent 262
rester les bras croisés 104
saisir qqn. à bras-le-corps 44
se retrouver avec qqch./qqn. sur les bras 73
tomber sur qqn. à bras raccourcis 44
travailler à tour de bras 104
bravoure, un morceau de bravoure 242
brebis, la brebis galeuse 18
brèche, battre (une théorie) en brèche 278
être sur la brèche 104
breloque, battre la breloque 73
son coeur bat la breloque 89
bretelle, remonter les bretelles à qqn. 44
bric, meublé de bric et de broc 8
bricole, il va lui arriver des bricoles 73
bride, aller à bride abattue/à toute(s) bride(s) 189
lâcher la bride à qqn. 104
laisser la bride sur le cou à qqn. 104
brillant, c'est pas brillant ! 223
brin, faire un brin de conduite à qqn. 160
faire un brin de cour à qqn. 29
un beau brin de fille 173
bringue, faire la bringue 9
une grande bringue 173
brioche, prendre de la brioche 173
brique, bouffer des briques 322
briser, il me la brise 44
brochette, une (belle) brochette de 173
brosse, passer la brosse à reluire à qqn. 104
brosser (se), brosser le portrait de qqn. 242
brosser un tableau très noir (d'une situation) 145
tu peux toujours te brosser 44
brouillard, foncer dans le brouillard 278
un brouillard à couper au couteau 206
brouiller, brouiller les cartes/pistes 250

être brouillé (avec qqn.) 44
être brouillé avec les dates/les chiffres 262
broyer, broyer du noir 223
bruit, beaucoup de bruit pour rien 145
ça va faire du bruit ! 145
ça va faire du bruit dans (le) Landerneau 160
des bruits de couloir(s) 104
faire grand bruit autour de qqch. 160
le bruit court que... 145
un bruit de bottes 44
brûlé, ça sent le brûlé 73
brûler (se), brûler ce qu'on a adoré 250
brûler la chandelle par les deux bouts 9
brûler la politesse à qqn. 145, 160
brûler les étapes 189
se brûler les ailes 73
brute, travailler comme une brute 104
bûcheur, un bûcheur 104
buffet, danser devant le buffet 322
buissonnière, faire l'école buissonnière 18
bulletin, avaler son bulletin de naissance 89
bureau, jouer à bureaux fermés 242
Buridan, être comme l'âne de Buridan 131
but, de but en blanc 189
butte, être en butte à qqch. 73

C

ça, ne penser qu'à ça 29
caboche, fourre-toi bien ça dans la caboche ! 262
cabriole, faire la cabriole 89
caca, être/se mettre/se fourrer/se foutre dans le caca (jusqu'au cou) 73
cache-cache, jouer à cache-cache 18
cachet, courir le cachet 242
être blanc comme un cachet d'aspirine 173
cadavre, être un cadavre ambulant 89
cadeau, c'est un cadeau empoisonné 224
les petits cadeaux entretiennent l'amitié 29
ne pas être un cadeau 224
ne pas faire de cadeau à qqn. 44
cadence, (main)tenir/garder la cadence 190
cadet, c'est le cadet de mes soucis 224
cadran, faire le tour du cadran 190
cadre, un jeune cadre dynamique 104

cafard, avoir le cafard 224
cage, être/tourner comme animal/un écureuil/un lion/un ours en cage 224
cailler (se), on se (les) caille 206
on/ça/il caille 206
caillou, n'avoir plus un poil sur le caillou 173
caisse, à fond la caisse 190
passer à la caisse 104, 298
une caisse noire 298
caisson, se faire sauter le caisson 89
calende, renvoyer/remettre qqch. aux calendes grecques 190
caler (se), se caler les joues 322
se caler une dent creuse 322
calice, boire le calice jusqu'à la lie 73
calme, c'est le calme plat 9
calmer (se), on se calme ! 224
calumet, fumer le calumet de la paix 29
calvaire, c'est un (vrai/véritable) calvaire 73
camion, beau (belle) comme un camion 173
camouflet, recevoir un camouflet de qqn. 44
camp, ficher/foutre le camp 211
lever le camp 211
campagne, faire campagne pour un candidat 250
se mettre en campagne (pour faire qqch.) 104
canal, il y a de quoi/c'est à se jeter dans le canal 73
canapé, promotion canapé 30, 104
canard, ça (ne) casse pas trois pattes à un canard 224
il y a plusieurs façons de plumer un canard 278
le vilain petit canard 18
un canard boiteux 104
canif, donner un coup de canif dans le contrat (de mariage) 18
canon, un canon 173
cantonade, parler à la cantonade 145
cap, mettre le cap sur ... 211
passer/dépasser/franchir le cap des (40, 50...) ans 190
cape, un film de cape et d'épée 242
capote, une capote (anglaise) 30
caquet, rabattre le caquet à qqn. 44
carabiner, un rhume carabiné 89
une migraine carabinée 89
carabinier, arriver comme les carabiniers (d'Offenbach) 190
caractère, avoir un caractère de cochon 131
carafe, rester en carafe 73
carapater (se), se carapater 211
carmagnole, faire danser la carmagnole à qqn. 44

carotte, les carottes sont cuites 73
carpe, c'est le mariage de la carpe et du lapin 18
muet comme une carpe 145
carpette, s'aplatir comme une carpette 104
carré, le carré blanc 18
carreau, rester sur le carreau 73, 89
se tenir à carreau 123
carrière, faire carrière 104
carrosse, rouler carrosse 298
carrosser, être carrossée comme une Cadillac 173
carte, abattre ses cartes 278
avoir toutes les cartes en mains 62
brouiller les cartes 250, 278
connaître le dessous des cartes 104
donner carte blanche à qqn. 104
jouer cartes sur table 104, 123
jouer sa dernière carte 278
rayer qqn./qqch. de la carte 44
un repas à la carte 322
carton, faire un carton 44, 211
taper le carton 9
cartouche, brûler ses dernières cartouches 278
casaque, tourner casaque 250
case, avoir une case en moins/une case vide 262
retourner à la case départ 212
caser, se caser 19
casquer, casquer 298
casquette, avoir plusieurs casquettes 104
avoir une casquette plombée (sur le crâne) 322
Cassandre, jouer les Cassandre 73
casse, être bon pour la casse 190
casse-pipes, aller au casse-pipes 44
casse-tête, un casse-tête (chinois) 262
casser (se), ça (ne) casse pas des briques/trois pattes à un canard 224
ça passe ou ça casse 73
ça vaut 1 000 francs à tout casser 298
casser la croûte 322
casser le morceau 131
je me casse ! 212
ne pas en casser une 145
qui casse les verres les paie 73
se casser 212
casserole, c'est dans les vieilles casseroles qu'on fait les bonnes/meilleures soupes 190
chanter comme une casserole 242
catastrophe, en catastrophe 190
un scénario catastrophe 242
catholique, ce n'est pas (très) catholique 311
être plus catholique que le pape 250

cause, c'est pour la/une bonne cause 123
mettre qqn. en cause 45
mettre qqn. hors de cause 30
prendre fait et cause pour qqn. 30
causer, cause toujours, tu m'intéresses ! 45
causette, faire la causette/un brin de causette à qqn. 145
cavale, être en cavale 212
cavalier, c'est un peu cavalier de sa part (de faire cela) 131
faire cavalier seul 104
caverne, la caverne d'Ali Baba 298
ceinture, faire ceinture 322
se mettre/se serrer la ceinture 322
se serrer la ceinture 298
un humour en dessous de la ceinture 131
célibataire, un célibataire endurci 19
cendre, couver sous la cendre 45
renaître de ses cendres 62
cent, je vous/te le donne en cent ! 262
centre, se croire le centre du monde 131
centuple, rendre au centuple 30
cercle, c'est un cercle vicieux 224
cerise, c'est la cerise sur le gâteau 62
cervelle, avoir une cervelle de moineau 262
avoir/être une tête sans cervelle 262
se creuser la cervelle 262
se faire sauter la cervelle 89
César, il faut rendre à César ce qui est à César (et à Dieu ce qui est à Dieu) 278
chacun, (à) chacun sa chacune 30
tout va chacun 160
chagrin, noyer son chagrin dans l'alcool 322
chahut, faire du chahut 9
faire un chahut monstre 9
chair, bien en chair 173
ça donne la chair de poule 224
de la chair à canon 45
en chair et en os 173
la chair de sa chair 19
la chair est faible 30
ni chair ni poisson 224
chaise, pratiquer la politique de la chaise vide 278
chamade, mon cœur bat la chamade 30
chambre, faire chambre à part 19
champ, à tout bout de champ 190
laisser le champ libre à qqn. 278
sur(-)le(-)champ 190
champagne, sabler le champagne 322
sabrer le champagne 322
champignon, appuyer sur le champignon 212
pousser/venir comme un/des/les champignon(s) (en une nuit) 62
chance, avoir une chance/veine de cocu/pendu 62
c'est la faute à pas de chance 73
la chance a tourné 73
la chance sourit aux audacieux 62
mettre toutes les chances de son côté 62
ne pas connaître sa chance 62
tenter/courir sa chance 279
un coup de chance 62
chancre, manger/bouffer comme un chancre 322
chandelle, brûler la chandelle par les deux bouts 9
devoir une fière chandelle à qqn. 30
faire des économies de bouts de chandelle 298
tenir la chandelle 30
voir 36 chandelles 89
change, donner le change à qqn. 311
chanson, c'est toujours la même chanson 250
ça, c'est une autre chanson 279
on connaît la chanson 145
tout finit par des chansons 62, 242
chansonnette, pousser la chansonnette 242
chant, c'est son chant du cygne 242
chanter, chanter comme une casserole 242
faire chanter qqn. 311
je le ferai si ça me chante 224
chantier, c'est un (vrai/véritable/foutu/sacré) chantier 174
chantier, mettre qqch. en chantier 105
chapeau, chapeau bas ! 224
démarrer sur les chapeaux de roue 190
faire porter le chapeau à qqn. 311
porter le chapeau 73, 311
tirer son chapeau à qqn. 30
travailler du chapeau 262
chapelet, dévider/débiter/égrener son chapelet 224, 250
un chapelet d'injures 145
chapelle, une chapelle ardente 89
chapitre, (ne pas) avoir voix au chapitre 250
char, arrête ton char (Ben Hur) ! 45
charbon, aller au charbon 105
être sur des charbons ardents 224
charbonnier, charbonnier est maître dans sa maison/chez soi 9
la foi du charbonnier 250

charcuter, charcuter un malade 89
charge, à charge de revanche 30
avoir charge d'âmes 212, 250
revenir à la charge 279
charger, chargé comme un mulet/un baudet/une bourrique 174
charité, c'est l'hôpital qui se moque de la charité 131
charité bien ordonnée commence par soi-même 298
charme, être/tomber sous le charme de qqn. 30
faire du charme à qqn. 30
le charme est rompu 73
se porter comme un charme 89
charretier, parler/jurer comme un charretier 131
charrette, en charrette 242
être charrette 190
se mettre en/être en charrette 105
charrier, (il ne) faut pas charrier 131
Charybde, tomber de Charybde en Scylla 74
chasse, c'est chasse gardée ! 105, 279
qui va à la chasse perd sa place 212
se mettre en chasse 105
une chasse aux sorcières 250
chat, (il n')y a pas de quoi fouetter un chat 224
à bon chat bon rat 45
acheter chat en poche 105, 298, 311
appeler un chat un chat 123
avoir d'autres chats à fouetter 105
avoir un chat dans la gorge 89
chat échaudé craint l'eau froide 279
donner sa langue au chat 145, 262
il n'y a pas un chat 160
jouer au chat et à la souris 250
la nuit, tous les chats sont gris 174
les chats (ne) font pas des chiens 19
quand le chat n'est pas là, les souris dansent 105
une chatte n'y retrouverait pas ses petits 174
château, bâtir des châteaux en Espagne 279
mener la vie de château 9, 298
s'écrouler comme un château de cartes 74
chaud, avoir eu chaud (aux fesses) 224
ça ne me fait ni chaud ni froid 224
ne pas être (très) chaud pour (faire) qqch. 224
souffler le chaud et le froid 279
chauffer, ça va chauffer ! 45
chauffer la salle 242
chauffer qqch. à qqn. 311
chauffeur, être un chauffeur du dimanche 212
chaussette, laisser tomber qqn. comme une vieille chaussette 45
chacun trouve chaussure à son pied 19, 30
être à côté de ses chaussures 90
chauve, chauve comme un œuf/un genou/une bille 174
chef, opiner du chef 30
se débrouiller/s'en sortir comme un chef 105
chemin, chemin faisant 212
faire du chemin 105
faire son chemin 105
faire un bout de chemin avec qqn. 19
ne pas y aller par quatre chemins 145, 279
prendre le chemin des écoliers 212
rebrousser chemin 212
remettre qqn. dans/sur le droit chemin 30
tous les chemins mènent à Rome 212
chemise, s'en soucier/s'en foutre comme de sa première chemise 224
y laisser/perdre sa chemise 298
chêne, se porter comme un chêne 90
chèque, un chèque en bois 298
cher, ne pas donner cher de qqch./qqn. 224
chercher, chercher la petite bête 132
l'avoir cherché 74
quand on me cherche, on me trouve ! 45
chère, faire bonne chère 322
cheval, cette fille est un vrai cheval 174
être (très) à cheval sur les principes 123
j'en parlerai à mon cheval (il fait de la politique) 190, 250
miser sur le bon cheval 105
miser sur le mauvais cheval 74, 262
monter sur ses grands chevaux 224
né sur un cheval 174
travailler comme un cheval 105
un cheval de bataille 105
un cheval de retour 105
un remède de cheval 90
une fièvre de cheval 90
chevalier, le Chevalier à la Triste Figure 132
un chevalier servant 31
cheveu, (il s'en est fallu) d'un cheveu 190

CINÉ(MA)

arriver/venir comme un cheveu sur la soupe 160
avoir le cheveu rare 174
avoir les cheveux raides comme des baguettes de tambour 174
avoir un cheveu sur la langue 90, 145
c'est tiré par les cheveux 262
couper les cheveux en quatre 132
faire dresser les cheveux sur/à la tête à qqn. 225
s'arracher les cheveux 225
se faire des cheveux (blancs) 225
cheville, avoir les chevilles qui enflent 132
être en cheville avec qqn. 312
être la cheville ouvrière d'un projet/travail 105
ne pas arriver à la cheville de qqn. 132
chèvre, ménager la chèvre et le chou 279
chez, faire comme chez soi 9
chic, avoir du chic 160
avoir le chic pour faire qqch. 279
bon chic bon genre (BCBG) 160
c'est du dernier chic 160
ça a le chic de m'endormir 225
un chic type 124
chichi, faire des chichis 132
faire du chichi 132
ne pas faire de chichis 160
chien, (quelle) chienne de vie ! 9
arriver comme un chien dans un jeu de quilles 160
avoir des yeux de chien battu 174
avoir du chien 174
bon chien chasse de race 19
c'est bien fait pour les chiens 9
chien qui aboie ne mord pas 124
dormir en chien de fusil 9
entre chien et loup 190
être d'une humeur de chien 225
faire le chien couchant auprès de qqn. 105
faire les chiens écrasés 105
faire un mal de chien 90
garder/réserver un chien de sa chienne à qqn. 45, 279
il fait un temps à ne pas mettre un chien dehors 206
ils sont comme chien et chat 45
j'ai été malade comme un chien 90
les chiens aboient, la caravane passe 145
mener une vie de chien 9
qui veut noyer son chien l'accuse de la rage 225
se regarder en chien(s) de faïence 160
tenir la rubrique des chiens écrasés 105
tous les chiens qui aboient ne mordent pas 124

traiter qqn. comme un chien 45
un temps de chien 206
chienne, (quelle) chienne de vie ! 74
chier, (il n')y a pas à chier 145
(nul) à chier 225
ça va chier (dur)/(des bulles [carrées]) ! 45
chier dans la colle 132
chier dans son froc 225
en chier une pendule 225
envoyer qqn. chier 45
il me fait chier ! 45
se faire chier comme un rat mort 225
chiffe, une chiffe molle 132
chiffon, parler chiffons 145
chiffonner, ça me chiffonne 262
chiffonnier, se battre comme des chiffonniers 45
chignon, se crêper le chignon 45
chinois, c'est du chinois 262
chique, couper la chique à qqn. 146
choc, sous le choc 225
chocolat, être chocolat 312
chocotte, avoir les chocottes 225
chômedu, être au chômedu 105
choper, choper la grosse tête 132
se faire choper 312
chose, à peu de choses près 174
avoir quelque chose 174
bien des choses (chez vous/à votre maman…) 160
bien faire les choses 160
c'est bien peu de choses ! 146
chaque chose en son temps 190
chose promise, chose due 124
de deux choses l'une 225
être porté sur la chose 31
expliquer les choses de la vie à qqn. 19
parler de choses et d'autres 146
se sentir/être tout chose 90
voilà une bonne chose de faite 105
chou, aller planter ses choux 9, 212
bête comme chou 279
être dans les choux 74
faire chou blanc 74
faire ses choux gras de qqch. 299
rentrer dans le chou de qqn. 45
se farcir le chou 322
choucroute, pédaler dans la choucroute 262, 279
chouette, une vieille chouette 190
chronique, défrayer la chronique 146
ci, comme ci, comme ça 90
ciel, à ciel ouvert 212
aide-toi, le ciel t'aidera 74
(être) au septième ciel 31, 62
remuer ciel et terre 279
tomber du ciel 62
ciné(ma), arrête ton ciné(ma)/ton cinoche ! 46

CINÉMA

cinéma, faire (tout un) cinéma de qqch. 225
cinglé, (complètement) cinglé 263
cinoche, se faire un cinoche 9
cinq, c'était moins cinq 191
  en cinq sec 191
cirage, être dans le cirage 90, 263, 322
circuit, être dans le circuit 160
  se remettre dans le circuit 161
circulation, disparaître de la circulation 161
cirer, cirer les pompes de qqn. 105
  n'avoir rien à cirer de qqch. 225
cirque, arrête ton cirque ! 46
  faire (tout) un cirque de qqch. 226
cité, avoir droit de cité 161
citron, presser le citron 105
clair, c'est clair comme de l'eau de roche/de l'eau de vaisselle/du jus de boudin 263
  passer le plus clair de son temps à faire qqch. 191
clamecer/clamser, clamecer ; clamser 90
claque, en avoir sa claque 226
  flanquer une claque à qqn. 46
  il a pris une (bonne/sacrée) claque 74
claquer, claqué 90
  claquer 90
classe, avoir (de) la classe 174
classement, le classement vertical 105
classer, c'est une affaire classée 250
clef, être la clé de voûte d'un projet 105
  mettre la clé sous le paillasson/la porte 105
  prendre la clé des champs 212
clin d'œil, en un clin d'œil 191
clique, prendre ses cliques et ses claques 212
cloche, avoir l'air cloche 174
  déménager à la cloche de bois 299
  n'avoir/n'entendre qu'un (seul) son de cloche 251
  se faire sonner les cloches 46
  se taper la cloche 322
clocher, il y a quelque chose qui cloche 74
  l'esprit de clocher 132
clopin-clopant, aller clopin-clopant 212
clopinette, des clopinettes 299
clou, ça ne vaut pas un clou 299
  des clous ! 46, 299
  enfoncer le clou 263
  le clou de la soirée 161
  maigre comme un (cent de) clou(s) 174
  mettre qqch. au clou 299
  traverser dans les clous 9
  un clou chasse l'autre 9

cobaye, servir de cobaye à 312
cocagne, le pays de cocagne 62
coche, manquer/louper/rater le coche 74
cochon, avoir une tête de cochon 132
  dans tout homme, il y a un cochon qui sommeille 31
  être copains comme cochons 31
  jouer un tour de cochon à qqn. 312
  on n'a pas gardé les cochons ensemble ! 46
  un temps de cochon 206
coco, se remplir le coco 322
  un drôle de coco 132
cocorico, faire cocorico 62
  pousser des cocoricos 62
cocotier, secouer le cocotier 106
cocu, avoir une chance/veine de cocu 62
cœur, à cœur joie 279
  à cœur vaillant, rien d'impossible 279
  à votre bon cœur ! 299
  avoir à cœur de faire qqch. 279
  avoir bon cœur 124
  avoir du cœur 124
  avoir le cœur bien accroché 90
  avoir le cœur qui bat la chamade 90
  avoir le cœur sur la main 124
  avoir le/mettre du cœur à l'ouvrage 106
  avoir un cœur d'artichaut 31
  avoir un cœur d'or 124
  avoir un cœur de pierre 132
  avoir un cœur gros comme ça 124
  avoir un coup de cœur pour qqch. 226
  briser le cœur de qqn. 31
  cette chose me tient à cœur 226
  connaître qqn. par cœur 31
  en avoir gros sur le cœur 226
  en avoir le cœur net 263
  épancher/ouvrir son cœur cœur 146
  être un bourreau des cœurs 31
  faire chaud au cœur 226
  faire le joli cœur 31
  il a le cœur gros/serré 226
  manger par cœur 322
  mon cœur bat la chamade 31
  ne pas avoir le cœur à faire qqch. 226
  ne pas porter qqn. dans son cœur 46
  parler à cœur ouvert à qqn. 146
  réchauffer le cœur 226
  si le cœur vous en dit 280
  son cœur bat la breloque 90
  un cri du cœur 31
  un homme/une femme de cœur 124
coffre, avoir du coffre 242

CONTRE

coffrer, se faire coffrer 312
coiffer (se), coiffer qqn. au poteau/sur la ligne d'arrivée/à l'arrivée 212
coiffer qqn. au/sur le poteau 106
coiffer sainte-Catherine 19
être né coiffé 62
s'être coiffé avec un pétard 174
coin, aux quatre coins du monde 212
ça ne se trouve pas à tous les coins de rue 226
en boucher un coin à qqn. 263
le petit coin 9
regarder qqch./qqn. du coin de l'œil 161
coincer, coincé 74
être coincé 31, 132
col, un col blanc 106
col, un col bleu 106
colère, la colère est mauvaise conseillère 226
colle, être/vivre à la colle 19
poser une colle à qqn. 263
coller, ça ne colle pas entre eux 46
coller au train de qqn. 212
coller un élève 19
se faire coller à un examen 19
collet, collet monté 132
sauter au collet de qqn. 46
collier, reprendre le collier 106
Colomb, c'est l'œuf de Christophe Colomb 263
colosse, un colosse aux pieds d'argile 132
combat, c'est un combat de nègres dans un tunnel 263
combine, marcher dans les combines de qqn. 312
comble, c'est le/un comble ! 226
comédie, jouer la comédie 132
comité, se réunir en petit comité 161
commande, être aux commandes 106
commencement, il faut/il y a un commencement à tout 191
commencer, ça commence à bien faire ! 226
commun, le commun des mortels 9, 161
compagnie, bonsoir, la compagnie ! 161
fausser compagnie à qqn. 161, 213
compas, avoir un/le compas dans l'œil 90
composition, être de bonne composition 124
compote, avoir les jambes en compote 90
comprenette, dur de la comprenure 263
comprenure, dur de la comprenette 263

compte, au bout du compte 263
avoir son compte 90, 226, 322
avoir un (petit) compte à régler avec qqn. 46
faire des comptes d'apothicaire 299
le compte à rebours est commencé 191
les bons comptes font les bons amis 299
régler son compte à qqn. 46
s'installer à son compte 106
son compte est bon 46
tous comptes faits 263
tout compte fait 263
un compte rond 299
compte-goutte, donner qqch. au compte-gouttes 174
compteur, avoir la tête comme un compteur à gaz 263
con, ... à la con 226
con comme la lune 263
con comme un balai 263
con comme un manche (à balai) 263
il a oublié d'être con 263
jouer au con 263
ne pas être aussi con qu'on en a l'air 263
concert, soulever un concert de protestations 146
concierge, une vraie concierge 132
conduite, (s')acheter une conduite 161
faire un brin de conduite à qqn. 161
un écart de conduite 161
confiance, avoir une confiance aveugle en qqn. 31
la confiance règne ! 46
confidence, des confidences sur l'oreiller 31
être dans la confidence 263
conflit, le conflit des générations 19
congé, prendre congé (de qqn.) 161, 213
congru, être réduit à la portion congrue 174
connaître, ça me connaît 106
connaître qqn. comme si on l'avait fait 31
conscience, avoir la conscience tranquille 124
en son âme et conscience 124
conseilleur, les conseilleurs ne sont pas les payeurs 280
consolation, une piètre/maigre consolation 74
consort, x et consorts 161
conte, je vis un (véritable) conte de fée(s) 62
content, avoir (tout) son content (de qqch.) 174
contre, peser le pour et le contre 280

CONTRE-PIED

contre-pied, prendre le contre-pied de qqch. 280
contrecœur, faire qqch. à contrecœur 280
contribution, mettre qqn. à contribution 106
conversation, avoir de la conversation 146, 174
être en grande conversation 146
convoler, convoler en justes noces 20
cool, cool, Raoul 226
coq, au chant du coq 191
ce n'est pas à la poule de chanter devant le coq 20
la poule ne doit pas chanter devant/avant le coq 20
passer/sauter du coq à l'âne 146
se lever au (premier) chant du coq 191
vivre comme un coq en pâte 9, 62
coqueluche, la coqueluche de 161
coquetterie, avoir une coquetterie dans l'œil 90
coquille, rentrer dans sa coquille 161
cor, réclamer/demander qqch. à cor et à cri 146, 280
corde, avoir plus d'une corde à son arc 106
c'est dans mes cordes 106
être/marcher/danser sur la corde raide 74
il ne faut pas parler de corde dans la maison d'un pendu 132
il ne vaut pas la corde pour le pendre 312
il pleut des cordes 206
se mettre la corde au cou 20
tirer sur la corde 74
toucher/faire vibrer/faire jouer la corde sensible 280
un homme de sac et de corde 312
usé jusqu'à la corde 174
cordon, couper le cordon (ombilical) 20
être un (vrai) cordon bleu 322
tenir les cordons de la bourse 299
cordonnier, les cordonniers sont toujours les plus mal chaussés 106
corne, avoir/porter des cornes 20
il porte des cornes 20
la corne d'abondance 299
cornet, se mettre qqch. dans le cornet 323
se remplir le cornet 323
se rincer le cornet 323
corps, à son corps défendant 280
être perdu corps et biens 74
faire corps avec qqn. 31
il faudra me passer sur le corps 280
se donner corps et âme à qqch. 280
se lancer à corps perdu dans qqch. 280
corser (se), (c'est ici que) ça se corse 75
corvéable, être taillable et corvéable à merci 106
corvée, être de corvée de vaisselle/de pommes de terre/etc. 9
costard, se faire tailler un costard 46
costard-cravate, (le look) costard-cravate 174
costume, en costume d'Adam 174
se faire tailler un costume en bois (de sapin) 90
cote, atteindre la cote d'alerte 75
avoir la cote avec qqn. 31
côté, c'est la porte à côté 213
mettre (de l'argent) de côté 299
prendre les choses/la vie du bon côté 63
voir le bon côté des choses 63
coton, avoir les jambes en coton 90
c'est coton 280
être élevé dans du coton 20
filer un mauvais coton 75
cou, sauter au cou de qqn. 31
tremper dans qqch. (jusqu'au cou) 312
couche, en tenir une couche 263
coucher, coucher à gauche et à droite 31
coucher qqn. sur son testament 20
elle couche, elle ? 31
coucheur, un mauvais coucheur 132
coucou, coucou (me voici/me voilou) ! 161
coude, avoir/garder qqch. sous le coude 106
jouer des coudes 106, 280
lever le coude 323
mettre de l'huile de coude 106
ne pas se moucher du coude 132, 299
se serrer les coudes 31
travailler coude à coude 106
coudée, avoir les coudées franches 106
coudre, c'est cousu de fil blanc 263
couille, casser les couilles à qqn. 46
partir/tourner en couilles 75
se faire des couilles en or 299
couler (se), ils sont tous coulés dans le même moule 174
se la couler douce 106
couleur, annoncer la couleur 124
en avoir vu de toutes les couleurs 75
en faire voir de toutes les couleurs à qqn. 46
faire couleur locale 213
je n'ai pas encore vu la couleur de son argent 299

couleuvre, avaler des couleuvres 46
être paresseux comme une couleuvre 132
coulisse, dans la coulisse/les coulisses 161
coup, accuser le coup 75
avoir bu un coup de trop 323
avoir le coup du lapin 90
avoir un coup dans l'aile 323
avoir un coup de pompe/barre 90
boire un (bon) coup 323
c'est le coup de fusil ! 300
c'est le coup de pied de l'âne 46
c'est mieux qu'un coup de pied au cul 75
c'est un coup fourré/monté 312
c'était un coup d'épée dans l'eau 75
ça m'a fichu un coup 75
ça ne vaut pas le coup 226
calculer son coup 280
coup sur coup 191
donner un coup bas 312
donner un coup d'accélérateur 191
donner un coup de balai 106
donner un coup de collier 106
donner un coup de fouet à qqch. 106
donner un coup de pouce à qqn. 106
donner/passer un coup de fil à qqn. 147
en deux/trois coups de cuiller à pot 191
en mettre un coup 106
être dans le coup 161, 263
être sur un coup 107
être un bon coup 31
faire coup double 63
faire d'une pierre deux coups 63
faire le coup du père François 312
faire les quatre cents coups 10
faire qqch. sur un coup de tête 280
faire un coup tordu/un sale coup à qqn. 312
il a raté/loupé/manqué son coup 75
il faut marquer le coup 63
le coup d'envoi 191
monter un coup 312
passer en coup de vent 161, 213
prendre un coup dans les gencives 46
prendre un coup de pied au cul/au derrière 46
prendre un coup de vieux 191
recevoir un coup de pied de Vénus 90
rendre coup pour coup 46
risquer/tenter le coup 280
rouer qqn. de coups 47

sans coup férir 280
se ramasser un coup sur la cafetière 47
sur le coup de midi 191
tenir le coup 75
un coup d'éclat 124
un coup d'essai 280
un coup d'État 251
un coup de chance/bol/pot/veine 63
un coup de filet 312
un coup de foudre 31
un coup de Jarnac 312
un coup de maître 63
un coup de rouge 323
un coup de théâtre 251
un coup de Trafalgar 75
un coup dur 75
un coup fourré 107
valoir le coup d'œil 226
coupe, boire la coupe jusqu'à la lie 75
être sous la coupe de qqn. 47
il y a loin de la coupe aux lèvres 280
couper, c'est à vous couper le souffle 226
couper à travers champs 213
couper au plus court 213
couper dans le vif 280
couper la chique à qqn. 147
ne pas y couper 280
cour, côté cour 242
faire la cour à qqn. 31
faire un brin de cour à qqn. 31
jouer dans la cour des grands 20, 107
courant, être au courant 107, 263
se déguiser en courant d'air 213
courber, courber l'échine/le dos/la tête (devant qqn.) 47
courbette, faire des courbettes 161
coureur, un coureur de jupons 31
courir, c'est couru (d'avance) 280
courir comme un dératé 191
courir le cotillon 31
courir le jupon 31
courir les rues 175
ne pas courir après qqch. 280
rien ne sert de courir (il faut partir à point) 191
tu peux toujours courir 47
courrier, le courrier du cœur 242
course, une course contre la montre 213
court, être court sur pattes 175
je te la fais courte 147
pour la faire courte 147
prendre qqn. de court 191
couscous, pédaler dans le couscous 280
couteau, des seconds couteaux 161
ils sont à couteaux tirés 47
mettre le couteau sur/sous la gorge de qqn. 312

remuer/retourner le couteau dans la plaie 47, 132
couture, battre qqn. à plates coutures 280
regarder/examiner qqch./qqn. sous toutes les/ses coutures 263
couver, couver sous la cendre 47
couvert, il a son couvert (mis) chez nous 162
remettre le couvert 32, 191
couverture, tirer la couverture à soi 107
cracher, c'est comme si on crachait en l'air 226
cracher dans la soupe 133
cracher le morceau 133
être le portrait (tout) craché de qqn. 175
être qqn. tout craché 175
il ne faut pas cracher dessus 226
crachoir, tenir le crachoir 147
cran, avoir du cran 124
crâne, bourrer le crâne à qqn. 264
faire du bourrage de crâne à qqn. 264
craque, raconter des craques 312
crasse, faire une crasse à qqn. 312
cravate, s'en jeter un petit (derrière la cravate) 323
crayon, avoir un joli/bon coup de crayon 242
crémaillère, pendre la crémaillère 10
crème, la crème (de la crème) 162
crémerie, changer de crémerie 323
créneau, monter au créneau (pour défendre sa politique) 251
crêpe, faire la crêpe (au soleil) 213
retourner qqn. comme une crêpe 280
s'aplatir comme une crêpe 90
cresson, ne plus avoir de cresson sur la fontaine 175
creux, être dans le creux de la vague 75
j'ai un petit creux 323
crève, attraper/choper la crève 90
crever, crevé 91
crever 91
crever de faim 323
crever la dalle 323
crever la gueule ouverte 91
cri, c'est le dernier cri 162
crible, passer qqch. au crible 264
cribler, être criblé de dettes 300
crin, à tous crins 175
crise, piquer/faire sa/une crise 226
criser, criser 226
critique, la critique est aisée ([mais] l'art est difficile) 226
croc, avoir les crocs 323
crochet, vivre aux crochets de qqn. 300
croire (se), croire dur comme fer (à qqch.) 251

croire qqch. les yeux fermés 251
(être comme saint Thomas,) ne croire que ce que l'on voit 264
s'y croire 133
se croire sorti de la cuisse de Jupiter 133
se croire tout permis 133
croisade, partir en croisade contre qqch. 251
croix, c'est la croix et la bannière 281
chacun (a/porte) sa croix 75
croix de bois, croix de fer, si je mens je vais en enfer 124
on peut faire une croix sur... 75
croquer, (jolie/mignonne) à croquer 175
croqueuse, une croqueuse de diamants 133, 300
crosse, chercher des crosses à qqn. 47
croûte, casser la croûte 323
gagner sa croûte 300
cru, manger/avaler qqn. tout cru 47
monter à cru 213
cruche, tant va la cruche à l'eau qu'à la fin elle se brise/casse 133
cube, un gros cube 213
cucul, cucul (la praline) 133
cuiller, à ramasser à la petite cuiller 91
être né avec une cuiller d'/en argent dans la bouche 300
ne pas y aller avec le dos de la (petite) cuiller 281
cuirasse, le défaut de la cuirasse 75
cuire, c'est du tout cuit 281
laisser qqn. cuire dans son jus 281
cuisiner, cuisiner qqn. 147
cuisse, avoir la cuisse légère/hospitalière/gaie/facile 32
se croire sorti de la cuisse de Jupiter 133
cuite, prendre une cuite 323
cul, (en) avoir plein le cul de qqch. 226
(en) tomber/rester sur le cul 264
avoir du cul 63
avoir le cul bordé de nouilles 63
avoir le cul sorti des ronces 63
avoir le cul vissé (sur sa chaise) 107
bas du cul 175
c'est à se taper le cul par terre 226
cause/parle à mon cul, ma tête est malade 47
cul sec 323
être (assis)/avoir le cul entre deux chaises 227
être comme cul et chemise 32
faire cul sec 323
se casser le cul 107

tomber le cul par terre 264
tortiller du cul 175
tu peux te le/la/les foutre au cul/où je pense 47
un cul béni 251
un faux cul 133, 312
culbute, au bout du fossé, la culbute 175
faire la culbute 107
culot, avoir du culot 133
culotte, avoir une culotte de cheval 175
c'est elle qui porte la culotte 20
prendre une culotte (au jeu) 300
s'en fiche/s'en balancer/s'en foutre comme de sa première culotte 227
une (vieille) culotte de peau 191
y laisser/perdre sa culotte 300
cure, n'en avoir cure 227
curé, bouffer/manger du curé 251
curiosité, la curiosité est un vilain défaut 133
cuti, virer sa cuti 32, 264
cuver, cuver son vin 323

D

dada, c'est mon/son dada 10
avoir la dalle 323
avoir la dalle en pente 323
crever la dalle 323
se rincer la dalle 323
dame, honneur aux dames ! 162
danger, un danger public 10
danse, avoir la danse de Saint-Guy 91
donner/filer une danse à qqn. 47
mener la danse 107
dare-dare, dare-dare 192
date, ça fera date 192
dater, dater de Mathusalem 192
datte, des dattes ! 48
dé, les dés sont jetés 63, 75
les dés sont pipés 313
débandade, finir en débandade 75
débarquer, tu débarques ? 264
débiter, débiter son chapelet 227
débloquer, tu débloques ! 264
déborder, être débordé 107
débotté, au débotté 192
debout, ça ne tient pas debout 264
ne plus tenir debout 91
débris, un vieux débris 192
débrouiller (se), se débrouiller avec les moyens du bord 281
débroussailler, débroussailler le terrain 107, 281
début, c'est un (bon) début 63
faire ses débuts 107
faire ses débuts dans le monde 162
faire ses débuts sur (la) scène 242
il faut/il y a un début à tout 192
dèche, être dans la dèche 300

décolleté, avoir un décolleté plongeant 175
déconfiture, être en déconfiture 107
déconner, déconner à plein(s) tube(s) 147
sans déconner ! 162
décor, aller/entrer dans le décor 213
connaître l'envers du décor 264
découdre, vouloir en découdre avec qqn. 48
découvert, agir à découvert 281
décrocher, décrocher le cocotier/la timbale/le gros lot 63
défaut, le défaut de la cuirasse 75
y a comme un défaut 75
défendre (se), se défendre en qqch. 63
défi, jeter un défi à qqn. 281
relever le défi 281
dégager (se), se dégager d'un mauvais pas 63
dégât, limiter les dégâts 76
dégonfler (se), se dégonfler 281
dégoûter, faire la dégoûtée 133
degré, prendre qqch. au premier degré 264
dégueuler, dégueuler tripes et boyaux 91
déjà, c'est déjà ça 64
c'est déjà pas mal 64
demain, c'est pas/ce n'est pas demain la veille 192
c'est pas/ce n'est pas pour demain 192
c'est pour demain/pour bientôt 192
demain est un autre jour 192
demain il fera jour 192
demain, on rase gratis 192
il ne faut pas remettre au lendemain/à demain ce que l'on peut faire le jour même 192
qui sait de quoi demain sera fait 192
démarrer, démarrer sur les chapeaux de roue 192
démener (se), se démener comme un beau diable pour avoir qqch. 281
démon, le démon de midi 192
démultipliée, enclencher la démultipliée 192
dent, avoir la dent 323
avoir la dent dure 147
avoir les dents du fond qui baignent 324
avoir les dents longues/qui rayent le parquet 107
avoir toutes ses dents 192
avoir une dent contre qqn. 48
croquer à belles dents 324
être sur les dents 91, 107
manger du bout des dents 324
ne pas avoir de quoi se mettre sous la dent 324

DENT

parler entre ses dents 147
prendre le mors aux dents 107
se caler une dent creuse 324
se casser les dents 76
une carrière en dents de scie 107
dentelle, ne pas faire dans la dentelle 281
dépasser, dépasser les bornes 133
être dépassé (par les événements) 192
dépayser, pas trop dépaysé 32
dépense, ne pas regarder à la dépense 300
dépêtrer (se), se dépêtrer d'un mauvais pas 64
dépit, faire qqch. en dépit du bon sens 281
dépourvu, prendre qqn. au dépourvu 162, 192
der, boire le der des der 324
la/le der des der 192
dératé, courir comme un dératé 192
derche, un faux derche 313
dernier, en boire un (petit) dernier, pour la route 324
dérobée, regarder qqch./qqn. à la dérobée 162
descente, avoir une bonne descente 324
désemparer, sans désemparer 192
désert, connaître une traversée du désert 76
désespérer, il ne faut jamais désespérer 64
désir, prendre ses désirs pour des réalités 281
désirer, laisser (beaucoup) à désirer 227
désordre, ça fait désordre 175
dessous, donner un dessous de table à qqn. 107
en dessous de tout 227
être/tomber dans le 3e/36e dessous 76
les dessous de la politique 251
dessus, avoir/prendre le dessus 107
le dessus du panier 162
détail, ne pas faire le détail 281
détente, dur/long à la détente 264
détour, au détour du chemin 213
valoir le détour 227
détruire, détruire qqch. dans l'œuf 251
dette, criblé de dettes 300
qui paie ses dettes s'enrichit 300
deuil, faire son deuil de qqch. 76
deux, couilles de mes deux ! 227
jamais deux sans trois 76, 192
lui et les maths, ça fait deux 264
devant, prendre les devants (par rapport à qqn.) 281
dévider, dévider son chapelet 227
dévoiler, dévoiler son jeu 281
devoir, le devoir m'appelle ! 107

dévolu, jeter son dévolu sur qqch./sur qqn. 227
dévorer, dévorer qqch. à belles dents 255
diable, faire le diable à quatre 281
habiter au diable (vauvert) 213
s'enfuir comme si l'on avait le diable aux trousses 213
tirer le diable (par la queue) 300
dialogue, c'est un dialogue de sourds 147, 251
diapason, se mettre au diapason de qqn. 32
dictionnaire, un dictionnaire ambulant 264
dieu, avoir les dieux contre soi 76
(il n')y a pas de bon Dieu 251
il vaut mieux avoir affaire à Dieu qu'à ses saints 107
jurer ses grands dieux 281
l'homme propose, Dieu dispose 251
manger le bon Dieu 251
ne craindre ni Dieu ni le diable 251
ne croire ni à Dieu ni à diable 251
on lui donnerait le bon Dieu sans confession 133, 313
se prendre pour Dieu le père 133
diligence, faire diligence 192
dimanche, c'est pas tous les jours dimanche ! 213
dinde, une petite dinde 133
dindon, le dindon de la farce 313
dîner, qui dort dîne 324
dingue , (complètement) dingue 264
travailler comme un dingue 107
dire, à qui le dites-vous/dis-tu ? 147
c'est plus facile à dire qu'à faire 281
c'est beaucoup dire 147
c'est vite dit 147
ça dit bien ce que ça veut dire 264
ça ne me dit rien (du tout) 264
ça ne me dit rien qui vaille 227
ce n'est pas peu dire ! 147
cela va sans dire (mais cela irait/va mieux en le disant) 147
comme dit/disait l'autre 147
dire ce qu'on a sur le cœur 147
en dire long 147
entre nous soit dit 147
faire et dire sont deux 281
il est plus facile de dire que de faire 281
je me suis laissé dire que... 147
laisser dire 147
ne me faites pas dire ce que je n'ai pas dit 147
ne pas l'envoyer dire à qqn. 147
on a beau dire 147
pour ne pas dire autre chose 147
se tuer à dire qqch. à qqn. 147

EAU

soit dit en passant 148
soit dit entre nous 147
tu l'as dit, bouffi ! 148
direct, en direct 192
discuter, discuter le bout de gras avec qqn. 148
disjoncter, tu disjonctes ! 264
disque, c'est toujours le même disque 251
change de disque ! 48
distance, garder ses distances 162
tenir la distance 107
diviser, diviser pour (mieux) régner 48, 251
docteur, (boire) le coup du docteur 324
jouer au docteur 32
dodo, métro, boulot, dodo 108
doigt, avoir des doigts de fée 91, 108
avoir le petit doigt en l'air 133
croiser les doigts 64
être comme les deux doigts de la main/d'une seule main 32
être/se mettre les doigts de pieds en bouquet de violettes 10
faire qqch. les (deux) doigts dans le nez 282
mener qqn. au doigt et à l'œil 108
mettre le doigt dans l'engrenage 251
mettre le doigt sur qqch. 264
mon petit doigt me l'a dit 264
montrer qqn. du doigt 162
ne pas remuer/ne pas bouger/ne pas lever le petit doigt 108
ne rien faire de ses dix doigts 108
obéir au doigt et à l'œil 108
savoir/connaître qqch. sur le bout du/des doigt(s) 264
se faire taper sur les doigts 48
se mettre/se fourrer/se foutre le doigt dans l'œil (jusqu'au coude) 265
se/s'en lécher les doigts 324
se/s'en mordre les doigts 227
domaine, dans le domaine public 242
donnant, donnant, donnant 162
donner, c'est donné 300
donner c'est donner (reprendre c'est voler) 313
dormir, dormir à poings fermés 10
dormir comme un loir/un sonneur/une souche/une marmotte 10
dormir debout 10
dormir du sommeil du juste 10
dormir sur ses deux oreilles 10
n'en plus dormir la nuit 10
ne dormir que d'un œil 10
dos, avoir bon dos 124
avoir le dos au mur 76
en avoir plein le dos 227

être dos au mur 76
faire qqch. dans le dos de qqn. 133
faire un enfant dans le dos à/de qqn. 313
l'avoir dans le dos 313
mettre qqch. sur le dos de qqn. 313
ne rien avoir à se mettre sur le dos 175
renvoyer deux adversaires dos à dos 251
se mettre qqn. à dos 48
dose, à doses homéopathiques 175
douce, en douce 282
douche, faire l'effet d'une douche froide 227
la douche écossaise 76
douloureuse, la douloureuse 324
doute, dans le doute, abstiens-toi 265
il n'y a pas l'ombre d'un doute 265
douter, ne douter de rien 282
doux, doux comme un agneau 124
dragée, tenir la dragée haute à qqn. 48
drame, en faire (tout) un drame 227
drap, être/se mettre dans de beaux/sales/vilains draps 76
drapeau, le drapeau noir flotte sur la marmite 300
sortir le drapeau blanc 48
drille, un joyeux drille 124
droit, être/se tenir droit comme un i/piquet/cierge/échalas 175
drôle, un drôle d'oiseau/de coco/de lascar 133
duel, deux/trois ... qui se battent en duel 175
dupe, c'est un jeu de dupes 313
un marché de dupes 313
dur, c'est dur-dur 227
c'est un dur à cuire 133
construire en dur 10
dur de la comprenette/ comprenure 265
jouer les durs 133
dure, coucher sur la dure 10
être élevé à la dure 20
durer, pourvu que ça dure ! 192
durillon, avoir un durillon de comptoir 324

E

eau, (il) y a de l'eau dans le gaz 76
à l'eau de rose 243
apporter/amener de l'eau au moulin de qqn. 148
ça me fait venir l'eau à la bouche 324
d'ici là, il coulera/passera beacoup d'eau sous le(s) pont(s) 193

dans ces eaux-là 300
être à l'eau 324
finir en eau de boudin 76
il n'est pire eau que l'eau qui dort 134
l'eau, c'est pour les poissons 324
mettre de l'eau dans son vin 282
nager entre deux eaux 282
ne pas avoir inventé l'eau chaude 265
pêcher en eau trouble 313
se jeter à l'eau 282
tomber à l'eau 76
échange, c'est un échange de bons procédés 32
échec, tenir qqn. en échec 76
échelle, commencer au bas de l'échelle 108
faire la courte échelle à qqn. 32
faire monter qqn. à l'échelle 313
monter à l'échelle 313
pouvoir tirer l'échelle après qqch. 227
écho, se faire (l')écho de qqch. 148
éclater (s'), s'éclater (comme une bête) 227
école, à bonne école 265
faire école 252
faire l'école buissonnière 20
un homme de la vieille école 162
économie, (il n'y a pas de petites économies) 300
faire des économies de bouts de chandelle 300
écorce, mettre le doigt entre l'arbre et l'écorce 252
écot, payer son écot 301
écoute, mettre qqn. sur écoute (téléphonique) 252
écouter (s'), s'écouter parler 134
écran, crever l'écran 243
le petit écran 243
écraser, écrase ! 48
écraser 148
écraser/étouffer qqch. dans l'œuf 252
écrit, c'était écrit 76
écrouler (s'), être écroulé (de rire) 227
s'écrouler comme un château de cartes 76
écu, remuer les écus à la pelle 301
effet, c'est tout l'effet que ça te fait ? 148
couper ses effets à qqn. 48, 282
faire l'effet d'une bombe 282
effort, un partisan du moindre effort 134
égal, ça m'est égal 227
rester égal à soi-même 124
égrener, égrener son chapelet 227
élastique, les lâcher avec un élastique 301
électricité, il y a de l'électricité dans l'air 48

élément, ne pas être/ne pas se sentir dans son élément 228
éléphant, être comme un éléphant dans un magasin de porcelaine 134
éloge, ne pas tarir d'éloges au sujet de qqn. 32
emballer (s'), être emballé par qqch. 228
s'emballer pour qqch. 228
embrasser, qui trop embrasse mal étreint 282
embrouille, un sac d'embrouilles 314
embrouiller (s'), ni vu ni connu (j't'embrouille) ! 148, 314
s'embrouiller les pinceaux/pédales 282
éméché, éméché 324
éminence, une éminence grise 252
emmêler (s'), s'emmêler les pinceaux/pédales 282
empêcheur, un empêcheur de tourner/de danser/etc. en rond 134
emplâtre, c'est (mettre) un emplâtre sur une jambe de bois 282
empoisonner, empoisonner l'existence de qqn. 48
encadrer, ne pas pouvoir encadrer qqn. 48
enceinte, être enceinte jusqu'aux yeux 20
encensoir, manier l'encensoir 148
enclume, se trouver/être entre le marteau et l'enclume 252
encombre, arriver sans encombre 214
encre, cette affaire a fait couler beaucoup d'encre 162
encyclopédie, une encyclopédie ambulante 265
enfance, c'est l'enfance de l'art 282
depuis sa plus tendre enfance 193
retomber en enfance 20
enfant, (une atmosphère) bon enfant 32
ce n'est pas un enfant de chœur 134
être un enfant de la balle 243
faire l'enfant 134
faire un enfant dans le dos à/de qqn. 314
ils vécurent heureux et eurent beaucoup d'enfants 20
la vérité sort de la bouche des enfants 20
les femmes et les enfants d'abord ! 20
un enfant de l'amour 21
un enfant naturel 21
un enfant terrible 134
enfer, l'enfer est pavé de bonnes intentions 76

engueuler, engueuler qqn. comme du poisson pourri 48
ennuyer (s'), s'ennuyer comme un rat mort 228
enseigne, être logé à la même enseigne 76
entendeur, à bon entendeur, salut 32
entendre (s'), bien s'entendre avec qqn. 32
ce qu'il faut (pas) entendre ! 148
entendons-nous bien ! 148
s'entendre comme larrons en foire 32
enterrement, c'est un enterrement de première classe 228
faire une gueule d'enterrement 228
faire/avoir une tête d'enterrement 228
enterrer, il nous enterrera tous 91
entorse, faire une entorse au règlement 108
entournure, être gêné aux entournures 162, 301
entraver, j'y entrave que dalle/que couic/que pouic 265
entrée, avoir ses (grandes) entrées chez qqn./quelque part 162
d'entrée (de jeu) 193
faire une entrée remarquée 162
entrefaite, sur ces entrefaites 193
entregent, avoir de l'entregent 108, 162
entuber, se faire entuber 314
envie, mieux vaut faire envie que pitié 64
envier, n'avoir rien à envier à qqn. 76
épate, faire de l'épate 134
épée, donner des coups d'épée dans l'eau 76
épinard, mettre du beurre dans les épinards 301
épine, tirer/ôter à qqn. une épine du pied 32
épingle, monter qqch. en épingle 228
tiré à quatre épingles 175
tirer son épingle du jeu 64
un virage en épingle à cheveu 214
épingler, se faire épingler 314
éponge, être une (véritable) éponge 324
jeter l'éponge 48, 76
passons l'éponge ! 32
époque, marquer son époque 193
ergot, se dresser/monter sur ses ergots 49
errer, errer comme une âme en peine 214
erreur, erreur profonde ! 265
grave erreur ! 265
il y a erreur sur la personne 163
l'erreur est humaine 265

EXCUSE

esbrouf(f)e, faire de l'esbrouf(f)e 134
escampette, prendre la poudre d'escampette 214
escargot, avancer comme un escargot/à une allure d'escargot 193
être un (véritable) escargot 193
espèce, payer en espèces 301
payer en espèces sonnantes et trébuchantes 301
espoir, tant qu'il y a de la vie, il y a de l'espoir 64
esprit, avoir l'esprit d'escalier/de l'escalier 265
avoir l'esprit mal tourné 134
l'esprit de famille 21
les grands esprits se rencontrent 265
rassembler ses esprits 265
essuyer, essuyer une tempête 206
estampe, venez voir mes estampes japonaises 32
estocade, porter l'estocade à qqn. 49
estomac, j'ai l'estomac dans les talons 324
étage, de bas étage 134
étalage, faire étalage de qqch. 134
état, être/se mettre dans tous ses états 228
été, l'été indien 206
Éternel, un (grand) ... devant l'Éternel 228
éterniser (s'), on ne va pas s'éterniser (ici) 193
pas la peine de s'éterniser là-dessus 193
éternité, il y a/ça fait une éternité (qu'on ne s'est pas vus, etc.) 193
étoffe, avoir l'étoffe d'un héros 124
étoile, coucher/dormir à la belle (étoile) 10
né sous une bonne étoile 64
né sous une mauvaise étoile 76
son étoile pâlit/blanchit 76
étouffer, étouffer un scandale 252
être, en être 32
on ne peut pas être et avoir été 193
y être pour quelque chose 282
étrier, boire le coup de l'étrier 324
évangile, c'est parole d'évangile 252
Ève, ne connaître qqn. ni d'Ève ni d'Adam 163
événement, attendre un heureux événement 21
éventail, être/se mettre les doigts de pied en éventail 10
exactitude, l'exactitude est la politesse des rois 193
exception, c'est l'exception qui confirme la règle 265
excuse, faire de plates excuses 148

expectative, être/rester dans l'expectative 193
expédient, vivre d'expédients 108, 301
expliquer, je t'explique pas ! 265
expression, passez-moi l'expression 148

F

façade, démolir la façade à qqn. 49
se faire ravaler la façade 175
se ravaler la façade 176
face, face de crabe/d'œuf/de rat 49
jouer/décider à pile ou face 64, 77
sauver/perdre la face 163
se voiler la face 282
fâcher, ne pas être fâché d'avoir fait qqch. 10
facile, elle est facile à vivre 125
facilité, choisir/opter pour la solution de facilité 282
façon, (c'est une) façon de parler 148
(merci,) sans façon(s) 163
dire à qqn. sa façon de penser 148
faire des façons 134
faconde, avoir de la faconde 148
facture, garanti sur facture 282
fagot, (une bouteille) de derrière les fagots 324
qqch. de derrière les fagots 228
sentir le fagot 252
fagoter, être fagoté comme l'as de pique 176
être mal fagoté 176
faible, avoir un (petit) faible pour qqch./qqn. 33, 228
faim, avoir une faim de loup 324
crever de faim 324
la faim chasse le loup (hors) du bois 282
la faim fait sortir le loup du bois 282
manger à sa faim 325
rester sur sa faim 228, 325
faire (se), être complètement fait 325
être fait comme un rat 314
(il) faut faire avec ce qu'on a 77
on ne me la fait pas ! 314
se faire qqn. 33
fait, mettre qqn. devant le fait accompli 283
prendre fait et cause pour qqn. 33
falloir, (il) faut ce qu'il faut 283
(il) faut le faire ! 228
avoir tout ce qu'il faut là où il faut 176
famille, c'est de famille 21
l'esprit de famille 21
la belle-famille 21
un air de famille 21
une fille/un fils de (bonne) famille 21
famine, crier famine 325
farcir (se), devoir se farcir qqch./qqn. 228
il faut se le/la farcir 49
se farcir qqn. 33
fard, piquer un fard 176
fatiguer, fatiguer la salade 325
faucher, être fauché (comme les blés) 301
faute, faute avouée est à moitié pardonnée 125
rejeter la faute sur qqn. 134
fauteur, un fauteur de troubles 134
faux, avoir tout faux 77
prêcher le faux pour connaître le vrai 283
s'inscrire en faux contre qqch. 49
faux-semblant, user de faux-semblants 283
faveur, un traitement/un régime de faveur 33
fée, une fée du logis 21
femme, ce que femme veut (Dieu le veut) 21
les femmes et les enfants d'abord ! 21
fendre (se), il ne s'est pas fendu ! 301
se fendre (de qqch.) 301
se fendre la gueule/pêche/poire/pipe 228
fer, croiser/engager le fer 49
être le fer de lance (de qqch.) 252
il faut battre le fer quand il/pendant qu'il/tant qu'il est chaud 193
remuer le fer dans la plaie 134
tomber les quatre fers en l'air 176
fermer, ferme-la 49
la ferme ! 49
ferrer, ferrer le goujon/le poisson 108
férule, être sous la férule de qqn. 49
fesse, coûter/valoir la peau des fesses 301
occupe-toi de tes fesses 49
fêtard, un fêtard 11
fête, être à la fête 228
faire la fête 11
faire sa fête à qqn. 49
feu, (il n')y a pas le feu (au lac) 193
(ne pas) faire long feu 193
avoir le feu au derrière/au cul/quelque part 193
avoir le feu sacré 283
donner le feu vert à qqn./qqch. 108
être pris entre deux feux 77
être tout feu tout flamme 283
faire feu de tout bois 283
mettre le feu aux poudres 77

FOIRE

mettre une ville à feu et à sang 49
mourir à petit feu 91
n'y voir que du feu 314
péter le feu/du feu/des flammes 91
un feu de paille 193

feuille, être dur de la feuille 92
trembler comme une feuille 92
une feuille de chou 243

feuilleton, un feuilleton qui fera pleurer dans les chaumières 243

fi, faire fi de qqch. 228

fibre, avoir la fibre maternelle/paternelle 21

ficeler, être ficelé comme un saucisson 176
une histoire bien ficelée 243
une histoire mal ficelée 243

ficelle, connaître les ficelles du métier 108
tirer les ficelles 108
tirer sur la ficelle 77

ficher (se), je m'en (contre)fiche/(contre)foutre 228

fichu, être mal fichu 92

fiction, la réalité dépasse la fiction 243

fidèle, être fidèle au poste 125

fier, être fier comme Artaban/comme un bar-tabac 134

fier-à-bras, un fier-à-bras 134

fifrelin, (il s'en est fallu) d'un fifrelin 193

fifty-fifty, faire fifty-fifty 301

figue, mi-figue, mi-raisin 228

figure, casser la figure à qqn. 49
en prendre plein la figure (pour pas un rond) 77
être la figure de proue (d'un mouvement) 252
se casser la figure 77

fil, au fil de l'eau 214
avoir un fil à la patte 163
c'est cousu de fil blanc 265
de fil en aiguille 193
donner du fil à retordre à qqn. 49
être dans le droit fil de 283
le fil d'Ariane 283
ne pas avoir inventé le fil à couper le beurre 265
ne tenir qu'à un fil 176
passer qqn. au fil de l'épée 49
perdre le fil (de ses idées) 265

file, (garé) en double file 214
en file indienne 176

filer, filer doux 283
filer un mauvais coton 77

filet, travailler sans filet 108

fille, jouer la fille de l'air 214
la plus belle fille du monde ne peut donner que ce qu'elle a 283
une vieille fille 21

film, tourner un film 243

filon, trouver le (bon) filon 108

fils, être (bien) le fils de son père 21
être un fils à papa 301
tel père, tel fils 21

fin, (même) les meilleures choses ont une fin 194
arriver à ses fins 283
avoir des fins de mois difficiles 301
fin de race 21
fin de siècle 135
jusqu'à la fin des temps/des siècles 194
la fin justifie les moyens 283
le fin du fin 163
ne pas avoir de(s) fins de mois difficiles 301
qui veut la fin veut les moyens 283
toucher à sa fin, tirer à sa fin, prendre fin 194

finir, à n'en plus finir 194
finir en beauté 243
qui n'en finit pas 194

fissa, faire fissa 194

flambant, flambant neuf 11

flambeau, passer le flambeau (à qqn.) 108

flamme, déclarer sa flamme à qqn. 33
descendre qqn./qqch. en flammes 50

flanc, tirer au flanc 108

flanelle, avoir les jambes en flanelle 92

flèche, ce n'est pas une flèche 265
faire flèche de tout bois 283
partir comme une flèche 214

fleur, avoir les nerfs à fleur de peau 92
comme une fleur 283
être fleur bleue 33
faire une fleur à qqn. 33, 125
la fine fleur de qqch. 163
perdre sa fleur 33
s'envoyer des fleurs 135

fleurette, conter fleurette 33

flinguer (se), il y a de quoi/c'est à se flinguer 77

flop, faire un flop 243

flot, (le champagne) coule à flots 325

flotter, elle flotte dans ses vêtements 176

flou, un flou artistique 243, 314

flûte, jouer des flûtes 214

foi, être sans foi ni loi 252
la foi du charbonnier 252
le cachet de la poste faisant foi 194
n'avoir ni foi ni loi 252

foie, avoir les foies 228

foin, faire tout un foin de qqch. 228

foin, mettre du foin dans ses bottes 301

foire, c'est la foire d'empoigne 108
faire la foire 11

fois, il était une fois 194
  la troisième (fois) sera la bonne 194
  plutôt deux fois qu'une ! 194
  une (bonne) fois pour toutes 194
  une fois n'est pas coutume 194
folie, c'est de la folie furieuse/douce/pure 228, 265
  faire des folies 301
  faire des folies de son corps 33
folle, une folle 33
foncer, fonce, Alphonse ! 194
fond, à fond de train 194
  à fond la caisse 194
  de fond en comble 176
  être à fond de cale 301
  ils ont usé leurs fonds de culottes sur les mêmes bancs (d'école) 21
  le fond de l'air est frais 207
  se donner à fond 108
  toucher le fond 77
fontaine, il ne faut pas dire fontaine (je ne boirai pas de ton eau) 283
  ne plus avoir de cresson sur la fontaine 176
force, être une force de la nature 92, 176
  force … 176
  présumer de ses forces 283
  un cas de force majeure 252
forêt, les arbres cachent la forêt 266
forfait, déclarer forfait 77
forger, c'est en forgeant qu'on devient forgeron 109
formaliser (se), ne pas se formaliser de qqch. 148
forme, au mieux de sa forme 92
  en pleine/grande forme 92
  en y mettant les formes 148
  ne pas être en forme 92
  sans autre forme de procès 283
fort, au plus fort de l'hiver 194
  c'est plus fort que du roquefort/que de jouer au bouchon 229
  c'est plus fort que moi 283
  c'est trop fort 229
  c'est un peu fort (de café) 229
  ce n'est pas mon fort 266
  elle est forte, celle-là 229
  fort comme un boeuf/un Turc 92
fortune, coûter une (petite) fortune 301
  faire contre mauvaise fortune bon coeur 77
  la roue de la fortune 64
  manger à la fortune du pot 325
fosse, avoir un/le pied dans la fosse 92
fossé, au bout du fossé, la culbute 77
  le fossé des générations 21
fou, fou à lier 266
  plus on est de fous, plus on rit 163

foudre, être un foudre de guerre 50
  s'attirer les foudres de qqn. 50
  un coup de foudre 33
fouille, s'en mettre plein les fouilles 301
foule, prendre un bain de foule 252
foulée, dans la foulée 194
fouler (se), ne pas se fouler (la rate) 109
four, faire un four 243
  on ne peut pas être au four et au moulin 109
fourbi, tout le fourbi 11
fourchette, avoir un bon/un joli coup de fourchette 325
  être une belle/bonne fourchette 325
  manger avec la fourchette du père Adam 325
fourmi, avoir des fourmis dans les jambes 92
  un travail de fourmi 109
fourrer, s'en fourrer jusque-là 325
foutaise, c'est une vaste foutaise 229
foutoir, c'est un (vrai/véritable/foutu/sacré) foutoir 176
foutre (se), être (bien) foutu de faire qqch. 284
  je m'en contre fous 229
  n'avoir rien à foutre de qqch. 229
  se foutre (de la gueule) de qqn. 50
frais, à peu de frais 302
  arrêter les frais 77
  aux frais de la princesse 302
  des faux frais 302
  être frais 77
  faire les frais de la conversation 148
  faire les frais de qqch. 77
  faire ses frais 302
  frais comme une rose/comme un gardon/comme l'oeil 92
  mettre qqn. au frais 314
  rentrer dans ses frais 302
  se mettre en frais 302
fraise, aller aux fraises 33
  ramener sa fraise 149
  sucrer les fraises 92
franc, demander le franc symbolique 302
franc-parler, avoir son franc-parler 149
France, être vieille France 163
  la France profonde 163
franchir, franchir le pas 284
franquette, à la bonne franquette 11
frasque, des frasques de jeunesse 194
  faire des frasques 135
frein, ronger son frein 194, 229
fretin, le menu fretin 163

GENRE

fric, abouler le fric 302
  bourré de fric 302
  fric 302
  ramasser du fric à la pelle 302
  un fric fou/monstre 302
frigidaire, mettre un projet au frigidaire/au frigo 109
frime, c'est de la frime 135
frimeur, un frimeur 135
fringale, avoir la fringale 325
  avoir une fringale de qqch. 325
friqué, friqué 302
friser, friser la quarantaine 194
frisson, ça me donne des frissons 229
frite, avoir la frite 92
froc, jeter le/son froc aux orties 252
froid, battre qqn. froid 50
  ça me laisse froid 229
  cueillir/prendre qqn. à froid 163
  être en froid avec qqn. 50
  être mort de froid 207
  faire froid dans le dos 229
  il fait un froid de canard 207
  jeter un froid 149
  ne pas avoir froid aux yeux 125
fromage, faire (tout) un fromage de qqch. 229
front, à la sueur de son front 109
frotter (se), qui s'y frotte s'y pique 50
  se frotter à qqn. 50
fruit, c'est au fruit que l'on connaît l'arbre 284
  porter ses fruits 109
frusquin, tout le (saint-)frusquin 11
fumée, il n'y a pas de fumée sans feu 163, 176
  s'envoler/partir/disparaître en fumée 77
fumer, fumer comme un Turc/une locomotive/une cheminée/un pompier/un sapeur 92
  fumer comme un Turc/une locomotive/une cheminée/un sapeur/un pompier 11
fumisterie, c'est une vaste fumisterie 229
fureur, faire fureur 163
fusil, à (une) portée de fusil 214
fusil, changer son fusil d'épaule 284

G

gâchette, avoir la gâchette facile 314
gadin, (se) prendre/se ramasser un gadin 77
gaffe, faire gaffe 284
  faire une gaffe 77
gagner, gagner haut la main 64
  gagner par forfait 64
gai, être (un peu) gai 326
  gai comme un pinson 229
galère, c'est (la) galère 77, 109
  être (embarqué) dans la même galère 77

vogue la galère ! 64, 77
galérer, galérer 109
galerie, amuser/épater la galerie 163
  dire/faire qqch. pour (épater) la galerie 135
galipette, faire des galipettes 33
galon, prendre du galon 109
galop, un galop d'essai 109
gamelle, (se) prendre/se ramasser une gamelle 77
gant, avoir des seins en gants de toilette 177
  ça te va comme un gant 177
  ne pas prendre/mettre de gants (pour dire qqch.) 149
  prendre/mettre des gants avec qqn. 284
  relever/jeter le gant 109, 284
garantir, garanti sur facture 284
garçon, c'est un garçon manqué 177
  enterrer sa vie de garçon 21
  un vieux garçon 21
garde, être sur ses gardes 266
gardon, frais comme un gardon 92
gare, sans crier gare 194
Gascon, des promesses de Gascon 135
gâteau, c'est du gâteau 284
  c'est la cerise sur le gâteau 64
  ce n'est/c'est pas du gâteau 284
  un papa/papy gâteau 21
  vouloir sa part du gâteau 284
gâter (se), (c'est ici que) ça se gâte 78
  ne pas avoir été gâté par la nature 177, 266
gauche, mettre (de l'argent) à gauche 302
gauler, être bien gaulée 177
  se faire gauler 314
gaz, dans le gaz 92
geler (se), il gèle à pierre fendre 207
  on se gèle le cul 207
  on se les gèle 207
gémonie, vouer/traîner qqn. aux gémonies (littéraire) 50
gencive, en prendre plein les gencives 78
gêne, être dans la gêne 302
  où (il) y a de la gêne, (il n') y a pas de plaisir 163
gêner (se), faut pas se gêner 149
  gêné aux entournures 164
  je vais me gêner ! 284
générale, une (répétition) générale 243
genou, mettre qqn. à genoux 50
  sur les genoux 92
genre, bon chic bon genre (BCBG) 164
  ce n'est pas mon genre de (faire qqch.) 164

les blondes, c'est pas mon genre 33
géométrie, à géométrie variable 253
gibier, un gibier de potence 314
gifle, prendre une gifle 78
girouette, être une vraie girouette 266
virer comme une girouette 253
glace, rester de glace 229
rompre/briser la glace 164
glander, n'avoir rien à glander de qqch. 229
gloire, c'est pas la gloire ! 229
la rançon de la gloire 243
travailler pour la gloire 109
gloriole, par gloriole 135
gnognote, c'est de la gnognote 302
ce n'est pas de la gnognote 229
gober, gober les mouches 109
godasse, être à côté de ses godasses 92
gogo, à gogo 177, 326
un gogo 314
goguette, partir en goguette 11
gomme, mettre la gomme 214
... à la gomme 229
gommer, mettre (toute) la gomme 109
gond, faire sortir qqn. de ses gonds 50
sortir de ses gonds 229
gonfler, (les) gonfler (à) qqn. 50
être gonflé 135
gonflé à bloc 284
gorge, ça m'est resté en travers de la gorge 229
faire des gorges chaudes de qqch. 149
il avait la gorge serrée/nouée 229
sauter à la gorge de qqn. 50
gosier, avoir le gosier en pente 326
gouffre, (être) au bord du gouffre 78, 109
goujon, taquiner le goujon 11
gourer (se), se gourer (complètement) 266
gourmandise, c'est par pure gourmandise 326
gourme, jeter sa gourme 22
goût, au goût du jour 164
avoir un goût de chiottes 229
chacun ses goûts 229
des goûts et des couleurs on ne discute pas 229
faire passer le goût du pain à qqn. 50
les goûts et les couleurs, ça ne se discute pas 229
tous les goûts sont dans la nature 229
goutte, avoir les fesses en goutte(s) d'huile 177
c'est la goutte (d'eau) qui fait déborder le vase 78
c'est une goutte d'eau dans la mer/l'océan 229
n'y entendre goutte 92
n'y voir goutte 92
se ressembler comme deux gouttes d'eau 177
gouvernail, tenir le gouvernail 109
grabuge, faire du grabuge 135
il va y avoir du grabuge 50
grâce, être dans les bonnes grâces de qqn. 33
faire grâce de qqch. à qqn. 33
faire qqch. de/avec bonne grâce 284
trouver grâce auprès/aux yeux de qqn. 33
grade, en prendre pour son grade 50, 109
monter en grade 109
grain, avoir un (petit) grain 266
c'est un grain de sable dans le désert 230
il y a un/c'est le grain de sable dans la mécanique 78
mettre un grain de sel sur la queue (d'un oiseau/moineau) 284
mettre/fourrer son grain de sel 149
séparer le bon grain de l'ivraie 253, 284
veiller au grain 284
graine, c'est de la mauvaise graine 22
casser la graine 326
en prendre de la graine 266
grand, voir (les choses en) grand 110
grand-duc, faire la tournée des grands-ducs 11
grandeur, avoir la folie des grandeurs 302
grappe, lâcher la grappe de qqn. 50
grappin, jeter/mettre le grappin sur qqn./qqch. 50
gras, discuter le bout de gras avec qqn. 149
faire gras 326
faire la grasse matinée 11
gratin, le gratin 164
gratter (se), tu peux toujours te gratter 50
gré, bon gré mal gré 284
de gré ou de force 284
savoir gré à qqn. de (faire) qqch. 33
grec, envoyer qqn. se faire voir chez les Grecs 50
grelot, faire sonner son grelot 164
grenouille, être une (vraie) grenouille de bénitier 253
grève, faire la grève du zèle 110
faire une grève perlée 110
une grève sur le tas 110
griffe, sortir/montrer les griffes 50

griller, en griller une 11
  griller une cigarette 11
gringue, faire du gringue à qqn. 33
grippe, prendre qqn. en grippe 51
  se payer une bonne grippe 92
grippe-sou, un (vieux) grippe-sou 302
gris, être gris 326
grive, faute de grives, on mange des merles 78, 284
grolle, être à côté de ses grolles 92
gros, en avoir gros sur le cœur/sur la patate 230
  gros (comme une maison) 177
  un gros patapouf/plein de soupe/lard 177
Gros-Jean, être/se retrouver Gros-Jean comme devant 78
grouiller (se), se grouiller 194
guêpier, être/se mettre/se fourrer/se foutre dans un guêpier 78
guérir, mieux vaut prévenir que guérir 93, 284
guerre, à la guerre comme à la guerre 78
  c'est de bonne guerre 51
  partir en guerre 253
  une guerre d'usure 51
guêtre, traîner ses guêtres 214
gueulante, pousser une (bonne) gueulante 149
gueule, (ferme) ta gueule ! 51
  arriver la gueule enfarinée 164, 314
  avoir de la gueule 177
  avoir la gueule de bois 326
  avoir une gueule à caler une roue de corbillard 177
  avoir une gueule à chier dessus 177
  avoir une gueule de fausse couche (à faire rater une couvée de singes) 177
  casser/péter la gueule à qqn. 51
  en prendre plein la gueule (pour pas un rond) 78
  être/avoir (une) grande gueule 135
  faire une gueule d'enterrement 230
  faire/tirer la gueule 230
  se casser la gueule 78, 110
  se jeter/se mettre dans la gueule du loup 78
  se saouler/se soûler la gueule 326
  tirer une gueule de trois kilomètres 230
  un fort en gueule 149
gueuler, gueuler comme un putois 149
gueuleton, faire un (bon petit) gueuleton 326
guichet, jouer à guichets fermés 243

guigne, avoir la guigne 78
  porter la guigne à qqn. 78
guilledou, courir le guilledou 33
guilleret, tout guilleret 93

H

habiller, être habillé à/comme l'as de pique 177
habit, l'habit ne fait pas le moine 177
  prendre l'habit 253
  quitter l'habit 253
  sortir ses habits du dimanche 177
habiter, vous habitez chez vos parents ? 34
habitude, avoir ses (petites) habitudes 11
hache, déterrer la hache de guerre 51
  enterrer la hache de guerre 34
haleine, tenir qqn. en haleine 149
  un travail de longue haleine 110
hallebarde, il pleut des hallebardes 207
hameçon, mordre à l'hameçon 315
hanneton, (un rhume) pas piqué des hannetons 93
  un ... pas piqué des hannetons 230
hanter, dis-moi qui tu hantes, je te dirai qui tu es 34
haricot, c'est la fin des haricots 79
  courir sur le haricot à qqn. 51
haro, crier haro sur qqn./qqch. 51
haut, dire qqch. haut et fort 149
  du haut de ses 18 ans 194
  être haut en couleur 177
  haut comme trois pommes 177
  le prendre de haut 135
  tenir le haut du pavé 164
  tomber de haut 79
haut-le-cœur, j'ai un haut-le-cœur 93
haute, être de la haute 164
hauteur, être à la hauteur de qqch 110
herbe, couper l'herbe sous le pied de qqn. 51
  être un ... en herbe 195
  l'herbe est toujours plus verte à côté de/dans le pré du voisin 230
  pousser comme une mauvaise herbe 22
héros, avoir l'étoffe d'un héros 125
heure, (il n'y a pas d'heure pour les braves 195
  à 8 heures juste/pile/sonnantes/pétantes/tapantes 195
  à l'heure qu'il est 195
  à ses heures perdues 195
  à tout à l'heure 195
  attendre que son heure sonne 93

HEURE

avant l'heure c'est pas l'heure, après l'heure c'est plus l'heure 195
avoir (déjà) quelques heures de vol 195
l'heure de vérité 195
l'heure est à … 195
l'heure H 195
les heures creuses 195
les heures de pointe 195
on ne te demande pas l'heure qu'il est 51

heureux, heureux au jeu, malheureux en amour 34
ils vécurent heureux et eurent beaucoup d'enfants 22

hic, il y a un hic 79

hirondelle, une hirondelle ne fait pas le printemps 207

histoire, c'est de l'histoire ancienne 195
c'est toujours la même histoire 253
faire des histoires à qqn. 51
faire toute une histoire de qqch. 230
l'histoire est un perpétuel recommencement 195
raconter des histoires 315
une histoire à dormir debout 315
une vie sans histoires 12

hiver, au plus fort/au coeur de l'hiver 195, 207

holà, mettre le holà à qqch. 195

homme, l'homme de la rue 12
l'homme de la situation 110
l'homme est un loup pour l'homme 51
l'homme propose, Dieu dispose 253
un homme à tout faire 110
un homme de paille 110
un homme sans histoires 12

honneur, à tout seigneur, tout honneur 164
c'est tout à son honneur 125
en tout bien tout honneur 164
faire honneur à un repas 326
honneur aux dames ! 164
mettre un/son point d'honneur à faire qqch. 125
s'en tirer avec les honneurs 64

honnir, honni soit qui mal y pense 315

hôpital, c'est l'hôpital qui se moque de la charité 135

horizon, ouvrir des horizons (nouveaux)/de nouveaux horizons 65

horloge, faire le tour de l'horloge 195

horreur, on a vu assez d'horreurs pendant la guerre 177

hors, mettre qqn. hors de soi 230

hors-d'oeuvre, un hors-d'oeuvre 149

hostilité, ouvrir les hostilités 51

hue, tirer à hue et à dia 215

huile, jeter de l'huile sur le feu 135
une huile 110
une mer d'huile 215

huis, à huis clos 164

huitaine, remettre à huitaine 195
sous huitaine 195

huître, être plein comme une huître 326

humeur, avoir des sautes d'humeur 230
d'une humeur de chien/massacrante 230
je ne suis pas d'humeur (à faire qqch.) 230

hurler, hurler avec les loups 164, 253

hussarde, à la hussarde 285

I

iceberg, la partie visible/émergée de l'iceberg 254

idée, (il) y a de l'idée 266
avoir de la suite dans les idées 266
avoir des/les idées noires 79
avoir les idées larges 266
avoir une idée derrière la tête 266
avoir une idée fixe 266
remettre les idées en place à qqn. 266
une idée reçue 165

idiot, ne pas mourir idiot 266

ignorer (s'), être un poète (romancier, etc.) qui s'ignore 266

illico, illico (presto) 195

illusion, se faire des/se bercer d'illusions 136

image, être sage comme une image 125

imbécile, être un imbécile heureux 266
n'avoir rien d'un imbécile 266
ne pas être le quart/la moitié d'un imbécile 266

impasse, faire l'impasse sur qqch. 285

important, faire l'important 136

importer, (c'est) n'importe quoi ! 267
n'importe quoi ! 51

imposer (s'), ça s'impose ! 165

impossible, à l'impossible nul n'est tenu 285
impossible n'est pas français 285

incident, un incident de parcours 79

inconnu, il est inconnu au bataillon 165
un illustre inconnu 165

Index, mettre qqch. à l'Index 51, 243

infidélité, faire des infidélités à qqn. 51

innocent, aux innocents les mains pleines 65
la fortune sourit aux innocents 65

intelligence, vivre en bonne intelligence avec qqn. 34
iroquois, c'est de l'iroquois 267
ivraie, séparer le bon grain de l'ivraie 254, 285
ivrogne, des promesses d'ivrogne 136
il y a un dieu pour les ivrognes 326

J

jacasser/jaser, jacasser/jaser comme une pie borgne 149
Jacques, faire le Jacques 267
jalon, poser des jalons 110
jaloux, être jaloux comme un tigre 34
jamais, c'est le moment/c'est maintenant ou jamais 195
jambe, avoir les jambes en coton/compote/flanelle 93
c'est un emplâtre sur une jambe de bois 285
ça vaut mieux qu'une jambe cassée 79
ça vaut mieux que de se casser la/une jambe 79
cela/ça me fait une belle jambe ! 79
faire qqch. par-dessus/par-dessous la jambe 285
ne plus avoir ses jambes de vingt ans 93
prendre ses jambes à son cou 215
s'en aller sur une jambe 326
se dérouiller les jambes 93
tenir la jambe à qqn. 149
jaquette, être de la jaquette (flottante) 34
jardin, côté jardin 244
il faut cultiver notre jardin 12
je ne sais quoi, un je ne sais quoi 267
je-m'en-foutiste, un je-m'en-foutiste 136
Jésus, c'est le petit Jésus en culotte de velours 326
jet, à un jet de pierre de 215
jeter (se), il y a de quoi/c'est à se jeter dans le canal/sous un train 79
jeter l'argent par les fenêtres 302
jeter le bébé avec l'eau du bain 79
jeter les marchandises à la tête/à la figure des gens 302
n'en jetez plus (la cour est pleine !) 150
s'en jeter un (petit) (derrière la cravate) 326
jeton, avoir les jetons 230
un faux jeton 136, 315
jeu, abattre/dévoiler son jeu 285
c'est un jeu d'enfant 285
c'est un jeu de dupes 315
cacher son jeu 315
comprendre le petit jeu de qqn. 286
être pris à son propre jeu 286
faire jeu égal avec qqn. 286
faire le grand jeu (à qqn.) 286
faites vos jeux ! 302
heureux au jeu, malheureux en amour 34
jeux de mains, jeux de vilains 22
jouer bon jeu bon argent 286
jouer franc jeu 126, 286
jouer un double jeu 286
le jeu n'en vaut pas la chandelle 230
les jeux sont faits 65, 79
se prendre/se piquer au jeu 286
vieux jeu 165
jeunesse, (il n') y a plus de jeunesse 196
il faut (bien) que jeunesse se passe 196
ne pas être de la (toute) première jeunesse 196
joie, c'est pas la joie ! 230
joint, trouver le joint (pour faire qqch.) 286
jojo, c'est pas (très) jojo ! 230
pas très jojo 178
un affreux jojo 22, 136
joker, sortir/jouer son joker 286
joli, (tout ça) c'est bien joli, mais... 230
joue, se caler les joues 326
tendre l'autre joue 34
jouer, jouer sur les deux tableaux 286
où t'as vu jouer ça ? 267
jour, (il y a) les/des jours avec et les/des jours sans 65, 79
à chaque jour suffit sa peine 12
c'est un jour sans 79
couler des jours heureux 12
donner ses huit jours à qqn. 110
du jour au lendemain 196
être (comme) le jour et la nuit 178
être dans un bon jour 230
être dans un mauvais jour 230
le jour J 196
les jours se suivent et ne se ressemblent pas 196
mettre fin/attenter à ses jours 93
mettre qqch. au grand jour 254
Paris ne s'est pas fait en un jour 196
percer qqch./qqn. à jour 267
se montrer sous son meilleur jour 178
ses jours sont comptés 93
tous les jours que (le bon) Dieu fait/a faits 196
un jour à marquer d'une pierre blanche 196
vivre au jour le jour 12

JOUR

voir le jour 22
journée, toute la sainte journée 196
joyeux, un joyeux drille 126
jugement, un jugement à l'emporte-pièce 231
juger, juger de qqch. comme un aveugle des couleurs 231
juif, le petit Juif 93
Jules, aller chez Jules 12
jungle, la jungle 110
jupe, être toujours dans les jupes de sa mère 22
Jupiter, se croire sorti de la cuisse de Jupiter 136
jupon, être un coureur de jupons 34
jurer, il ne faut jurer de rien 231
jurer comme un charretier 150
ne jurer que par qqch. 231
jus, du jus de chaussettes/de chique/de chapeau 326
jusqu'au-boutiste, être (un) jusqu'au-boutiste 254
juste, tout juste, Auguste ! 34

K

kif-kif, c'est kif-kif (bourricot) 231

L

la, donner le la 165
lâcher, lâcher le morceau 136
ne pas lâcher qqn. d'une semelle/d'un pouce 215
laid, être laid à faire peur/comme les sept péchés capitaux 178
laine, se faire manger/tondre la laine sur le dos 315
laisser, laisser (beaucoup) à désirer 231
lait, il a bu du petit lait 65
lampe, s'en mettre plein la lampe 327
lampiste, s'en prendre au/faire payer le lampiste 110
lance-pierre, manger avec un/manger au lance-pierre 327
lancée, continuer sur sa lancée 215
lancer (se), se lancer à corps perdu dans qqch. 286
langue, avoir la langue bien pendue 150
avoir un mot/un nom sur le bout de la langue 267
avoir une langue de serpent/de vipère/de pute 136
donner sa langue au chat 267
être (une) mauvaise langue 136
la langue de bois 150
les langues vont aller bon train 150
ne pas avoir la langue dans sa poche 150
pratiquer la langue de bois 254
prendre langue avec qqn. 150

tenir sa langue 150
tirer la langue 110, 302
tourner sept fois sa langue dans sa bouche avant de parler 150
lanterne, éclairer la lanterne de qqn. 267
être (la) lanterne rouge 80
faire prendre à qqn. des vessies pour des lanternes 315
prendre des vessies pour des lanternes 136
lapalissade, c'est une lapalissade de dire que... 150
lapin, c'est le mariage de la carpe et du lapin 22
détaler comme un lapin 215
poser un lapin à qqn. 35, 165
un chaud lapin 35
lard, c'est du lard ou du cochon ? 315
rentrer dans le lard de qqn. 51
un gros lard 178
large, ne pas en mener large 80
larguer, être largué 80
larme, avoir la larme facile 231
avoir toujours la larme à l'œil 231
être au bord des larmes 231
faire monter les larmes aux yeux 231
fondre en larmes 231
pleurer à chaudes larmes 231
pleurer toutes les larmes de son corps 231
verser des larmes de crocodile 231
verser sa/y aller de sa (petite) larme 231
larron, s'entendre comme larrons en foire 35
lascar, un drôle de lascar 136
latin, y perdre son latin 267
latte, en avoir plein les lattes 231
laurier, être couvert de lauriers 110
s'endormir sur ses lauriers 110
lavabo, blanc comme un lavabo 178
lavage, un lavage de cerveau 267
lavette, une lavette 136
lèche-botte, être lèche-botte/-cul 111
lèche-vitrine, faire du lèche-vitrine 12
lécher (se), se/s'en lécher les babines/doigts 327
leçon, c'est une (bonne) leçon 52
ça lui servira de leçon 52
que ça lui serve de leçon 52
légende, entrer dans la légende 196
légère, prendre qqch. à la légère 267
légion, ils/elles sont légion 178
légume, une grosse légume 111
lendemain, des lendemains qui chantent 196

le lendemain de la veille 196, 327
lentement mais sûrement 196
qui va lentement, va sûrement 196
lessiver, complètement lessivé 93
lest, lâcher du lest 286
lettre, acquérir/gagner ses lettres de noblesse 111
au pied de la lettre, à la lettre 286
écrire un nom en toutes lettres 244
être en toutes lettres dans les journaux 244
passer comme une lettre à la poste 286
prendre qqch. au pied de/à la lettre 267
rester lettre morte 52
lève-tard, un lève-tard 196
lève-tôt, un lève-tôt 196
lever, en lever de rideau 244
lèvre, être pendu aux lèvres de qqn. 150
être sur toutes les lèvres 150
ne connaître (qqn.) ni des lèvres ni des dents 165
lézard, (il) y a un lézard 80
faire le lézard 215
il n'y a pas de lézard ! 65
paresseux comme un lézard 136
lézarder, lézarder (au soleil) 215
libre, libre comme l'air 65
lice, entrer en lice 111, 254
lier (se), se lier d'amitié avec qqn. 35
lieu, en haut lieu 111
le haut lieu de qqch. 165
vider les lieux 215
lieue, j'étais à cent lieues de penser que... 267
lieutenant, être le lieutenant de qqn. 111
lièvre, c'est là que gît le lièvre 80, 254
courir/chasser deux lièvres à la fois 111
lever un lièvre 254
ligne, entrer en ligne de compte 267
garder la ligne 178
la dernière ligne droite (avant l'arrivée) 196
lire entre les lignes 267
sur toute la ligne 196
limite, c'est limite 232
linge, (il) y a du beau linge 165
blanc comme un linge 178
il faut laver son linge sale en famille 22
linotte, avoir/être une tête de linotte 267
lion, avoir mangé/bouffé du lion 93
se battre/se défendre comme un lion 52
se tailler la part du lion 111

liquide, payer en liquide 302
lire, lire à livre ouvert dans qqn. 267
lire en diagonale 267
liste, être sur la liste noire de qqn. 52
lit, comme on fait son lit, on se couche 286
être tombé du lit 196
prendre son lit en marche 327
livre, un livre de chevet 244
livrer, être livré à soi-même 23
loche, paresseux comme une loche 136
locomotive, fumer comme une locomotive 93
loge, être aux premières loges 165
loger, être logé à la même enseigne 80
logis, être une fée du logis 23
loi, la loi de la jungle 111
la loi du plus fort 111
la loi du talion 52
loin, je reviens de loin 80
qui veut voyager loin ménage sa monture 196
loir, paresseux comme un loir 136
long, en long, en large et en travers 196
long comme un jour sans pain 178
tomber de tout son long 178
longue, à la longue 196
longueur, avoir une/avoir plusieurs longueur(s) d'avance (sur qqn.) 65
être sur la même longueur d'onde 35
lorgnette, regarder les choses par le petit bout de la lorgnette 267
lot, c'est mon lot quotidien 12
décrocher le gros lot 65
loterie, la vie est une loterie 65, 80
loup, enfermer le loup dans la bergerie 315
hurler avec les loups 165, 254
il est connu comme le loup blanc 165
la faim chasse le loup (hors) du bois 286
la faim fait sortir le loup du bois 286
les loups ne se mangent pas entre eux 111, 315
quand on parle du loup (on en voit la queue) 165
se jeter/se mettre dans la gueule du loup 80
un jeune loup 111
lumière, faire (toute) la lumière sur qqch. 254, 268
ne pas être une lumière 268
lune, con comme la lune 268
demander/vouloir la lune 286
être dans la lune 268

faire voir à qqn. la lune en plein midi 315
il y a (bien) des lunes 197
la lune de miel 23
les vieilles lunes 165
promettre la lune (à qqn.) 254, 286
renvoyer qqch. aux vieilles lunes 197
vouloir décrocher la lune 286
luné, être bien/mal luné 232
lurette, il y a belle lurette 197
luron, un gai luron 126
luxe, se payer/s'offrir le luxe de faire qqch. 286
lynx, avoir des yeux de lynx 93

M

m'as-tu vu, faire le m'as-tu-vu 136
un m'as-tu vu 136
maboul, être maboul 268
mâcher, ne pas mâcher ses mots 150
machin, M./Mme Machin (-Chouette/-Chose) 165
un vieux machin 197
machine, avoir la tête comme une machine à gaz 268
faire machine/marche arrière 287
mâchoire, bâiller à se/s'en décrocher la mâchoire 12
Madeleine, pleurer comme une Madeleine 232
magner (se), les fesses/le popotin/le derche…) 197
se magner (le train/le derrière/le cul/ 197
maigre, faire maigre (le vendredi) 327
maigre comme un (cent de) clou(s) 178
maille, avoir maille à partir avec qqn. 52
main, agir en sous-main 111
applaudir des deux mains à qqch. 232
avoir deux mains gauches 94, 111
avoir la haute main sur qqch. 111
avoir la main baladeuse 35
avoir la main lourde 111
avoir la main verte 12
avoir qqch. sous la main 287
avoir/prendre le tour de main 111
c'est une main de fer dans un gant de velours 111
de main de maître 111
demander la main de qqn. 23
diriger d'une main de fer 112
donner un coup de main 35
en mettre sa main au feu 268
en venir aux mains 52
(faire comme [Ponce] Pilate,) s'en laver les mains 232, 287
faire main basse sur qqch. 287, 315
faire manger qqn. dans sa main 35
forcer la main à qqn. 287
gagner haut la main 65
il a eu la main lourde avec le sel 327
il a les mains liées (par un contrat) 112
ils peuvent se donner la main 137
lever la main sur qqn. 52
mettre la dernière main (à qqch.) 112
mettre la main à la pâte 112
mettre la main au panier à qqn. 35
mettre la main sur qqch./qqn. 287
mettre la main sur qqn. 315
ne pas être une première main 197
ne pas y aller de main morte 287
passer la main 112
perdre la main 112
péter dans la main à/de qqn. 52
pratiquer la politique de la main tendue 254
prendre qqn. la main dans le sac 316
prêter main forte à qqn. 35
se faire la main 112
se salir les mains 316
tu lui donnes la main et il te prend le bras 137
maire, passer devant (monsieur) le maire 23
mais, il n'y a pas de mais (qui tienne) 150
il y a un mais 52
maître, régner en maître sur qqch. 112
un maître chanteur 316
majeur, être majeur et vacciné 197
mal, aux grands maux, les grands remèdes 287
avoir le mal de mer 215
de deux maux, il faut choisir le moindre 23
faire un mal de chien 94
il est au plus mal 94
il ne ferait pas de mal à une mouche 126
le mal est fait 80
se donner du mal 287
se donner un mal de chien 287
malade, comme un malade 287
en être malade 232
malade comme un chien 94
maladie, en faire une maladie 232
malchance, jouer de malchance 80
malheur, à quelque chose malheur est bon 80
faire un malheur 244

MAUVAIS

jouer de malheur 80
le malheur des uns fait le bonheur des autres 65, 80
pour comble de malheur 80
un malheur n'arrive jamais seul 80
un oiseau de malheur 80
malheureux, malheureux comme une/les pierre(s) 232
malin, à malin, malin et demi 268
il est malin comme un singe 268
jouer au plus malin 137
malle, (se) faire la malle 215
manche, avoir qqn. dans sa manche 112
ça, c'est une autre paire de manches 287
faire la manche 303
jeter le manche après la cognée 80
mettre qqn. dans sa manche 112
retrousser ses manches 112
s'y prendre comme un manche 287
manchot, ne pas être manchot 94, 112
mandibule, jouer des mandibules 327
manger, en perdre le boire et le manger 94
manger à la fortune du pot 327
manger avec la fourchette du père Adam 327
manger avec un/manger au lance-pierre 327
manger comme quatre/comme un ogre 327
manger comme un chancre 327
manger comme un moineau/oiseau 327
manger le morceau 137
manger par coeur 327
manger sur le pouce 327
manger un morceau/bout 327
se faire manger la laine sur le dos 316
manière, employer la manière forte 287
faire des manières 137
manitou, être le grand manitou 112
manivelle, un retour de manivelle 80
manquer, il ne manquait plus que ça ! 80
marbre, rester de marbre 232
marchand, c'est un vrai marchand de tapis 112
le marchand de sable est passé 12
un marchand de soupe 112
marché, marché conclu ! 112
par-dessus le marché 232
marcher, faire marcher qqn. 316
je (ne) marche pas (dans ta combine) 316
marche ou crève ! 80

mare, c'est le pavé dans la mare 254
marée, contre vents et marées 80
une marée noire 80
marge, avoir de la marge 112
mariage, c'est le mariage de la carpe et du lapin 23
donner un coup de canif dans le contrat (de mariage) 23
faire un mariage d'amour 23
faire un mariage d'argent/d'intérêt 23
faire un mariage de raison 23
mariage pluvieux, mariage heureux 23
un mariage blanc 23
Marie, une Marie couche-toi là 35
Marie-Chantal, c'est une Marie-Chantal 137
mariée, se plaindre que la mariée est trop belle 65
marin, un marin d'eau douce 215
mariner, laisser/faire mariner qqn. 287
vous marinez chez vos harengs ? 35
mariole, faire le mariole 137
marmite, faire bouillir la marmite 303
marque, mener à la marque 66
un invité de marque 166
marquer, il faut marquer le coup 66
marquer (son époque/son temps) 197
Marquise, tout va très bien, Madame la Marquise 81
marre, en avoir marre 232
marron, (un médecin, un avocat, etc.) marron 112
être marron 316
tirer les marrons du feu pour qqn. 112
marteau, complètement marteau 268
se trouver/être entre le marteau et l'enclume 254
martel, se mettre martel en tête 232
martyre, souffrir le martyre 94
masque, jeter/tomber le masque 179
massacrer, massacrer une langue 244
massacrer une pièce 244
masse, à la masse 268
matière, faire travailler sa matière grise 268
la matière grise 268
matin, au petit matin 197
de bon/de grand matin 197
être du matin 197
matinée, faire la grasse matinée 12
matricule, en prendre pour son matricule 52, 112
mauvais, ça sent mauvais 81

MAUVAIS

être mauvais comme une teigne 137
mauvaise, je l'ai mauvaise 232
mayonnaise, la mayonnaise n'a pas pris 81
mécanique, rouler les/des mécaniques 137
méchant, être méchant comme une teigne 137
mèche, être de mèche avec qqn. 316
vendre la mèche 137
Mecque, la Mecque de qqch. 166
médaille, le revers de la médaille 81
meilleur, j'en passe, et des meilleures 150
pour le meilleur et pour le pire 23
meilleure, ça, c'est la meilleure ! 232
mélancolie, ne pas engendrer la mélancolie 232
mélanger (se), se mélanger les crayons/pinceaux/pédales 287
mélasse, être/se mettre/se fourrer/se foutre dans la mélasse 81
mêlée, rester au-dessus de la mêlée 166
mémé, une mémé 179
même, c'est du pareil au même 232
mémoire, avoir la mémoire comme une passoire 268
avoir un trou de mémoire 268
avoir une mémoire d'éléphant 268
ménage, faire bon ménage avec qqn. 35
faire mauvais ménage avec qqn. 52
se mettre en ménage avec qqn. 23
un ménage à trois 23
ménager, ne pas ménager ses efforts 287
mener, ne pas en mener large 81
mensonge, un mensonge gros comme une maison 137, 316
mentir, mentir comme on respire 137, 316
mentir comme un arracheur de dents 137
menu, raconter qqch. par le menu 150
mer, avoir le mal de mer 215
c'est pas/ce n'est pas la mer à boire 287
je boirais la mer et ses/les poissons 327
une mer d'huile 215
merci, merci (bien), je sors d'en prendre/j'ai ma dose ! 232
merde, avoir un œil qui dit merde à l'autre 94

être/se mettre/se fourrer/se foutre dans la merde 81
foutre/semer la merde 137
laisser tomber qqn. comme une merde 52
ne pas se prendre pour de la/une merde 137
on est dans la merde ! 81
remuer la merde 137
traiter qqn. comme une merde 52
mère, être une (vraie) mère poule 23
mérinos, laisser pisser (le mérinos) 197
merle, faute de grives, on mange des merles 81, 287
trouver le merle blanc 35, 113
un merle blanc 126
merveille, faire des merveilles 287
faire merveille 287
se porter à merveille 94
messe, faire des messes basses 150
la messe est dite 81
mesure, battre la mesure 244
métier, avoir du métier 113
chacun son métier, les vaches seront bien gardées 113
gâcher/gâter le métier 113
il est du métier 113
il n'y a point de sot métier, il n'y a que de sottes gens 113
le plus vieux métier du monde 113
métro, avoir un métro de retard 268
métro, boulot, dodo 113
mettre, s'en mettre jusque là 327
tu peux toujours te le/la mettre où je pense ! 52
meuble, faire partie des meubles 113
sauver les meubles 81
meubler, être meublé de bric et de broc 12
midi, c'est midi (sonné) ! 197
chacun voit midi à sa porte 137
chercher midi à quatorze heures 137
le démon de midi 197
miel, être tout sucre, tout miel 287
la lune de miel 23
mienne, c'est la mienne ! 327
mieux, faute de mieux 81
le mieux est l'ennemi du bien 287
mijaurée, faire la/sa mijaurée 137
mijoter, laisser qqn. mijoter dans son jus 287
mille, en plein dans le mille 66
gagner des mille et des cents 303
je vous/te le donne en mille ! 268
mettre dans le mille 66
mince, mince comme un fil 179
mine, avoir une mine de papier mâché 94
avoir une petite mine 94
mine de rien 287
ne pas payer de mine 179

ministre, la valse des ministres 254
minute, la minute de vérité 197
  minute (papillon) ! 197
mire, être le point de mire 166
miroir, le miroir aux alouettes 287
mise, sauver la mise à qqn. 35
miser, miser gros 303
miser, miser sur le mauvais cheval 81
misère, (s'abattre/tomber sur qqn.) comme la misère sur le (pauvre) monde 81
  dans une misère noire 303
  faire des misères à qqn. 52, 138
  un salaire de misère 303
mitard, être au mitard 316
moche, moche comme un cul 179
mode, être passé de mode 166
moelle, être pourri jusqu'à la moelle 316
mois, tous les 36 du mois 197
moitié, ma (douce/tendre) moitié 23
  ne pas faire les choses à moitié 288
  sa (tendre) moitié 35
mollo, vas-y mollo(-mollo) ! 197
moment, à ses moments perdus 197
  c'est le moment/c'est maintenant ou jamais 197
  passer un bon moment 12
monde, c'est le monde à l'envers ! 233
  c'est un monde ! 233
  depuis que le monde est monde 197
  envoyer/expédier qqn. dans l'autre monde 94
  faire (tout) un monde de qqch. 233
  il faut de tout pour faire un monde 233
  (il) y a du beau monde 166
  il y a un monde fou 166
  le grand monde 166
  le monde est petit 166
  Monsieur Tout-le-Monde 166
  ne plus être de ce monde 94
  pour faire comme tout le monde 166
  un homme/une femme du monde 166
monnaie, c'est monnaie courante 12
  payer en monnaie de singe 303, 316
  rendre à qqn. la monnaie de sa pièce 52
monstre, un monstre sacré 244
mont, être toujours par monts et par vaux 215
  promettre monts et merveilles 288
mont-de-piété, mettre qqch. au mont-de-piété 303

montagne, c'est la montagne qui accouche d'une souris 233
  faire une montagne de qqch. 233
monter, monter qqch. en épingle 233
montre, j'ai mis une heure montre en main 198
  une course contre la montre 198
montrer (se), se montrer sous son meilleur jour 179
moquer (se), je m'en moque royalement 233
  se moquer du tiers comme du quart 233
moral, avoir le moral à zéro 233
  avoir le moral au beau fixe 233
  il a un moral d'acier 126
  remonter le moral à qqn. 35
morceau, manger/lâcher/cracher/casser le morceau 138
  recoller les morceaux 35
  un beau/joli morceau 179
  un morceau de roi/de choix 179
mordicus, soutenir mordicus 150
mordre, mordre à l'hameçon 316
mords-moi-le-..., ... à la mords-moi-le-nœud/-le-doigt/-le-chose 233
mort, (avoir l'air de) porter un mort en terre 179
  à l'article de la mort 94
  blanc comme la mort 179
  entre la vie et la mort 94
  faire le mort 12, 288
  faire qqch. la mort dans l'âme 288
  je suis mort 94
  mort de rire 233
  mort et enterré 94
  mourir de sa belle mort 94
  souffrir mille morts 94
  tomber raide mort 94
  tout ce qu'il y a de plus mort 94
  voir la mort de près 94
mortel, c'est mortel 233
morveux, qui se sent morveux (qu'il) se mouche 138
mot, au bas mot 179
  avoir des mots avec qqn. 150
  avoir deux mots à dire à qqn. 150
  avoir le dernier mot/le mot de la fin 151
  dire des gros mots 151
  échanger deux mots avec qqn. 151
  en deux mots 151
  en toucher un mot à qqn. 151
  en un mot comme en cent 151
  glisser un mot à l'oreille de qqn. 151
  je n'ai pas dit mon dernier mot 151
  n'avoir jamais un mot plus haut que l'autre 151
  ne pas comprendre un traître mot à qqch. 151

MOT

ne pas mâcher ses mots 151
ne pas pouvoir placer un mot/ne pas pouvoir en placer une 151
parler à mots couverts 151
peser ses mots 151
prendre qqn. au mot 151
qui ne dit mot consent 151
savoir/connaître le fin mot de l'histoire 166
se passer le mot 151
un jeu de mots 151

motus, motus (et bouche cousue) ! 151

mou, donner du mou 288
rentrer dans le mou de qqn. 52

mouche, enculer les mouches 138
faire mouche 66
faire/jouer la mouche du coche 113
on entendrait une mouche voler 152
on ne prend pas les mouches avec du vinaigre 288
prendre la mouche 233
quelle mouche t'a piqué ? 233
une fine mouche 268

moucher (se), ne pas se moucher du coude/pied 138, 303

mouchoir, grand comme un mouchoir de poche 179
mets-le dans ta poche avec ton mouchoir par-dessus ! 52

mouiller (se), se mouiller 288

mouise, être dans la mouise 303

moule, ils sont tous coulés dans le même moule 179
le moule (en) est cassé/brisé 233
une moule 138

moulin, apporter/amener de l'eau au moulin de qqn. 152
jeter son bonnet par-dessus les moulins 166
se battre contre des/les moulins à vent 288
un moulin à paroles 152
un moulin à prières 254

mourir, mourir à petit feu 94
mourir comme des mouches 94
mourir de sa belle mort 94
on meurt comme on a vécu 94
on ne meurt qu'une fois 94
plus (gentil, beau...) que ça tu meurs 126

mouron, se faire du mouron 233

mousser (se), se faire mousser 138

moutarde, la moutarde m'est montée au nez 233

moutardier, se croire le premier moutardier du pape 138

mouton, laisser pisser le mouton 198
le mouton à cinq pattes 126
revenons à nos moutons 152
se conduire en mouton(s) de Panurge 166

moyen, employer les grands moyens 288
il n'y a pas moyen de moyenner 288
la fin justifie les moyens 288
perdre (tous) ses moyens 94
qui veut la fin veut les moyens 288
se débrouiller avec les moyens du bord 288
vivre au-dessus de ses moyens 303

muet, muet comme la/une tombe 152
muet comme une carpe 152

mur, c'est comme parler à un mur 152
faire le mur 215
grimper aux murs 233
les murs ont des oreilles 152
passer entre le mur et l'affiche 179
raser les murs 166

musique, aller plus vite que la musique 198
connaître la musique 113, 268
la musique adoucit les mœurs 244

N

nage, en nage 95

nager, elle nage dans ses vêtements 179
nager comme un fer à repasser 216
nager comme un poisson 216
nager complètement 288
nager dans l'opulence 303
nager entre deux eaux 288

naître, ne pas être né de la dernière averse/pluie 268
né coiffé 66
né sous une bonne étoile 66
né sous une mauvaise étoile 81
né sur une barrique/un cheval/un tonneau 179

nature, payer en nature 35, 303
une petite nature 95

naturel, chassez le naturel, il revient au galop 138

navet, blanc comme un navet 179

navette, faire la navette 216

navire, les rats quittent le navire 81

naze, naze 95

nec, le nec plus ultra 166

nécessité, faire de nécessité vertu 138
nécessité fait loi 288

nèfle, des nèfles ! 53

nègre, le nègre de 244
parler petit nègre 152

neige, fondre comme neige au soleil 179

nerf, avoir les nerfs à fleur de peau 95, 233

avoir les nerfs en boule/en pelote 95, 233
le nerf de la guerre 303
taper/porter sur les nerfs de qqn. 53
un paquet de nerfs 138

nettoyage, faire le nettoyage par le vide 12
le (grand) nettoyage de printemps 13

neuf, quoi de neuf ? 152

nez, à vue de nez 268

nez, agir/faire qqch. (au nez et) à la barbe de qqn. 166
avoir du nez 113
avoir le nez creux/le nez fin 113
avoir le/un nez en trompette 179
avoir qqn. dans le nez 53
avoir un (petit) verre/coup dans le nez 327
ça lui pend au nez (comme un sifflet de deux ronds) 81
ça se voit comme le nez au milieu de la figure 179
ça va retomber sur (le [coin du] nez de) 81
faire qqch. sous le nez de qqn. 166
fourrer son nez partout 138
il fait un temps à ne pas mettre le nez dehors 207
mener qqn. par le bout du nez 113
mettre à qqn. le nez dans son caca/dans sa merde 53
mettre le nez dehors 216
montrer le bout de son nez 166
ne pas voir plus loin que le bout de son nez 269
on lui pincerait le nez qu'il en sortirait du lait 198
parler du nez 152
passer/filer sous le nez 81
piquer du nez 95
rire au nez de qqn. 53
se bouffer le nez 53
se casser le nez 81
se laver le bout du nez 13
se piquer/se salir/se noircir le nez 327
tomber nez à nez avec qqn. 166

niche, faire des niches à qqn. 53

nid, trouver l'oiseau/la pie au nid 216
trouver le nid vide 216

nique, faire la nique à qqn. 53

noblesse, noblesse oblige 166

noce, ne pas être à la noce 234

noceur, un noceur 13

Noël, Noël au balcon, Pâques aux tisons 207
Noël aux tisons, Pâques au balcon 207

nœud, faire un nœud à son mouchoir 269
le nœud du problème 113
trancher le nœud gordien 288
un sac de nœuds 316

noir, dire tantôt blanc, tantôt noir 152
il fait noir comme dans un four/tunnel 179
le travail au noir 113
mettre qqch. noir sur blanc 244
noir 328
noir comme l'ébène/du jais 179
travailler au noir 113
une rue noire de monde 179

noise, chercher (des) noise(s) 53

noix, ... à la noix (de coco) 234

nom, appeler les choses par leur nom 126
donner à qqn. des noms d'oiseaux 53
nom d'un (petit) bonhomme ! 152
nom d'un chien ! 152
nom d'un tonnerre ! 152
nom d'une pipe ! 152
nom de Dieu ! 152
nom de nom ! 152
s'appeler par son petit nom 35
se faire un nom 113, 244
tonnerre de nom ! 152
traiter qqn. de tous les noms 53
un nom à coucher dehors 166
un nom à rallonge/à tiroirs 167

nombril, se prendre pour le nombril du monde 138
se regarder/se contempler le nombril 138

nord, ne pas perdre le nord 269
perdre le nord 269

Normand, donner/faire une réponse de Normand 138, 255

nouba, faire la nouba 13

nourrir, cela/ça ne nourrit pas son homme 303

nouveau, rien de nouveau sous le soleil 167

nouvelle, pas de nouvelles, bonnes nouvelles 13, 167
première nouvelle ! 152

noyau, le noyau dur 255

noyer (se), noyer son chagrin dans l'alcool 328
se noyer dans un verre d'eau/une goutte d'eau 234

nu, mettre qqch. à nu 180

nuage, avoir la tête dans les nuages 269
juste un nuage de lait 328

nue, porter qqn. aux nues 35
tomber des nues 269

nuit, au cœur de la nuit 198
dans la nuit des temps 198
être (comme) le jour et la nuit 180
la nuit porte conseil 269
passer une nuit blanche 13

numéro, faire son (petit) numéro 234

tirer le bon numéro 66
un drôle de numéro 138

O

occasion, il a (encore) perdu/manqué/raté l'occasion de se taire 152
l'occasion fait le larron 316
saisir l'occasion au vol, sauter sur l'occasion 198

odeur, être en odeur de sainteté auprès de qqn. 36

œil, à l'œil 303
avoir (encore/toujours) bon pied bon œil 95
avoir le coup d'œil 95
avoir un œil qui dit merde/zut à l'autre 95
avoir un/le compas dans l'œil 95
couver/observer qqn. d'un œil jaloux 36
faire de l'œil à qqn. 36
frais comme l'œil 95
je m'en bats l'œil 234
mon œil ! 316
ne pas (pouvoir) fermer l'œil (de la nuit) 13
œil pour œil (dent pour dent) 53
ouvrir l'œil (et le bon) 288
regarder qqch./qqn. du coin de l'œil 167
se rincer l'œil 36
taper dans l'œil de qqn. 36
tourner de l'œil 95
un œil poché/au beurre noir 180

œillère, avoir des œillères 269

œuf, (trouver à) tondre (sur) un œuf 303
c'est l'œuf de Christophe Colomb 269
des œufs sur le plat 180
envoyer qqn. se faire cuire un œuf 53
marcher sur des œufs 288
mettre tous ses œufs dans le même panier 114
plein comme un œuf 328
quel œuf ! 269
qui vole un œuf vole un bœuf 316
tuer/écraser/étouffer/détruire qqch. dans l'œuf 255

office, les bons offices 255
un Monsieur bons offices 255

ogre, manger comme un ogre 328

oie, une oie blanche 138

oignon, ce ne sont pas tes oignons 138
occupe-toi de tes oignons 53
soigner qqn. aux petits oignons 36

oiseau, avoir un appétit d'oiseau 328
être comme l'oiseau sur la branche 216
l'oiseau s'est envolé 216
le petit oiseau va sortir ! 13
petit à petit, l'oiseau fait son nid 198
trouver l'oiseau rare 36, 114
un drôle d'oiseau 138
un oiseau de malheur/de mauvais augure 82
un oiseau de nuit 13

oisiveté, l'oisiveté est (la) mère de tous les vices 114, 138

olé olé, olé olé 138

ombrage, porter ombrage à qqn. 53

ombre, être à l'ombre 316
faire de l'ombre à qqn. 114
il y a une ombre au tableau 82
n'être plus que l'ombre de soi-même 180
travailler/rester dans l'ombre 114

omelette, on ne fait pas d'omelette sans casser des œufs 288

oncle, un oncle d'Amérique 303

ongle, jusqu'au bout des ongles 180

opération, par l'opération du Saint-Esprit 255

opiner, opiner du bonnet/chef 36

opinion, braver l'opinion (publique) 167

opulence, nager dans l'opulence 303

or, acheter qqch. à prix d'or 303
acheter qqch. au poids de l'or 304
avoir de l'or dans les mains 95
c'est de l'or en barre 304
c'est une mine d'or 304
cousu d'or 304
crouler sous l'or 304
l'or noir 304
ne vouloir faire qqch. pour tout l'or du monde 288
rouler sur l'or 304
tout ce qui brille n'est pas (d')or 180, 304
une affaire en or 114
valoir son pesant d'or 304

orage, il y a de l'orage dans l'air 53

ordinaire, améliorer son/l'ordinaire 304

ordre, jusqu'à nouvel ordre 198

oreille, avoir l'oreille de qqn. 152
avoir les oreilles en chou-fleur/feuille de chou 180
dormir sur ses deux oreilles 13
entrer par une oreille et sortir par l'autre 152
faire la sourde oreille à qqn./qqch. 53
frotter les oreilles à qqn. 53
il ne l'entend pas de cette oreille 234
jouer à l'oreille/d'oreille 244
les murs ont des oreilles 152
les oreilles ont dû lui tinter 153
n'écouter que d'une oreille 153

ne pas tomber dans l'oreille d'un sourd 66
prêter l'oreille 153
rebattre les oreilles à qqn. (de qqch.) 153
se faire tirer l'oreille (pour faire qqch.) 289
tirer l'oreille à qqn. 53
oreiller, des confidences sur l'oreiller 36
orfèvre, c'est un orfèvre en la matière 114
orme, attendre sous l'orme 198
orphelin, défendre la veuve et l'orphelin 126
orthodoxe, ne pas être (très) orthodoxe 316
os, donner un os à ronger à qqn. 114
il y a un os 82
l'avoir dans l'os 316
n'avoir (plus) que la peau et/sur les os 180
ne pas faire de vieux os 95
tomber sur un os 82
ôter (s'), ôte-toi de là, que je m'y mette ! 53
ôte-toi de mon soleil ! 53
oubli, tomber dans l'oubli 198
oublier, se faire oublier 167
oubliette, jeter/mettre qqch. aux oubliettes 289
ouf, avant de pouvoir dire ouf 198
oui, se disputer pour un oui, pour un non 53
ouï-dire, par ouï-dire 153
ouïe, être tout ouïe 153
ours, un ours mal léché 139
outre, plein comme une outre 328

P

pacha, vivre comme un pacha 13, 304
paf, complètement paf 328
pagaille, c'est une (véritable/foutue/jolie/sacrée) pagaille 180
foutre la pagaille 139
il y en a en pagaille 180
page, être à la page 167
tourner la page 13
paille, être sur la paille 304
tirer à la courte paille 66, 82
une paille ! 304
pain, au pain (sec) et à l'eau 328
avoir du pain sur la planche 114
c'est pain bénit 66
ça ne mange pas de pain 234, 304
coller/flanquer/foutre/mettre un pain (sur la gueule) à qqn. 54
comme le/du bon pain 126
faire passer le goût du pain à qqn. 54

je ne mange pas de ce pain-là ! 126
manger son pain blanc (le premier) 114, 289
retirer le pain de la bouche à qqn. 114
se vendre comme des petits pains 114
paire, les deux font la paire 36, 139
paître, envoyer qqn. paître 54
paix, avoir une paix royale 13
fiche/foutre la paix à qqn. 54
si tu veux la paix, prépare la guerre 54
pâle, se faire porter pâle 95
palme, avoir/remporter la palme 66
panade, être/se mettre/se fourrer/se foutre dans la panade 82
panier, c'est un panier de crabes 54
c'est un panier percé 304
ils sont (tous) à mettre dans le même panier 139
le dessus du panier 167
un panier à salade 317
panique, pas de panique 199
panne, avoir une panne d'oreiller 199
panneau, tomber/donner dans le panneau 317
panse, s'en mettre plein la panse 328
pantouflard, être pantouflard 24
pantoufle, raisonner comme une pantoufle 269
Panurge, se conduire en moutons de Panurge 167
paon, être fier comme un paon 139
Pape, c'est ça, et moi je suis le Pape ! 317
être sérieux comme un pape 139
papier, avoir une figure/mine de papier mâché 95
être dans les petits papiers de qqn. 36
être réglé comme du papier à musique 199
faire/écrire un papier sur qqch./qqn. 245
papouille, faire des papouilles à qqn. 36
pâquerette, au ras des pâquerettes 167
Pâques, à Pâques ou à la Trinité 199
paquet, (y) mettre le paquet 114
coûter un (bon/fameux) paquet 304
mettre le paquet (sur qqch.) 304
paradis, le paradis sur terre 66
tu (ne) l'emporteras pas en/au paradis ! 317
un paradis fiscal 304
pareil, c'est du pareil au même (et du même au pareil) 234

PAREILLE

pareille, rendre la pareille à qqn. 54
parenthèse, entre parenthèses 153
　fermer/ouvrir la parenthèse 153
paresseux, paresseux comme une couleuvre/un loir/un lézard/une loche 139
parfait, nul/personne n'est parfait 139
parfum, être au parfum 269
parfum, mettre qqn. au parfum 269
parler, faire parler de soi 153
　parler à tort et à travers 153
　parler chiffons 153
　parler d'or 153
　parler de choses et d'autres 153
　parler de la pluie et du beau temps 153
　parler du nez 153
　parler en l'air 153
　parler en pure perte 153
　parler par énigmes 153
　parler pour ne rien dire 153
　parler/jurer comme une poissonnière 153
　parlons peu (mais) parlons bien 153
　trouver à qui parler 289
　tu parles, Charles ! 153
parleur, un beau parleur 153
parole, boire les paroles de qqn. 153
　donner sa parole (d'honneur) à qn 127
　il n'a qu'une parole 127
　il ne lui manque que la parole 14
　joindre le geste à la parole 114
　la parole est d'argent, (mais) le silence est d'or 127
　les paroles s'envolent, les écrits restent 245
　manquer à sa/de parole 139
　prendre/demander la parole 114
　tenir parole 127
　un homme de parole 127
part, avoir la part belle 304
　faire la part des choses 269
　faire la part du feu 289
　vouloir sa part du gâteau 289
partager, partager la vedette avec qqn. 167
parterre, prendre/ramasser un billet de parterre 82
parti, être un bon/beau parti 24
　prendre son parti de qqch. 234
partie, avoir affaire à forte partie 289
　avoir la partie belle 289
　avoir partie liée avec qqn. 36
　ce n'est que partie remise 199
　faire une partie carrée 36
　prendre qqn. à partie 153
　une partie de jambes en l'air 36
　une partie de traversin 36
partir, c'est (re)parti (mon kiki) (comme en quatorze/en quarante) ! 199

　être (un peu) parti 328
　partir de rien 114
　partir en trombe 216
　partir, c'est mourir un peu 216
partisan, un partisan du moindre effort 139
pas, à deux pas d'ici 216
　à pas de loups 289
　à pas feutrés 289
　au pas de charge/de gymnastique/de course 199
　avancer à pas de géant/à grands pas 199
　céder le pas à qqn. 82
　de ce pas 199
　emboîter le pas à qqn. 216
　faire le premier pas 289
　faire les cent pas 216
　faire ses premiers pas 114, 245
　faire un faux pas 82
　franchir le pas 289
　il n'y a que le premier pas qui coûte 289
　la salle des pas perdus 216
　mettre qqn. au pas 114
　revenir/retourner sur ses pas 216
　se dégager/se dépêtrer/se tirer/se sortir d'un mauvais pas 66
passage, avoir un passage à vide 270
passage, connaître/avoir un passage à vide 82
passe, être dans/traverser une mauvaise passe 82
　être en passe de faire qqch. 289
passer, ça passe ou ça casse 82
　il faudra me passer sur le corps 289
passoire, avoir la mémoire comme une passoire 270
patachon, mener une vie de patachon 14
patapouf, un gros patapouf 180
pataquès, il a fait un pataquès 245
patate, avoir la patate 95
　en avoir gros/lourd sur la patate 234
pâte, une bonne pâte 127
　vivre comme un coq en pâte 14, 66
patience, avoir une patience d'ange 127
　patience et longueur de temps (font plus que force ni que rage) 199
　prendre son mal en patience 199
patin, rouler un patin à qqn. 36
patraque, être patraque 95
patte, à quatre pattes 180
　écrire avec/faire des pattes de mouche 245
　faire patte de velours 289
　graisser la patte à qqn. 115
　montrer patte blanche 127

PÈRE

retomber sur ses pattes (comme les chats) 66
traîner la patte 95
patte-d'oie, avoir des pattes-d'oie 180
pâture, donner/jeter qqn. en pâture (aux fauves) 54
pause, la pause-café 115, 328
pauvre, pauvre comme Job 304
pauvre de moi/de nous/de toi/de vous ! 82
pauvreté, s'abattre/tomber sur qqn. comme la pauvreté sur le monde 82
pavé, battre le pavé 216
être sur le pavé 304
jeter un pavé dans la mare 255
tenir le haut du pavé 167
pavillon, baisser pavillon (devant qqn.) 54
paye, ça fait une paye 199
payer, il (me) le paiera ! 54
pays, en pays de connaissance 216
être en pays de connaissance 36
faire voir du pays à qqn. 54
le pays de cocagne 66
se comporter comme en pays conquis 139
voir du pays 216
peau, attraper qqn. par la peau des fesses 54
avoir qqn. dans la peau 36
avoir/trouer la peau de qqn. 54
coûter/valoir la peau des fesses/du cul 304
être bien/mal dans sa peau 234
faire peau neuve 14, 255
il entre dans la peau de son/du personnage 245
n'avoir (plus) que la peau et/sur les os 180
sauver sa peau 95
se mettre dans la peau de qqn. 167
une (vraie) peau de vache 139
une vieille peau 199
péché, être laid comme les sept péchés capitaux 180
pêche, avoir la pêche 95
avoir une pêche d'enfer 95
ne pas avoir la pêche 235
un teint de pêche 180
pécher, pécher par (ignorance, bêtise, etc.) 255
pédale, être de la pédale, être pédé comme un phoque 37
mettre la pédale douce 289
perdre/s'emmêler/se mélanger/s'embrouiller les pédales 270, 289
pédaler, pédaler dans la choucroute/dans la semoule/le couscous/le yaourt 270, 289
peigne, être sale comme un peigne 180

passer qqch. au peigne fin 270, 289
peinard, être peinard 14, 235
peine, à chaque jour suffit sa peine 82
avoir toutes les peines du monde à faire qqch. 289
c'est peine perdue 82
ne pas être au bout de ses peines 82
toute peine mérite salaire 115
peinture, il vaut mieux/c'est plus rentable de l'avoir en peinture/en photo 328
pelé, il y a trois pelés et un tondu 167
peler (se), on (se) pèle 208
pèlerin, prendre son bâton de pèlerin 255
pelle, (se) prendre/(se) ramasser une pelle 82
il y en a à la pelle 180
ramasser l'argent à la pelle 304
rouler une pelle à qqn. 37
pelote, avoir les nerfs en pelote 95
peloton, dans le peloton de tête 66
pénate, regagner ses pénates 216
penchant, avoir un penchant pour qqch./qqn. 235
pencher (se), se pencher sur un cas/dossier 115
pendre, dire pis que pendre de qqn. 54
envoyer qqn. se faire pendre ailleurs 54
être (toujours) pendu au téléphone 115
pendu, avoir une chance/une veine de pendu 66
pendule, en faire une pendule 235
remettre les pendules à l'heure 289
pense-bête, un pense-bête 270
penser, (je ne dis rien mais) je n'en pense pas moins 235
ne penser qu'à ça 37
tu peux te le/la/les foutre où je pense 54
pente, être sur la/une mauvaise pente 82
être sur une pente glissante/dangereuse/savonneuse 82
remonter la pente 66
pépin, avoir un pépin 82
perche, tendre la perche à qqn. 37
une grande perche 180
perdre, ce n'est pas perdu pour tout le monde 66
être perdu corps et biens 82
il ne perd rien pour attendre 54
un(e) de perdu(e), dix de retrouvé(e)s 37
père, croire au père Noël 270
être (bien) le fils de son père 24

tel père, tel fils 24
ton père n'est pas vitrier (pousse-toi, j'y vois rien) ! 180
un père peinard/tranquille 24
péril, (il n')y a pas péril en la demeure 199
perle, enfiler des perles 115
jeter/donner des perles aux cochons/aux pourceaux 289
trouver la perle rare 37
permis, se croire tout permis 139
Pérou, ce n'est pas le Pérou 304
Perpète, à Perpète(-les-Oies) 216
perroquet, étouffer/étrangler un perroquet 328
un perroquet 328
persister, (je) persiste et signe ! 289
personnage, grossier personnage ! 139
personnalité, une personnalité de premier/de second plan 167
personne, payer de sa personne 127
perte, à perte de vue 216
ce n'est pas une grosse perte 235
courir à sa perte 82
une perte sèche 304
peser, tout bien pesé 270
peste, fuir qqn./qqch. comme la peste 54
pet, ça vaut pas un pet (de lapin) 304
filer comme un pet sur une toile cirée 216
vouloir tirer des pets d'un âne mort 290
pétaouchnock, à pétaouchnock 217
pétard, être en pétard (contre qqn.) 54
s'être coiffé avec un pétard 181
se mettre/se foutre en pétard 235
péter, complètement pété 328
péter plus haut que son cul 139
petit, se faire tout petit 167
pétoche, avoir la pétoche 235
pétrin, être/se mettre/se fourrer/se foutre dans le pétrin 83
peu, un peu (mon neveu) ! 153
un peu, beaucoup, passionnément, pas du tout 37
peur, avoir peur de son ombre 235
avoir plus de peur que de mal 235
avoir une peur bleue 235
être vert de peur 235
faire une peur bleue à qqn. 54
la peur donne des ailes 235
photo, tu veux ma photo ? 154
physique, avoir le physique de l'emploi 115
piano, qui va piano va sano 199
picoler, picoler 328
picorer, picorer 328
pie, jacasser/jaser comme une pie (borgne) 154

pièce, monté de toutes pièces 317
on n'est pas aux pièces 199
pied, à six pieds sous terre 95
aller (quelque part) avec des pieds de plomb 290
au pied levé 199
avoir (toujours) bon pied bon œil 95
avoir le pied à l'étrier 115
avoir le pied marin 217
avoir pied (dans l'eau) 217
avoir un pied dans la firme/boîte 115
avoir un pied dans la fosse/la tombe/le trou 96
avoir/garder les pieds sur terre 270
bête comme ses pieds 270
c'est le (super) pied ! 235
c(e n')est pas le pied 235
ça lui fera les pieds 54
casser les pieds à qqn. 54
de la tête aux pieds 181
de pied en cap 181
de pied ferme 290
des pieds à la tête 181
être à pied d'œuvre 115
être au pied du mur 290
être remis sur pieds 96
être sur le pied de guerre 55
faire des pieds et des mains 290
faire du pied à qqn. 37
faire le pied de grue 199
faire qqch. comme un pied 290
faire un pied de nez à qqn. 55
j'aurais voulu être à cent/six pieds sous terre 235
lever le pied 199, 217
marcher sur la pointe des pieds 217
marcher sur les pieds de qqn. 115
mettre le pied à l'étrier à qqn. 115
mettre le pied au plancher 217
mettre les pieds dans le plat 154
mettre pied à terre 217
mettre qqch. sur pied(s) 115
mettre qqn. à pied 115
ne pas avoir les deux pieds dans le même sabot 115
ne pas se laisser marcher sur les pieds 290
ne pas se moucher du pied 139, 304
ne pas/plus savoir sur quel pied danser 290
partir les pieds devant 96
perdre pied 83, 217
pieds et poings liés 115
prendre qqch. au pied de la lettre 270
prendre son pied 37, 235
prendre un pied monumental/un pied pas possible 235
quel (super) pied ! 235
se lever du pied gauche/du mauvais pied 235

PLANCHE

sur un pied d'égalité 37
traîner les pieds 217
traiter qqn. sur un pied d'égalité 115
un appel du pied 37
vivre sur un grand pied 304
pied-à-terre, un pied-à-terre 217
piège, être pris à son propre piège 317
un piège à cons 317
Pierre,
décoiffer/découvrir/déshabiller (saint) Pierre pour coiffer/couvrir/habiller (saint) Paul 290
Pierre, Paul ou Jacques 167
prendre à Pierre pour donner à Paul 290
pierre, apporter sa pierre à l'édifice 115
c'est une pierre dans ton jardin 55
faire d'une pierre deux coups 67
jeter la pierre à qqn. 55
jeter la première pierre 55
pierre qui roule n'amasse pas mousse 139, 305
poser la première pierre de qqch. 115
une pierre d'achoppement 83
pieuter (se), se pieuter 14
pif, au pif 270
pifomètre, au pifomètre 270
pige, avoir (40, 50...) piges 199
pigeon, un pigeon 317
pigeonner, se faire pigeonner 317
piger, j'y pige que dalle 270
piger qqch. 270
pignon, avoir pignon sur rue 115
Pilate, (faire comme [Ponce] Pilate,) s'en laver les mains 235, 290
pile, à 8 heures pile 199
à l'heure pile 199
être une vraie pile électrique 96
jouer/décider à pile ou face 67, 83
pile à l'heure 199
piler, piler 217
pilier, être un pilier de bar 328
pilori, mettre/clouer qqn. au pilori 55
pilule, avaler la pilule dure 83
dorer la pilule à qqn. 317
pinacle, porter qqn. au pinacle 37
pince, être/aller à pinces 217
pince-sans-rire, c'est un pince-sans-rire 139
pinceau, s'emmêler/se mélanger/s'embrouiller les pinceaux 290
pincer, en pincer pour qqn./être pincé 37
pinson, gai comme un pinson 235
pion, damer le pion à qqn. 55
pioncer, pioncer ferme 14
pipe, casser sa pipe 96

pipeau, c'est du pipeau 154
piper, les dés sont pipés 317
ne pas piper (mot) 154
pipi, ça m'a pris comme une envie de faire pipi 290
du pipi de chat 328
pique, lancer des piques à qqn. 154
pique-assiette, un pique-assiette 167, 305
piquer, piqué (de la tarentule) 270
piquer qqch. à qqn. 317
piquer un fard 181
piquet, être/rester planté comme un piquet 167
pirate, un pirate de l'air 317
pire, pour le meilleur et pour le pire 24
pirouette, répondre par une pirouette 154
pis, dire pis que pendre de qqn. 154
pissenlit, bouffer les pissenlits par la racine 96
pisser, c'est comme si on pissait dans un violon 235
ça m'a pris comme une envie de pisser 290
ça (ne) pisse pas (très) loin 235
ne plus se sentir pisser 139
piste, brouiller les pistes 255, 290
entrer en piste 115
piston, avoir du piston 115
placard, être au placard 317
place, la place du mort 217
les places sont chères 168
remettre qqn. à sa place 55
se faire sa/une place au soleil 115
se mettre à la place de qqn. 37
une place pour chaque chose et chaque chose à sa place 14
placer, être bien placé pour le savoir 270
plafond, bas de plafond 270
plaie, ne chercher/demander que plaies et bosses 55
plaie d'argent n'est pas/point mortelle 305
quelle plaie ! 55
plaire, avoir tout pour plaire 139
si ça (ne) te plaît pas, c'est le même prix ! 235
plaisanterie, c'est une vaste plaisanterie 235
trêve de plaisanterie(s) 154
plaisir, ce n'est pas une partie de plaisir 290
faire durer le plaisir 199
pour varier les plaisirs 67
plan, laisser qqn. en plan 55
passer au second plan 168
rester en plan 83
un gros plan 245
planche, brûler les planches 245

c'est ma planche de salut 83
entre quatre planches 96
être plate comme une planche à pain/à repasser 181
monter sur les planches 245
une planche à pain 181
plancher, débarrasser le plancher 217
le plancher des vaches 217
planter (se), se planter 83, 217
plaque, être (complètement) à côté de la plaque 270
plat, à plat 96
faire du plat à qqn. 37
faire tout un plat de qqch. 235
mettre les petits plats dans les grands 168, 328
platane, embrasser les platanes 217
plate-bande, marcher sur les plates-bandes de qqn. 115
plateau, apporter qqch. à qqn. sur un plateau (d'argent) 37
plâtre, battre qqn. comme plâtre 55
essuyer les plâtres 83
plein, battre son plein 67
plein à craquer 181
plein aux as 305
plein comme un œuf 181
un gros plein de soupe 181
pleurer, bête à pleurer 270
pleuvoir, comme s'il en pleuvait 181
comme vache qui pisse/à verse 208
il pleut des cordes/des hallebardes/à torrents/ 208
qu'il pleuve ou qu'il vente 208
pli, ça ne fait pas un pli 290
prendre le pli de faire qqch. 14
plier, plier l'échine (devant qqn.) 55
plomb, avoir du plomb dans l'aile 83
mettre du plomb dans la cervelle de qqn. 270
péter les plombs 270
se faire sauter les plombs 328
plombe, ça fait une plombe que j'attends 199
pluie, après la pluie, le beau temps 67
faire la pluie et le beau temps 115
ne pas être né/tombé de la dernière pluie 270
parler de la pluie et du beau temps 154
une pluie battante 208
une/des pluie(s) diluvienne(s) 208
plumard, se mettre au plumard 14
plume, voler dans les plumes de qqn. 55
y laisser/perdre des plumes 83, 115, 305

plumer, il y a plusieurs façons de plumer un canard 290
se faire plumer 317
poche, c'est dans la poche 116
connaître qqch. comme (le fond de) sa poche 270
en être de sa poche 305
faire les poches de qqn. 317
mets-le dans ta poche avec ton mouchoir par-dessus ! 55
mettre qqn. dans sa poche 37, 116
ne pas avoir la langue dans sa poche 154
s'en mettre plein les poches 305
se remplir les poches 305
pognon, avoir plein de pognon 305
se faire un pognon fou 305
poids, c'est un argument de poids 270
être courbé sous le poids des ans 199
faire deux poids deux mesures 291
ne pas faire le poids (face à qqn./qqch.) 139
ôter un poids à qqn. 37
poignée, des poignées d'amour 181
poignet, à la force du poignet 116
poil, à poil 181
avoir un poil dans la main 116, 140
caresser qqn. dans le sens du poil 291
de tout poil 181
être de bon/mauvais poil 236
n'avoir plus un poil sur le caillou 181
reprendre du poil de la bête 67
poil-de-carotte, poil-de-carotte 181
poiler (se), se poiler 236
poing, mettre/foutre son poing sur/dans la gueule de qqn. 55
point, être au point mort 83, 255
être le point de mire 168
mettre les points sur les i 291
mettre un/son point d'honneur à faire qqch. 127
toucher le/un point sensible 55
tout vient à point à qui sait attendre 199
un point c'est tout ! 291
un point chaud 255
un point de chute 217
pointe, à la (fine) pointe de l'aube 200
pousser/faire une pointe jusqu'à... 217
y aller sur la pointe des pieds 291
poire, couper la poire en deux 37, 305
entre la poire et le fromage 328
il faut toujours garder une poire pour la soif 305
une (bonne) poire 317

pois, avoir un petit pois dans la tête 270
poisse, avoir la poisse 83
porter la poisse à qqn. 83
poisson, (heureux) comme un poisson dans l'eau 67
comme un poisson sur une bicyclette 236
engueuler qqn. comme du poisson pourri 55
être comme un poisson dans l'eau 236
finir en queue de poisson 83
les gros poissons mangent les petits 116
noyer le poisson 291
poisson d'avril ! 200
poivre, chier du poivre 317
poivre et sel 181
poivrer, se poivrer 328
poli, il est trop poli pour être honnête 317
pour rester poli 154
polichinelle, avoir un polichinelle dans le tiroir 24
un secret de Polichinelle 154
politesse, brûler la politesse à qqn. 168
politicard, un politicard 255
politique, pratiquer la politique de la chaise vide 255
Polonais, saoul/plein comme un Polonais 329
pommade, passer/mettre de la pommade à qqn. 116
pomme, ma pomme 168
tomber dans les pommes 96
une pomme de discorde 55
pompe, en grande pompe 168
être bien/à l'aise dans ses pompes 236
marcher/être à côté de ses pompes 96, 270
pomper, pomper l'air à qqn. 55
pompette, être pompette 329
pompier, fumer comme un pompier 96
pompon, avoir/remporter le pompon 67
c'est le pompon ! 236
pont, couper les ponts avec qqn. 55
dormir sous les ponts 14
faire le pont 116
faire un pont d'or à qqn. 116
se porter comme le Pont Neuf 96
Pontoise, tu reviens de Pontoise ? 270
popote, être popote 24
faire la popote 329
popotin, tortiller du popotin 181
port, arriver à bon port 217
un port d'attache 217
porte, c'est la porte à côté 217
c'est la porte ouverte à tous les abus 291
enfoncer une/des porte(s) ouverte(s) 291
entrer par la grande/petite porte 116
fermer la porte au nez de qqn. 55
frapper à la mauvaise porte 168
frapper/sonner à la bonne porte 116
laisser la porte ouverte à qqch. 291
mettre qqn. à la porte 116
recevoir qqn. entre deux portes 116
se ménager/avoir une porte de sortie 291
trouver porte close 83
portée, à (une) portée de fusil 217
portefeuille, la valse des portefeuilles 255
portillon, ça se bouscule au portillon 154
portrait, abîmer/esquinter/arranger/refaire le portrait à qqn. 55
être le portrait (tout) craché de qqn. 181
portugaise, avoir les portugaises ensablées 154
pose, prendre des poses 140
poser (se), se poser un peu là 67
position, durcir ses positions 255
prendre position 255
rester/camper sur ses positions 255
possédé, crier/hurler comme un possédé 154
posséder, se faire posséder 317
posture, être en mauvaise posture 83
pot, avoir du pot 67
c'est dans les vieux pots qu'on fait les bonnes/meilleures soupes 200
c'est le pot de terre contre le pot de fer 83
découvrir le pot aux roses 271
manger à la fortune du pot 329
manque de pot 83
ne pas tourner autour du pot 291
sourd comme un pot 96
tourner autour du pot 291
un coup de pot 67
un pot à tabac 182
un pot de colle 140
verser un pot de vin à qqn. 116
poteau, avoir des/les jambes comme des poteaux 182
coiffer qqn. au poteau 217
potron-minet, dès potron-minet 200
pou, chercher des/les poux (dans la tête) à/de qqn. 55
être moche comme un pou 182
pouce, manger sur le pouce 329
mettre les pouces 84
se tourner les pouces 116

poudre, de la poudre de perlimpinpin 96
faire parler la poudre 56
jeter de la poudre aux yeux de qqn. 140
ne pas avoir inventé la poudre 271
prendre la poudre d'escampette 217

poule, ce n'est pas à la poule de chanter devant le coq 24
être une (vraie) mère poule 24
la poule ne doit pas chanter devant/avant le coq 24
quand les poules auront des dents 200
se coucher avec les poules 200
se lever avec les poules 200
tuer la poule aux œufs d'or 305
une poule de luxe 116

poule, une poule mouillée 140
poumon, cracher ses poumons 96
pour, peser le pour et le contre 271, 291
pourrir, être pourri 24
être pourri de fric 305
un temps pourri 208
pousse-café, un pousse-café 329
pousser, (il ne) faut pas pousser grand-mère dans les orties 140
à la va-comme-je-te-pousse 236
ça ne pousse pas ! 305
en pousser une (petite) 245
pousser la chansonnette 245
poussière, coûter 100 francs et des poussières 305
mordre la poussière 84
pouvoir, n'en plus pouvoir 96
qui peut le plus peut le moins 291
précaution, deux précautions valent mieux qu'une 291
prêcher, prêcher dans le désert 255
prêcher pour sa paroisse/son saint 140, 255
prêcher un converti/un convaincu 256
précipice, être au bord du précipice 84
premier, les premiers arrivés seront les premiers servis 200
un jeune premier 245
prendre, (merci [bien],) je sors d'en prendre ! 84
c'est à prendre ou à laisser 116, 291
c'est toujours ça de pris (sur l'ennemi) 67, 305
prendre (qqch.) sur soi 127
tel est pris qui croyait prendre 56, 317
préparer, préparer le terrain 291
près, ne connaître qqn. ni de près ni de loin 168
presse, avoir bonne/mauvaise presse 168

pressé, parer au plus pressé 200
prêt, être fin prêt 200
prêt-à-porter, le prêt-à-porter 168
prêté, c'est un prêté pour un rendu 37, 56
preuve, faire la preuve par 9 271
prévenir, mieux vaut prévenir que guérir 96, 291
prince, être bon prince 127
recevoir qqn. comme un prince 329
princesse, aux frais de la princesse 305
prise, être/se trouver aux prises avec qqch. ou qqn. 56
prix, au prix où est le beurre 306
c'est hors de prix 306
faire un prix (d'ami) 306
ne pas être un prix de beauté/un prix à réclamer 182
ne pas être un prix de vertu 140
un prix de Diane 182
y mettre le prix 306
procès, sans autre forme de procès 291
prodige, tout ce qu'il fait tient du prodige 127
professionnel, c'est une déformation professionnelle 116
profil, adopter un profil bas 291
garder (un) profil bas 256
profit, il n'y a pas de petits profits 306
profond, au plus profond de la nuit 200
progrès, on n'arrête pas le progrès 236
proie, il ne faut pas lâcher la proie pour l'ombre 117
une proie facile 317
projet, caresser le projet de faire qqch. 291
promener, envoyer qqn. promener 56
promesse, des promesses d'ivrogne/de Gascon 140
des promesses en l'air 256
promettre, promettre et tenir sont deux 291
promotion, promotion canapé 37
prophète, nul n'est prophète dans/en son pays 256
un prophète de malheur 84
proportion, toute(s) proportion(s) gardée(s) 182
propre, propre comme un sou neuf 182
prouver, prouver qqch. par A plus B 271
proverbe, comme dit le proverbe 154
faire mentir le proverbe 154
prudence, prudence est mère de sûreté 291
prune, pour des prunes 182

prunelle, tenir à qqn. comme à la prunelle de ses yeux 37
prunier, secouer qqn. comme un prunier 56
public, être bon public 245
le grand public 245
puce, ça m'a mis la puce à l'oreille 271
secouer les puces à qqn. 56
puissance, être un ... en puissance 200
puits, un puits de science/d'érudition 271
punaise, être une punaise de sacristie 256
punir, on est toujours puni par où on a péché 317
pur, pur et dur 256
pur jus 256
purée, être/se mettre/se fourrer/se foutre dans la purée/dans une purée noire 84
une purée de pois 208

Q

qu'en-dira-t-on, le qu'en-dira-t-on 154
quadrature, c'est la quadrature du cercle 271, 292
quant-à-soi, rester sur son quant-à-soi 168
quantité, en quantité(s) industrielle(s) 182
quarantaine, être (mis) en quarantaine 56
quart, attendre 15 quarts d'heure 200
démarrer au quart de tour/de poil 140, 217
le quart d'heure américain 200
le quart d'heure de Rabelais 200
passer un mauvais/sale quart d'heure 84, 200
quartier, ne pas faire de quartier(s) 56
prendre ses quartiers d'hiver 217
quatre, il fait ses quatre volontés 38
j'en ferais bien mon quatre heures ! 38
manger comme quatre 329
se mettre en quatre pour qqn. 38
un de ces quatre (matins) 200
querelle, chercher querelle à qqn. 56
une querelle d'Allemand 56
queue, à la queue leu leu 182
faire une queue de poisson 217
finir en queue de poisson 84
revenir la queue basse 84
revenir la queue entre les pattes/jambes 84
se mordre la queue 200
un argument sans queue ni tête 154

qui-vive, être sur le qui-vive 271
quia, être réduit/être à quia 154
quille, ne pas/plus tenir sur ses quilles 96
quinquet, ouvrir ses quinquets 182
quinzaine, remettre à quinzaine 201
sous quinzaine 201
quitte, c'est du quitte ou double 292
c'est jouer à quitte ou double 292
être quitte (avec qqn.) 56
quoi, il n'y a pas de quoi 155

R

R.A.S., R.A.S. (rien à signaler) 67
ra-pla-pla, être/se sentir ra-pla-pla 97
rabat-joie, un rabat-joie 140
Rabelais, le quart d'heure de Rabelais 201
rabibocher (se), se rabibocher (avec qqn.) 38
râble, sauter sur le râble de qqn. 56
raccommoder (se), se raccommoder (avec qqn.) 38
se raccommoder sur l'oreiller 38
race, être fin de race 24
racine, prendre/couper le mal à la racine 256
s'attaquer aux racines du mal 256
raclée, flanquer/foutre/mettre une raclée à qqn. 56
radar, marcher au radar 97
rade, rester en rade 84
radis, ça ne vaut pas un radis 306
ne pas/plus avoir un radis 306
rafraîchir, rafraîchir son anglais 271
rage, ce n'est pas/plus de l'amour, c'est de la rage ! 38
être dans une rage folle 236
être vert/fou/ivre de rage 236
raide, être raide (comme un passe-lacet) 306
la trouver (un peu) raide 236
raide comme la justice/un piquet 182
rail, (re)mettre sur les rails 117
remettre qqch./qqn. sur les/des rails 38
raison, avoir raison de qqch./qqn. 56
la raison d'État 256
la raison du plus fort est toujours la meilleure 117
raison de plus pour faire qqch. 292
rajouter, en rajouter 155
ralenti, tourner au ralenti 201
ramasser (se), se faire ramasser 317
se ramasser 84, 117
ramdam, faire du ramdam autour de qqch. 168
ramener, la ramener 140

ramer, ramer 117
rampe, sous les feux de la rampe 246
rancard, avoir (un) rancard avec qqn. 38
rancarder, rancarder qqn. 38
rancart, bon à mettre au rancart 201
mettre qqch. au rancart 236
rançon, la rançon de la gloire 246
rancune, sans rancune ! 38
rang, en rangs d'oignon(s) 182
râper, c'est râpé (pour ce soir) 84
rapide, rapide comme l'éclair 201
rappel, battre le rappel (de ses amis) 38
rapport, être bien sous tous rapports 127
rare, se faire rare 117, 168
rase-bitume, un rase-bitume 183
rase-mottes, faire du rase-mottes 218
raser, demain, on rase gratis 201
rat, être fait comme un rat 317
être rat 306
les rats quittent le navire 84
s'ennuyer comme un rat mort 236
un rat de bibliothèque 246
râtelier, manger à tous les râteliers 117, 306
rater, ne pas en rater une 140
rater sa vie 14
ratisser, ratisser large 256
rayon, c'est mon rayon 117
en connaître un rayon 117
être le rayon de soleil de qqn. 38
raz, un raz de marée (électoral) 256
réalité, la réalité dépasse la fiction 246
rebrousse-poil, prendre qqn. à rebrousse-poil 56
recette, faire recette 246
recevoir, je te/vous reçois 5 sur 5 155
réchauffé, c'est du réchauffé 201
récolter/recueillir, on (ne) récolte/recueille (que) ce qu'on a semé 84
rectangle, le rectangle blanc 24
recul, prendre du recul par rapport à qqch. 271
reculer, reculer pour mieux sauter 292
reculons, aller à reculons 218
redescendre, redescendre sur terre 271
redorer, redorer son blason 24
redresseur, un redresseur de torts 127
refaire (se), on ne se refait pas 141
se refaire (au jeu) 306
référence, ce n'est pas une référence 236
refus, ce n'est pas de refus 155
essuyer un refus 56

refuser (se), ne rien se refuser 292
régaler, c'est moi qui régale 329
regard, fusiller qqn. du regard 57
regarder, mêle-toi de ce qui te regarde 9
ne pas être regardant 306
ne pas regarder à la dépense 306
régime, au régime sec 329
avoir une baisse de régime 84
être au régime jockey 329
un régime de faveur 38
régiment, il y en a pour (tout) un régiment 329
règle, c'est l'exception qui confirme la règle 271
dans les règles (de l'art) 292
régler, être réglé comme du papier à musique 201
réglo, réglo 117
rein, avoir les reins solides 97, 117
casser les reins à qqn. 117
mettre l'épée dans les reins de qqn. 117
reine, c'est ça, et moi je suis la reine d'Angleterre ! 318
la petite reine 218
relation, avoir des relations 168
relax, relax, Max 236
relever (se), il n'y a pas de quoi se relever la nuit 236
religion, la religion est l'opium du peuple 256
remède, c'est un remède contre l'amour 183
un remède de bonne femme 97
un remède de cheval 97
un remède miracle 97
remercier, remercier qqn. 117
remettre, en remettre 155
remonter, remonter la pente 67
remonter le moral à qqn. 38
renaître, renaître de ses cendres 67
renard, c'est un fin renard 271
rendez-vous, avoir un rendez-vous galant 38
rendu, c'est un prêté pour un rendu 38, 57
rêne, tenir les rênes (du pouvoir) 256
rengaine, c'est toujours la même rengaine 256
renommée, bonne renommée vaut mieux que ceinture dorée 117
rentre-dedans, faire du rentre-dedans à qqn. 38
renverse, tomber à la renverse 271
répartie, avoir la répartie facile 155
repartir, c'est reparti (mon kiki) 201
c'est reparti (pour un tour) ! 201
c'est reparti comme en quatorze/comme en quarante ! 201
répondant, avoir du répondant 306
réponse, c'est la réponse du berger à la bergère 155

repos, ce n'est pas de tout repos ! 236, 292
réputation, asseoir sa réputation sur qqch. 117
requin, un (véritable) requin en affaires 117
respect, forcer le respect 127
tenir qqn. en respect (avec une arme) 57
respirer, mentir comme on respire 141
ressembler (se), qui se ressemble s'assemble 183
ressort, ce n'est pas de mon ressort 117
reste, avoir de beaux restes 271
il a de beaux restes 183
partir sans demander/attendre son reste 218
rester, ça m'est resté là ! 236
il a bien failli y rester 97
pour rester poli 155
rester en carafe/en plan/en rade 84
rester sur le carreau 84
résultat, résultat des courses... 155
retomber, retomber en enfance 24
retomber sur ses pattes (comme les chats) 67
retour, être sur le retour 97, 201
le retour d'âge 97
par un juste retour des choses 67, 84
un retour de bâton 84
retourner, retourner sa veste 256
retraite, battre en retraite 218
sonner la retraite 218
retranchement, pousser/forcer qqn. dans ses (derniers) retranchements 57
revanche, à charge de revanche 38
revendre, avoir de qqch. à revendre 183
revenir, je n'en reviens pas ! 236
rêver, on croit rêver ! 236
révérence, tirer sa révérence (à qqn.) 168, 218
revers, le revers de la médaille 84
revoyure, à la revoyure ! 155
revue, être de la revue 318
ribouldingue, faire (la) ribouldingue 14
riche, on ne prête qu'aux riches 306
riche comme Crésus 306
un nouveau riche 306
rider, ridé comme une peau de fesses 183
rien, c'est pas/ce n'est pas rien 236
c'est trois fois rien 236
comme si de rien n'était 292
coûter trois fois rien/moins que rien 306
de rien 155
n'avoir l'air de rien 183

on n'a rien pour/sans rien 292, 306
partir de rien 117
qui ne demande rien n'a rien 292
un bon à rien 141
un propre à rien 141
rigolade, c'est de la rigolade 292
c'est une vaste/de la rigolade 236
finie la rigolade 236
rigoler, histoire de rigoler 236
rigueur, il est de rigueur (de faire qqch.) 168
tenir rigueur à qqn. 57
rimer, ça ne rime à rien 271
ripaille, faire ripaille 329
rire, avoir le/un fou rire 237
avoir toujours le mot pour rire 237
être mort de rire 237
laissez-moi rire ! 237
plus on est de fous, plus on rit 168
rira bien qui rira le dernier 57, 292
rire à gorge déployée/à pleine gorge 237
rire au nez de qqn. 57
rire aux larmes 237
rire comme une baleine/un bossu 237
rire dans sa barbe 237
rire du bout des lèvres 237
rire jaune 237
risée, la risée de tout le monde 168
risque, c'est à tes/vos risques et périls 84
risquer, qui ne risque rien n'a rien 292
risquer le coup 292
risquer le paquet/le tout pour le tout 292
roi, aller là où le roi va tout seul/va à pied 14
le roi des cons 271
le roi n'est pas son cousin 141
travailler pour le roi de Prusse 117
rôle, avoir le beau rôle 168
inverser/renverser les rôles 292
jouer les seconds rôles 168
jouer un rôle dans qqch. 292
un rôle qui colle à la peau de qqn. 246
Rome, tous les chemins mènent à Rome 218
rompre, être rompu aux affaires 117
ronce, avoir le cul sorti des ronces 67
rond, avoir des ronds 306
être sans un rond 306
faire des ronds de jambe 168
il en est resté comme deux ronds de flan 271
ne pas/plus avoir un rond 306
pour pas un rond 306
rond comme une queue de pelle/une bille/un tonneau/une barrique 329
tourner en rond 218

rond-de-cuir, un rond-de-cuir 117
ronde, à 10 km à la ronde 218
ronger (se), se ronger les sangs 237
rose, envoyer qqn. sur les roses 57
 frais comme une rose 97
 il n'y a pas de rose sans épines 84
 un teint de rose 183
 voir la vie/voir tout en rose 68
rossignol, vendre un rossignol 118
rotule, être sur les rotules 97
roue, être la cinquième roue du carrosse/de la charrette 237
 faire la roue 141
 la roue de la fortune 68
 la roue tourne 68, 85
 se mettre en roue libre 292
rouge, du gros rouge qui tache 329
rouge, être rouge comme une tomate/une pivoine/une écrevisse/un homard/un coquelicot 183
 le rouge est mis 201
 se fâcher tout rouge 237
 voir rouge 237
rougir, rougir jusqu'aux oreilles/jusqu'à la racine des cheveux 183
rouleau, être au bout du/de son rouleau 97
roulement, elle est montée sur roulement à billes 183
rouler (se), être à se rouler par terre (de rire) 237
 ça roule ! 118
 être bien roulée 183
 ne pas rouler sur l'or 306
 rouler les/des mécaniques 141
 rouler qqn. (dans la farine) 318
 rouler un patin/une pelle à qqn. 38
 se faire rouler 318
roulette, comme sur des roulettes 292
roupillon, piquer un (petit) roupillon 14
roussi, ça sent le roussi 85
route, ça ne tient pas la route 272
 faire fausse route 272
 tailler la route 218
routier, un vieux routier de la politique 256
royaliste, être plus royaliste que le roi 256
Rubicon, franchir/passer le Rubicon 292
rubis, payer rubis sur l'ongle 306
ruche, se piquer/se péter la ruche 329
rue, courir les rues 183
ruiner, ce n'est pas cela/ça qui va nous ruiner 306
ruisseau, les petits ruisseaux font les grandes rivières 306
 tirer qqn. du ruisseau 38
ruse, avec des ruses de Sioux 292

S

sable, être sur le sable 118, 307
 il y a un/c'est le grain de sable dans la mécanique 85
sabot, ça ne se trouve pas sous le sabot d'un cheval 237
 je le vois venir avec ses gros sabots 293
 ne pas avoir les deux pieds dans le même sabot 118
sabre, le sabre et le goupillon 257
sac, ils sont (tous) à mettre dans le même sac 141
 un homme de sac et de corde 318
 un sac a vin 329
 un sac d'embrouilles/de nœuds 318
 vider son sac 155
sage, être sage comme une image 127
saigner, saigner qqn. à blanc 307
saigner, se saigner aux quatre veines 127
saint, ne pas être un saint 141
 ne pas/ne plus savoir à quel saint se vouer 85, 293
saint-glinglin, à la saint-glinglin 201
Saint-Guy, avoir la danse de Saint-Guy 97
Saint-Jean, un Saint-Jean-Bouche-d'Or/un Saint-Jean-Chrysostome 155
Sainte(-)Touche, c'est (la) Sainte(-)Touche 307
sainte-nitouche, c'est une sainte-nitouche 141
sainteté, être en odeur de sainteté auprès de qqn. 39
salade, raconter des salades 318
 savoir vendre sa salade 155
 vendre sa salade 118
salaire, un salaire de misère 307
salamalec, faire des salamalecs 169
salée, en raconter des salées 155
saler, saler la note 307
salon, c'est le dernier salon où l'on cause ! 155
samaritain, jouer les bons Samaritains 127
sang, bon sang ne peut/ne saurait mentir 24
 glacer le(s) sang(s) 237
 se faire un sang d'encre 237
 se ronger les sangs 237
sang-froid, garder son sang-froid 272
santé, avoir une petite santé 97
 avoir une santé de fer 97
 se refaire une santé 97
 y laisser la/sa santé 97

saoul, manger/boire tout son saoul 329
saper, mal sapé 183
sapé comme un nabab/prince/milord 183
sapeur, fumer comme un sapeur 97
sapin, ça sent le sapin 97
saquer, ne pas pouvoir saquer qqn. 57
se faire saquer 118
sardine, serrés comme des sardines 15
satisfaire, satisfaire un besoin pressant 15
sauce, (r)allonger la sauce 246
on peut le mettre à toutes les sauces 118
se demander à quelle sauce on va être mangé 85
saumâtre, la trouver saumâtre 237
saut, au saut du lit 202
être à un saut de puce 218
faire le grand saut 293
faire un saut chez qqn. 169, 218
saute, avoir des sautes d'humeur 237
sauter, et que ça saute ! 202
la sauter 329
sauter, sauter au plafond 237
sauterelle, une sauterelle 183
sauver, être sauvé (des eaux) 68
sauver la mise à qqn. 39
sauver les apparences 183
sauvette, à la sauvette 202
un marchand/vendeur à la sauvette 118
savate, faire qqch. comme une savate 293
traîner la savate 307
savoir, être bien placé pour le savoir 272
être payé pour le savoir 272
savon, passer un savon à qqn. 57
scandale, étouffer un scandale 257
scarlatine, ça vaut mieux que d'attraper la scarlatine 85
scène, à la scène comme à la ville 246
faire une scène 238
jouer la grande scène du deux/trois 238
occuper le devant de la scène 246
une scène de ménage 24
schlass, complètement schlass 329
schnock, un vieux schnock 202
science, avoir la science infuse 272
scier, scié 272
scier la branche sur laquelle on est assis 85
Scylla, tomber de Charybde en Scylla 85
SDF, un SDF (Sans Domicile Fixe) 15
séance, séance tenante 202
sec, aussi sec 202

être à sec 307
l'avoir sec 329
sécher, sécher l'école 24
sécher sur pied 238
sécher un cours 24
secouer, n'avoir rien à secouer de qqch. 238
secoué, secoué 272
secours, voler au secours de qqn. 39
secret, être au secret 318
être dans le secret des dieux 118
un secret de Polichinelle 155
seigneur, à tout seigneur, tout honneur 169
se montrer grand seigneur avec qqn. 127, 169
selle, (re)mettre qqn. en selle 119
se remettre en selle 68
sellette, être sur la sellette 257
mettre qqn. sur la sellette 155
semaine, la semaine des quat' jeudis 202
vivre à la petite semaine 119, 307
semelle, c'est de la semelle (de botte) 329
semer, qui sème le vent récolte la tempête 85
semoule, pédaler dans la semoule 272, 293
sénateur, à un train de sénateur 202
sens, abonder dans le sens de qqn. 39
avoir un sixième sens 272
ça tombe sous le sens 272
sens dessus dessous 183
sentier, les sentiers de la gloire 246
s'éloigner des sentiers battus 169
sentiment, avoir qqn. aux/prendre qqn. par les sentiments 293
revenir à de meilleurs sentiments 39
sentir (se), ça sent le brûlé/mauvais/le roussi 85
ne pas pouvoir sentir qqn. 57
ne plus se sentir 272
sérieux, être sérieux comme un pape 141
seringue, chanter comme une seringue 246
serrer, être serré 307
serviette, il ne faut pas mélanger les torchons et les serviettes 169
servir, on n'est jamais si bien/mieux servi que par soi-même 293
sexe, le beau sexe 24
le sexe faible 24
si, avec des si, on mettrait Paris en bouteille 155
siècle, être d'un autre siècle 202
être de son siècle 202
il y a/ça fait un siècle/des siècles (qu'on ne s'est pas vus, etc.) 202

le Siècle des Lumières 202
sien, y mettre du sien 293
sienne, il a encore fait des siennes 141
sieste, faire une (petite) sieste 15
sifflet, couper le sifflet à qqn. 155
signer, c'est signé 293
signer son arrêt de mort 85
silence, passer qqch. sous silence 293
simagrée, faire des simagrées 141
simple, c'est simple comme bonjour 272, 293
sincérité, avoir des sincérités successives 257
sinécure, c'est pas une sinécure 238, 293
singe, ce n'est pas à un vieux singe qu'on apprend à faire des grimaces 202
faire le singe 238
le singe 119
payer en monnaie de singe 318
vilain comme un singe 183
singerie, faire des singeries 238
sire, un triste/pauvre sire 141
situation, être dans une situation intéressante 24
snober, snober qqn. 57
sobre, sobre comme un chameau 330
sœur, et ta sœur ! 57, 318
soie, péter dans la soie 307
soigner, soigner qqn. aux petits oignons 39
soin, être aux petits soins pour/avec qqn. 39
solde, être à la solde (d'une puissance étrangère) 257
soleil, avoir du bien au soleil 307
le soleil luit/brille pour tout le monde 68
ôte-toi de mon soleil ! 57
solide, solide comme un roc/un chêne 97
solution, il n'y a pas 36 solutions 293
somme, faire un petit somme 15
sommeil, avoir le sommeil léger 15
dormir du sommeil du juste 15
tomber de sommeil 15
un sommeil de plomb 15
son, n'avoir/n'entendre qu'un (seul) son de cloche 257
sonner, on ne t'a pas sonné ! 57
sorcier, ce n'est pas (bien) sorcier 272
sorcière, une chasse aux sorcières 257
sornette, raconter des sornettes 155
sort, abandonner qqn. à son (triste) sort 57
faire un sort à une bouteille 330
le sort en est jeté 68, 85
sortie, être de sortie 15

sortir, il n'y a pas à sortir de là 293
sou, c'est une histoire de gros sous 307
être près de ses sous 307
être sans le/sans un sou 307
ne pas valoir un sou 307
ne pas/plus avoir un sou vaillant 307
on lui donnerait cent sous dans la rue 183
un sou est un sou 307
y laisser jusqu'à son dernier sou 307
souche, de vieille souche 15
souffle, c'est à vous couper le souffle 238
rendre son dernier souffle 97
trouver un second souffle 68
souffler, ne pas souffler mot 156
soufflé 272
souffler comme un bœuf/phoque 97
souffler le chaud et le froid 293
souffler qqch. à qqn. 318
souffler un brin 119
souffrance, en souffrance 119
souffrir, souffrir le martyre 98
souffrir mille morts 98
soufre, sentir le soufre 257
souhait, à tes/vos souhaits 98
soulier, être dans ses petits souliers 238
soupe, à la soupe ! 330
cracher dans la soupe 141
être soupe au lait 141
par ici, la bonne soupe ! 307
un marchand de soupe 330
souper, en avoir soupé 238
soupirer, soupirer pour qqn. 39
source, couler de source 272
de source sûre 257
sourd, il n'est pire sourd que celui qui ne veut pas entendre 141
sourdine, mettre une sourdine (à) 293
sourire, avoir un sourire jusqu'aux oreilles 238
sourire en coin 238
souris, j'aimerais être une petite souris 176
jouer au chat et à la souris 257
spectacle, se donner en spectacle 141
sphère, les hautes sphères du pouvoir/de la politique 257
splendeur, dans toute sa splendeur 183
sport, va y avoir du sport ! 57
squelette, un squelette ambulant 183
stop, dire « stop » 330
stratège, un stratège en chambre 293
su, au vu et au su de tous/tout le monde 169

succès, avoir un succès fou 246
  la rançon du succès 246
  remporter un succès d'estime 246
sucer, il (ne) suce pas de la glace ! 330
sucre, casser du sucre sur le dos de qqn. 156
  être tout sucre tout miel 293
suer, suer sang et eau 119
sueur, à la sueur de son front 119
  donner des sueurs froides à qqn. 57
suisse, boire en Suisse 330
suite, la suite au prochain numéro 156, 202
sûr, sûr comme/aussi sûr que deux et deux font quatre 294
surface, une grande surface 15
système, le système D (= système Débrouille ou Démerde) 294
  taper/porter sur le système de qqn. 57

T

tabac, faire un tabac 246
  passer qqn. à tabac 57
tabasser, tabasser qqn. 57
table, à table ! 330
  donner un dessous de table à qqn. 156
  faire table rase (de qqch.) 119, 257
  manger à la table qui recule 330
  se mettre à/passer à table 141
  tenir table ouverte 169
tableau, brosser un tableau très noir (d'une situation) 156
  jouer/miser sur (les) deux/sur tous les tableaux 294
  un tableau de chasse 39
  vouloir gagner sur les deux tableaux 294
tablette, rayé des tablettes de qqn. 58
tablier, rendre son tablier 119
tac, répondre du tac au tac 156
tache, faire tache 184
  faire tache d'huile 257
  une carrière sans tache 119
taillable, être taillable et corvéable à merci 119
taille, avoir une taille de guêpe 184
tailler, se tailler 218
  tailler dans le vif 294
  tailler la route 218
talent, être bourré de talent 246
taloche, se ramasser des taloches sur le coin de la gueule 58
talon, le talon d'Achille 85
  tourner les talons 218
tambouille, faire la/sa tambouille 330

tambour, raisonner comme un tambour (mouillé/crevé) 272
  sans tambour ni trompette 169
tambour, tambour battant 294
tangente, prendre la tangente 218, 257, 294
tante, mettre qqch. chez ma tante 307
  si ma tante en avait, on l'appellerait mon oncle 156
  une tante 39
tantouze, une tantouze 39
tapage, faire du tapage autour de qqch. 169
tape-à-l'œil, c'est du tape-à-l'œil 169
  tape-à-l'œil 169
tape-cul, cette voiture est un tape-cul 218
taper, être tapé 202
  je m'en tape 238
  taper qqn. de 100 francs/balles 307
tapis, dérouler le tapis rouge 169
  envoyer qqn. au tapis 58
  mettre qqch. sur le tapis 156
  revenir sur le tapis 156
  se prendre les pieds dans le tapis 294
tapisserie, faire tapisserie 169
tard, il n'est jamais trop tard (pour bien faire) 202
  il n'est pas trop tard, mais il est temps 202
  mieux vaut tard que jamais 202
  sur le tard 202
tarte, ce n'est/c'est pas de la tarte 294
  une tarte à la crème 156
Tartempion, M./Mme Tartempion 169
tartine, débiter une tartine 156
  une tartine dans le journal (à propos de qqch.) 246
tas, apprendre sur le tas 119
  tirer dans le tas 58
tasse, boire la/une tasse 218
  c'est pas ma tasse de thé 238
tata, une tata 39
tâtons, aller/avancer à tâtons 218
taule, être en taule 318
taupe, aller au royaume des taupes 98
  myope comme une taupe 98
  une vieille taupe 202
taureau, prendre le taureau par les cornes 294
teigne, être méchant/mauvais comme une teigne 141
teint, bon teint 257
  un teint de pêche/de rose 184
téléphone, le téléphone arabe 156, 170
téléphoner, c'était téléphoné 202

TEMPÉRAMENT

tempérament, avoir du tempérament 39
température, prendre la température (de l'eau) 294
tempête, qui sème le vent récolte la tempête 141
une tempête dans un verre d'eau 170
temps, autres temps, autres mœurs 202
avoir fait son temps 202
c'était le bon (vieux) temps 202
comme le temps passe vite ! 202
en deux temps, trois mouvements 202
en moins de deux 202
en moins de temps qu'il ne faut pour le dire 203
être dans les temps 202
il fait un temps à ne pas mettre un chien/le nez dehors 208
il fait un temps de chien 208
il trouve le temps long 203
il y a/ça fait un temps fou (qu'on ne s'est pas vus, etc.) 203
le temps perdu ne se rattrape jamais 203
le temps, c'est de l'argent 203, 307
les temps sont durs 203
par les temps qui courent 203
se payer/prendre du bon temps 15
tuer le temps 203
un temps mort 156, 203
vivre avec son temps 203
tenant, connaître les tenants et les aboutissants d'une affaire 272
ténébreux, un beau ténébreux 184
tenir, en tenir une bonne 330
il a de qui tenir 25
mieux vaut tenir que courir 119
qu'à cela ne tienne 294
qu'est-ce qu'il tient ! 330
un tiens vaut mieux que deux tu l'auras 119
tentation, céder à la tentation 294
tente, se retirer sous sa tente 170, 238
tenter, tenter le coup 294
tenue, en petite tenue 184
terme, à terme échu 203
terrain, débroussailler le terrain 119
terrain, tâter le terrain 294
trouver un terrain d'entente 39, 258
terre, en vouloir à la terre entière 238
être terre à terre 272
j'aurais voulu être à cent/six pieds sous terre 238
redescendre sur terre 272
tomber plus bas que terre 85
testament, coucher quelqu'un sur son testament 25

tête, (en) donner sa tête à couper 273
(le vin) lui monte à la tête 330
attraper/choper la grosse tête 141
avoir (toute) sa tête 273
avoir la tête ailleurs 273
avoir la tête dure 273
avoir la tête sur les épaules 273
avoir ses têtes 119
avoir un (petit) vélo dans la tête 273
avoir une tête de lard/de pioche 273
avoir une tête de premier de la classe/premier communiant 273
avoir/être une tête à claques 141
avoir/être une tête de linotte/sans cervelle 272
ça (ne) va (pas) la tête ? 273
casser/péter la tête à qqn. 58
des têtes vont tomber ! 119
en avoir par-dessus la tête 238
faire la tête 238
faire tourner la tête à qqn. 39
faire une tête au carré à qqn. 58
faire/avoir une tête d'enterrement 238
fixer les prix à la tête du client 307
foncer tête baissée dans qqch. 273
garder la tête froide 273
garder la tête hors de l'eau 85
il a une tête qui ne me revient pas 58
il est tombé sur la tête 273
la tête haute 184
la tête la première 273
la tête pensante de qqch. 119
la tête pensante de qqch. 273
mettre la tête de qqn. à prix 318
monter la tête à qqn. 273
n'en faire qu'à sa tête 294
ne pas avoir la tête à ça 273
ne pas avoir toute sa tête 273
ne plus savoir où donner de la tête 119
payer 1 000 francs par tête (de pipe) 307
piquer une tête dans l'eau 218
prendre la tête (de qqch.) 119
prendre la tête à qqn. 58
se casser la tête 273
se jeter à la tête de qqn. 39
se payer la tête de qqn. 58
se taper la tête contre les murs 273
tenir tête à qqn. 58
une (grosse) tête 273
une femme de tête 119
une tête brûlée 141
une tête de Turc 58
têtu, être têtu comme une mule 273
théâtre, un coup de théâtre 246
thème, (un) fort en thème 273

TRAIN

ticket, avoir un ticket avec qqn. 39
tigre, être jaloux comme un tigre 39
tilt, ça fait tilt (, le petit franc est tombé) 273
timbale, décrocher la timbale 68
tintin, faire tintin 85
tire-au-flanc/tire-au-cul, un tire-au-flanc ; un tire-au-cul 119
tire-d'aile, à tire-d'aile 219
tire-larigot, à tire-larigot 184
tirelire, casser sa tirelire 307
tirer (se), être tiré à quatre épingles 184
  il y a de quoi/c'est à se tirer une balle (dans la tête) 85
  s'en tirer bien 68
  se tirer 219
  se tirer d'un mauvais pas 68
tiroir, gratter/racler les fonds de tiroirs 307
  une pièce à tiroirs 246
tisser, tisser sa toile 294
titan, un travail de titan 119
toast, porter un toast à qqn./qqch. 330
toc, c'est du toc 184
toc-toc, toc-toc 273
toi, il n'y a pas que toi au monde 238
toile, se faire/se payer une toile 15, 246
  une toile de maître 247
toilette, faire une toilette de chat 15
toit, crier qqch. sur (tous) les toits 156
tollé, provoquer un tollé 156
tomate, recevoir des tomates 247
tombe, avoir un pied dans la tombe 98
  creuser sa propre tombe 85
  muet comme la/une tombe 156
  se retourner dans sa tombe 85
tombeau, rouler à tombeau ouvert 219
tomber, laisse tomber ! 58
  tomber comme des mouches 98
  tomber de fatigue/de sommeil 98
  tomber pile/à pic/bien/à point nommé 203
ton, donner le ton 170
  il est de bon ton de faire qqch. 170
tondre, (trouver à) tondre (sur) un œuf 308
  se faire tondre (comme un œuf) 318
  se faire tondre la laine sur le dos 318
tondu, il y trois pelés et un tondu 170
tonne, en faire des tonnes 156
tonneau, faire un tonneau 219
  ils sont tous du même tonneau 238
  né sur un tonneau 184
  rond/plein comme un tonneau 330
tonnerre, ça marche du tonnerre (de Dieu) 68
toper, tope-là ! 119
  toper 119
topo, c'est toujours le même topo 258
toqué, toqué 273
torchon, il ne faut pas mélanger les torchons et les serviettes 170
  le torchon brûle entre eux 58
torrent, il pleut à torrents 208
tort, parler à tort et à travers 156
tortiller, il n'y a pas à tortiller (du cul pour chier droit dans une bouteille) 294
  y a pas à tortiller 157
tortue, avancer comme une tortue 203
touche, faire/avoir une touche avec qqn. 39
  rester sur la touche 85
touche-à-tout, un touche-à-tout 120
toucher, jouer à touche-pipi 39
toujours, c'est toujours ça de pris (sur l'ennemi) 68
toupet, avoir du toupet 142
toupie, une vieille toupie 203
tour, aller faire un tour 219
  avoir plus d'un tour dans son sac 273, 294
  en un tour de main 203
  en un tournemain 203
  et le tour est joué ! 294
  faire le tour du cadran/de l'horloge 203
  jouer un mauvais tour/un tour pendable à qqn. 318
  se retirer/s'enfermer dans sa tour d'ivoire 170
tournant, attendre qqn. au tournant 58
tournée, c'est ma tournée ! 330
tourner, mal tourner 85
  tourner court 85
  tourner en rond 203
  tourner rond 68
tournure, prendre mauvaise tournure 86
tout, on ne peut pas tout avoir 86
Tout-Paris, le Tout-Paris 170
toutim, tout le toutim 15
trac, avoir le trac 247
trace, marcher sur/suivre les traces de qqn. 120
Trafalgar, un coup de Trafalgar 86
train, à ce train-là 203
  à fond de train 203
  à un train de sénateur 203
  aller à un train d'enfer 203
  aller bon train 203
  au train où l'on va 203
  au/du train où vont les choses 203

TRAIN

avoir un train de retard 273
filer le train 219
il y a de quoi/c'est à se jeter sous un train 86
mener grand train 308
prendre le train en marche 120
train-train, (c'est le) train-train quotidien 15, 120
traînée, se répandre comme une traînée de poudre 157
trait, ressembler à qqn. trait pour trait 184
tirer un trait sur son passé 203
un trait de génie 273
traitement, un traitement de faveur 39
traître, prendre/attaquer qqn. en traître 318
tralala, en grand tralala 170
tout le tralala 15
tranche, s'en payer une tranche 15
trancher, trancher dans le vif 294
tranquille, être tranquille comme Baptiste 238
transir, être transi jusqu'à la moelle (des os) 208
travail, et voilà le travail ! 120
le travail au noir 120
le travail c'est la santé 120
travers, faire tout de travers 142
passer à/au travers 68
regarder qqn. de travers 58
traversée, connaître/vivre une traversée du désert 120
traversin, une partie de traversin 39
treize, treize à la douzaine 184
tremblement, tout le tremblement 15
trembler, trembler comme une feuille 98
tremper, être trempé jusqu'aux os/comme une soupe 208
trempette, faire trempette 219
tremplin, servir de tremplin 120
trente et un, se mettre sur son trente et un 184
trente-trois, dites trente-trois ! 98
trépas, passer de vie à trépas 98
trêve, trêve de plaisanterie(s) 157
tribut, payer son tribut à la nature 98
Trifouillis-lès-perpètes, à Trifouillis-lès-perpètes 219
trimer, trimer 215
trinquer, trinquer pour les autres 318
tripette, ça ne vaut pas tripette 308
tripotée, donner/flanquer une tripotée à qqn. 58
triste, c'était pas triste 238
être triste comme un bonnet de nuit/comme un lendemain de fête 238
trognon, avoir qqn. jusqu'au trognon 318
ce qu'il/elle est trognon ! 184

trompette, sans tambour ni trompette 170
tronc, apporter/mettre qqch. dans le tronc commun 308
tronche, tirer une tronche de trois kilomètres 238
trotte, ça fait une (bonne/sacrée) trotte 273
trou, avoir un pied dans le trou 98
boire comme un trou 330
être au trou 318
faire son trou 120
faire un trou pour en boucher un autre 294
habiter dans un trou perdu 219
il me sort par les trous de nez 58
j'ai un trou (de mémoire) 273
j'aurais voulu rentrer/disparaître dans un trou (de souris) 239
le trou normand 330
n'être jamais sorti de son trou 219
trouble-fête, jouer les trouble-fête 142
trousse, avoir qqn. à ses trousses 219
truc, (il) y a un truc ! 294
avoir le truc 120, 294
c'est mon truc 120
c'est pas mon truc 239
chacun son truc 239
connaître les trucs du métier 120
truffer, un texte truffé de citations 247
tu, être à tu et à toi avec qqn. 39
tube, déconner à plein(s) tube(s) 157
tue-tête, chanter à tue-tête 247
tuer (se), ça me tue ! 239
se tuer à dire qqch. à qqn. 157
tuer qqch. dans l'œuf 258
tuile, quelle tuile ! 86
tunnel, être/arriver au bout du tunnel 68
voir le bout du tunnel 68
turbin, aller au turbin 120
turbiner, turbiner 120
turbineur, un turbineur 120
turbo, mettre le turbo 203
Turc, être fort comme un Turc 98
tuyau, avoir un (bon) tuyau 120
type, un chic type 128

U

un, un pour tous, tous pour un 40
une, faire la une des journaux 170
ne faire ni une ni deux 203
union, l'union fait la force 258
unique, être unique en son genre 184
Untel, M./Mme Untel 170
utile, joindre l'utile à l'agréable 121

V

va-tout, jouer son va-tout 295
va-vite, à la va-vite 204

vacciner, être vacciné contre qqch. 239
vache, il pleut comme vache qui pisse 208
les vaches maigres 308
manger/bouffer de la vache enragée 86, 308
parler le français comme une vache espagnole 247
plein comme une vache 331
une vache à lait 308, 318
vacherie, faire une vacherie à qqn. 319
vague, faire des vagues 170
rester (dans le) vague 274
vaisseau, brûler ses vaisseaux 295
valise, (se) faire la valise 219
avoir des valises sous les yeux 185
être con comme une valise 274
valse, la valse des ministres/portefeuilles 258
valse-hésitation, une valse-hésitation 295
vanne, envoyer/lancer une vanne à qqn. 157
vape, (complètement) dans les vapes 98
vapeur, renverser la vapeur 204
vase, en vase clos 170
vau-l'eau, (s'en) aller/partir à vau-l'eau 86
veau, adorer le veau d'or 308
tuer le veau gras 331
vedette, partager la vedette avec qqn. 170, 247
passer en vedette américaine 247
voler la vedette à qqn. 170
veilleuse, la mettre en veilleuse 157
veine, avoir de la veine 68
avoir une veine de pendu/de cocu 68
ils sont tous de la même veine 239
un coup de veine 68
vélo, avoir un (petit) vélo dans la tête 274
velours, jouer sur du velours 69
vendre, il ne faut pas vendre la peau de l'ours avant de l'avoir tué 121
se vendre comme des petits pains 121
vendre à vil prix 308
vengeance, la vengeance est un plat qui se mange froid 59
vent, avoir du vent dans les voiles 331
avoir le vent en poupe 69
avoir vent de qqch. 157
ce n'est que du vent 157
contre vents et marées 86, 295
faire du vent 157
passer en coup de vent 170, 219
quel bon vent (vous/t'amène) ? 170

qui sème le vent récolte la tempête 142
qui sème le vent récolte la tempête 319
un vent à (d)écorner les boeufs/les cocus 208
voir/sentir de quel côté/d'où vient le vent 295
ventre, avoir le ventre creux 331
avoir qqch./en avoir dans le ventre 128
être/se mettre à plat ventre devant qqn. 128
filer ventre à terre 219
ventre affamé n'a pas/point d'oreilles 331
Vénus, recevoir un coup de pied de Vénus 98
ver, (un rhume) pas piqué des vers 98
nu comme un ver 185
rongé aux vers 98
rongé par les vers 98
tirer/sortir les vers du nez à qqn. 157
tuer le ver 331
un ... pas piqué des vers 239
verbe, avoir le verbe haut 157
vérité, c'est la vérité vraie 157
dire la vérité toute nue 157
dire ses quatre vérités à qqn. 157
l'heure/la minute de vérité 204
la vérité n'est pas toujours bonne à dire 157
la vérité sort de la bouche des enfants 25
vernir, être verni 69
vérole, ça m'est tombé dessus comme la vérole sur le bas clergé 86
verre, avoir un (petit) verre dans le nez 331
se noyer dans un verre d'eau 142
verrou, être sous les verrous 319
verse, il pleut à verse 208
vert, en avoir vu des vertes et des pas mûres 86
en faire voir des vertes et des pas mûres à qqn. 59
en raconter des vertes et des pas mûres 157
être vert de peur 239
se mettre au vert 219, 319
vertu, ne pas être un prix de vertu 142
une femme de petite vertu 142
vessie, prendre des vessies pour des lanternes 149, 319
veste, prendre/ramasser une veste 86
retourner sa veste 258
vêtement, elle flotte/nage dans ses vêtements 185
veuve, défendre la veuve et l'orphelin 128

VIANDE

viande, (r)amène ta viande ! 219
montrer sa viande 185
viander (se), se viander 219
vibure, à toute vibure 204
victoire, crier/chanter victoire 69
vide, faire le vide autour de qqn. 170
vie, avoir/mener la belle vie 15
c'est la vie 15
entre la vie et la mort 98
faire la vie 16
gagner sa vie 308
il faut prendre la vie comme elle vient/elle est 16
la vie continue 16
la vie n'est pas toujours rose 16
mener la vie de château 16
mener la vie dure à qqn. 59
mener une vie de chien 16
passer de vie à trépas 98
raconter sa vie 157
rater sa vie 16
tant qu'il y a de la vie, il y a de l'espoir 98
une femme de mauvaise vie 142
une vie sans histoires 16
vivre sa vie 16
vieux, être vieux comme le monde/comme Hérode/comme mes robes 204
se faire vieux 98
un vieux de la vieille 204
vieux jeu 170
vivre vieux 204
vif, entrer dans le vif du sujet 157
être piqué au vif 295
trancher/couper/tailler dans le vif 295
vilain, (il) va y avoir du vilain 59
ville, toute la ville en parle 157
vin, (quand) le vin est tiré, il faut le boire 204
avoir le vin gai 331
avoir le vin mauvais 331
avoir le vin triste 331
entre deux vins 331
le vin ne l'aime pas beaucoup 331
vinaigre, tourner (au) vinaigre 86
vingt, on n'a pas tous les jours vingt ans 204
on n'a plus vingt ans 204
vingt-deux, vingt-deux, v'la les flics ! 319
violence, faire violence à qqn. 295
violon, accorder ses violons 258
c'est comme si on pissait dans un violon 239
être au violon 319
un violon d'Ingres 16
virer, se faire virer 121
vis, serrer la vis à qqn. 59
viser, viser haut 295
visu, de visu 170
vite, aller plus vite que la musique/les violons 204
aller vite en besogne 204
vitesse, à la vitesse grand V 204
faire qqch. en quatrième vitesse/à toute vitesse 204
il ne faut pas confondre vitesse et précipitation 204
passer à la vitesse supérieure 204
prendre/gagner qqn. de vitesse 204
vitrier, ton père n'est pas vitrier ! 185
vivre, apprendre à vivre à qqn. 59
avoir beaucoup vécu 16
il est difficile à vivre 142
il faut bien vivre ! 308
on ne vit qu'une fois ! 16
qui vivra verra 204
vivre d'amour et d'eau fraîche 40
vivres, couper les vivres à qqn. 308
voie, mettre qqn. sur la voie 40
mettre qqn. sur une voie de garage 121
montrer/ouvrir la voie 295
voile, être à voile et à vapeur 60
lever le voile (de/sur qqch.) 274
mettre les voiles 219
prendre le voile 258
toutes voiles dehors 219
voiler (se), se voiler la face 295
voir, c'est bien vu (de faire qqch.) 170
c'est du déjà vu 204
c'est tout vu ! 239
ça a un goût de déjà vu 204
envoyer qqn. se faire voir (chez les Grecs) 59
envoyer qqn. voir là-bas si on y est 59
ne pas pouvoir voir qqn. (en peinture) 59
ni vu ni connu (j't'embrouille) ! 157, 319
on aura tout vu ! 239
pas vu, pas pris ! 157, 319
voix, (ne pas) avoir voix au chapitre 258
de vive voix 157
rester sans voix 157
vol, à vol d'oiseau 219
volcan, danser/être/se tenir sur un volcan 86
volée, donner à qqn. une volée de bois vert 59
un expert de haute volée 121
voler, ça vole bas 239
ça vole pas (très) haut 239
être volé comme dans un bois/comme au coin d'un bois 319
ne pas l'avoir volé 86
voler au secours de qqn. 40
voler de ses propres ailes 25
volet, des candidats triés sur le volet 121
voleur, être voleur comme une pie 319

se sauver comme un voleur 219
un voleur de grand chemin 319
volonté, à volonté 331
dépendre du bon vouloir de qqn. 295
faire les quatre volontés de qqn. 40
une volonté de fer 295
vomir, vomir tripes et boyaux 98
voter, voter utile 258
vouloir, en veux-tu, en voilà 185
tu l'as voulu (tu l'as/tu l'as eu) 295
tu l'as voulu, Georges Dandin 295
vouloir c'est pouvoir 295
voyage, les gens du voyage 247
les voyages forment la jeunesse 219
vrai, aussi vrai que je m'appelle… 295
c'est trop beau pour être vrai 319
c'est vrai de vrai 157
plus vrai que nature 185
vu, au vu et au su de tous/tout le monde 170
vue, à perte de vue 219
avoir des vues sur qqch./qqn. 40, 295
en mettre plein la vue à qqn. 142

X

X, avoir les jambes en X 185

Y

y, j'y suis, j'y reste 220
yaourt, avoir du yaourt dans la tête 274
pédaler dans le yaourt 274, 295
yeux, avoir les yeux qui se croisent les bras 99

ça crève les yeux 185
ça saute aux yeux 185
coûter/valoir les yeux de la tête 308
des yeux de braise 185
des yeux de chien battu 185
entre quat-z-yeux 40
être tout yeux, tout oreilles 185
faire des yeux de merlan frit à qqn 40
faire les yeux doux/les yeux de velours à qqn. 40
faire qqch. pour les beaux yeux de qqn. 40
fermer les yeux sur qqch. 239, 295
il a les yeux plus grands/gros que le ventre/la panse 331
il me sort par les yeux 59
je peux y aller les yeux fermés 220
loin des yeux, loin du cœur 40
ne pas avoir les yeux dans sa poche 185
ne pas avoir les yeux en face des trous 99, 185
ouvrir des yeux comme des soucoupes 185
pouvoir/être capable de faire qqch. les yeux fermés 295
regarder qqn. dans le blanc des yeux 59

Z

zèle, faire la grève du zèle 121
zéro, repartir à zéro 121
zinzin, complètement zinzin 274
zizanie, semer la zizanie 142
zouave, faire le zouave 274
zut, avoir un œil qui dit zut à l'autre 99